中国法実務教本

進出から撤退まで

大江橋法律事務所　中国プラクティスグループ[編]

商事法務

はしがき

　大江橋法律事務所は、1995年に日本の総合法律事務所として初めて中国上海に事務所（代表処）を開設しました。以来、変わりゆく投資環境と法制度のなかで、日中双方の視点から、日本企業の中国進出、事業展開、紛争解決、再編・撤退に至るまでの様々な法律実務をサポートして参りました。その20年にわたる現地での活動において、日系企業、日本の商工会や専門家、中国の法曹、政府機関、大学等との交流を通じ、中国の法律実務に関する理解を深めてきました。

　本書の企画は、約2年前、上海の日系企業の法務担当駐在員の方から、「ビジネスの場面毎の実務問題を網羅した、社内教育の教材として使える書籍を出してほしい」とのご提案を受けたことをきっかけとして始まりました。その提案を受け止め、中国が誇る世界遺産、杭州西湖の畔で、プロジェクト・チームを旗揚げいたしました。日本と上海の弁護士をメンバーとし、当事務所の長年にわたる中国法務の蓄積をどのようにして伝えるべきか意見を交わしました。その結果、中国進出の検討から再編・撤退に至るまでの12のビジネスの場面にわけて、設問・解説、コラム、ケースおよび法知識の整理の形で、実務的な情報を網羅的に提供する構成としました。

　2年間にわたる執筆作業の過程で、政治関係の緊張、為替の大幅変動、大気汚染（PM2.5）等、中国ビジネスに携わる日本企業をとりまく環境にも様々な課題が発生しました。このような逆境のもとでも、果敢にビジネスを継続し、また新たな挑戦を続ける日本企業にとって、少しでも役立つ情報提供を行いたいという思いで、新たな法改正や実務動向に合わせて内容を調整し、出版に至ることができました。

　これからも、日本企業のニーズに耳を傾けつつ、また、中国の各方面の方々との交流活動、相互理解につとめ、歴史的、地理的、文化的、経済的に緊密な

はしがき

　関係を有する日本と中国のビジネスの発展について、より充実した法務サポートを提供できるよう努力していきたいと思います。

　最後に、本書の執筆に関して多大なご協力をいただいた株式会社商事法務の小野寺英俊氏、および、当事務所の中国プラクティスグループの創設から発展に至るまでご尽力いただいた上海市華鑫法律事務所の高華鑫律師（当事務所にて外国法事務弁護士登録）に心から感謝申し上げます。また、本書の執筆にあたっては、長年にわたり日本企業の海外展開を支援してきた当事務所の国谷史朗弁護士および多くのスタッフの協力を得たことを申し添えます。

2014年1月

編者兼執筆者　　弁護士　林　依利子

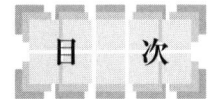

はしがき

第1章　中国進出を考える

第1節　中国に進出できるか……………………………………………………2

　Q1-1-1　外商投資に対する規制の種類（外商投資ガイドライン・業法ライセンス）／2
　Q1-1-2　外商投資産業指導目録の見方／3
　Q1-1-3　奨励類に該当する業種／4
　Q1-1-4　奨励類の優遇措置／4
　Q1-1-5　制限類に該当する業種／5
　Q1-1-6　禁止類に該当する業種／6
　Q1-1-7　許可類に該当する業種／7
　Q1-1-8　外商投資産業指導目録の2011年改訂ポイント／7
　Q1-1-9　業法による規制／8
　Q1-1-10　医療機器事業の業法ライセンス／9
　Q1-1-11　ICP関連事業の業法ライセンス／10
　Q1-1-12　インターネット販売事業の業法ライセンス／12
　Q1-1-13　産業構造調整指導目録／13
　Q1-1-14　審査確認および審査認可／13
　　法知識の整理・15
　　関連法令・18

第2節　中国のどこに進出するか………………………………………………19

　Q1-2-1　地方ごとの規制や解釈／19
　Q1-2-2　地方ごとの税務優遇／22
　Q1-2-3　地方ごとの産業指導目録／22

目　次

　　Q1-2-4　西部大開発政策／24
　　Q1-2-5　地方ごとの誘致・優遇政策／25
　　Q1-2-6　地方優遇政策の享受／27
　　Q1-2-7　開　発　区／27
　　Q1-2-8　保　税　区／28
　　Q1-2-9　ハイテク技術産業開発区／31
　　　法知識の整理・31
　　　関連法令・33

第2章　どのようにして進出するか

第1節　進出形態 …………………………………………………………36

　　Q2-1-1　進出形態の概要／36
　　Q2-1-2　駐在員事務所の設立／37
　　Q2-1-3　特別業種の駐在員事務所と支店設置／39
　　Q2-1-4　外商投資企業の設立形態の概要／42
　　Q2-1-5　外商投資企業の各形態の特徴／43
　　　法知識の整理・45
　　　関連法令・47

第2節　進出方法 …………………………………………………………49

　　Q2-2-1　進出方法──新会社の設立と既存会社の買収／49
　　Q2-2-2　進出方法の決定／50
　　Q2-2-3　香港経由の投資／50

第3節　中外合弁、外資独資形態での進出 ……………………………54

　　Q2-3-1　合弁当事者選択のポイント／54
　　Q2-3-2　合弁交渉の手順／55
　　Q2-3-3　合弁契約の規定内容／57
　　Q2-3-4　合弁契約の内容に関する留意事項／59
　　Q2-3-5　デッドロックの場合の処理／61

Q2-3-6　定款の規定内容／63
　　Q2-3-7　内部組織の構造／64
　　Q2-3-8　董事会の決議事項、議事規則／66
　　Q2-3-9　董事長と総経理／68
　　Q2-3-10　外資独資企業の内部統制構造／70
　関連法令・74

第3章　拠点を立ち上げる

第1節　会社設立の手続 …………………………………………………76

　　Q3-1-1　外資独資企業の設立プロセス／76
　　Q3-1-2　中外合弁企業の設立プロセス／77
　　Q3-1-3　F/S、プロジェクト審査報告書／78
　　Q3-1-4　企業名称ルール／79
　　Q3-1-5　批准証書と営業許可証／80
　　Q3-1-6　経営範囲の記載方法／81
　　Q3-1-7　会社設立日と開業スケジュール／84
　　Q3-1-8　地域により異なる設立手続の取扱い／84
　　Q3-1-9　設立手続委託／85

第2節　出　資 ……………………………………………………………86

　　Q3-2-1　最低登録資本金／86
　　Q3-2-2　出資方式／87
　　Q3-2-3　現物出資／88
　　Q3-2-4　資産評価／89
　　Q3-2-5　資本金の通貨／89
　　Q3-2-6　資本金の払込期限／90
　　Q3-2-7　出資と外債借入れの順番／91
　　Q3-2-8　投資総額／91
　　Q3-2-9　国内再投資／92
　　Q3-2-10　現地法人の利益による出資／93

目　次

第3節　店舗の設置、オフィスの確保……………………………………94

Q3-3-1　店舗開設手続／94
Q3-3-2　テナント出店／95
Q3-3-3　分公司、連絡事務所の設置／96
Q3-3-4　登記場所の制限／97
Q3-3-5　商用建物／97
Q3-3-6　設立前行為／98
　法知識の整理・100
　関連法令・101

第4節　生産拠点の確保………………………………………………………102

Q3-4-1　中国における土地所有・使用制度／102
Q3-4-2　払下土地使用権／104
Q3-4-3　払下手続の概要／105
Q3-4-4　土地使用権入札手続の概要／106
Q3-4-5　払下契約の内容に関する留意点／107
Q3-4-6　払下契約の確定プロセス／109
Q3-4-7　払下契約の締結当事者／110
Q3-4-8　権利証書と不動産登記／111
Q3-4-9　土地使用権譲渡／113
Q3-4-10　土地使用権の賃借／114
Q3-4-11　工場建物の譲受／115
Q3-4-12　工場建物の貸借、賃貸借登記／115
Q3-4-13　他社工場の賃借／116
Q3-4-14　抵当物件の賃借／117
Q3-4-15　環境影響評価／118
　法知識の整理・119
　関連法令・120

第 4 章　生産・販売

第 1 節　生産の準備（物と技術の輸入）……………………………………124

- Q4-1-1　対外貿易に必要な資格および手続／124
- Q4-1-2　輸出入管理制度／125
- Q4-1-3　機電製品の輸入／126
- Q4-1-4　設備輸入の免税／127
- Q4-1-5　技術輸出入管理／128
- Q4-1-6　技術輸出入管理の対象／130
- Q4-1-7　ロイヤルティの料率／131
- Q4-1-8　目標達成の保証条項／132
- Q4-1-9　改良技術の帰属／132
- 法知識の整理・133
- 関連法令・136

第 2 節　中国における調達・販売……………………………………137

- Q4-2-1　国内販売／137
- Q4-2-2　原産地表示／138
- Q4-2-3　契約書の署名押印／139
- Q4-2-4　表見代理／140
- Q4-2-5　危険負担／141
- Q4-2-6　隠れた瑕疵／142
- Q4-2-7　違約金／143
- Q4-2-8　不可抗力／144
- Q4-2-9　国際取引と中国国内取引／145
- Q4-2-10　準拠法／145
- Q4-2-11　ウィーン条約の適用排除／146
- Q4-2-12　紛争解決条項／147
- Q4-2-13　仲裁地の指定／147
- 法知識の整理・149
- 関連法令・150

目　次

第3節　販売に関する競争法上の規制……………………………………151

Q4-3-1　独占合意の禁止／151
Q4-3-2　販売地域の指定／152
Q4-3-3　再販価格指定／154
Q4-3-4　景品付き販売／158
Q4-3-5　行政独占／159
Q4-3-6　価格カルテル行政調査／160
　法知識の整理・161
　関連法令・162

第4節　販売後の責任………………………………………………………163

Q4-4-1　品質基準／163
Q4-4-2　品質保証期間／164
Q4-4-3　製造物責任／165
Q4-4-4　リコール／167
Q4-4-5　人身損害賠償の計算／168
Q4-4-6　親会社の責任／168
Q4-4-7　三包責任／169
Q4-4-8　品質保証金／171
　法知識の整理・171
　関連法令・174

第5節　債権保全……………………………………………………………175

Q4-5-1　取引先の調査／175
Q4-5-2　不動産状況の調査／176
Q4-5-3　前払い、手付金／177
Q4-5-4　強制執行力付き公証証書／178
Q4-5-5　相　　殺／178
Q4-5-6　債権譲渡／179
Q4-5-7　訴訟時効／180
　関連法令・182

第6節　製造委託 183

Q4-6-1　加工貿易／183
Q4-6-2　保税区の物流センターとしての機能／184
Q4-6-3　深加工結転／186
Q4-6-4　製造者の表示／187
　関連法令・187

第5章　労　務

第1節　雇　用 190

Q5-1-1　雇用形態／190
Q5-1-2　間接雇用（労務派遣）のメリットと留意点／191
Q5-1-3　定年退職者との労務契約／193
Q5-1-4　採用前の確認事項／194
Q5-1-5　採用資料の偽造／194
Q5-1-6　外国人の採用／195
　法知識の整理・195
　関連法令・197

第2節　労働契約 198

Q5-2-1　労働契約書の締結／198
Q5-2-2　労働契約の法定記載事項／199
Q5-2-3　労働契約の任意記載事項／201
Q5-2-4　賃金に関する規定／201
Q5-2-5　勤務期間／203
Q5-2-6　試用期間の注意事項／204
Q5-2-7　秘密保持条項／205
Q5-2-8　競業制限条項／205
　法知識の整理・207
　関連法令・207

目　次

第3節　労働契約の終了……………………………………………………208

　　Q5-3-1　労働契約の解除／208
　　Q5-3-2　労働契約解除の制限／210
　　Q5-3-3　労働契約の終了／212
　　Q5-3-4　経済補償金／215
　　Q5-3-5　経済補償金の計算方法／216
　　Q5-3-6　退職時の留意事項／217
　　関連法令・218

第4節　労務管理………………………………………………………………219

　　Q5-4-1　就業規則の内容／219
　　Q5-4-2　就業規則の変更／220
　　Q5-4-3　社会保険の種類／221
　　Q5-4-4　住宅積立金制度／222
　　Q5-4-5　労働組合の法的位置づけ／222
　　Q5-4-6　労働組合に対する義務／223
　　Q5-4-7　従業員代表大会／223
　　関連法令・224

第5節　労働紛争の解決………………………………………………………226

　　Q5-5-1　労働紛争の解決方法／226
　　Q5-5-2　ストライキ対策／228
　　Q5-5-3　労働紛争の事前防止策／229
　　関連法令・229

第6章　会計・税務

第1節　会　　計………………………………………………………………232

　　Q6-1-1　会計制度／232
　　Q6-1-2　会計年度／233

Q6-1-3　財務諸表／234
　　　Q6-1-4　法定監査／235
　　　Q6-1-5　会計責任者の資格／235
　　　Q6-1-6　会計・税務の専門家資格／236
　　　Q6-1-7　資本金検査（験資）／236
　　　Q6-1-8　減価償却／237
　　　Q6-1-9　内部留保／238
　　　Q6-1-10　配当の送金／239
　　　Q6-1-11　先行配当／240
　　　Q6-1-12　監事・任意監査／241
　　　法知識の整理・242
　　　関連法令・242

第2節　税　　務　…………………………………………………247

　　　Q6-2-1　中国の税制体系／247
　　　Q6-2-2　追徴課税期間／251
　　　Q6-2-3　支店（分公司）の企業所得税／251
　　　Q6-2-4　特別納税調整／252
　　　Q6-2-5　源泉所得税／254
　　　Q6-2-6　持分権譲渡に対する課税／255
　　　Q6-2-7　増値税の管理／257
　　　Q6-2-8　増値税インボイスの発行と売買関係の成立／258
　　　Q6-2-9　増値税インボイスの発行と支払いの関係／259
　　　Q6-2-10　ロイヤルティの課税／259
　　　Q6-2-11　税関申告における商品分類／261
　　　Q6-2-12　外国人の個人所得税／263
　　　法知識の整理・265
　　　関連法令・266

目　次

第 7 章　資金調達

第 1 節　中国国内での資金調達 …………………………………………272

- Q7-1-1　中国の金融機関／272
- Q7-1-2　中国国内での借入れ／273
- Q7-1-3　中国系銀行からの借入れと日系銀行からの借入れとの比較／274
- Q7-1-4　人民元の借入金利／275
- Q7-1-5　中国国内での外貨建て借入れ／275
- Q7-1-6　企業間貸付けの禁止／276
- Q7-1-7　委託貸付け／277
- Q7-1-8　手形取引／279
- Q7-1-9　商業引受手形を受ける場合の注意点／280
- Q7-1-10　商業手形の割引／280
- Q7-1-11　取引先からの資金的援助／282
  - 法知識の整理・282
  - 関連法令・283

第 2 節　海外からの資金調達 ……………………………………………284

- Q7-2-1　海外からの借入れに関する規制／284
- Q7-2-2　投資総額の増額／285
- Q7-2-3　親子ローン／287
- Q7-2-4　親子ローンと増資との比較／287
- Q7-2-5　親会社の保証／289
- Q7-2-6　中外合弁企業の増資／290
- Q7-2-7　増資に伴う持分比率の変更／290
  - 法知識の整理・292
  - 関連法令・293

第 3 節　担保・保証、リース ……………………………………………294

- Q7-3-1　担保の方法／294
- Q7-3-2　資産評価機関／295

Q7-3-3　保　　　証／296
Q7-3-4　役員の個人責任／297
Q7-3-5　抵当権の設定／298
Q7-3-6　動産質権の設定／299
Q7-3-7　外商投資企業の持分権に対する質権設定／299
Q7-3-8　持分権への質権設定の効力／300
Q7-3-9　売掛金への質権設定／301
Q7-3-10　中国でのリース取引／303
　　法知識の整理・303
　　関連法令・304

第4節　株式の公開……………………………………………………………306

Q7-4-1　中国の証券取引所／306
Q7-4-2　外商投資企業の上場／307
　　関連法令・309

第8章　外　　　貨

第1節　外貨規制の概要および経常項目……………………………………312

Q8-1-1　外貨規制／312
Q8-1-2　外貨関連法制度の現状／313
Q8-1-3　外貨管理局／314
Q8-1-4　経常項目と資本項目／316
Q8-1-5　真実性審査原則／317
Q8-1-6　ロイヤルティの送金／318
Q8-1-7　貿易信用登記制度／319
Q8-1-8　サービス貿易に関わる対外支払い／322
Q8-1-9　立替費用の対外送金／324
Q8-1-10　駐在員事務所の外貨規制／324
Q8-1-11　外貨の不正取得と不正流出／326
Q8-1-12　賠償金の対外送金／327

関連法令・327

第2節　資本項目外貨 ……………………………………………………329

Q8-2-1　外債の借入れ／329
Q8-2-2　外商投資企業による外債借入れ／330
Q8-2-3　外債の特別取扱い／332
Q8-2-4　外債登記／333
Q8-2-5　国内外貨建て借入れ／334
Q8-2-6　人民元による外債／335
Q8-2-7　対外担保／336
Q8-2-8　海外担保国内借入れ／337
Q8-2-9　為替レート形成制度／338
関連法令・339

第3節　人民元の国際化 ……………………………………………………340

Q8-3-1　人民元による貿易決済／340
Q8-3-2　人民元による貿易決済の資格／341
Q8-3-3　人民元直接投資／342
Q8-3-4　人民元による貿易決済のメリット／343
Q8-3-5　点心債券／344
Q8-3-6　非居住者人民元口座／345
法知識の整理・347
関連法令・349

第9章　知的財産権

第1節　著作権 ……………………………………………………………352

Q9-1-1　著作権の国際的な保護／352
Q9-1-2　著作物／354
Q9-1-3　著作権と意匠権／356
Q9-1-4　職務著作物／357

Q9-1-5　委託著作物／357
　　　Q9-1-6　著作権侵害に対する救済手段／358
　　　Q9-1-7　情報ネットワーク伝達権／360
　　　　法知識の整理・361
　　　　関連法令・362

第2節　商　　標………………………………………………………………363

　　　Q9-2-1　商標登録主義／363
　　　Q9-2-2　商標の出願方法／363
　　　Q9-2-3　商標登録の留意点／364
　　　Q9-2-4　不使用取消し／365
　　　Q9-2-5　登録商標の無効宣告／366
　　　Q9-2-6　商標権譲渡と商標使用許諾／369
　　　Q9-2-7　ドメインネームと商標権の衝突／372
　　　　法知識の整理・373
　　　　関連法令・375

第3節　特　許　権………………………………………………………………376

　　　Q9-3-1　発明・実用新案・意匠／376
　　　Q9-3-2　特許出願の留意点／377
　　　Q9-3-3　職務発明／379
　　　Q9-3-4　職務発明の報酬／380
　　　Q9-3-5　共同開発の留意点／382
　　　Q9-3-6　無効宣告／383
　　　Q9-3-7　特許権侵害訴訟の損害賠償／385
　　　　法知識の整理・387
　　　　関連法令・388

第4節　反不正当競争法……………………………………………………389

　　　Q9-4-1　不正当競争行為／389
　　　Q9-4-2　知名商品の名称、包装、装飾／390
　　　Q9-4-3　商業秘密／391
　　　　法知識の整理・393

関連法令・393
30分でわかる中国での権利侵害商品対策・394

第10章　中国におけるM&A・企業再編

第1節　中国におけるM&A、企業再編の概要……400

Q10-1-1　外資によるM&Aの手法／400
Q10-1-2　外商投資企業の事業再編／401

第2節　外国投資家による中国国内企業の買収……403

Q10-2-1　外資による中国国内企業買収の根拠規定／403
Q10-2-2　買収に関する基本規制／404
Q10-2-3　内資企業の持分権買収手続／405
Q10-2-4　内資企業の資産買収手続／407
Q10-2-5　内資企業の資産買収の留意点／407
法知識の整理・409

第3節　外商投資企業の事業再編……411

Q10-3-1　再編手法―増資／411
Q10-3-2　再編手法―減資／412
Q10-3-3　再編手法―支店設立／413
Q10-3-4　再編手法―経営範囲の変更／415
Q10-3-5　再編手法―会社所在地の移転／416
Q10-3-6　再編手法―DES（債権の持分権への転換）／417
関連法令・418

第4節　外商投資企業の合併と分割、持分権譲渡、国内再投資……421

Q10-4-1　合併・分割の可否／421
Q10-4-2　外商投資企業の合併・分割の留意事項／422
Q10-4-3　合併・分割の審査認可・登記手続／424
Q10-4-4　国内再投資の概要／426

Q10-4-5　国内再投資の要件／427
Q10-4-6　再編手法——外商投資企業の持分権譲渡手続／428
Q10-4-7　再編手法——持分権譲渡契約の注意点／429
Q10-4-8　出資金払込未了時の持分権譲渡の可否／430
Q10-4-9　持分権譲渡における出資者全員の同意の要否／431
関連法令・432

第5節　企業買収における法務調査 ……………………………………433

Q10-5-1　法務調査のチェック事項／433
Q10-5-2　経営範囲逸脱／435
Q10-5-3　業法上のライセンス調査／436
Q10-5-4　商業賄賂の調査／436
Q10-5-5　関税に関する調査／437
Q10-5-6　労務問題に関する調査／438
Q10-5-7　不動産に関する法務調査／438

第6節　M&A、企業再編に関する独禁法審査（企業結合申告）…………440

Q10-6-1　企業結合の申告基準／441
Q10-6-2　企業結合申告および審査手続／444
Q10-6-3　企業結合の判断要素／445
法知識の整理・447
関連法令・448

第7節　外商投資性会社（傘型企業）………………………………………449

Q10-7-1　外商投資性会社の経営活動の範囲／449
Q10-7-2　外商投資性会社の設立要件／450
Q10-7-3　外商投資性会社の出資後の経営範囲の拡大／451
Q10-7-4　外商投資性会社の地域本部段階の経営範囲／452
法知識の整理・454
関連法令・455

第8節　地域本部 ………………………………………………………………456

Q10-8-1　地域本部の意義／456

xvii

目　次

　　Q10-8-2　管理性会社の地域本部の認定条件／457
　　Q10-8-3　地域本部の機能、優遇政策／458
　関連法令・459

第11章　撤　退

第1節　撤退方法の比較……………………………………………………462
　　Q11-1-1　撤退の方法／462
　　Q11-1-2　撤退方法の比較／462
　　Q11-1-3　通常取られる撤退方法／464

第2節　持分権譲渡による撤退……………………………………………465
　　Q11-2-1　持分権譲渡による撤退／465
　　Q11-2-2　持分権譲渡による撤退に要する期間／466
　　Q11-2-3　内資転換／466
　　Q11-2-4　持分権譲渡による撤退の留意点／467

第3節　解散・清算による撤退……………………………………………468
　　Q11-3-1　解散・清算による撤退／468
　　Q11-3-2　合弁企業の解散・清算／469
　　Q11-3-3　合弁企業との解散・清算のための準備／470
　　Q11-3-4　外商投資企業の解散・清算手続の法律根拠／471
　　Q11-3-5　解散と清算の違い／471
　　Q11-3-6　債務超過会社の解散・清算／471
　　Q11-3-7　解散・清算の手続費用の確保／473
　　Q11-3-8　解散事由／473
　　Q11-3-9　外商投資企業の解散認可／474
　　Q11-3-10　デッドロックにおける解散／475
　　Q11-3-11　解散請求権者の要件／476
　　Q11-3-12　解散請求の条件／476
　　Q11-3-13　解散請求の条件（他の方法によっても解決できない）／477

Q11-3-14　解散請求の実態／477
Q11-3-15　清算手続の開始／478
Q11-3-16　清算手続の種類／479
Q11-3-17　清算手続の流れ／479
Q11-3-18　清算委員会のメンバー／480
Q11-3-19　清算委員会の権限／481
Q11-3-20　清算の所要期間／482
Q11-3-21　清算手続上の問題点／482
Q11-3-22　合弁企業の清算／483
Q11-3-23　強制清算手続／483
Q11-3-24　会社清算責任／485
Q11-3-25　株主の清算責任の実態／486
Q11-3-26　外国親会社の破産手続開始／487
Q11-3-27　駐在員事務所の閉鎖／489

第4節　破産による撤退 490

Q11-4-1　破　　産／490
Q11-4-2　破産管財人／491
Q11-4-3　破産における役員の責任／491
Q11-4-4　放置会社に対する処分／492
Q11-4-5　営業許可証の取消し／492
　　法知識の整理・493
　　関連法令・494

第12章　紛争解決・行政・刑事・コンプライアンス

第1節　裁判手続 496

Q12-1-1　法的紛争解決制度の概要／496
Q12-1-2　裁判手続の流れおよび特徴／497
Q12-1-3　審級管轄、地域管轄／498
Q12-1-4　合意管轄、専属管轄／499

目　次

　　Q12-1-5　訴訟代理人／500
　　Q12-1-6　送　　達／502
　　Q12-1-7　立証責任と証拠の調査・収集／503
　　Q12-1-8　人民法院による証拠収集／504
　　Q12-1-9　証拠の申出期間／505
　　Q12-1-10　証拠の翻訳、公証、認証／506
　　Q12-1-11　証拠保全／506
　　Q12-1-12　財産保全／508
　　Q12-1-13　判決の強制執行／509
　　Q12-1-14　日中判決の相手国での執行／510
　　Q12-1-15　地方保護主義／511
　　　法知識の整理・514
　　　関連法令・515

第2節　仲裁手続 ……………………………………………516

　　Q12-2-1　仲裁手続と裁判手続の比較／516
　　Q12-2-2　仲裁申立ての要件／517
　　Q12-2-3　仲裁判断の相手国での承認と執行／517
　　Q12-2-4　CIETAC仲裁／518
　　Q12-2-5　仲裁人の選定／521
　　　法知識の整理・522
　　　関連法令・523

第3節　準　拠　法 ……………………………………………524

　　Q12-3-1　準　拠　法／524
　　Q12-3-2　渉外民事関係と準拠法／525
　　Q12-3-3　準拠法合意の制限／527
　　　関連法令・528

第4節　行政処分 ……………………………………………529

　　Q12-4-1　行政処分の概要／529
　　Q12-4-2　経営範囲逸脱の認定／530
　　Q12-4-3　脱税の行政処分等／531

Q12-4-4　人民法院による出国制限／532
　　　　法知識の整理・533
　　　　関連法令・534

第5節　コンプライアンス ……………………………………………535

　　　Q12-5-1　個人情報保護／535
　　　Q12-5-2　商業賄賂／536
　　　Q12-5-3　商業賄賂の責任／537
　　　Q12-5-4　年次検査／539
　　　Q12-5-5　董事の責任／540
　　　　法知識の整理・542
　　　　関連法令・543

索　　引 ……………………………………………………………………545

編著者・執筆者略歴 ……………………………………………………555

| コラム・ケース 目次 |

★ 第1章　中国進出を考える ―――――――――――――1

- Column 1-1-1：業法ライセンスの事前認可と事後認可…………9
- Column 1-1-2：ハイテク企業認定…………11
- Column 1-2-1：中央部門規定と地方政府規定との差異の例…………21
- Column 1-2-2：地方ごとに異なる解釈・運用の例…………21
- Column 1-2-3：産業指導目録に関する最新情報…………23
- Column 1-2-4：「西部大開発」の具体的な内容…………25
- Column 1-2-5：地方優遇政策の一例…………26
- Column 1-2-6：中国（上海）自由貿易試験区…………30

★ 第2章　どのようにして進出するか ―――――――――35

- Column 2-1-1：駐在員事務所（代表処）に対する管理・規制の強化…………39
- Column 2-1-2：外国銀行の駐在員事務所と支店設置…………41
- Column 2-2-1：中国と香港の経済貿易緊密化協定…………52
- Column 2-2-2：香港経由の投資による中国本土での手続の簡略化…………52
- Column 2-3-1：合弁交渉における実務上の主な留意点…………56
- Column 2-3-2：合弁交渉段階の秘密保持…………57
- Column 2-3-3：法定記載事項以外で合弁契約によく定められる事項…………59
- Column 2-3-4：デッドロック…………59
- Column 2-3-5：定款と合弁契約が一致しない場合の対応…………64
- Column 2-3-6：董事会決議規則と定足数…………67
- Column 2-3-7：中外合弁企業の董事会の性質…………67
- Column 2-3-8：総経理を中国側出資者が派遣する場合の実務上の牽制方法…69
- Column 2-3-9：株主会の権限の範囲と決議に関する規則等…………71
- Column 2-3-10：董事会の権限の範囲と決議に関する規則等…………72
- Column 2-3-11：監事会の権限の範囲と決議に関する規則等…………73
- Column 2-3-12：法定代表者…………73

コラム・ケース　目次

第3章　拠点を立ち上げる ——————75

Column 3-1-1：中国側出資者の主体資格……………………78
Column 3-1-2：駐在員事務所の名称ルール………………80
Column 3-1-3：認可手続の瑕疵……………………………81
Column 3-1-4：企業情報の取得……………………………83
Column 3-1-5：中国におけるオフショア投資……………85
Column 3-3-1：店舗の開設手続……………………………94
Column 3-3-2：消化仕入れ…………………………………96
Column 3-3-3：賃貸借契約締結における留意点…………99
Column 3-4-1：集団土地…………………………………103
Column 3-4-2：土地使用期限満了後の取扱い……………105
Column 3-4-3：遊休土地…………………………………107
Column 3-4-4：土地使用権払下モデル契約の条項………108
Column 3-4-5：基準地価制度……………………………109
Column 3-4-6：立ち退き・収用…………………………110
Column 3-4-7：不動産登記制度…………………………112
Column 3-4-8：土地使用権と建物所有権の同時処分の原則……114
Column 3-4-9：違法建築物の賃貸借契約の有効性………117
Column 3-4-10：土壌汚染法制……………………………119
Case 3-2-1　外貨建て登録資本金と為替レート…………90

第4章　生産・販売 ——————123

Column 4-1-1：関税の課税方式…………………………127
Column 4-1-2：技術輸出入契約登記の流れ……………129
Column 4-2-1：原産地表示判断標準……………………138
Column 4-2-2：中国の印鑑制度…………………………140
Column 4-2-3：約款の免責事由…………………………148
Column 4-3-1：支配的地位の判断基準…………………153
Column 4-3-2：知的財産権と独禁法……………………154
Column 4-3-3：リニエンシー制度………………………158

xxiii

コラム・ケース　目次

Column 4-4-1：国家標準……………………………………………………164
Column 4-4-2：製造物責任の免責事由……………………………………166
Column 4-4-3：製品品質法と権利侵害責任法……………………………166
Column 4-4-4：欠陥車製品リコール管理条例……………………………167
Column 4-4-5：三包責任適用製品…………………………………………170
Column 4-5-1：特別な訴訟時効期間………………………………………180
Case 4-3-1　価格に関する独占行為の事例………………………………155
Case 4-5-1　会社財産と関連会社の財産の混同を認めた事例…………181

第5章　労　　務 ——————————189

Column 5-1-1：駐在員事務所における雇用………………………………191
Column 5-1-2：間接雇用（労務派遣）の厳格化…………………………192
Column 5-2-1：非全日制雇用………………………………………………199
Column 5-2-2：年次有給休暇………………………………………………200
Column 5-2-3：集団契約……………………………………………………200
Column 5-2-4：研修後の勤務義務期間……………………………………201
Column 5-2-5：残　業　代…………………………………………………202
Column 5-2-6：不定時労働時間制…………………………………………202
Column 5-2-7：一定の業務完成を期間とする労働契約…………………203
Column 5-2-8：従業員との違約金の合意…………………………………206
Column 5-3-1：女性従業員の「三期」……………………………………211
Column 5-3-2：医療期間……………………………………………………211
Column 5-3-3：「連続して2回締結」（労働契約法14条2項3号）………213
Column 5-3-4：定年年齢……………………………………………………214
Column 5-3-5：合意解除と経済補償金……………………………………216
Column 5-4-1：抽象的な解雇事由の具体化………………………………219
Column 5-4-2：労働契約と就業規則の内容の不一致……………………221
Column 5-4-3：外国人の社会保険加入……………………………………221
Column 5-4-4：従業員代表大会と従業員大会……………………………224
Column 5-5-1：労働仲裁制度………………………………………………227
Case 5-5-1　残業代に関する労働仲裁……………………………………228

xxiv

第6章　会計・税務 ——————————— 231

- Column 6-2-1：国税、地方税と共通税……………………………………247
- Column 6-2-2：日中租税協定………………………………………………248
- Column 6-2-3：企業再編に関する企業所得税……………………………256
- Column 6-2-4：輸出還付制度………………………………………………258
- Column 6-2-5：営業税から増値税への転換………………………………261
- Column 6-2-6：輸入貨物に関連するロイヤルティの関税………………262
- Case 6-1-1：無形資産の過大評価…………………………………………237
- Case 6-2-1：出向PEの事例…………………………………………………250
- Case 6-2-2：移転価格税制の事例…………………………………………253
- Case 6-2-3：過少資本税制の事例…………………………………………253
- Case 6-2-4：間接的に持分権を譲渡する取引が中国で納税調整された事例………………………………………………………………………255
- Case 6-2-5：商標権ロイヤルティと技術ロイヤルティの区別……………260
- Case 6-2-6：ロイヤルティが税関関税価格に含まれると設定された事例………………………………………………………………………263
- Case 6-2-7：外国人の給与の個人所得税の試算…………………………264

第7章　資金調達 ——————————— 271

- Column 7-1-1：企業間貸付けの有効性に関する近時の動向……………278
- Column 7-1-2：中国の商業手形の推進策と電子商業手形の導入………279
- Column 7-2-1：親子ローンの返済義務の免除……………………………288
- Column 7-3-1：税関監督機関中の設備への担保権設定…………………296
- Column 7-3-2：現地法人の持分権への質権設定と貸倒処理……………301
- Case 7-1-1：白地式裏書………………………………………………………281
- Case 7-2-1：割当価格にプレミアムを付けた第三者割当増資……………291
- Case 7-3-1：親会社から中国現地法人への売掛金に対する質権設定……302
- Case 7-4-1：日本企業の香港での株式上場…………………………………308
- Case 7-4-2：中国企業の日本での上場（中国博奇）………………………309

コラム・ケース　目次

第8章　外　貨 ―――――――――――――――311

Column 8-1-1：外貨に関する有効な法令の定期公表…………………314
Column 8-1-2：外貨管理局の沿革………………………………………315
Column 8-1-3：従前の貿易信用登記制度………………………………320
Column 8-1-4：2012年貨物貿易外貨管理制度の大改正………………321
Column 8-1-5：輸出入に関する外貨照合制度…………………………321
Column 8-1-6：サービス貿易外貨制度の改正…………………………323
Column 8-1-7：外貨口座…………………………………………………325
Column 8-2-1：投　注　差………………………………………………331
Column 8-3-1：人民元適格国外機構投資家（RQFII）制度……………346
Case 8-2-1　　外債残高と投注差の計算例……………………………331

第9章　知的財産権 ―――――――――――――――351

Column 9-1-1：著作権自主登録手続……………………………………353
Column 9-1-2：コンピュータソフトウェア著作権と著作権法上の権利の異同
　　　　　　　………………………………………………………………355
Column 9-2-1：商標検索…………………………………………………364
Column 9-2-2：著名商標…………………………………………………368
Column 9-2-3：類似商標認定に関する新しい動向……………………371
Column 9-3-1：実用新案特許と発明特許の併願………………………378
Column 9-3-2：秘密保持審査制度とその対策…………………………379
Column 9-3-3：職務発明条例の動向……………………………………382
Column 9-3-4：特許権無効宣告の流れ（概要）…………………………384
Column 9-3-5：特許権侵害訴訟における無効宣告……………………385
Case 9-1-1　　カタログコピー事件……………………………………353
Case 9-1-2　　ETS試験問題事件………………………………………354
Case 9-1-3　　ウルトラマン事件、クレヨンしんちゃん事件…………359
Case 9-2-1　　スターバックス事件（商標と商号の衝突）……………369
Case 9-2-2　　「iPAD」中国商標権紛争…………………………………370
Case 9-2-3　　「日産」vs「日産嘉和」……………………………………371

xxvi

Case 9-3-1	職務発明規程の無効事例	381
Case 9-3-2	高額で和解した特許紛争事例	386
Case 9-4-1	FERREROの事例	391
Case 9-4-2	顧客名簿の商業秘密該当性	392

第10章　中国におけるM&A・企業再編 —— 399

Column 10-1-1	事業譲渡	401
Column 10-2-1	株式交換方式	406
Column 10-2-2	国有企業買収の特殊性	409
Column 10-3-1	支店設立が制限される業種	414
Column 10-3-2	債権の持分権転換に関するDES	417
Column 10-4-1	外商投資企業の合併および分割に関する規定と会社法第9章の合併分割規定との適用関係	422
Column 10-4-2	合併・分割後の出資比率の計算方法	423
Column 10-4-3	合併・分割の手続フロー	425
Column 10-4-4	持分権を対価とする買収方法	431
Column 10-6-1	事業者の売上計算方法	442
Case 10-6-1	丸紅によるGavilon社の買収に関する事業結合事例	446

第11章　撤　退 —— 461

Column 11-1-1	撤退の際の事前確認事項	464
Column 11-3-1	親会社による債権放棄等の支援策	472
Column 11-3-2	解散の認可・登記手続における留意点	475
Column 11-3-3	経営不振に陥っていない会社の解散請求	478
Case 11-3-1	清算をめぐる意見の対立	469
Case 11-3-2	株主の清算責任（指導性案例9号）	486

第12章　紛争解決・行政・刑事・コンプライアンス —— 495

| Column 12-1-1 | 和解と調解 | 497 |
| Column 12-1-2 | 訴訟提起に必要な書類 | 500 |

Column 12-1-3	：訴訟代理人の委任状と当事者の資格証明書	501
Column 12-1-4	：中国における裁判傍聴	502
Column 12-1-5	：法廷弁論と書面の関係	503
Column 12-1-6	：知的財産権民事訴訟の損害額の立証	504
Column 12-1-7	：証拠保全制度	507
Column 12-1-8	：担保金額の目安	508
Column 12-1-9	：権利侵害の差止め	509
Column 12-1-10	：中国の裁判官	511
Column 12-1-11	：審判委員会	512
Column 12-1-12	：判例の拘束力と指導性案例	512
Column 12-1-13	：裁判文書のオンライン公開	513
Column 12-2-1	：CIETACの内部紛争	520
Column 12-2-2	：SHIACの仲裁費用等	521
Column 12-3-1	：渉外民事関係の確定	526
Column 12-4-1	：刑事手続	533
Column 12-5-1	：個人情報保護に関する法整備	536
Column 12-5-2	：贈賄の刑事責任	538
Column 12-5-3	：株主代表訴訟	540
Case 12-2-1	日本商事仲裁協会（JCAA）の仲裁判断が、中国の人民法院で承認拒絶された事例（信越化学工業株式会社vs江蘇中天科技股份有限公司）	518
Case 12-3-1	紛争開始後の合意	525
Case 12-5-1	清算中の会社の株主代表訴訟を認めた判例	541

【本書の表記について】

1　本書の設問は、主に、中国ビジネスに関わる日本企業の法務担当者の視点に立って、日本企業が中国ビジネスで直面するさまざまな法律問題に関する質問をし、その質問に対して弁護士の立場から回答・解説を加えるというQ＆A方式で構成されています。そのため、設問では、相談主体の日本企業やその中国法人などを以下のように表記しています。

　当社：設問で特に断りがない限り、日本企業の日本本社を指します。
　当社現法：「当社」の100％出資による中国に所在する中国現地法人を指します。
　当社合弁：「当社」と中国企業との共同出資による中外合弁企業を指します。
　※なお、回答・解説部分では、上記の「当社」を「貴社」に入れ替えたうえで、「貴社」「貴社現法」などと表記しています。

2　本文中で引用されている法令の名称は、特に断りがない限り中国本土で適用される法令を指しています。たとえば、「会社法」は、日本の会社法ではなく中国の会社法（公司法）を意味します。
　また、本文中で引用した法令や本文のトピックに関連する主要な法令については、原則として、各節の末尾の「関連法令」の欄に、日本語訳、中国語原文表記、制定機関、施行年および法令番号を以下のようにまとめて記載しています。

　例：「外商投資の方向を指導する規定」（指導外商投資方向規定）（国務院令【2002】346号）

第1章

中国進出を考える

第1章 中国進出を考える

第1節

中国に進出できるか

> 市場として急速に拡大する中国には、大きな魅力と可能性があります。しかし、社会主義国家であり、また成長途上の段階にある中国には、規制が多く、中国に進出するにあたっては、予定している事業内容がそもそも中国に進出できる業種なのか、進出できるとしてどのような制限を受けるのかなどを十分に調査したうえで、検討する必要があります。本節では、中国進出にあたって知っておくべき外商投資や、業法上の規則等について紹介します。

> Q1-1-1　中国では、食用油の危険性が高いと報道されており、また、日本の食品の安全性に対する信頼度が高いと聞きます。そこで、日本の安全な植物油を輸入販売する会社を設立したいと考えています。中国では、進出する業種によって投資に関する規制が異なると聞きましたが、どのような規制があるのでしょうか。（外商投資に対する規制の種類（外商投資ガイドライン・業法ライセンス））

　中国に進出するにあたってまず考えなければならないことは、進出する業種（外商投資プロジェクトの業種）がどのように規制されているかということです。中国では、外国からの投資のガイドラインとして外国投資の方向を指導する規定（以下「外商投資ガイドライン」といいます）が定められており、外商投資プロジェクトは、業種によって、奨励類、許可類、制限類および禁止類の4種類に分類されます。そして、具体的なプロジェクトがいずれの種類にあたるかを定めたものが外商投資産業指導目録です。この分類により、そもそも認可されうるのか、認可されうる場合の認可機関はどのレベルの機関なのか、中国

企業との合弁企業形態にする必要があるかなどが異なってきます（各類型の詳細説明については、Q1-1-3～Q1-1-7参照）。

　また、一般的な外商投資規制のほか、外商投資プロジェクトの業種によっては当該業種に必要とされる業法ライセンスを取得する必要があります。
⇒Q1-1-9（業法による規制）

> Q1-1-2 （Q1-1-1の続き）　中国で現地法人を設立して日本の植物油を輸入販売する事業を行う場合、外商投資産業指導目録のどの種類に該当しますか。外商投資産業指導目録を確認する際、具体的にどのように調べればよいのでしょうか。（外商投資産業指導目録の見方）

　外商投資産業指導目録では、奨励類、制限類、禁止類の3種類に該当する業種をリスト化しており、この3つのいずれにも属さない業種は、外商投資ガイドラインで許可類に該当するとされています。外商投資プロジェクトの業種が奨励類に該当する場合には、比較的容易に投資の認可を取得できることに加え、税務上の優遇等の政策が受けられる場合があります。制限類に該当する場合は、投資の認可を取得する難度が相当高くなります。なお、禁止類に該当する場合は、そもそも中国への投資が認可されません。

　本問では、植物油の販売（卸売、小売、物流を含む）は制限類に該当するため、認可を取得する難度は相当高くなります。

　ただし、実務上、外商投資プロジェクトの業種がどの分類に当てはまるのかについては、外商投資産業指導目録の文言からは一義的に明らかでない場合もあります。そのため、外商投資産業指導目録を確認するにあたっては、外商投資産業指導目録の文言解釈等について、事前に設立予定地域の商務部門に確認および相談をしながら準備を進めていくことが重要です。
⇒Q4-1-2（輸出入管理制度）

> Q1-1-3 当社は太陽光発電システムの製造販売会社ですが、中国で太陽光発電システムの製造販売会社を新たに設立したいと考えています。当社のプロジェクトは奨励類に該当しますか。奨励類に該当する業種はどのような業種か教えてください。（奨励類に該当する業種）

　奨励類の外商投資プロジェクトは、基本的に中国が外国から技術や情報を取得することを希望する先端技術産業や、経済未発展の地域に企業を誘致できる産業であり、その概要は以下のとおりです。
① 農業新技術、農業総合開発およびエネルギー、交通、重要原材料工業
② 高度先進技術、先進的応用技術に該当するものであって、製品の性能を改善し、企業の技術・経済効率を高め、または国内の生産能力が不足している新設備・新材料を生産することができるもの
③ 市場の需要に応えるものであって、製品のグレードを高め、新市場を開拓し、または製品の国際的競争力を高めることができるもの
④ 新技術、新設備であって、エネルギーおよび原材料を節約し、資源および再生資源を総合的に利用し、かつ環境汚染を防止することができるもの
⑤ 中西部地区の人的資源および資源の優位性を発揮させることができ、かつ、国の産業政策に合致するもの
⑥ 法律、行政法規に規定するその他の状況に合致するもの
　たとえば、バイオ飼料の開発生産といった農業新技術に関する産業や、太陽光電池の製造といった新技術による再生可能エネルギー産業は奨励類となります。本問の太陽光発電システムの製造販売も奨励類とされています。

> Q1-1-4 奨励類に該当すると、どのような優遇措置が受けられますか。外商投資企業が受けられる優遇措置は、徐々に減少していると聞きますが、まだ受けられる優遇措置はありますか。（奨励類の優遇措置）

　奨励類の外商投資プロジェクトが受けられる優遇措置は、徐々に減少してい

るものの、まだいくつかの税務上の優遇措置があります。

　たとえば、外商投資企業の企業所得税について優遇を受ける場合、2008年に企業所得税法が施行されるまでの間は、初めて利益を計上した年度から最初の２年は免税、3年目から５年目までは15％の優遇税率が適用されていましたが、2008年以降、優遇税率が段階的に上昇し（2008年18％、2009年20％、2010年22％、2011年24％、2012年以降25％）、現在では、原則として中国内資企業と同様の25％となりました。また、奨励類事業に自己使用する目的で輸入した設備の関税や増値税は、免税届出手続を行えば免除されていましたが、2009年１月１日以降はこの増値税免除措置は撤廃されました。

　他方で、設備輸入の関税は、現在も免除されることになっています。また自己使用目的で輸入する設備だけではなく、設備の輸入に伴う部品、備品等の輸入についても関税が免除されます。
⇒Q4-1-4（設備輸入の免税）、Q6-2-7（増値税の管理）、Q10-5-5（関税に関する調査）

> **Q1-1-5　中国に高級ホテルおよび高級オフィスビルを建設し、運営をしたいと考えていますが、どのような規制がありますか。（制限類に該当する業種）**

　高級ホテルおよび高級オフィスビルの建設、運営は、外商投資産業指導目録において制限類とされています。制限類に該当すると、奨励類や許可類と比べて審査認可の難度が高くなるほか、合弁企業でしか参入できない、または、合弁企業でありかつ中国側が持分を支配していなければならないなどの制限を受けることがあります。
　制限類とされる外商投資プロジェクトの概要は以下のとおりです。
　①　技術レベルが立ち遅れているもの
　②　資源節約および生態環境改善のためにならないもの
　③　国が保護的採掘の実施を規定する特定の種類の鉱物の探査、採掘を行う

もの
④　国が段階的に自由化する産業に該当するもの
⑤　法律、行政法規に規定するその他の状況に合致するもの

　たとえば、銀行、信託会社等の金融業や無店舗型の販売、通信販売、インターネット販売等の小売業は制限類とされています。

> Q1-1-6　中国において、日本の会社が出資する会社が、ゴルフ場を開発し運営することはできますか。一方、書籍の出版業はどうでしょうか。（禁止類に該当する業種）

　最新の外商投資ガイドラインにおいて、ゴルフ場の開発経営および書籍の出版業は、外商投資産業指導目録においていずれも禁止類に分類されているため、外商投資企業が、ゴルフ場開発経営および出版業に投資することはできません。

　外商投資ガイドラインで定められる禁止類に属する外商投資プロジェクトの概要は以下のとおりです。

①　国の安全を脅かし、または社会の公共利益を害するもの
②　環境を汚染・破壊し、自然資源を破壊し、または人体の健康を害するもの
③　大量の耕地を占有し、土地資源の保護、開発のためにならないもの
④　軍事設備の安全および使用機能を害するもの
⑤　中国特有の加工または技術を利用して製品を生産するもの

　たとえば、書籍、新聞、定期刊行物の出版業務、別荘の建設運営、希土類の採掘等は禁止類とされています。

> Q1-1-7　当社は食品安全に関するコンサルティングを主な事業内容とする会社です。中国に現地法人を設立し、中国で食品安全に関するコンサルティング業を行うにあたり、何か制限はありますか。（許可類に該当する業種）

　進出が許される業種のうち、奨励類、制限類に属さない業種は、許可類に該当します（Q1-1-2参照）。そのため許可類の範囲は広範にわたります。

　本問のような食品安全に関するコンサルティングを主な事業内容とする業種は、奨励類、制限類、禁止類のいずれにも該当しないため許可類に該当します。

　許可類に対しては、奨励類と異なり優遇政策はないものの、制限類のように認可を得にくいとまではいえないという特徴があります。

> Q1-1-8　2011年に改訂された外商投資産業指導目録のポイントは何ですか。（外商投資産業指導目録の2011年改訂ポイント）

　外商投資産業指導目録（2007年12月1日施行）は2011年12月24日に改訂版が公布され、2012年1月30日から施行されています。

　2011年の主な変更点は下表のとおりです。改訂された外商投資産業指導目録には全部で473項目の業種が規定されており、そのうち奨励類は354項目、制限類は80項目、禁止類は39項目あります。改訂前に比べ、奨励類は3項目増加し、制限類は7項目、禁止類は1項目減少しました。なお、11の項目において、外国側の持分比率の制限が撤廃されています。

2011年改訂の主な変更点

変更された点	変更内容
戦略的な新興産業の育成	奨励類に属する天然食品添加物、食品添加物の生産、新エネルギー発電プラントまたは主要設備の製造はこれまで合弁・合作企業に限られていたが、

	今回の改正ではこの条件を撤廃。 廃棄・中古紡績物の回収処理設備の製造、廃棄・中古機電製品の再製造設備の製造、廃棄・中古電子製品、電気自動車、機電設備、ゴム、金属、電池の回収処理、電気自動車の充電・電池交換スタンドの建設および経営、物流情報コンサルティングサービス、創業投資企業（ベンチャーキャピタル企業）、知的財産権サービス、家政サービス、職業技術訓練を奨励類に追加。
中国産業の保護、不動産に対する制限等	自動車（完成車）の製造を奨励類から許可類に変更。 別荘の建設および経営を制限類から禁止類に変更。 書簡の国内郵送業務を禁止類に追加。
サービス業の発展促進	フランチャイズ、ファイナンスリース会社、医療機構を制限類から許可類に変更。 制限類のオーディオ・ビジュアル商品（映画を除く）の販売は、従来は合作企業に限られ、かつ中国側が支配権を持つことが要求されていたが、今回の改正では中国側が支配権を持つという条件を撤廃。

⇒Q1-1-2（外商投資産業指導目録の見方）

> Q1-1-9 当社現法は、物流会社ですが、日本の顧客から、中国における危険化学品（爆発性、毒性、腐蝕性のある化学品）の運送を依頼されました。中国では危険化学品の運送に対して、業法による規制はありますか。（業法による規制）

業種によっては、外商投資ガイドラインに基づく規制に加えて、業法に基づく業法ライセンスの取得が必要となるなど、特別の規制がある場合があります。中国において当該業種がいかなる法規制を受けているのか、また、地方ごとでどのような運用がなされているかを十分に調査する必要があります。

本問の危険化学品の運送は、交通運輸部が公布する道路危険運輸管理規定に

より、ライセンスを取得することが求められています。したがって、危険化学品の運送を行う場合には、当該管理規定に定める条件を整え、審査を受け、さらに道路運輸経営許可のライセンスを取得しなければなりません。

> **Column 1-1-1：業法ライセンスの事前認可と事後認可**
>
> 　事前認可とは、外商投資企業が商務部門による設立の認可を受ける前に、業法ライセンスを取得する必要がある場合をいいます。他方、事後認可とは、外商投資企業が商務部門による設立の認可を受けた後に業法ライセンスを取得すれば足りる場合をいいます。いずれも当該業務を行うために業法ライセンスを必要とする点では同じですが、商務部門の設立の認可の前に必要か、後で足りるかという違いがあります。
> 　どのような業種に参入する場合に事前認可が必要となるかについて一般的に定める法令やリストがないため、これから参入しようとする業種に事前認可が必要かということを設立申請の事前相談として事前に商務部門に問い合わせておいたほうがよいと思われます。

Q1-1-10　当社は医療機器販売会社ですが、中国で医療機器の販売会社を設立するにあたり、どのような業法上の規制がありますか。（医療機器事業の業法ライセンス）

　中国では、医療機器販売に従事する企業は、その経営範囲に医療機器販売を記載する必要があるほか、企業を設立するにあたって国家食品薬品監督管理総局から「医療機器経営許可証」の業法ライセンスを取得する必要があります。医療機器はその危険度に応じて3つのレベルに分けて管理されており、販売する医療機器の危険度に応じた「医療機器経営許可証」を取得しなければなりません。当該許可証の取得にあたっては以下の要件を満たす必要があります。

① 企業に医療機器の品質管理に関する専門家がいること
② 経営規模にふさわしい経営場所があること
③ 経営規模にふさわしい貯蔵場所があること

④　安全管理・品質管理制度があること
⑤　アフターサービスを提供できる技術者がいること

しかしながら、上記の条件は抽象的であるため、各地の食品薬品監督管理局は、各地の状況に応じてより具体的な審査基準を作成しています。たとえば、上海市の場合、「上海市医療器械経営企業検査確認基準（試行）」があります。このような地方ごとの審査基準は経営許可証を取得する際の基準として機能しています。

医療機器のレベルおよびライセンスの許可機関

レベル	人体に対する危険性	許可／届出機関
3	危険性が高度（体内と接触）	国家食品薬品監督管理総局（許可が必要）
2	危険性が中度（体外と接触）	省レベル食品薬品監督管理局（許可が必要）
1	危険性が低度（非接触）	省レベル食品薬品監督管理局（届出が必要）

なお、新規に業法ライセンスを取得することが難しい場合には、すでにその業法ライセンスを取得している企業を買収する方法も考えられます。
⇒Q10-2-3（内資企業の持分権買収手続）

Q1-1-11　当社はインターネットコンテンツのプロバイダーです。上海市において、ウェブサイトの運営やインターネット販売の事業を展開するにあたってどのような規制がありますか。また、ユーザーから閲覧費用は徴収しませんが、ウェブサイトで広告を掲載し、広告主から広告料を得る場合には、許認可を取得する必要がありますか。（ICP関連事業の業法ライセンス）

インターネットコンテンツのプロバイダーについては、電信条例やインターネット情報サービス管理弁法に基づき、Internet Contents Provider（以下「ICP」といいます）に関する業法規制を受けることとなります。具体的には、

営利性サービスを提供する場合であれば通信管理局から営利性ICPライセンスを取得する必要があり、非営利性サービスを提供する場合には、通信管理局に対し非営利性ICPサービスの届出をするのみで足ります。ただし、実務において外商独資企業は営利性ICPライセンスを取得することは困難となっています。

営利性と非営利性の区別については、地方レベルの政府機関の認識は必ずしも一致しているわけではありませんが、上海市の通信管理局へ照会した際には、ユーザーが費用を支払わなければ閲覧できない情報やコンテンツを提供する場合には営利性ICPライセンスを取得する必要があるとの解釈が示されました。この解釈によると、自己の運営するウェブサイトに広告主の広告を掲載し、広告主から広告料を得たとしても、広告を閲覧するためにユーザーが費用を支払う必要がない限り、営利性ICPライセンスを取得する必要がなく、非営利性ICPサービスの届出のみ行えば足りるとの結論になります。ただし、実際に事業を行うに際しては、管轄政府の最初の見解を事前に確認する必要があります。

Column 1-1-2：ハイテク企業認定

2008年に公布されたハイテク企業認定管理弁法は、中国におけるハイテク企業の発展を扶助し、奨励することを目的としています。従来は、ハイテク産業開発区内のハイテク企業だけが優遇税制措置を受けることができましたが、当該弁法施行後はハイテク産業開発区外のハイテク企業にも平等に適用され、ハイテク企業に対しては、科技行政管理部門、財政部門および税務部門から構成される当該地区のハイテク企業認定機関による統一した認定が行われ、認定を受けた企業は優遇税制措置を享受できることとなりました。

ハイテク企業とは「国家重点に支持するハイテク技術領域」（電子情報技術、バイオと新医薬技術、航空技術、新材料技術、新エネルギーおよび省エネ技術、資源および環境技術、伝統産業の改造技術）において、研究開発および技術成果の稼働を持続的に行い、企業の核心となる知的財産権を持ち、それによって経営活動を展開して、中国域内（香港、マカオ、台湾を除く）に1年以上登録している企業と定義されています。

ハイテク企業に認定された場合、①税収の優遇政策（企業所得税が25%から15%になる）を受けることができるとともに、②ハイテク産業開発区に進出した場合、その区域の特別な優遇を受けることができるなどの優遇措置があります。

なお、一度認定を受けた場合、認定結果の有効期間は3年間で、期間が満了すると、再審査を受けるかまたは再申請をする必要があります。
　優遇措置の具体例としては、たとえば青島国家ハイテク産業開発区の場合には、課税所得額の控除、不動産税・土地使用税・営業税の免除、産業補助金の取得、外国人就業における居留許可（外国籍の高級管理職や重要専門技術者が青島市に長期滞在する必要がある場合は5年以内に有効な外国人居留許可を申請することが可能）、ビザ取得（外国籍の従業員が頻繁に出入国する場合は1年の訪問ビザを取得することが可能）等の優遇措置があります。また、上海市浦東新区に設立されたハイテク企業については経営収入が発生してから最初の2年間は企業所得税を免除し、3年目から5年目までは25％の企業所得税を半分に軽減するといういわゆる二免三減の優遇措置があります。
⇒Q6-2-1（中国の税制体系）

Q1-1-12　当社現法は中国で雑貨の小売業を営んでいますが他社のインターネット販売サイト通じて自社商品を販売しようと考えています。中国において、アマゾン、タオバオ等のインターネットで販売を行うにあたって、どのような規制を受けますか。また、自社独自の販売用インターネットサイトを開設して自社商品を販売することはできますか。（インターネット販売事業の業法ライセンス）

　経営範囲に「小売」を含む企業が、インターネット販売サイトを通じて自社商品を販売することは、販売の方法が店舗からインターネットに拡大されただけであるため、業法ライセンスは特に必要ありません。他方で、自社独自販売用のインターネットサイトを開設して販売を行う場合には、外商投資企業のインターネット販売に関する商務部門の認可を取得する必要があるとされています。
⇒Q3-1-6（経営範囲の記載方法）

> Q1-1-13　Q1-1-1からQ1-1-8までで、外商投資産業指導目録の内容については基本的に理解しました。進出する業種がどのような規制を受けるかについて、上記外商投資産業指導目録以外にチェックすべきものはありますか。(産業構造調整指導目録)

　外商投資を行う場合、外商投資産業指導目録のほか、産業構造調整指導目録において、投資予定事業が淘汰類に分類されていないかについても確認する必要があります。産業構造調整指導目録とは、中国における投資の方向性と関連政策の根拠となる目録で、規制業種を奨励類、制限類、淘汰類の3種類に分類しており、基本的に中国内資企業を規制の対象としていますが、淘汰類については外商投資企業も対象としています。

　淘汰類とは、資源の浪費、環境の汚染、安全生産条件の不備が深刻であることから、淘汰すべきものとされている産業のことであり、淘汰類に該当した場合には新規プロジェクトが認められないのみならず、既存のプロジェクトの停止や閉鎖を命じられる可能性があります。

　なお、2013年2月16日付で「産業構造調整指導目録(2011年版)関連条項改訂についての決定」(国家発展改革委員会令21号)が公布され、2013年5月1日から施行されています。本決定では36項目の産業を調整または追加・削除しており、外資企業に対する淘汰類も、時代遅れの生産技術にあたるとして活版印刷機による印刷等、何項目か調整、追加されています。

> Q1-1-14　当社現法は投資総額2億5,000万米ドルの奨励類の外商投資プロジェクトを行う予定ですが、どの政府機関の審査手続を経る必要がありますか。(審査確認および審査認可)

　商務部門における外商投資企業の設立審査認可を経る必要があるほか、2004年10月9日に「外商投資プロジェクト審査確認暫定管理規則」により導入された「審査確認」(中国語では「核準」)という制度に基づき、外商投資プロジェ

クトが条件を満たしているかどうかについて発展改革委員会による審査確認を経る必要があります。

審査確認では、主に以下の内容に対して確認を行うとされています。
① プロジェクトが国家法律法令、外商投資産業指導目録、中西部地区外商投資優位産業目録の規定に符合すること
② 国民経済および社会発展中長期計画、業界計画、産業構造調整政策の要求に符合すること
③ 土地利用計画、都市全体計画、環境保護政策の要求に符合すること
④ 国家の技術基準、プロセス基準に関する要求に符合すること
⑤ 国家の資本項目管理、外債管理に関する規定に符合すること

それに対し、商務部門における設立審査認可は、外商投資産業指導目録および業法ライセンスに符合するかを確認するとされており、審査確認に比べて審査範囲が狭くなります。

実務においては、二重に申請する手間を省略するため、管轄の発展改革委員会で審査確認を行う場合には、その管轄の商務部門が窓口として申請を受理し、申請書類をその地方の発展改革委員会に転送して説明するという形式をとっているのが一般的です。

本問のプロジェクトは、投資総額2億5,000万米ドルの奨励類であるため、次頁の表記載のとおり、地方の発展改革委員会の審査確認を得る必要があります。

外商投資プロジェクトの審査確認機関

投資総額 (増資を含む)	～5,000万ドル	5,000万ドル～1億ドル	1億ドル～3億ドル	3億ドル～5億ドル	5億ドル～
奨励類	地方の発展改革委員会	地方の発展改革委員会	地方の発展改革委員会	国家発展改革委員会	国家発展改革委員会および国務院
許可類	地方の発展改革委員会	地方の発展改革委員会	地方の発展改革委員会	国家発展改革委員会	国家発展改革委員会および国務院
制限類	地方の省級の発展改革委員会	国家発展改革委員会	国家発展改革委員会および国務院	国家発展改革委員会および国務院	国家発展改革委員会および国務院

外商投資企業の設立審査認可機関

投資総額 (増資を含む)	～5,000万ドル	5,000万ドル～1億ドル	1億ドル～3億ドル	3億ドル～5億ドル	5億ドル～
奨励類	地方の商務部門	地方の商務部門	地方の商務部門	商務部	商務部
許可類	地方の商務部門	地方の商務部門	地方の商務部門	商務部	商務部
制限類	地方の商務部門	商務部	商務部	商務部	商務部

法知識の整理

1 関係政府機関

(1) 中央政府

中国の行政執行機関は国務院(日本の内閣府に相当)であり、最高国家権力である全国人民代表大会に対して責任を負うとされています。中国国務院の組織形態の概要は以下のとおりです。

第1章　中国進出を考える

中国国務院の組織（下線は外商投資に関係する主な部署）

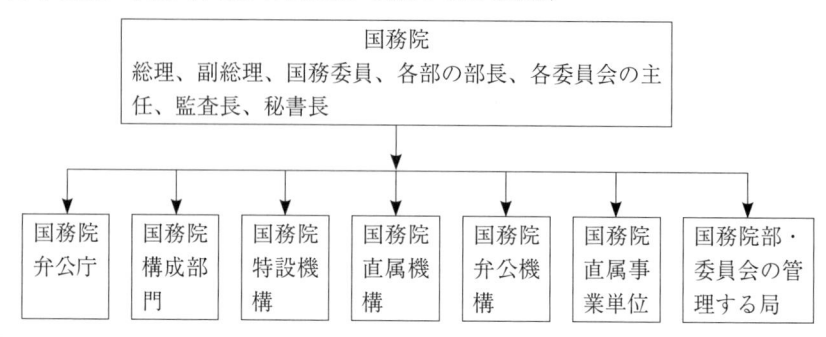

```
                        国務院
         総理、副総理、国務委員、各部の部長、各委員会の主
         任、監査長、秘書長
```

| 国務院弁公庁 | 国務院構成部門 | 国務院特設機構 | 国務院直属機構 | 国務院弁公機構 | 国務院直属事業単位 | 国務院部・委員会の管理する局 |

部　　署	組織機構
弁公庁	弁公庁
構成部門	外交部、国防部、<u>国家発展改革委員会</u>、教育部、科学技術部、工業・情報化部、国家民族事業委員会、公安部、国家安全部、監察部、民政部、司法部、<u>財政部</u>、<u>人力資源社会保障部</u>、国土資源部、<u>環境保護部</u>、住宅都市農村建設部、交通運輸部、水利部、農業部、<u>商務部</u>、文化部、国家衛生計画生育委員会、<u>中国人民銀行</u>、監査署（計25部門）
特設機構	国務院国有資産監督管理委員会
直属機構	<u>税関総署</u>、<u>国家税務総局</u>、<u>国家工商行政管理総局</u>、<u>国家品質監督検査検疫総局</u>、国家新聞出版放送総局、国家体育総局、国家安全生産監督管理総局、国家食品薬品監督総局、国家統計局、国家林業局、国家知的財産権局、国家旅行局、国家宗教事務局、国務院参事室、国家機関事務管理局、国家腐敗予防局（計16部門）
弁公機構	国務院華僑事務弁公室、国務院香港マカオ事務弁公室、国務院法制弁公室、国務院研究室
直属事業単位	新華通信社、中国科学院、中国社会科学院、中国工程院、国務院発展研究センター、国家行政学院、中国地震局、中国気象局、中国銀行業監督管理委員会、中国証券監督管理委員会、中国保険監督管理委員会、全国社会保障基金理事会、国家自然科学基金委員会
国務院部・委員会の管理する局	国家陳情局（信訪局）、国家糧食局、国家エネルギー局、国家国防科学技術工業局、国家たばこ専売局、国家外国専門家局、国家公務員局、国家海洋局、国家測量地理情報局、国家鉄道局、中国民用航空局、国家郵政局、国家文物局、国家中国医薬管理局、国家外貨管理局、国家炭鉱安全監察局

16

(2) 外商投資企業の運営に関する各部門

部門名称	外商投資企業に関する役割	地方にある部門の名称	中国語における通称	各章へのリンク
国家発展改革委員会	外商投資プロジェクトが国が定めた条件を満たしているかどうかについて審査・確認	省・市・県発展改革委員会	発改委（中国語では「発改委」）	第1章、第2章
商務部	外商投資企業の設立・変更・取消を審査・認可	①省・市商務部門 ②県商務部門 ③省対外経済貿易合作庁 ④市・県対外経済貿易合作局	商務部門（中国語では「商務部門」）	第1章、第2章
国家工商行政管理総局	外商投資企業の設立・変更・取消を登記	省・市・県工商部門	工商部門（中国語では「工商部門」）	第1章、第2章、第4章、第12章
国家税務総局	税務行政を管理	①省・市・県国家税務局 ②省・市・県地方税務局	税務部門（中国語では「税務局」）	第6章
国家外貨管理局	外貨の両替を管理	省・市・県外貨管理局	外管局（中国語では「外管局」）	第8章
人力資源社会保障部	社会保険・労働関係を管理	①省人力資源社会保障庁 ②市・県人力資源社会保障局	労働局（中国語では「労動局」）	第5章

第1章　中国進出を考える

2　中国法令に関するウェブサイト

　中国法令をリサーチするために参考となるウェブサイトをいくつか紹介しておきます。

全人代法律データベース：http://law.npc.gov.cn:87/home/begin1.cbs
全人代法律草案：http://www.npc.gov.cn/npc/flcazqyj/node_8176.htm
司法解釈：http://www.court.gov.cn/qwfb/sfjs/
外商投資関係法令：http://www.mofcom.gov.cn/article/b/?336381694=4130135339
労働関係法令：http://www.mohrss.gov.cn/gkml/index3.htm
税務関係法令：http://www.chinatax.gov.cn/n8136506/n8136593/n8137537/
　　　　　　　n8138502/index.html
外貨関係法令：http://www.safe.gov.cn/

関連法令

「外商投資の方向を指導する規定」（指导外商投资方向规定）（国務院令【2002】346号）
「外商投資産業指導目録」（外商投资产业指导目录）（国家発展改革委員会、商務部令【2012】12号）
「外商投資プロジェクト審査確認暫定管理弁法」（外商投资项目核准暂行管理办法）（国家発展改革委員会【2004】22号）
「産業構造調整指導目録」（产业结构调整指导目录）（国家発展改革委員会【2013】21号）
「税関総署公告2008年103号」（海关总署公告【2008】103号）
「経済特区及び上海浦東新区における新規ハイテク企業設立に対する臨時税収優遇に関する通達」（国务院关于经济特区和上海浦东新区新设立高新技术企业实行过渡性税收优惠的通知）（国発【2007】40号）

第2節 中国のどこに進出するか

中国は広大な国土を有し、地方ごとに条例や通知が出されている場合も多く、異なる取扱いがなされている点も少なくありません。また、中国は地方により経済格差が大きいため、その格差を解消すべく、地方の政府機関はさまざまな政策を採用しています。外商投資企業誘致のための優遇措置もその1つです。地方ごとに異なる優遇政策のすべてを紹介することはできませんが、本節においては、基本的かつ比較的によく知られている政策を中心に紹介します。

Q1-2-1 当社はコンビニエンスストアのチェーン店を営む会社であり、中国各地で店舗展開をしたいと考えています。中国においては、地方ごとに異なる法的取扱いを受けることはありますか。(地方ごとの規制や解釈)

中国(香港、マカオ、台湾を除く大陸地域)は、960万平方メートルもの広大な国土がある一方、多数の少数民族が存在し、地方ごとに歴史、文化、思想に差異があり、経済の発展状況も各地方によって大きく異なっています。中国の広い国土の区分方法として、従来からよく用いられる沿岸部と内陸部といった2区分のほか、最近では東部、中部、西部という3区分も多く用いられるようになりました。

中国は、次頁表のとおり、22省、5自治区、4直轄市(香港、マカオおよび台湾を除く)に分けられます。また、特に重要な副省レベルの都市として、ハルピン市、長春市、瀋陽市、済南市、南京市、杭州市、広州市、西安市、武漢市、成都市、アモイ市、深セン市、大連市、青島市、寧波市には、大幅な自主権が与えられています。

中国においては、中央政府機関の制定した法律、法令が基本的な内容を定めていますが、抽象的な内容の部分もあるため、地方の政府機関ごとに法令解釈や実務上の運用方法が異なる場合が多々あります。また、各地方の高級人民法院が、各地域の下級人民法院に向けた司法解釈（解釈指針）を出していることも少なくありません。

中国においては、上記のとおり地方ごとに法令解釈や実務上の運用の差異がありうるので、ある地域で同種の問題を解決できたからといって別の地域で必ずしも同様の解決方法が利用できるとは限りません。したがって地方ごとの規定や実務運用状況について慎重な調査が必要です。

中国の地域分布および外資企業の地域別投資の状況一覧（2011年国家統計局）（香港、マカオおよび台湾を除く）

地域	省、直轄市	登記企業数（万社）	投資総額（億米ドル）	登録資本金（億米ドル）
全国		44.5 （100％）	25,952（100％）	14,978（100％）
東部	河北省、江蘇省、浙江省、福建省、山東省、広東省、海南省、北京市、上海市、天津市	33.4 （75.1％）	19,964（76.9％）	11,432（76.3％）
中部	山西省、安徽省、江西省、河南省、湖北省、湖南省	4.0 （9％）	2,103 （8.1％）	1,176 （7.9％）
西部	四川省、貴州省、雲南省、チベット自治区、陝西省、甘粛省、青海省、寧夏回族自治区、新疆ウイグル自治区、内モンゴル自治区、広西チワン族自治区、重慶市	4.2 （9.4％）	1,990 （7.7％）	1,151 （7.7％）
東北部	遼寧省、吉林省、黒龍江省	2.9 （6.5％）	1,895 （7.3％）	1,219 （8.1％）

Column 1-2-1：中央部門規定と地方政府規定との差異の例

　都市の不動産賃貸の管理を強化し、不動産市場の秩序を維持するため、中国建設部は1995年に建設部令42号により「都市家屋賃貸借管理弁法」（以下「旧弁法」といいます）を公布、施行しました。それに伴い、上海市、西安市、深セン市、広東省はそれぞれ独自の「家屋賃貸条例」を公布・施行しました。旧弁法は2011年２月１日から施行されている建設部の「商品建物賃貸借管理弁法」により廃止されたにもかかわらず、旧弁法に基づく上記の各地方の法令は依然として有効に存続しています。
　このように、法律と条例の制定の足並みが揃っていないことも見受けられます。

Column 1-2-2：地方ごとに異なる解釈・運用の例

　以下は、比較的最近の実務において見かけた、地方ごとに異なる取扱いや解釈の例をご参考までにご紹介します。
(1)　設立審査認可期間の目安
　外商投資企業の設立認可（商務部門での認可）について、上海市の商務部門では８営業日が必要とされていますが、北京市では５営業日が必要とされています。
(2)　増資審査認可に必要な提出書類
　外商投資企業の増資認可（商務部門での認可）について、上海市と昆山市の商務部門のウェブサイトを確認すると、昆山市では国、地方の税務機関が発行した納税証明書、環境保護局が発行した環境影響登記表、企業の土地利用状況申告表、環境状況申告表等の書類が必要とされているのに対し、上海市では一定の条件を満たせば不要とされています。このように、それぞれの商務部門が要請している書類が異なる場合もあります。
(3)　内資転換手続
　昨今、日本の親会社が現地法人の持分権をすべて中国側出資者に譲渡することにより中国から撤退する例が少なくありません。このような譲渡により、現地法人は、外商投資企業から一般の中国内資企業に転換されます。その転換手続は地域によって異なる取扱いがなされることが多く、外商投資企業としての法人格を抹消すると同時に、中国内資企業としての法人格を新設しなければならないと要請する地方政府機関があるのに対し、外商投資企業を中国内資企業に直接転換しても問題ないとする地方の政府機関もありました。

第1章　中国進出を考える

> このように、同じ事項であっても、地方ごとに解釈や取扱いが異なることがありえるため、当該地方の管轄政府機関に各手続について、あらかじめ問い合わせをして確認を得ることが重要です。
> ⇒Q10-4-7（再編手法―持分権譲渡契約の注意点）

Q1-2-2　当社は太陽エネルギーを利用するエアコンの製造ノウハウを有し、中国に生産拠点を置きたいと考えています。中国には所得税の優遇政策があると聞きましたが、どこに進出しても優遇政策は同じですか。（地方ごとの税務優遇）

　外商投資企業の企業所得税は、2012年に、原則として中国内資企業と同様の25％になり、ハイテク企業認定を受けた場合には、15％への軽減措置を申請することができます。ただし、地域によっては、今なお外商投資企業に対する企業所得税の優遇政策が存在しています。たとえば、西部地域に設立される外商投資企業が西部地区奨励類産業目録記載の産業を主な事業内容とする場合、15％に軽減された企業所得税の税務優遇を受けられます。

　本問の太陽エネルギーエアコンの生産は外商投資産業指導目録に定めた奨励類に該当するので、西部地域に進出し生産会社を設立する場合、現地税務局の認可を受けられれば、上記の企業所得税の優遇政策を受けることができます。
⇒コラム1-1-2（ハイテク企業認定）、Q1-2-5（地方ごとの誘致・優遇政策）

Q1-2-3　全国統一的な外商投資ガイドラインと外商投資産業指導目録があるほか、地方ごとの産業指導目録もあるようですが、具体的にはどのようなものがありますか。（地方ごとの産業指導目録）

　上記のように、中国では地域間に大きな格差があることから、その格差を解消し、発展の遅れた地域の経済を促進するため、各地域の特徴、経済発展の水準、地域の優位性、当該産業の必要度等を考慮し、その地域に誘致したい産業

を奨励類として指定する地方ごとの産業指導目録が作成されています。

　また、中国において必要な産業分野へさらに多くの外商投資を誘致するため、**Q1-1-1**（外商投資に対する規制の種類（外商投資ガイドライン・業法ライセンス））および**Q1-1-8**（外商投資産業指導目録の2011年改訂ポイント）にて紹介した外商投資ガイドラインのほか、2011年6月8日、国家発展改革委員会は、産業構造を調整し、産業のレベルアップを図り、現在の産業システムを健全化するため、新しい「産業構造調整指導目録2011年版」を公布しました。当時、同委員会は、今後、新疆等西部地域の産業発展の状況に応じて、国の外商投資ガイドラインに基づいて、国が奨励する項目のうち自ら発展させたい項目に対してさらに新たな優遇措置を設けた地方ごとの産業指導目録を作成するとしています。

⇒Q1-1-1（外商投資に対する規制の種類（外商投資ガイドライン・業法ライセンス））、Q1-1-8（外商投資産業指導目録の2011年改訂ポイント）、コラム1-2-3（産業指導目録に関する最新情報）

地方の産業指導目録の例

地方名	産業指導目録	公布時期
珠海市	横琴新区産業発展指導目録	2013年
広東省	広東省の外商投資を奨励する重点分野および産業目録	2010年
安徽省	皖江模範区産業発展指導目録	2010年
天津市	天津市産業技術進歩指導目録	2005年
浙江省	浙江省外商投資優先発展産業目録	2004年
重慶市	重慶市外商投資奨励に関する若干政策規定	2009年
遼寧省	遼寧省外商投資優位産業目録	2006年

Column 1-2-3：産業指導目録に関する最新情報

　国家発展改革委員会は2004年に「中西部地域外商投資優位産業目録」を公布した後、2008年に改正を行い、さらに2013年5月9日に正式版を公布しました。

2013年12月6日脱稿日現在、各地の政府も独自の産業指導目録を公布し、東部地域で過剰気味になっている産業を西部地域で引き受けることを目的に、多くの産業を奨励類と定めるなどの誘致を行っています。

また、2012年、工業・情報化部は、東部地域から西部地域への産業移転における無秩序な競争やローテクの生産能力の移転等の問題を防止し、地域経済の良好な発展、新たな産業組織の構築を図るため、「産業移転指導目録（2012年）」を公布しました。

Q1-2-4 「西部大開発」というプロジェクトがあると聞きました。どのようなプロジェクトですか。（西部大開発政策）

「西部大開発」プロジェクトとは、東部沿海地域と西部内陸地域の地域的な経済格差を縮小し、立ち遅れている西部の経済発展を促進することを目指した国家的なプロジェクトをいいます。

改革開放以来、東部地域の経済発展とともに、東部と西部の経済的な格差が拡大し、今では大きな経済格差となっています。中国政府は、この大きな格差を放置すれば、西部の社会的な安定を維持することは困難であり、中国全体の持続的な経済成長にも影響を与えるおそれがあると判断し、2000年1月、アメリカの「西部開発」をモデルにして、西部地域に新たな経済成長スポットを創造、開拓することを目指して「西部大開発」プロジェクトを立ち上げました。

以降、十数年間にわたり、「西部大開発」プロジェクトが推進され、インフラ整備と生態環境保護等への資金投入を通じて、西部地域の投資環境は相当程度改善されており、全国平均を上回る経済成長もみられていますが、依然として、東部と西部との経済格差は存在しており、西部にはいまだに資金・技術・人材不足の問題もみられるようです。

なお、「西部大開発」に関する法令の適用範囲は、西部地域のほか、一部の民族自治地域を発展させるためにも準用することができるとされています。

Column 1-2-4：「西部大開発」の具体的な内容

「西部大開発」プロジェクトは主に以下の6つの重点政策および4つの具体策からなっています。

まず、重点政策として、①インフラ建設の加速、②生態環境保護の強化、③農業基盤の強化、④産業構造の調整、⑤特色ある観光業の発展および⑥科学技術・教育・文化・衛生事業の発展が規定されています。また、具体策として、①資金投入の増加、②投資環境の改善、③対外・対内開放の拡大、④人材育成、科学技術、教育の促進が規定されています。以上の政策はいずれも原則的な規定であり、政策の実現のため、政府機関は各種の詳細な政策を公布、施行しています。たとえば、2012年に国家税務総局が「西部大開発戦略の実施に関する税収政策問題についての公告」を公布・施行し、「西部大開発戦略の実施に関する税収政策問題についての通知」（財税【2011】58号）で規定された西部大開発戦略に係る企業所得税優遇政策における適用上の疑問点を明確化し、税務機関申請手続および審査について詳細な管理方法を定めました。これにより、西部地域の奨励類産業を営む企業に適用される優遇税制の内容、15％の優遇税率を適用する西部地域の企業が他の企業所得税優遇措置（たとえば15％の優遇税率に基づいて計算した納税金額を半分に軽減するという優遇）を受けることの可否が明確にされました。

Q1-2-5　地方はそれぞれ外商投資企業に対する誘致・優遇政策があると聞きましたが、一般的にはどのようなものがあるのでしょうか。（地方ごとの誘致・優遇政策）

地方経済の持続的な発展を促進し、外資を誘致するため、各地方はそれぞれ、優位産業または発展を促進する産業に対して誘致・優遇政策を設けています。各地方の誘致・優遇政策の内容はそれぞれ異なっていますが、おおむね以下のような種類のものがあります。

① 金銭的な補助（貸付金利息の免除、税金の還付、奨励金の支払い）
② 土地使用者取得の優遇（払下価格の優遇、使用期間の優遇）
③ 各種手続の簡素化
④ 人材確保のための便宜（都市戸籍への移転、子女教育）

また、直轄市を含む省レベルの優遇政策のほか、大都市、県レベルでも独自の政策を実施している地方もあります。たとえば青島市におけるハイテク企業、金融企業の誘致に関する優遇措置や西安市における西安経済技術開発区特殊優遇政策等があります。

また、地方政府が、外資を誘致するため、管理性会社や地域本部の制度を設けていることについてはQ10-8-2（管理性会社の地域本部の認定条件）をご参照ください。

⇒Q10-8-2（管理性会社の地域本部の認定条件）、コラム1-2-6（中国（上海）自由貿易試験区）

Column 1-2-5：地方優遇政策の一例

江蘇省の泰州市は全国最大規模の医薬園区を設置し、医薬品、医療機器を含む諸産業を誘致、集約して発展させるため、独自の地方法令を作成し、以下のような優遇政策を設けています。

(1) 財政還付
　① 生産される製品がハイテク製品と認められた場合、納付済の増値税の一部を企業還付
　② 固定資産の早期減価償却
　③ 地方行政費用の免除

(2) 税収優遇
　一定の条件を満たした場合、輸入設備の関税、輸入におけるその他の税金（増値税、消費税）の免除

(3) 土地優遇政策
　① 農業用地の工業用地への優先転換
　② 土地の払下金額を競売ではなく合意により決定する方法をとり入れ、投資金額および技術の先端性に応じて、土地の払下金額の減少を行う

なお、上記の優遇政策は国家レベルの法令の改正により変更されうるため、医薬園区に進出する段階で、改めて優遇政策の有効性を確認しておく必要があります。

> Q1-2-6　当社は、現地で事前視察を行いましたが、地方政府の方からさまざまな優遇政策を紹介されました。このような優遇政策はどのような場合に受けることができますか。優遇政策を受けるにあたって何か留意点はありますか。（地方優遇政策の享受）

　地方の優遇政策は、各地方が有する政策課題、産業構造、目標とする税収等によって異なっています。このような優遇政策はQ1-2-5（地方ごとの誘致・優遇政策）に記載したとおり、外資誘致のために各地方政府が独自に考案したもののため、抽象的な規定が多くなっています。したがって、地方の優遇政策が具体的にどのような要件のもとで実現されるのか、優遇政策の期限はいつまでか、また、当該地方の優遇政策と全国レベルの制度での整合性等の問題について事前に十分に確認しておく必要があります。

> Q1-2-7　当社は、地方政府から、開発区に進出する選択肢を提示されています。開発区とはどのような区域ですか。開発区に進出する場合のメリットは何ですか。（開発区）

　開発区とは、主に製造業を誘致するために、当該地区に設立された企業に対して特別な優遇措置を講ずる区域をいいます。開発区は、国務院の認可によって設置されたものと、地方政府の認可によって設置された省・市・県の各レベルのものに分けられます。開発区は通常、交通の便がよいところに設置され、排水、電気、ガス、通信、熱源の供給等生産に不可欠なインフラも整備されており、税金還付等の優遇政策がある場合もあるため、生産型会社にとっては進出に伴う手間やコストを低減しうる進出区域ともいえます。

第1章 中国進出を考える

> Q1-2-8 当社は地方政府から保税区に進出する選択肢を提示されました。保税区とはどのようなものですか。保税区のメリットを教えてください。（保税区）

　保税区とは、当該区域内に搬入される貨物に対する関税の賦課が保留される地域です。関税保留区域という意味で保税区とよばれます。保税区では、区域内と海外との貨物の往来についての関税障壁が存在しないため、海外から原材料を免税で輸入し、保税区内で加工後、免税で完成品を輸出するという取引形態がよく利用されてきました。輸入、加工および輸出を行ううえで、一般の区域に比べ、以下のメリットがあると考えられています。

(1) 保税区内の企業が、自社用の機器設備や原材料を海外から輸入する場合、関税や輸入段階の増値税が課税されません。
(2) 貨物を保税区と海外の間で自由に出入させることが可能で、関税・増値税が免除され、輸出入許可証や検疫管理の規制対象からも除外されます。
(3) 保税区内で生産する製品を保税区内で販売する場合、増値税は課税されません。
(4) 保税区内の企業は、加工貿易銀行保証金台帳を実施する必要がありません。

　一方、保税区地域は場所が限定されており、土地取得等にかかるコストが一般地域に比べて高いというデメリットがあります。したがって、進出の目的に照らした検討が必要です。

⇒Q4-6-1（加工貿易）、Q4-6-2（保税区の物流センターとしての機能）、Q4-6-3（深加工結転）

開発区の種類および特徴

	開発区の種類	概　　要	特　　徴	例
1	経済技術開発区	一般的な地方公共団体に準じた機能を備えさせたうえで、投資誘致のため	指定された区域に投資環境の整備と工商行政サービスを集中させる	上海閔行経済技術開発区

第2節 中国のどこに進出するか

		のハードとソフトの両面の環境を整え、行政の権限や税制の面でも優遇措置を与えられた区域	ことにより、内外の企業の円滑な誘致を進め、工業生産と貿易の面で発展を目指す。	
2	ハイテク技術産業開発区	内外のハイテク技術の導入による産業の高度化、国際競争力の強化を目的とし、産学の連携や技術レベルの高度化を進めるためのさまざまな政策がとられている区域	すでに建設済みの区域にあり、誘致の対象は内外のハイテク企業に限定される。	天津濱海ハイテク産業開発区
3	保税区	中継貿易、通過貿易、加工貿易、貿易に伴う加工・貨物のハンドリング・包装・運輸・保管・デモンストレーション等の業務について保税扱いの状態で優遇措置を与え、発展させようとする区域	加工貿易を行う生産型企業のほかに、第3次産業、すなわち貿易業・金融業・保険業・倉庫業・物流業・保税展示場等の誘致を行う。	寧波保税区（浙江省）
4	輸出加工区	すでに建設された開発区内の一部の区画に設置されている輸出加工のための区域	長江流域や国境地帯、高速道路沿いの内陸に設置される。区域内に設置できる業種は、輸出を主とする生産型企業およびこれらに関連する倉庫、運送業に限定される。	重慶輸出加工区
5	辺境経済合作区	辺境地区の優位性を生かし、内外企業の投資を導入すること、周辺諸国の市場をターゲットとした輸出加工業を発展させることを目的とする区域	中西部の経済振興や少数民族支援の意味合いを兼ねる。	満州里国境経済協力区（内モンゴル）
6	中国（上海）	従来上海において指定さ	金融、投資、貿易、法	上海自由貿

29

自由貿易試験区	れていた４つの税関特殊監督管理区域（上海外高橋保税区、上海外高橋保税物流園区、上海洋山港保税港区、上海浦東空港総合保税区の計28平方キロメートル）からなる貿易の自由化を試験する特殊な区域	制等、さまざまな分野において、貿易自由化に関する政策を試験的に実行し、さらなる改革開放を目指す。	易試験区

Column 1-2-6：中国（上海）自由貿易試験区

　2013年８月末、中国（上海）自由貿易試験区（以下「上海自由貿易区」といいます）の設置が、国務院により認可され、2013年９月29日に正式に設置されました。
　上海自由貿易区は、既存の上海外高橋保税区、上海外高橋保税物流園区、上海洋山港保税港区、上海浦東空港総合保税区の４つの保税区を対象として設置されたものであり、対象区域の面積は28.78平方キロメートルにもおよびます。これは、上海市全体の面積のわずか226分の１にすぎませんが、従来の保税区より一歩進んだ対外開放政策が実施されています。今後は、このような自由貿易区を徐々に設置し、全国的に拡大していくことが予定されています。
　2013年９月27日に公表された「中国（上海）自由貿易試験区全体方案」によれば、上海自由貿易区の主な目的およびそれを実現するための措置は以下のとおりです。
(1)　行政管理体制の改革：行政管理の効率を向上させ、事前認可から事中、事後管理へ転換します。
(2)　サービス業の開放の拡大：金融サービス、運送サービス、商業貿易サービス、専業サービス（たとえば、法律、税務、知的財産権申請代理等のサービス）、カルチャーサービスおよび社会サービスの領域において、拡大開放を実施し、参入障壁を一時停止または撤廃します。サービス業の開放拡大政策に関する適用範囲の詳細リストが「中国（上海）自由貿易試験区全体方案」の添付資料として公表されています。
(3)　貿易発展モデルの転換加速：貿易の新しい業態と機能を積極的に育成し、中国の世界貿易ネットワークにおける地位の向上を加速させます。
(4)　金融領域の開放刷新の強化：上海自由貿易区において、人民元資本項目両替、金融市場利率市場化、人民元クロスボーダー取引を進めます。

> 　上海自由貿易区に関する今回の政策は、今後中国の改革開放政策をさらに推進するための試験的な導入であり、30数年前の「深セン特区」の設立と同様の重要性を持つ重大な政策であるといわれています。上海自由貿易区の試行結果に基づき、今後、全国に自由貿易区が展開することが見込まれています。

Q1-2-9　当社は集積回路の設計、組立事業を中国で展開しようと考えていますが、どのような開発区に会社を設立することが適しているでしょうか。(ハイテク技術産業開発区)

　開発区の種類により優遇政策が異なるので、事業内容と優遇政策とを照らし合わせてどこが最適な開発区になるのかを検討する必要があります。貴社の事業内容は、中国政府が重点的に発展させようとするハイテク産業の分野に該当するため、同プロジェクトにより設立する企業は一定の条件を満たせば、ハイテク企業の認定を受けられる可能性があります（**コラム1-1-2参照**）。ハイテク技術産業開発区に企業を設立し、ハイテク企業認定を受けた場合には、不動産税、土地使用税および技術譲渡、技術開発業務に関する営業税の免除、産業補助金の取得ならびに比較的長期の外国人居留許可の取得が可能になるなど、ハイテク技術産業開発区に特有の優遇政策を受けられます。
⇒コラム1-1-2（ハイテク企業認定）

法知識の整理

　中国の法令の種類には、中央の機関が定める法律、行政法規および部門規則ならびに地方の機関が定める地方性法規および地方政府規則があります。

1　中央の機関
　全国人民代表大会とその常務委員会は狭義の法律を制定します。
　中央政府である国務院は、行政法規を制定します。
　行政法規は、狭義の法律よりも下位ですが、部門規則や地方の法令より上位とされています。

商務部、工業・情報化部、国家工商行政管理総局、税務総局は、国務院に属する各部署であり、部門規則を制定する権利を有します。

2　地方の機関

地方の人民代表大会は地方性法規を制定し、地方政府機関は地方政府規則を制定します。地方性法規や地方政府規則は当該管轄区域においてのみ効力を有します。

なお、地方政府機関には、商務部門（対外貿易合作局）、工商部門、税務局等があります。

3　中国の法体系

中国の法令および司法解釈

憲　　法	最高の法的効力を有する国の基本制度および基本任務を定めた国の根本法です。憲法はすべての法令の中で最上位に位置し、その他の法令は憲法に抵触してはなりません。
法　　律	全国人民代表大会およびその常務委員会が制定および改正する、刑事、民事、行政ならびにその他の基本的法令です。
国務院の行政法規	国務院が憲法および法律に基づき制定する法令で、法律の規定を執行するために必要となる事項および国務院の行政管理職権に関する事項について規定します。
地方性法規	省・自治区・直轄市および比較的大きな市（省・自治区の人民政府の所在地、経済特区の所在地、国務院が認可した市）の人民代表大会およびその常務委員会が、当該行政区域の具体的状況および必要性に応じて、憲法、法律ならびに行政法規に抵触しない範囲内で、制定する法令です。
部門規則	国務院を構成する部や委員会等が、法律、国務院の行政法規、決定および命令に基づき、当該部門の権限の範囲内で制定する法令です。
地方政府規則	省・自治区・直轄市および比較的大きな市（省・自治区の人民政府の所在地、経済特区の所在地、国務院が認可した市）の人民政府が、法律、行政法規および地方性法規の規定を執行するために必要な事項ならびに当該行政区域の具体的行政管理に属する事項について制定する法令です。
司法解釈と地方の人民法院の解釈	司法解釈は、裁判官と検察官の業務において法律等の法令をいかに適用すべきかという問題について、最高人民法院（日本の最高裁判所に相当）または最高検察院が当該法律等の法令に対して行った解釈です。司法解釈は人民法院の判断を拘束し、人民法院や検察庁は

司法解釈に従って法律等の法令を適用し、司法解釈を判決文等に引用することもあります。
地方の人民法院の解釈は、地方の高級人民法院が地方の状況に応じて、上位の司法解釈に違反しない範囲で、法律・法令の適用に対して行った解釈です。地方の人民法院の解釈は法的効力を有さず、裁判官が参考にすることはできますが、直接判決文に引用されることはありません。

関連法令

「外商投資の方向を指導する規定」（指導外商投資方向規定）（国務院令【2002】346号）
「外商投資産業指導目録」（外商投資産業指導目録）（国家発展改革委員会、商務部令【2012】12号）
「企業所得税法」（企業所得税法）（2008年）
「企業所得税法実施条例」（企業所得税法実施条例）（国務院令【2008】512号）
「税収徴収管理法」（税収征収管理法）（2013年）
「税収徴収管理法実施細則」（税収征収管理法実施細則）（国務院令【2002】362号）
「西部大開発の若干政策・措置に関する通達」（国務院関于実施西部大開発若干政策措施的通知）（国発【2000】33号）
「西部大開発戦略の実施に関する税収政策問題についての通知」（財政部、海関総署、国家税務総局関于深入実施西部大開発戦略有関税収政策問題的通知）（財税【2011】58号）
「中西部地域外商投資優位産業目録」（中西部地区外商投資优势产业目录）（国家発展改革委員会、商務部令【2013】1号）
「西部大開発戦略更なる実施に関する企業所得税問題の公告」（国家税務総局関于深入実施西部大開発戦略有関企業所得税問題的公告）（国家税務総局公告【2012】12号）
「中国（上海）自由貿易試験区全体方案」（中国（上海）自由貿易試験区総体方案）（国発【2013】38号）
「商品建物賃貸借管理弁法」（商品房屋租賃管理办法）（住宅都市農村建設部令6号）
「上海市家屋賃貸借条例」（上海市房屋租賃条例）（上海市人民代表大会常務委員会公告【2000】23号）

「西安市都市家屋賃貸借条例」(西安市城市房屋租赁条例)(西安市人民代表大会常務委員会公告【2010】57号)

「深セン経済特区家屋賃貸借条例」(深圳经济特区房屋租赁条例)(深セン市第5回人民代表大会常務委員会公告【2013】124号)

「広東城鎮家屋賃貸借条例」(广东省城镇房屋租赁条例)(広東省人民代表大会常務委員会公告【2010】44号)

第2章

どのようにして進出するか

第1節 進出形態

第1章（中国進出を考える）では、中国に進出するかどうかを考える際に重要となる主な規制や優遇政策等についてみてきましたが、本章では、中国に進出することを前提に、どのような形態で進出すべきかを検討していきたいと思います。これまで数多くの日本企業が中国へ進出していますが、成功した例もあれば、失敗した例も少なくありません。中国進出を成功させるためには、中国への進出形態をよく理解し、ニーズに合う進出形態を適切に選択する必要があります。本節では、進出形態の概要、駐在員事務所（代表処）、支店、現地企業の設立、各進出形態間の主な相違について説明します。

> Q2-1-1 当社は貿易商社です。日本のメーカーから仕入れた電子部品を中国国内で販売する事業を展開したいと考えていますが、どのような進出形態がありますか。（進出形態の概要）

中国で事業を行うための進出形態として、大きく分けて、次の3つの形態が挙げられます。

① 拠点を設立せず、中国企業を取引の相手方とする国際貨物貿易、技術ライセンス、技術譲渡、サービス取引、加工貿易等の事業活動を行う形態
② 現地法人を設立せず、日本本社の窓口として駐在員事務所（代表処）を設立する形態
③ 現地法人（外商投資企業）を設立する形態

上記各進出形態によって、設立手続や行いうる活動範囲、撤退手続等が大きく異なります。その概要は次頁のとおりです。

進出形態	設立手続	活動範囲	現地駐在員派遣の要否	撤　退
中国企業を取引の相手方とする輸出入貿易(拠点なし)	不要	取引契約のための交渉、現地調査、契約に基づく取引等	不要	不要（ただし契約の終了に関する処理は必要）
駐在員事務所（代表処）	登記のみ必要（金融、保険等、一部の業種については、審査認可機関の認可が必要）	現地での連絡業務、宣伝、情報収集等	必要（少人数の代表の派遣が必要）	必要（事務所閉鎖手続のみ。債権債務の処理は比較的簡単。金融、保険等、一部業種について審査認可機関の認可が必要）特に税務登記の抹消には多少の時間がかかる。（詳細については**第11章**参照）
現地法人	認可の取得および登記が必要	認可された経営範囲内での経営活動	法的には必要とされていない。（ただし、実務上、経営管理者、技術者、財務責任者等の派遣が必要）	必要（取引債務、労働債務、税金等の債権債務の処理等のためには会社の清算手続が必要。債務超過の場合には破産手続が必要）（詳細については**第11章**参照）

> **Q2-1-2** 第1段階として、まず上海市で当社の窓口として駐在員事務所（代表処）を設立し、中国の顧客開発および当社との連絡業務等を行いたいと思います。そこで、駐在員事務所の設立のための具体的な手続について教えてください。また、駐在員事務所ではどのような活動を行うことができますか。（駐在員事務所の設立）

　中国における会社の連絡窓口として、法人格のない日本本社の駐在員事務所

（代表処）を設立することが可能です。駐在員事務所の設立手続は比較的簡単で、設立費用もそれほどかかりません。また、駐在員事務所の設立には、金融機関、法律事務所等の例外的な業種を除き、多くの業種（生産メーカー、販売会社、コンサルティング、物流会社等）において審査認可機関による認可が不要であり、原則として工商部門での登記手続だけで設立が可能です。

　駐在員事務所の目的は、中国国内において、外国の企業を代表して、その業務範囲に属する連絡業務、および準備・補助的業務に従事することであり、その活動範囲は①本社の製品や役務に関連する市場調査、展示、宣伝、②本社の商品販売、役務提供、中国国内調達、中国国内投資に関する本社への連絡活動等、営業に直接関わらないものに限定されており、営利活動を行うことはできません。

　たとえば、本社を代表しての中国での契約交渉のアレンジ、本社と契約相手方との意思の伝達、本社による契約の履行に関する事務的な連絡（書類の手渡し、出荷日の連絡・通知等）、事実確認（クレームがあった場合の現場調査、本社への報告等）、市場調査、情報収集程度の活動であれば、駐在員事務所の活動範囲内といえますが、駐在員事務所の名義（署名、捺印等）で中国において営利の目的で取引契約等を締結したり、領収書を発行したりする行為は、営利活動とみなされるおそれがあります。

　なお、中国政府は駐在員事務所の活動に対する管理を強化する傾向にあり、法令に違反して営利活動を行った場合は、罰金（5万人民元以上50万人民元以下）を科される可能性があるほか、是正命令、違法所得の没収、経営活動に使用する設備、原材料、製品等の財産の没収、駐在員事務所の登記証の取消しによる閉鎖を命じられる可能性もあります（外国企業駐在員事務所登記管理条例35条）。

⇒Q2-1-3（特別業種の駐在員事務所と支店設置）、コラム2-1-2（外国銀行の駐在員事務所と支店設置）、第3章（拠点を立ち上げる）、コラム5-1-1（駐在員事務所における雇用）、Q11-3-27（駐在員事務所の閉鎖）、Q12-1-6（送達）

第1節　進出形態

> **Column 2-1-1：駐在員事務所（代表処）に対する管理・規制の強化**
>
> 　2010年以降、駐在員事務所の設立、人員、税務管理等について、規制が強化されています（外国企業の常駐代表機構の管理の一層の強化に関する通知、外国企業の駐在員事務所の税金徴収管理暫定弁法）。
> 　たとえば、駐在員事務所登記証の有効期限が、以前は駐在期間と同一の期間であったものが１年間に限定され、毎年延長手続を行うことが義務づけられ、駐在員事務所の代表者（首席代表および一般代表の合計）は４人以内という制限も加わりました。また、駐在員事務所に対する課税措置として、かつては、駐在員事務所の開設後に免税申請をして、所轄の税務局による承認を経て申告不要の取扱いを受ける、または収入課税による申告方式を用いて実際の収入ゼロと申告することで、課税の免除を受ける、という対応が実務上とられてきました。しかし、近年の行政法規の改正に伴い、基本的にすべての駐在員事務所の所得に対して所得税を、また、課税収入に対して営業税、増値税をそれぞれ課税することなどが明文化され、駐在員事務所の所得税、営業税、増値税に対する管理を強化するとともに、以後、所得税の免税申請は受理しないことも明確に定められました。この改正によって、今後は所得税の免税が簡単には認められないようになりました（なお、日中租税協定に基づき駐在員事務所が恒久的施設（PE）に該当しないと認定された場合には例外的に免税が認められます）。現在、実務上、外国法律事務所の駐在員事務所等の一部の例外業種を除き、ほとんどの駐在員事務所は収入を得ることがないため、課税措置としては、経費課税方式（経費支出をもとに収入を算出して納税額を決定する方式）が適用されています。この課税対象となる経費支出には、通常、中国国内外の職員に支払う給料、賞与、社会保険料、物品購入費（事務用品等）、通信費、賃料、出張旅費、交通費、交際費等が含まれます。他方で、収入があり、課税収入を正確に計算できる駐在員事務所の場合は、課税収入に基づいて課税されます。
> ⇒コラム6-2-2（日中租税協定）

Q2-1-3　当社は保険会社です。駐在員事務所（代表処）の設置には、特別な規制はありますか。また、支店を設置して経営活動を行えると聞きましたが、支店の設置方法についても教えてください。（特別業種の駐在員事務所と支店設置）

(1) 駐在員事務所（代表処）

　中国における外国保険会社および外国銀行の駐在員事務所の設立は、一般の駐在員事務所の設立手続と異なり、審査認可機関による認可手続が特別に要求されており、またその総代表および首席代表の候補者に対して一定の資格条件が課せられています。すなわち、駐在員事務所を設立しようとする外国保険会社は、直接、工商部門で登記することはできず、まず中国保険監督管理委員会における設立申請手続を経て審査認可を受ける必要があります。外国保険会社が駐在員事務所を設立するための要件としては、経営状況が良好であること、保険業務を20年以上経営していること、申請日以前の過去3年間に重大な法令違反行為がないことなどが必要とされます。また、審査資料として、外国保険会社の登録国の主務官庁が発行した意見書または所属する業種協会の発行する推薦状、駐在員事務所設立の実行可能性、必要性に関する調査報告書等を提出する必要があります。なお、駐在員事務所の総代表および首席代表になるためには、その職責を履行するために必要な学歴、職務経験および業務能力を具備していることが求められます。

(2) 支　　店

　一方、外国企業による中国での支店の設立は、会社法上の制度として存在していますが、現行の特別法の規定では、保険会社と銀行のみが設立することができ、それ以外の業種については外国企業が中国で支店を設立することは認められていません。

　外国の保険会社や銀行が支店を設立する場合、外資保険会社管理条例や外資銀行管理条例に基づく、審査認可を受けることが必要となります。たとえば、外国保険会社が中国支店を設立する場合には、中国保険監督管理委員会に対して設立申請を行い、審査認可を受けなければなりません。支店設立の要件として、外国保険会社の保険業務の経営年数、前年度の資産総額、登録国の保険管理制度の整備、駐在員事務所の存在、支店設立申請に対する主務官庁の同意が必要です。また、支店の運転資金として2億人民元以上の自由交換貨幣を無償で割り当てることも支店設立の要件となっています。

支店の業務範囲は駐在員事務所と異なり広範に認められており、認可された業務範囲内で営利活動を行うことができる点が大きな違いです。保険会社の支店の場合、中国保険監督管理委員会から認可を受けた業務範囲に従い、財産保険業務（財産損害保険、責任保険、信用保険等の保険業務を含む）、人身保険業務（生命保険、健康保険、傷害保険等の保険業務を含む）を行うことができます。また、認可された業務範囲内で大型商業リスク保険業務、マスターポリシー保険業務に従事することも可能です。ただし、同一の支店が財産保険業務と人身保険業務を同時に営むことは認められていません。

Column 2-1-2：外国銀行の駐在員事務所と支店設置

(1) 駐在員事務所（代表処）

駐在員事務所を設立しようとする外国銀行は、外国保険会社と同様、直接、工商部門で登記手続をすることはできず、中国銀行業監督管理委員会に対する設立申請手続を経て審査認可を受ける必要があります。外国銀行が駐在員事務所を設立するための要件としては、継続的に収益をあげる能力を有し、信用が良好で、重大な法令や規則の違反記録がないこと、国際金融取引の経験を有すること、外国銀行の登録国が整備された金融監督管理制度を有し、かつ中国の銀行業監督管理委員会と良好な監督管理協力体制をすでに構築していること、外国銀行が当該登録国の金融監督管理機構の有効な監督を受け、かつ設立申請について当該登録国の金融監督管理機構の認可を得ていること、有効なマネーロンダリング防止の制度を有することおよび中国銀行業監督管理委員会の定めるその他の条件を満たすことが必要とされています。また、審査資料としては、申請書、フィージビリティ・スタディ報告書、外国銀行のマネーロンダリング防止制度の説明書、外国銀行の当該登録国の金融監督管理機構が発行した意見書、外国銀行およびその所属グループの組織構造図、主要な株主名簿等が必要になります。なお、駐在員事務所の総代表または首席代表になるためには、その職責を履行するために必要な学歴、職務経験および業務能力を具備していることが求められます。

(2) 支　　店

支店を設立しようとする外国銀行は、中国銀行業監督管理委員会に対して申請手続を行い、認可を受けなければなりません。支店設立条件として、外国銀行にはその前年度末の資産総額が200億米ドルを下回らないこと、自己資本が登録国の規定に合致すること、中国国内において駐在員事務所（代表処）を設立して2

年以上経過していることなどが要請されます。また、外国銀行（本社）が支店の運営資金として２億人民元の自由交換貨幣を無償で割り当てることも要請されます。なお、外国銀行の中国支店の業務範囲は、中国銀行業監督管理委員会の認可した業務範囲に基づき、(ⅰ)公衆からの預金の受入れ、(ⅱ)貸付け、(ⅲ)手形引受と割引、(ⅳ)政府債券、金融債券の売買、株式以外のその他の外貨有価証券の売買、(ⅴ)信用状サービスおよび担保の提供、(ⅵ)国内外の決済の処理、(ⅶ)保険代理、(ⅷ)同業者間の短期融資、(ⅸ)信用調査、および(ⅹ)コンサルティングサービスの提供等の、①外貨業務および②中国国内の公民以外の顧客に対する一定範囲内の人民元業務に及びます。また、外国銀行の中国の支店は中国国内の公民の１件あたり100万人民元以上の定期預金を受け入れることができ、中国人民銀行の認可を得て人民元転および外貨転の業務を取り扱うことができます。
⇒Q7-2-3（親子ローン）

> Q2-1-4　当社は、現在中国に駐在員事務所（代表処）を持つ貿易商社ですが、中国に子会社を設立して営業活動を展開したいと考えています。中国における法人設立にはどのような選択肢がありますか。（外商投資企業の設立形態の概要）

　外国企業が中国において法人を設立する場合の形態には、①中外合弁企業、②中外合作企業、③外資独資企業（外外合弁の場合も含む）、④外商投資株式会社の４種類の選択肢があります。また、法人格を有しない外商投資パートナーシップ企業の設立も選択できます。

　通常、これらの投資形態をあわせて「外商投資企業」とよびます。このうち、①中外合弁企業、②中外合作企業、③外資独資企業は、一般に「三資企業」とよび、従前から認められている投資形態です。三資企業は、通常、株主が少人数で株主間に信頼関係がある場合によく採用される形態といわれています。外商投資株式会社は、出資人数、最低登録資本金および中国出資者の出資比率制限規定があるため、実務上の利用はそれほど多くありません。

Q2-1-5　外商投資企業の各形態の特徴を教えてください。（外商投資企業の各形態の特徴）

　貴社が中国に進出する際に、上記のどの投資形態を選択するかは、投資方針、投資資源、中国での事業内容、経営方式、中国でのビジネスパートナーの存否等に基づいて総合的に勘案したうえで判断する必要があります。また、業種によっては投資形態や持分比率が制限される場合がある点に注意する必要があります。外商投資企業の各形態の性質、組織構造等の特徴の概要については、下記の表をご参照ください。
⇒Q1-1-1（外商投資に対する規制の種類（外商投資ガイドライン・業法ライセンス））、Q1-1-2（外商投資産業指導目録の見方）

	中外合弁企業	中外合作企業	外資独資企業	外商投資株式会社	外商投資パートナーシップ企業
定義	中国内資企業と外国投資家（企業または個人）の共同出資により設立される有限責任会社	中国内資企業と外国投資家（企業または個人）の共同出資により設立される会社（法人格を有するものと法人格を有しないものを含む）	外国投資家（企業または個人）の出資のみで設立される有限責任会社	外国投資家（企業または個人）と中国出資者との共同出資により株式会社の形態で設立される有限責任株式会社	2つ以上の外国投資家（企業または個人）の共同出資、または中国企業および自然人との共同出資により設立される企業（法人格を有しない）
設立認可機関	商務部門（商務／対外経済貿易局）	同左	同左	同左	なし
会社登記機関	工商部門	同左	同左	同左	同左（外商投資産業政策に合致するかを含めて審査される）

株主責任形態	有限責任（出資額に限定される）	法人格を有する場合：有限責任（合作協議に定める合作条件に限定される）法人格を有しない場合：無限責任	有限責任（出資額に限定される）	有限責任（出資額に限定される）	無限責任（普通パートナーシップの場合）／有限責任（有限パートナーシップの場合）
出資方法	現金、現物（建物、工場、機械設備を含む）、知的財産権（工業所有権、ノウハウ等）、土地使用権	現金、現物、知的財産権、ノウハウおよび土地使用権等の財産権 合作条件の提供：不動産とその他の財産権利（土地使用権、建物使用権、知的財産権、ノウハウ等）	現金、機械設備、工業所有権、ノウハウ	現金、現物、知的財産権、土地使用権等の財産権	現金、現物、土地使用権、知的財産権およびその他の財産権、役務（普通パートナーシップの場合のみに限定する）
出資比率	外国投資家の出資比率は25％以上	法人格を有する場合：外国投資家の出資比率は25％以上 法人格を有しない場合：外国投資者の投資は、中国と外国投資者の投資総額の合計の25％以上	外国投資家の出資比率は100％	外国投資家の出資比率は25％以上	特別な規制なし
出資額	特別な規制なし（内資企業と同じ）	特別な規制なし（内資企業と同じ）	特別な規制なし（内資企業と同じ）	3,000万人民元	特別な規制なし
組織構造	最高意思決定機関は董事	法人格を有する場合：最高意思	最高意思決定機関は株	最高意思決定機関は株	執務パートナー

	会。監事会（または監事）の設置も必要	決定機関は董事会。監事会（または監事の設置）も必要 法人格を有しない場合：最高意思決定機関は連合管理委員会	主または株主会。董事会（または執行董事）および監事会（または監事の設置）も必要	主総会。董事会および監事会の設置も必要	
収益分配	出資比率に応じる	合作契約に基づき収益または成果物（製品）を分配する。一定の条件のもとで外国投資家が先行して回収できる	定款の規定による	定款の規定による	パートナー協議

法知識の整理

1 主要な法令と適用関係

中国では、外商投資企業の当事者間の権利義務、組織構造等を規制するために、各外商投資企業に対して外資特別法が設けられています。主な外資特別法については下記の関連法令をご参照ください。

外資特別法と会社法の適用関係については、外資特別法に規定がある場合は、外資特別法の規定を優先して適用し、外資特別法に規定がない場合は、会社法の規定を適用することになります。

2 関係する政府機関

外商投資企業や駐在員事務所等の設立および登記手続には、数多くの政府機関が関与します。以下では、外商投資企業の設立および登記機関に関わる主要な政府機関について概説します。

(1) 商務部門

商務部門は、外商投資企業設立に関する政府の審査認可機関です。商務部門の組織構造と外商投資プロジェクトに対する各級の商務部門の審査権限については、**Q1-**

1-14（審査確認および審査認可）をご参照ください。
(2) 工商部門
　工商部門は、外商投資企業の登記、管理監督機関です。工商部門には、国家工商行政管理総局と各地方レベル工商管理機関があります。原則として国家工商行政管理総局がすべての外商投資企業の登記機関とされますが、国家工商行政管理総局の授権により地方の工商部門も一部の外商投資企業を登記することができます。
⇒第１章第１節法知識の整理１
(3) 中国銀行業監督管理委員会
　中国銀行業監督管理委員会（以下「銀監会」といいます）は、2003年４月28日に成立した機関で、国務院に属し国務院の授権により、銀行、金融資産管理会社、信託投資会社およびその他の預金機能を有する金融機関を統一的に管理する機関です。銀監会は、全国31の省および５つの大きな市に、合計36の出先機関（地方管理監督局）を設置しています。銀監会の主な役割は以下のとおりです。
・法律、行政法規に基づいて、銀行業における金融機関およびその機関の業務活動の管理、監督に関する規定を制作し、公布すること
・法律、行政法規が定めた条件およびプロセスに基づいて、銀行業における金融機関の設立、変更、閉鎖、およびその金融機関の業務範囲を審査すること
・銀行業における金融機関の董事および高級管理職の就任資格を管理すること
・銀行業における金融機関の業務活動およびリスク状況を評価、管理、監督をすること

銀監会ウェブサイト　http://www.cbrc.gov.cn/index.html
(4) 中国保険監督管理委員会
　中国保険監督管理委員会（以下「保監会」といいます）は1998年11月18日に成立した機関で、国務院に属し、国務院の授権により、全国の保険市場を監督・管理し、保険業の運営を保護する機関です。保監会は、全国30の省および５つの大きな市に、合計35の出先機関（地方管理監督局）を設置しています。保監会の主な役割は以下のとおりです。
・保険業の発展方針を作成し、業界の発展戦略および企画を設計すること
・保険業の監督に関する法令、法規および業界内部に関する規則の草案を作成すること
・保険会社およびその支店、保険グループ会社、保険持株会社、保険資産管理会社、外国保険会社駐在員事務所の設立、保険代理会社、保険仲介会社、保険評価会社等の保険業仲介機関およびその支店の設立、域内の保険機関と非保険機関の

外国機構の設立、保険機関の合併、分立、変更、解散を審査すること
・保険機関の高級管理職の就任資格を審査すること
・保険業の職員基本資格の認定基準を作成すること
・社会公共利益に関わる保険種類、強制保険に関する保険種類、生命保険における保険条項、保険費用還付率を審査し、その他の保険種類における保険条項および保険料還付率の届出を受理し管理すること
・保険会社の還付能力および市場行為を監督し、保険リスク基金を管理し、保険資金の運用策を作成し、保険会社の資金運用を監督すること

保監会ウェブサイト　http://www.circ.gov.cn/web/site0/

関連法令

「中外合弁経営企業法」（中外合资经营企业法）（2001年）
「中外合弁経営企業法実施条例」（中外合资经营企业法实施条例）（国務院令【2001】311号）
「中外合作経営企業法」（中外合作经营企业法）（2000年）
「中外合作経営企業法実施細則」（中外合作经营企业法实施细则）（対外貿易経済部令【1995】6号）
「外資独資企業法」（外资企业法）（2000年）
「外資独資企業法実施細則」（外资企业法实施细则）（2001年）
「外商投資株式有限会社設立に関する若干問題暫定規定」（关于设立外商投资股份有限公司若干问题的暂行规定）（対外貿易経済合作部令【1995】1号）
「外国企業・個人中国域内パートナー企業設立管理弁法」（外国企业或者个人在中国境内设立合伙企业管理办法）（国務院令【2010】567号）
「外商投資パートナー企業登記管理規定」（外商投资合伙企业登记管理规定）（国家工商行政管理総局令【2010】47号）
「外資金融機構常駐代表弁法」（外资金融机构驻华代表机构管理办法）（中国人民銀行令【2002】8号）
「外国企業の中国における駐在員事務所の審査認可及び管理に関する実施細則」（対外貿易経済合作部关于审批和管理外国企业在华常驻代表机构的实施细则）（対外貿易経済合作部令3号）
「外国企業駐在員事務所登記管理条例」（外国企业常驻代表机构登记管理条例）（国務院令【2010】584号）

第2章　どのようにして進出するか

「外資銀行管理条例」（外资银行管理条例）（国務院令【2006】478号）
「外資保険会社管理条例」（外资保险公司管理条例）（国務院【2002】336号）
「外国企業の駐在員事務所の税金徴収管理暫定弁法」（外国企业常驻代表机构税收管理暫行办法）（国税発【2010】18号）
「外国企業の常駐代表機構の管理の一層の強化に関する通知」（关于进一步加强外国企业常驻代表机构登记管理的通知）（工商外企字【2010】4号）

第2節
進出方法

外国企業が中国に子会社としての事業拠点を置く場合、法人を新設するか、または既存会社を買収（資本参加）するかのいずれかの方法があります。本節では、外国企業の中国への進出方法および進出方法選択の際の注意事項について簡単に解説します。なお、外国企業による中国企業買収の詳細については、第10章（中国におけるM&A・企業再編）もあわせてご参照ください。

> Q2-2-1　当社は中国に子会社を置き、医療機器販売事業に参入したいと考えています。新規会社の設立のほか、既存会社を買収する方法を利用することはできますか。（進出方法―新会社の設立と既存会社の買収）

　外国会社が中国において子会社を持つ場合、通常、新会社の設立と既存会社への資本参加（既存会社の買収）という2種類の方法を利用することが考えられます。

　新会社を設立する方法としては、事業資産を新規購入し、事業を一から開始する方法と、中国の既存会社よりの資産を買収することで得た事業資産をもって企業を設立する方法があります。いずれの方法も、会社設立の審査認可、工商登記等の設立手続を経る必要があります。

　一方、既存会社へ資本参加する方法としては、既存会社の持分権を譲受するまたは既存会社へ増資するなどの方法があります。いずれの方法においても、持分権譲渡契約または増資協議書を締結し、既存会社を通じて変更審査認可手続および工商変更登記手続を行う必要があります。

⇒第3章（拠点を立ち上げる）、Q10-1-1（外資によるM&Aの手法）、コラム10-1-1

(事業譲渡)、第10章（中国におけるM&A・企業再編）

> Q2-2-2　新会社の設立と既存会社への資本参加のいずれの方法をとるべきかを検討する際のポイントは何でしょうか。（進出方法の決定）

　進出方法を考える場合、新会社設立と資本参加のそれぞれのメリットとデメリットを比較し、企業の投資目的、投資規模、投資コスト、経営資源、立ち上げに要する期間等を総合的に考慮したうえで判断する必要があります。

　具体的には、通常、以下の事項を検討する必要があります。

① 既存会社の保有するリソース（生産施設、販売ネットワーク、人員等）を利用する必要性、可能性

② 経営活動に特殊な経営資格や資質（たとえば、医薬品の製造・販売活動に従事する場合、医薬品の製造・販売の資格等）を必要とする業種の場合は、既存会社がそのような経営資格を保有しているか否か、または、既存会社を利用することで経営活動に必要な経営資格を取得しやすくなるかなど、新会社を設立するよりも新規立ち上げに要する期間を節約できる可能性

③ また、既存会社の資産および経営に顕在するまたは潜在する法的リスク（PL責任、取引・融資による債権債務紛争、重要資産に対する権利の瑕疵、重大な労務紛争等）が存在しないかなど慎重に検討する必要があります。

　資産買収、持分権譲渡等の進出方法に関する法規制、注意点等については、第10章（中国におけるM&A・企業再編）をご参照ください。

⇒Q1-1-9（業法による規制）、第10章（中国におけるM&A・企業再編）

> Q2-2-3　近年、中国企業に直接投資するのではなく、香港経由で中国企業に投資する方法が増えていると聞きます。このような香港経由の中国進出にはどのようなメリットがありますか。（香港経由の投資）

日本から直接中国に投資せず、香港に子会社を設立または香港の既存会社を買収して、子会社化したうえで当該香港子会社を経由して、中国で会社を設立するというケースが増えています。このような香港経由の中国進出には、主に以下のメリットがあります。

(1) 香港・中国経済貿易緊密化協定による優遇政策の活用

　中国と香港は経済貿易緊密化協定（CEPA：Closer Economic Partnership Arrangement）およびその補充協議を締結しています。一定の要件を満たす香港法人は、CEPAに基づく優遇策により、本来は外国投資家が参入できないまたは外資独資で参入できない分野（たとえば、コンベンション（会議）や展示会サービス、映画館経営業、観光旅行業等）に参入することが特別に認められており、外資の参入規制のある分野に進出する機会を得ることができます。

⇒コラム2-2-1（中国と香港の経済貿易緊密化協定）

(2) 諸手続の簡略化・柔軟化

　中国では、外商投資企業の設立手続、持分権譲渡手続、清算手続等は、政府の許認可を受ける必要があるなど手続が煩雑ですが、香港法人を設立することにより、比較的簡易にかつ柔軟にこれらの手続を行うことができるようになります。

(3) 税制上のメリット

　香港では、香港法人の子会社からの配当金およびキャピタルゲイン（たとえば、長期保有している持分権譲渡による売却益）に対しては課税がなされないため、香港経由で間接的に中国に進出する場合には、税務上一定のメリットがあるといわれています。すなわち、日本から直接中国に出資した場合は、中国現地法人から日本本社（出資者）に配当金を送金する際に、10％の所得税が源泉徴収されます。これに対して、香港法人を経由して間接的に中国に出資した場合は、香港法人に事業の実体があるなどの一定の条件を満たせば、中国現地法人から香港法人に配当金を送金する際に5％の所得税が源泉徴収されるのみで、香港法人から日本本社にこの配当金を送金する際には所得税は源泉徴収されません。

第2章　どのようにして進出するか

　ただし最終的に香港経由の投資に税制上のメリットがあるか否かは、上記の税制以外に、日中間の租税協定や日本のタックスヘイブン税制等の最新の税制に従ってケース・バイ・ケースで判断する必要があります。
⇒コラム6-2-2（日中租税協定）、コラム2-2-1（中国と香港の経済貿易緊密化協定）、コラム2-2-2（香港経由の投資による中国本土での手続の簡略化）

Column 2-2-1：中国と香港の経済貿易緊密化協定

　中国と香港の間において、2003年6月29日に香港・中国経済貿易緊密化協定（CEPA）が締結され、その後、数回にわたって補充協議が締結されてきました。これにより、2004年4月1日から、香港製品の中国輸入時の免税措置や、香港法人による中国本土への投資（サービス貿易）の際の優遇措置が広く認められることとなりました。CEPAによって、香港法人による中国国内への投資が認められるのは、物流、証券と先物、電信、旅行、不動産、医療機構、環境、文化娯楽、音楽映像商品の販売、公共事業等のサービス分野です。CEPAの優遇措置の内容としては、主に外資独資で参入できない分野への投資の緩和、出資比率制限の緩和・廃止、出資金基準の低減、設立地域制限の緩和等があります。ただし、外国企業が香港法人を設立してCEPAの優遇を受けるためには、香港で数年間同じサービスを提供したという実績がなければなりませんので（いわゆる「香港サービス提供者資格」）、この条件を満たすかどうかは事前に確認する必要があります。

Column 2-2-2：香港経由の投資による中国本土での手続の簡略化

　中国で直接中外合弁企業を設立する場合、まずは合弁契約を作成し、この合弁契約につき審査認可機関（商務部門）の認可を受けなければなりません。そして、Q2-3-3（合弁契約の規定内容）でも解説するとおり、合弁契約では法令に従って出資比率、企業組織構造、当事者間の権利義務等について定める必要があります。他方、中国側出資者との共同出資企業を香港に設立し、この香港法人の子会社を中国に設立する場合には、この香港法人設立に関する合弁契約を中国法に基づいて作成する必要はないため、当事者間の権利義務、企業の意思決定機関、契約の準拠法および紛争解決方法等を、より柔軟に取り決めることが可能となります。

また、持分権譲渡の場合には、香港法人を介在させることで譲渡手続がより簡便になることが考えられます（このような譲渡は「間接譲渡」ともよばれています）。すなわち、中国本土の外商投資企業の持分権を譲渡するには、本来、審査認可機関（商務部門）による認可の取得と登記機関（工商部門、税務機関、外貨管理局、税関等）での変更登記が必要になりますが、香港法人の持分権譲渡の際はこのような政府機関による認可の取得や煩雑な変更登記は必要とされません。ただし、間接譲渡の場合でも、中国におけるキャピタルゲイン課税がなされる可能性がある点には留意が必要です。

第3節 中外合弁、外資独資形態での進出

中国で改革開放政策が実施されて以来、外国企業によく利用されている進出形態が、中外合弁企業および外資独資企業です。本節では、中外合弁企業の設立のための中国側出資者の選定、合弁交渉の際のポイント、合弁契約の締結、合弁企業の組織構造およびガバナンス構築等、中外合弁企業および外資独資企業の設立に関する重要事項について解説します。

> **Q2-3-1** 当社は中国企業と、空気清浄機等の電化製品の生産・販売を行う合弁企業の設立を検討しています。中国側出資者として複数の候補がありますが、中外合弁企業の中国側出資者を選定する際のチェックポイントを教えてください。（合弁当事者選択のポイント）

中国側出資者の選定は、中外合弁企業という進出形態を成功させるための重要な鍵となります。中国側出資者選定にあたっては、下記の点をチェックすることが重要です。

(1) 中国側出資者の特徴の把握

中国企業は、組織の性質等により企業の特徴も異なります。たとえば、国営企業（政府が出資し設立する企業）、民営企業（一般の民間人が出資し設立する企業）、郷鎮企業（農民または農村の組織が出資し設立する企業）、または大手企業と中小企業等と分類でき、それぞれものの考え方や意思決定のプロセス等に大きな違いがあります。例を挙げると、国営企業・大手企業の場合は、組織的意思決定が行われるため、意思決定の過程が複雑で長期化する傾向にあり、民営企業・中小企業の場合は、個人によるオーナーシップが多いので、意思決定は簡便かつ迅速である一方、交渉の進め方はオーナーの個性に大きく左右さ

れやすいといわれています。このように、出資者候補の組織の性質や特徴をよく把握しておく必要があります。

(2) 合弁企業における中国側出資者としての適性の確認・検証

中国側出資者としての適性を調査するために、通常、中国側出資者に会社の事業内容および経営状況等に関する説明や関連資料の提出を要請し、現地訪問を行うとともに、政府関連機関から当該中国側出資者の企業登記情報等を取り寄せて確認します。また、中国側出資者の取引先や業界における評価・評判の調査等を行い、関連情報を照合しながら確認・検証しておくことも必要です。

⇒コラム3-1-4（企業情報の取得）

(3) 中国側出資者の意欲の確認

合弁企業の設立に向けた手続等が円滑に進むかどうかは、中国側出資者から積極的に協力を得られるかどうかによるところが大きいため、協議の中で、中国側出資者が合弁企業の設立に対して、どの程度の意欲があるのかを確認しておくことが重要です。

> Q2-3-2　中国側出資者との間で、合弁企業設立の条件を交渉するにあたっての一般的な手順を教えてください。（合弁交渉の手順）

中外合弁企業設立のための中国側出資者との合弁交渉は、通常、以下のような手順で進めます。

(1) ステップ1：基本情報の交換と内部検討

合弁交渉を始めるにあたり、秘密保持契約を締結して、各当事者の基本情報（会社の資本規模、人員、生産規模、経営範囲、組織構造、取扱製品の関連情報等）を相手方に開示し、合弁企業設立に関する双方の基本的な意向（設立の目的、大まかな役割分担、合弁企業の規模、出資比率等）を確認するとともに、日本本社内部では合弁事業の実行可能性を検討します。

⇒コラム2-3-2（合弁交渉段階の秘密保持）

(2) ステップ2：合弁基本条件の交渉、基本合意の形成

　ステップ1での交渉・検討の結果、合弁企業設立に関する基本的な意向の合意に達した場合、必要に応じて基本合意書を締結します。通常、詳細な合弁条件を詰めるまでにはある程度の時間がかかることから、基本的な条件について一定の合意が形成された段階で、それまでの交渉成果を確認する趣旨で、合意内容を書面化するケースが多いです。ただし、基本合意の段階では、合弁条件の一部が未確定であったり交渉が十分に成熟していないために、当事者としては基本合意に拘束されることを避けたいというケースもあるため、基本合意の法的拘束力の範囲を限定する手法がよく採られます。

(3) ステップ3：合弁契約書の締結

　合弁企業における合弁当事者間の役割分担、経営管理方法、権利義務等の詳細についてさらに交渉を行い、正式な合弁契約書を締結します。合弁契約については、**Q2-3-3**（合弁契約の規定内容）～ **Q2-3-7**（内部組織の構造）にて詳しく説明します。なお、既存会社を買収して中外合弁企業を設立する場合は、ステップ1～3と並行して、対象会社に対する法務調査や税務・会計調査等を行うことが一般的です。法務調査の詳細については、**第10章第5節**（企業買収における法務調査）をご参照ください。

Column 2-3-1：合弁交渉における実務上の主な留意点

(1) 交渉前に、社内で交渉方針、交渉目標、合弁条件（譲歩できる事項か否か）をもれなくリストアップします。
(2) 中国側出資者の交渉担当者の権限、地位を確認し、合弁交渉に関する中国側出資者の真の意思決定者（キーマン）が誰かを把握しておく必要があります。なぜなら中国側出資者の交渉担当者は、最終的な意思決定権を有さず、背後に真の意思決定者がいるケースが多いからです。この場合には、担当者との交渉の場でなかなか決められない事項、特に中国側出資者に譲歩してほしい事項については、交渉担当者の立場を尊重しながらも、真の意思決定者と直接交渉する機会を設けることも検討する必要があります。
(3) 合弁交渉の所要期間は、個別案件の内容や規模等の状況により大きく異なります。3～4か月程度で終わるケースもあれば、3年以上かかる合弁交渉もあ

ります。合弁交渉を着実に行うために中国側出資者と事前に合弁交渉スケジュールを設定したとしても、実際の交渉がスケジュールどおりに進まずに予想以上に時間がかかる可能性があることを事前に認識しておく必要があります。商機を逃さないというビジネス上の要請があるにしても、スケジュールのみ優先させて、合弁条件（特に合弁設立に関する権利義務上の重要な合弁条件の交渉で安易に妥協することはできるだけ避けるべきです。
(4) 基本合意に達し、基本合意書を締結する場合、基本合意書のどの条項に法的拘束力を持たせるか、合意書に有効期間を設定すべきか否か等については、ケース・バイ・ケースで判断する必要があります。一般的には、独占交渉権、秘密保持義務の条項等には法的拘束力を持たせることが多いです。
(5) 合弁の条件について、双方が議論し十分に納得することが重要です（詳細については、Q2-3-4およびQ2-3-5参照）。

Column 2-3-2：合弁交渉段階の秘密保持

合弁交渉においては、初期の段階では各当事者が有する合弁資源や能力等を確認するために、お互いの営業・技術上の情報を開示することが少なくありません。合弁契約がまだ合意に至っていない段階で、どこまで情報を開示すべきか、どのように開示するかは、慎重に検討する必要があります。特に交渉相手が競争相手でもあるような場合には、必要最低限の情報を出すことで対応する場合が特に多く、開示情報が未公開情報または技術に関わる秘密情報等を含む場合には、秘密保持契約の秘密情報の範囲、使用目的制限、開示制限、秘密保持措置、違約責任等を慎重に検討し、交渉相手に厳しい守秘義務を負わせることが望ましいといえます。

Q2-3-3 合弁契約にはどのような内容を規定する必要がありますか。（合弁契約の規定内容）

合弁契約は、合弁企業の設立、経営、管理、終了等に関する合弁当事者の権利義務の全般を規定する契約であり、合弁企業の出資者にとって最も基本的で重要な契約です。

合弁契約には、法定記載事項として下記の事項を規定する必要があります。

① 出資者の基本事項の記載（社名（個人の名前）、登録国、法定住所および法定代表者の氏名等）
② 合弁企業の経営範囲
③ 合弁企業の投資規模と登録資本
④ 各出資者の利益配当と損失負担の比率（中外合弁企業の場合は利益配当と損失負担は出資比率に基づくべきとされます）
⑤ 合弁企業の最高意思決定機関（董事会における董事の人数と各出資者による派遣董事人数配分）、会社の経営機関（総経理、副総経理およびその他の高級管理職の職責、権限および任免方法等）
⑥ 合弁企業が採用する主な生産設備、生産技術およびその調達先、原材料の調達方法および商品の販売方法
⑦ 財務、会計、労務管理、労働保険等
⑧ 合弁企業の存続期間、解散条件、清算手続
⑨ 違約責任、紛争解決方法（外国の仲裁機関による解決方法も認められます）
⑩ 合弁契約の使用言語（中国語および外国語で作成することができます）、発効条件
⑪ 合弁契約の付属文書（合弁契約と同等の効力を有します）

なお、上記の法定記載事項以外の事項についても、当事者間の合意に応じて定めることができます。

ただし、中外合弁企業の合弁契約には中国法が強制的に適用され、当事者の合意で外国法を準拠法とすることはできません。

⇒コラム2-3-12（法定代表者）、Q3-2-5（資本金の通貨）、Q3-2-6（資本金の払込期限）、Q3-2-7（出資と外債借入れの順番）、Q3-2-8（投資総額）、コラム8-2-1（投注差）、ケース8-2-1（外債残高と投注差の計算例）、Q12-3-3（準拠法合意の制限）

第3節　中外合弁、外資独資形態での進出

Column 2-3-3：法定記載事項以外で合弁契約によく定められる事項

　合弁出資者間の権利義務を明確に定め、合弁企業の運営と解散をスムーズに処理できるようにするため、合弁契約では法定記載事項以外にも、合弁企業の設立、運営における合弁出資者の役割分担、増資条件、増資額の引受方法、持分権譲渡方法、撤退、合弁企業解散の条件・方法、董事会が決議できない状況（デッドロック）に陥った場合の対応方法等を定めておくことがよくあります。また、外国出資者が合弁企業から撤退する場合（外国出資者の商号が使用される場合）の社名変更の条項、技術ライセンスの継続付与の有無、出資当事者の競業禁止の有無等についても、必要に応じて合弁契約に定めておきます。
⇒コラム2-3-4（デッドロック）

Column 2-3-4：デッドロック

　いわゆるデッドロックには、同票数により最高意思決定機関の決議がわかれてしまうデッドロックと、株主が派遣董事に否決権を行使させることにより、合弁企業の重要事項が否決され続けて決議できない状況に陥るというデッドロックがあります。前者のデッドロックは、定款や合弁契約において、董事の人数を奇数に設定しておくという方法により、過半数決議事項のデッドロック状況を回避することができます。しかし、通常合弁企業は出資者の出資比率により派遣董事の人数を決定するので、必ずしも董事の人数を奇数にすることにつき合意できるとは限りません。後者のデッドロックは、少数株主が自分の権利を守るために与えられた否決権を利用して意思決定機関の決議を成立させないというデッドロックなので、あらかじめ完全に回避することは出来ません。したがって、合弁契約において、デッドロックに陥った場合の解決策を定めておくことが一般的です。
⇒Q2-3-5（デッドロックの場合の処理）、Q2-3-8（董事会の決議事項、議事規則）

Q2-3-4　合弁契約の内容に関する主な留意事項を教えてください。（合弁契約の内容に関する留意事項）

　実務上、以下のような事項が合弁契約交渉時の争点となることが多いです。

(1)　出資比率

　出資比率は、合弁企業の意思決定機関である董事会への派遣董事人数の割当

て、合弁企業の法定代表者、総経理の派遣権限、利益配当比率の決定等と密接に関係してくることから、交渉時の争点となります。日本側の出資者としては、合弁企業を設立する目的に従って、合弁企業の日常経営に関する管理経営権および重要事項（経営計画、対外借入れ、担保の提供、重要資産の処分、対外投資、利益配当、欠損処理等）の意思決定について支配権を持つべきか否か等の要素を総合的に考慮したうえで、合弁企業における出資比率がマジョリティを占めるべきか、マイノリティにとどまるべきかを決めるべきです。

(2) 出資者の役割分担条項

合弁契約の法定記載事項ではありませんが、合弁企業の設立、経営における各出資者の役割についても、出資者の権利義務と直接関係することから、合弁契約で定めておくことが一般的であり、交渉の争点となることが多いといえます。実務上、中国側出資者が、事業を行う場所の確保（土地、建物の提供を含む）、合弁企業設立手続への協力、合弁企業の経営に必要な資格資質の取得、中国国内での原材料や設備の調達、中国国内販売ルートの提供等の役割を担い、外国出資者は、技術の供与、輸入原材料や輸入設備の調達、商品の外国への販売ルートの提供協力等の役割を担うケースが多いといえます。

(3) 董事の人数配分、董事会決議事項、日常経営責任者の指名推薦権

中外合弁企業の董事会は、合弁企業のすべての重要事項を決める最高意思決定機関とされています。合弁企業の決議事項に関する議決権は直接出資比率により決めるものではなく、出資者が派遣した董事の表決（1人の董事につき1つの議決権を有する）により決めるものとされています。そこで、各出資者の合弁企業の董事会への董事の派遣人数配分が重要となります。また、どのような事項を董事会決議で決定すべきか、決議事項に関する議事規則はどのように定めるべきかについても、合弁契約交渉時によく争点となります。具体的な留意点については、Q2-3-8（董事会の決議事項、議事規則）をご参照ください。

合弁企業の総経理は合弁企業の日常経営の最高責任者であり、法令上および実務上、総経理の権限は広範に認められているため、総経理の指名推薦権をどちらの出資者に付与するかについても、問題になることがあります。具体的な

留意点については、**Q2-3-9**（董事長と総経理）および**コラム2-3-8**（総経理を中国側出資者が派遣する場合の実務上の牽制方法）をご参照ください。

(4) **増資、合弁撤退、持分権譲渡等**

合弁企業の増資、合弁撤退、持分権譲渡は、直接、当事者の権利義務に関わる重要事項であるため、これらに関する規定をどう定めるかは争点となります。たとえば、増資、合弁撤退の条件をどのように設定するか、増資する場合に各当事者が引き受ける方法およびその増資比率をどうするか、デッドロックになった場合の解決方法等についてはよく議論されます。

(5) **合弁契約の付属契約**

特に生産型合弁企業を設立する場合には、実務上、合弁契約と同時に、技術ライセンス契約、商標使用許諾契約、販売契約等の生産型合弁企業の事業活動に不可欠な契約を、合弁契約の付属契約として締結することがよくあります。これらの合弁事業に不可欠な契約については、その債務不履行、解除および終了事由を合弁契約の内容と連動させることも考えられます。

Q2-3-5　合弁契約では、当社が4名の董事を、相手出資者が3名の董事をそれぞれ指名することになっています。董事会決議でデッドロックの状態が生じた場合の対策として、合弁契約ではどのように規定しておけばよいでしょうか。（デッドロックの場合の処理）

会社の事業戦略、経営方針、その他重大な経営決定等につき、出資者間の意見が対立する場面は実務上しばしばあります。中外合弁企業においては、定款変更、増資、減資、合併・分割、解散等の重要事項を決議するためには董事会の全員一致による同意が必要なため、これらの決議事項について相手出資者の反対により決議ができない事態が発生する場合があります。また、董事会の定足数は3分の2以上であるため、本問における董事会の構成では、相手出資者が董事会会議を欠席した場合にも決議ができなくなってしまいます。このようなデッドロックが生じた場合の解決策として、合弁契約において定めておくべ

き事項についてご紹介します。

(1) **董事欠席の場合の処理**

董事が代理人を立てずに董事会会議を無断欠席する場合には、当該董事は「出席したうえで棄権したものとみなす」という定めをおくことにより、定足数不足により決議がとれないというデッドロック状態を避けるようにします。

(2) **デッドロックの定義**

合弁契約においてデッドロックをどのように定義すべきかはいろいろなバリエーションが考えられますが、よくみられるのは、一定の重要事項について連続して一定回数以上董事会決議を可決することができず、出資者同士による一定期間の協議を経てもなお解決できない場合をデッドロックと定義することです。

(3) **デッドロック事由が生じたときの解決策**

主に以下のパターンが考えられます。

① 相手出資者の保有する株式を当方が買い取ることを要求する。

② 相手出資者に、当方の保有する株式を買い取るよう要求する。

③ 相手出資者に、相手出資者以外の第三者へ当方が保有する株式を譲渡することについて承認を要求する(ただし、相手出資者への譲渡価格を下回らない価格に限る)。

④ 会社の解散・清算を要求する

一方、合弁契約においてデッドロック発生時の解決策を定めていない場合の対応策として、出資者は、人民法院に対して会社解散訴訟を提起することにより、会社の解散を請求するという方法が考えられます。人民法院が解散請求を認めた場合は、合弁企業は直接清算手続に入ることができます。ただし、このような解決策はやむをえない最後の手段であり、かつ人民法院はこのような解散請求に対して慎重に判断することになります。

なお、デッドロックが一方の出資者の合弁契約上の義務違反行為により生じたものであれば、違約行為を行った出資者に対して違約責任を追及することも考えられます。

第3節　中外合弁、外資独資形態での進出

⇒コラム2-3-4（デッドロック）、コラム2-3-6（董事会決議規則と定足数）、Q11-3-17（清算手続の流れ）、Q11-3-23（強制清算手続）

> Q2-3-6　合弁企業の定款にはどのような事項を規定する必要がありますか。（定款の規定内容）

　合弁企業の定款は、合弁契約に規定する原則に基づき、合弁企業の目的、組織および経営管理方法、解散等の重要事項を規定するものです。
　法令上、合弁企業の定款には、下記の事項を規定する必要があります。
① 合弁企業の基本事項の記載（社名、法定住所および法定代表者の氏名等）
② 合弁企業の目的、経営範囲および合弁期間
③ 合弁企業の出資者の構成（各当事者の社名、登録国、住所、法定代表者等）
④ 合弁企業の投資総額、登録資本、各合弁出資者の出資額、出資方式、持分権譲渡に関する規定、各出資者の利益配当と損失負担の比率
⑤ 合弁企業の最高意思決定機関（董事会人数とメンバーの構成、議事規則、董事の任期、董事長の職責）、経営管理機関（総経理、副総経理およびその他の高級管理職の職責、権限と任免方法等）
⑥ 財務、会計、監査制度の原則
⑦ 合弁企業の解散、清算手続
⑧ 定款修正手続

　上記の法定記載事項以外の事項であっても、出資者の合意に基づき追加して定めることができます。ただし、近時の実務においては、定款内容について、商務部門、工商部門指定のフォームを使用することを要請される傾向がありますので、商務部門、工商部門指定フォームを利用する場合は、当該フォームへの追記や変更の方法について、事前に商務部門、工商部門に確認したほうがよいでしょう。

> **Column 2-3-5：定款と合弁契約が一致しない場合の対応**
>
> 　合弁企業の定款と合弁契約はいずれも合弁企業設立時に提出し審査される重要な書類であり、商務部門の認可を受けてから発効するものとされていますので、通常、両者は内容に矛盾が生じないよう作成されます。しかし、結果的に、定款と合弁契約に一致しない条項があるまま、商務部門の認可を受けてしまうケースもありえます。この場合どちらを優先すべきかについては、法令上に規定はありません。一般論としては、出資者間の権利義務に関わる事項であれば、合弁契約の規定に従い判断され、合弁企業の運営、経営、清算に関わる事項であれば、定款に従い判断される傾向がありますが、いずれを優先して適用するかの判断が難しいケースもありえます。このような事態を避けるためにも、合弁契約および定款の一致性は、審査認可を受ける前に、慎重に検証しておく必要があります。また、事後的な策として、当事者間の合意により、どちらか一方を修正して一致させることも必要となります。

Q2-3-7　中外合弁企業の内部組織の取決めについて教えてください。（内部組織の構造）

　中外合弁企業の内部組織としては、最高意思決定機関として董事会、監査機関として監事会（または2名以下の監事）、日常経営管理機関として総経理等を置く必要があります。

　まず、董事会は合弁企業の最高意思決定機関であり、合弁企業のすべての重要事項を決める権限を有するとされています。董事会は董事によって構成され、各出資者が派遣する董事人数の配分については、合弁契約および合弁企業の定款を通じて決定するものとされています。現行法では、合弁企業の董事会の構成員は3名以上13名以下でなければなりません。また、各出資者が派遣する董事人数の配分は、各出資者の出資比率を参考にして協議し決定するものとされています。この法規定の趣旨に基づき各出資者が派遣する董事の人数を決めることが多いですが、実務上は、出資比率によらずに合弁出資者の合意で各出資者が派遣する董事人数を決めることも認められています。

　また、董事会の下には日常経営管理機関を設置するものとされています。通

常、会社の日常経営管理の責任者として総経理1名を設置し、また必要に応じて副総経理、他の高級管理職（たとえば総会計師（企業部内における会計資格を要する財務担当の職位）総審計師、総工程師）を設置することができます。法令上は合弁企業の総経理・副総経理は、合弁企業の董事会が任命・解任するものとされていますが、通常は、総経理や副総経理の指名・推薦権がいずれの出資者にあるのかを合弁契約および定款で明記することが多いです。なお、合弁企業の董事長、董事は、合弁企業の総経理、副総経理、高級管理職を兼任することができます。

さらに、合弁企業の内部組織として、監査機関（監事会・監事）の設置が必要となります。監査機関の設置規則、権限と構成の詳細については、**Q2-3-10**（外資独資企業の内部統制構造）、**コラム2-3-11**（監事会の権限の範囲と決議に関する規則等）をご参照ください。

以下は、上記の中外合弁企業の基本的な組織構造を示したものです。なお、外資独資企業の組織構造については、**Q2-3-10**（外資独資企業の内部統制構造）をご参照ください。

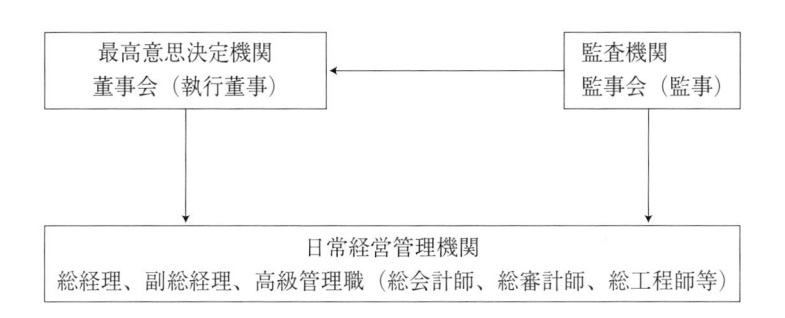

```
┌─────────────────┐         ┌─────────────────┐
│  最高意思決定機関  │◀────────│    監査機関     │
│  董事会（執行董事） │         │  監事会（監事）  │
└────────┬────────┘         └────────┬────────┘
         │                           │
         ▼                           ▼
   ┌──────────────────────────────────────────┐
   │            日常経営管理機関              │
   │ 総経理、副総経理、高級管理職              │
   │ （総会計師、総審計師、総工程師等）        │
   └──────────────────────────────────────────┘
```

⇒**Q2-3-10**（外資独資企業の内部統制構造）、**コラム2-3-11**（監事会の権限の範囲と決議に関する規則等）

Q2-3-8 中外合弁企業の董事会決議事項として通常どのような事項を記載するべきですか。(董事会の決議事項、議事規則)

　中外合弁企業法等の関連法規によると、董事会は、合弁企業の一切の重要事項を決定するとされています。実務上は、下記の法定事項および一定の重要事項を董事会の決議事項として定款で定めておくことが多いです。

議事規則	決議事項
法定事項（全員一致決議事項）	① 合弁企業の定款の改正
	② 合弁企業の終了、解散
	③ 合弁企業の登録資本金の増資、減資
	④ 合弁企業の合併、分割
法定事項以外の定款に定めたほうがよい決議事項	① 一定金額以上の融資、担保提供（自社または第三者のための担保提供）
	② 一定金額以上の資産の譲渡と譲受
	③ 対外投資、子会社、分枝機構（支店）の設置、廃止等の審査認可
	④ 総経理、副総経理の選任、解任、待遇の決定
	⑤ 合弁企業の年度生産計画、販売計画等の経営計画の審査と認可
	⑥ 合弁企業と関連会社間の販売条件、取引価格の決定基準の認定
	⑦ 当該年度の財務予算と収支予算の認可
	⑧ 当該年度の財務諸表の審査と認可
	⑨ 利益配当原則と損失処理方針の決定
	⑩ 合弁企業の重要な規則制度等（就業規則、人事規則、会計管理規則、労働福祉制度等）の審査、認可、改定

　上記のように、4つの法定事項については董事会全員一致で決議しなければならず、合弁当事者間の合意によっても変更することはできません。

一方、法定事項以外の決議事項については、合弁当事者の合意で合弁企業の定款においてその議事規則（決議事項・議決要件等）を定めることができます。

Column 2-3-6：董事会決議規則と定足数

(1) 中外合弁企業法等の関連法規によれば、董事会決議には、3分の2以上の董事の出席が必要とされていますので、董事会の開催と決議の効力を確保するためには、董事会開催時において、まず3分の2以上の董事の出席の有無を確認すべきです。定足数である3分の2以上の董事の出席がなければ、その董事会で行った決議は無効となります。ただし、定款に規定がある場合、または、董事全員の同意を得た場合は、書面による持ち回り方式で董事会決議を行うことが可能です。

(2) 法定の全員一致決議事項にいう全員とは、董事会に出席した董事の全員を指し、董事会の構成員全員ではありません。しかし、実務上は、決議事項に関して政府機関の認可を受ける必要がある場合には、登録されている董事の全員一致による董事会決議の提出を要請される場合が多く、注意が必要です。

(3) 法定の全員一致決議事項以外については、合弁出資者が合弁契約および合弁企業の定款において、董事会の全員一致決議事項または多数決による決議事項の詳細を定めることができます。重要事項を全員一致決議事項にすべきか、多数決事項として定めるかは、自己（外国側出資者）の合弁企業に占める出資比率およびその董事派遣数により変わります。通常、合弁企業に占める自己の出資比率が少ない、または董事派遣数が少数である場合には、合弁交渉の際に中国側出資者の専断行為を防止するために、董事会の全員一致事項を増やすことが考えられます。逆に合弁企業に占める自己の出資比率が多い、または董事派遣数が多数を占めているのであれば、中国側出資者の否決権の行使を避けるために、全員一致決議事項を限定することが望ましいといえます。なお、多数決の可決割合設定については、3分の2、4分の3、過半数等のパターンがありますが、出資比率、合弁企業への董事派遣人数等の要素を考慮し、ケース・バイ・ケースで検討する必要があります。

Column 2-3-7：中外合弁企業の董事会の性質

中外合弁企業の董事会は、日本の会社法では、取締役会に該当するのか、それとも株主総会に該当するのかという質問がよくあります。

第2章　どのようにして進出するか

> 　中外合弁企業法およびその実施条例等の関連法規によれば、合弁企業の董事会は、合弁企業の最高意思決定機関であり、合弁企業のすべての重要事項を決定する権利を有します。他方で董事会の董事は出資者により派遣され、董事長は合弁企業の法定代表者であるとされています。中外合弁企業法は会社法より前に制定されており、当時は、中国側出資者と外国側出資者による少人数での閉鎖的かつ緊密な共同経営を想定して組織機構を設計したものと思われます。これらの董事会の特徴および機能からみれば、合弁企業の董事会は、所有と経営の分離が厳密になされていない機関であり、最高の意思決定機関であるという意味において日本の株式会社の株主総会と類似しているものの、董事が出資者（株主）により派遣され会社経営の意思決定も行うという意味において、日本の取締役会と類似の性質・機能も有しており、日本の株式会社の株主総会と取締役会の両方の機能をあわせ持ったものといえます。
> ⇒コラム2-3-12（法定代表者）

Q2-3-9　中国側出資者より、当社が董事長を派遣し、中国側出資者が総経理を派遣するという提案を受けました。董事長と総経理の役割、責任、権限について教えてください。（董事長と総経理）

　合弁企業の董事長は、中外合弁企業法等の法令上、合弁企業の法定代表者であり、内部の特別授権を受けることなく、対外的に合弁企業を代表して契約締結や、訴訟提起を行う権限を持っています。また、董事長は、董事会を招集し、主宰することができます。董事長の任期は合弁企業の定款で定めるものとされ（中外合弁企業法上、1回の任期が4年を超えてはならないとされています）、定款の規定により派遣出資者が董事長を解任できると定めることもできます。このように、董事長には、対外的に会社を代表して意思表示を行い、対内的に董事会を招集し、主宰するという権限はあるものの、その他の対内的な権限および責務は、一般の董事と大きく異なるものではないといえます。

　一方、合弁企業の総経理は、会社法および中外合弁企業法等の法令上、合弁企業の日常経営管理機関の最高責任者であり、董事会の決議事項を執行し、合弁企業の日常経営管理を組織・指導します。また、董事会から授権された権限

内で対外的に合弁企業を代表し、対内的に下位の管理人員を任免し、董事会が授権したその他の権限を行使するとされ、その権限の範囲は広範にわたっています。一般的に、総経理は、董事会で審議する議案の作成、合弁企業の年度生産経営計画の作成、年度予算の作成、高級管理職の任命の提案、従業員の雇用条件の決定、生産販売先、日常取引契約の締結と履行管理、日常の会計処理、日常資金運用の管理決定、董事会決議事項以外の投資、融資等の決定権を授権されます。

⇒コラム2-3-8（総経理を中国側出資者が派遣する場合の実務上の牽制方法）、コラム2-3-12（法定代表者）

Column 2-3-8：総経理を中国側出資者が派遣する場合の実務上の牽制方法

Q2-3-9（董事長と総経理）で説明したとおり、総経理は合弁企業の日常経営管理機関の最高責任者として重大かつ広範な権限を持ち、極めて重要なポジションです。合弁企業の総経理の選任権を中国側出資者が握っている場合、外国出資者の合弁企業における権益を守るため、総経理に対して一定の牽制を行う必要があります。牽制の方法としては、定款において、董事会決議事項を広く規定し、総経理が決定できる業務範囲を限定すること、また、外国出資者が副総経理を派遣し、日常の経営管理に関する一定の重要事項を決定する場合には、総経理は外国出資者派遣の副総経理と協議決定しなければならないなどと定めておくことが考えられます。なお、副総経理を置かなくても、外国出資者が技術責任者、財務責任者等の重要なポストを占める従業員を派遣することにより、事実上、ある程度、総経理の権限行使を牽制することも考えられます。また、会社の印鑑を外国出資者の派遣者に保管させることで、総経理による重要な資金の支出、重要な契約の締結等の行為をチェックする方法も考えられます。また、特に外国側出資者がマイノリティ出資者となる場合には、少数出資者の監査権を合弁契約および定款に明記する方法や、監事を少数出資者から1名置いておく方法も考えられます。ただし、総経理の権限行使の牽制と合弁企業の円滑かつ迅速な経営判断とのバランスを考慮する必要もありますので、ケース・バイ・ケースで対応策を策定する必要があります。

⇒Q6-1-12（監事・任意監査）

> Q2-3-10　当社は、空気清浄機等の商品を中国で製造販売するために、中外合弁企業ではなく、当社100％出資の企業を設立する予定です。外資独資企業の基本的なガバナンス（内部統制構造）について教えてください。（外資独資企業の内部統制構造）

　外資独資企業を設立する場合、中国の会社法と外資独資企業法等の外資法規に従い、以下のような会社の内部統制構造（意思決定機関、経営機関、監査機関等）を構築する必要があります。

(1)　意思決定機関

　外資独資企業の最高意思決定機関として株主会の設置が必要となります。株主会は全株主より構成され、会社法に従い権限を行使します（株主会の権限行使範囲等の詳細については、**コラム2-3-9参照**）。株主が1名である場合、株主会を設置せず、当該株主が株主会の権限を行使することができます。

　株主会の下には、董事会が設置されます。董事会は、株主会に対して責任を負い、法令および会社定款で定める権限を行使します（董事会の権限範囲と決議規則については、**コラム2-3-10参照**）。董事会は董事長1名を設け、3〜13名で構成されます。ただし、株主の数が少ない、または会社の規模が小さい場合は、董事会を設置せず、1名の執行董事のみを設置することもできます。執行董事の権限は会社の定款で定めることができます。

(2)　日常経営管理機関

　次に、日常経営管理機関として総経理を設置する必要があります。総経理は企業の董事会により招聘、任命され、企業の日常経営管理の最高責任者となります。総経理は董事会に対して責任を負い、会社法または定款の定めに基づき権限を行使します（総経理の権限等については、**Q2-3-9参照**）。外資独資企業の董事長、執行董事は企業の総経理を兼任することができます。

(3)　経営管理に対する監査機関

　外資独資企業は、企業の経営管理等を監督・監査するために、監事会の設置が要請されます。監事会の権限は広く認められ（詳細については**コラム2-3-11参**

照）、監事会の構成員（監事）は3名以上とされています。ただし、株主の数が少ない、または会社規模が小さい場合は、監事会を設置せず、1名または2名の監事のみを設置することもできます。なお、監事会は、株主代表の監事と従業員代表の監事から構成され、従業員代表の比率は3分の1を下回ってはならず、さらに、従業員代表の監事は従業員代表大会、従業員大会等の形式で選出する必要があるとされています。監事会では、構成員の過半数の同意により主席を選任します。監事の任期は3年を超えてはなりません。なお、企業の董事、高級管理職（通常、総経理、副総経理、財務責任者を指します）が同一企業の監事を兼任することは禁止されています。

以下は、上記の外資独資企業の組織機関を示したものです。

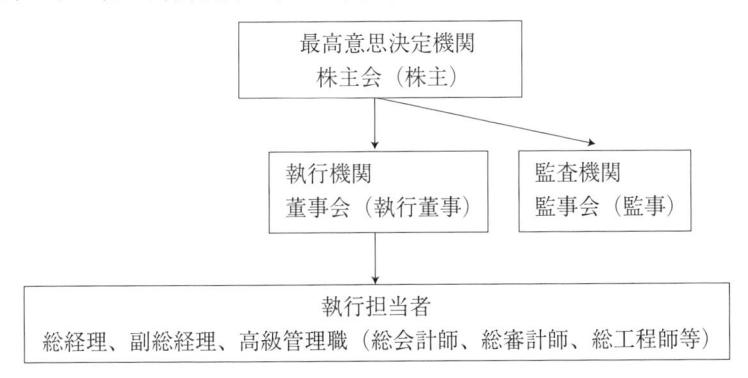

```
          最高意思決定機関
          株主会（株主）
          ／        ＼
   執行機関          監査機関
   董事会（執行董事）  監事会（監事）
          ↓
          執行担当者
   総経理、副総経理、高級管理職（総会計師、総審計師、総工程師等）
```

Column 2-3-9：株主会の権限の範囲と決議に関する規則等

外資独資企業の株主会の権限について、外資独資企業法には明確な規定はないため、会社法に定める有限責任会社の株主会の権限規定が適用されます。外資独資企業の株主会の権限の範囲は下記のとおりです。
① 企業の経営方針および投資計画を決定すること
② 従業員代表を務めていない董事および監事を選出または更迭し、董事および監事の報酬に関する事項を決定すること
③ 董事会の報告を審議し承認すること
④ 監事会または監事の報告を審議し承認すること
⑤ 企業の年度財務予算案および決算案を審議し承認すること

⑥　企業の利益配当案または欠損補填案を審議し承認すること
⑦　企業の登録資本金の増加または減少について決議を行うこと
⑧　社債発行について決議を行うこと
⑨　企業の合併、分割、解散、清算または会社形態の変更について決議を行うこと
⑩　企業定款を修正すること
⑪　企業定款に定めるその他の権限

　株主は、上記の事項および企業定款に定める事項について各株主の出資比率により議決権を行使するものとされます。定款の変更、増資、減資、企業合併と分割、解散、企業性質の変更については、株主会の3分の2以上の議決権を有する株主の同意が必要とされます。それ以外の事項の決議方法については、企業定款で決めることができます。また、株主が書面により全員一致で同意した場合は、株主会会議を招集せず、書面持ち回りにより株主会決議を行うことができます。

Column 2-3-10：董事会の権限の範囲と決議に関する規則等

　外資独資企業の董事会の権限については、外資独資企業法には明確な規定はないため、会社法に定める有限責任会社の董事会の権限規定が適用されます。外資独資企業の董事会の権限の範囲は下記のとおりです。
①　株主会会議を招集し、かつ株主会で業務報告を行うこと
②　株主会の決議を実行すること
③　企業の経営計画および投資案を決定すること
④　企業の年度財務予算案および決算案を作成すること
⑤　企業の利益配当案と欠損補填案を作成すること
⑥　企業の登録資本金の増加または減少案および社債発行案を作成すること
⑦　企業の合併、分割、解散または会社形態の変更案を立案すること
⑧　企業の内部管理機関の設置を決定すること
⑨　総経理の招聘または解任およびその報酬事項を決定し、かつ総経理の指名に基づき会社の副総経理、財務責任者の招聘または解任およびその報酬事項を決定すること
⑩　企業の基本的管理制度を定めること
⑪　企業定款に定めるその他の権限行使

　会社法によれば、上記各事項および定款に定める事項に関して董事（董事長含む）は1名につき1票の議決権を有します。董事会決議の議事規則は会社の定款により定めるものとされています。

第 3 節　中外合弁、外資独資形態での進出

Column 2-3-11：監事会の権限の範囲と決議に関する規則等

　外資独資企業の監事会の権限については、外資独資企業法には明確な規定はないため、会社法に定める有限責任会社の監事会の権限規定が適用されます。外資独資企業の監事会の権限の範囲は下記のとおりです。
① 　企業の財務の検査
② 　董事、高級管理職の企業職務執行に対する監督および法律、行政法規、定款または株主会の決議に違反する董事、高級管理職に対する罷免意見の提出
③ 　董事および高級管理職の行為が会社に損害を与える場合における、董事と高級管理職に対する是正の要求
④ 　臨時株主会会議招集の提案、董事会が会社法に定める株主会会議の招集および主宰の職責を履行しない場合の株主会会議の招集および主宰
⑤ 　株主会に対する意見の提出
⑥ 　法に従った、董事、高級管理職に対する訴訟の提起
⑦ 　企業定款に定めるその他の権限
　監事会は上記の職権以外に、会社の経営に異常を発見した場合の調査権や、董事会決議事項に対する質問権、提案権があります。監事会の決議方式は、定款で定めることができますが、監事会構成員の過半数以上の同意が必要とされています。監事会が置かれない場合、監事が上記の権限を有します。

Column 2-3-12：法定代表者

　法定代表者とは、会社の代表権を有する者をいい、中外合弁企業法実施条例によれば、中外合弁企業では、董事長が法定代表者となります。一方、外資独資企業の場合には、会社法上、董事長のほか、執行董事（執行董事の設置については、Q2-3-10参照）または総経理も法定代表者となることができるとされています。ただし、実務上は、外資独資企業においても、董事長が法定代表者とされることが多いように見受けられます。なお、日本の株式会社では代表取締役を複数名置くことができるのに対して、中国においては、法定代表者は1名しか置くことができません。

73

第 2 章　どのようにして進出するか

関連法令

「会社法」（公司法）（2006年）
「中外合弁経営企業法」（中外合资经营企业法）（2001年）
「中外合弁経営企業法実施条例」（中外合资经营企业法实施条例）（2001年）
「中外合作経営企業法」（中外合作经营企业法）（2000年）
「中外合作経営企業法実施細則」（中外合作经营企业法实施细则）（対外貿易経済部令【1995】6 号）
「外資独資企業法」（外资企业法）（2000年）
「外資独資企業法実施細則」（外资企业法实施细则）（2001年）

第 3 章

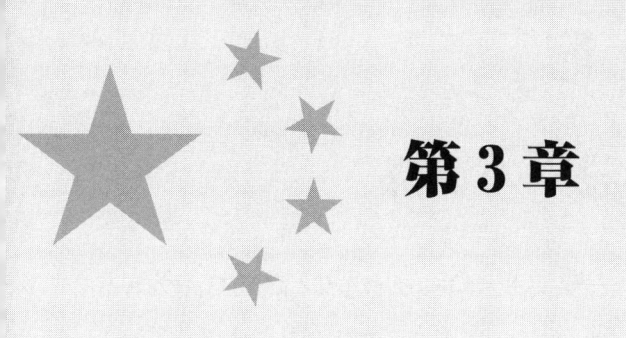

拠点を立ち上げる

第1節 会社設立の手続

中国に外商投資企業を設立する場合、各種の行政手続を経なければならない点が大きな特徴です。本節では、会社設立手続の概要についてみていきます。

Q3-1-1　当社は、中国において自社100％出資のコンサルティング会社を設立することを検討しています。事業開始までにどのような手続が必要でしょうか。（外資独資企業の設立プロセス）

　中国で外資独資企業を設立するために法令上要求される主要な手続は、以下のとおりです。

　より具体的な手続と所要期間については、本章**第3節**（店舗の設置、オフィスの確保）の**法知識の整理**のフローチャートをご参照ください。

- 県レベル以上の人民政府への報告（ただし、実務上は認可手続に一体化されています）
- 工商部門における企業名称の予備審査確認
- 国務院、国家発展改革委員会、地方の発展改革部門におけるプロジェクトの審査確認
- 商務部門における企業設立審査認可（中国語では「批複」）、批准証書の取得
- 工商部門における企業設立登記、営業許可証の取得
- 印鑑作成
- 管轄政府機関における外国為替登記、税務登記、財政登記、税関登記等の各種登記

第1節　会社設立の手続

・銀行口座開設

　実務上、経営範囲の設定、設立申請書の作成、認可に必要な書類の作成等の要点を確認するために、企業設立審査認可申請書を提出する前に、商務部門に事前相談を行うことが一般的です。事前相談における商務部門の指示に従い、書類を作成のうえ、準備し、申請手続を進めることにより、企業設立審査認可手続をよりスムーズに進めることができます。

　なお、複数の外国企業の出資により外資独資企業を設立する場合には、法令上は、株主間契約書の副本を商務部門に提出する必要があるとされていますが、実務上は、特に要請されないことが多いようです。

　また、一部の業種（印刷業、広告業、旅行業等）については、商務部門に企業設立審査認可を申請する前に、業法ライセンスを取得する必要があります（外商投資印刷企業の設立暫定規定7条、外商投資広告企業管理規定6条、旅行社条例22条）。

⇒Q1-1-14（審査確認および審査認可）、Q1-1-9（業法による規制）、Q1-1-10（医療機器事業の業法ライセンス）、Q1-1-11（ICP関連事業の業法ライセンス）、Q3-1-3（F/S、プロジェクト審査報告書）、第2章第1節法知識の整理2、第2章第3節（中外合弁、外資独資形態での進出）、コラム4-2-2（中国の印鑑制度）

> Q3-1-2　（Q3-1-1の続き）当社は自社100%出資だけではなく、コンサルティング・ノウハウを持っている取引先の中国企業との共同出資とすることも検討しています。中外合弁企業の設立手続は、外資独資企業の設立の場合と何か違いがありますか。（中外合弁企業の設立プロセス）

　中外合弁企業を設立する手続は外資独資企業を設立する手続と基本的に共通していますが、商務部門における企業設立審査認可の申請において中外合弁契約を提出し商務部門の認可を受け、また、工商部門における登記申請においても中外合弁契約を提出する必要があります。

⇒第2章第3節（中外合弁、外資独資形態での進出）

Column 3-1-1：中国側出資者の主体資格

　中外合弁企業法1条では、中外合弁企業について、「外国の会社、企業およびその他の経済組織または個人」と「中国の会社、企業またはその他の経済組織」とが共同で設立した会社であると定義されています。そのため、外国企業と中国人個人が共同で中外合弁企業を設立することは原則として認められず、中国人個人が外国投資家と外商投資企業を設立するためには、まず会社を設立して、その会社を経由しなければなりませんでしたが、一部の地域においては、中国人個人と外国企業による中外合弁企業の設立も認められるようになりました。たとえば、上海市の浦東新区は2010年に中国人個人による外商投資企業への出資を解禁し、有効期限は2年間とされていますが、現在でも引続き実施されている状況です。

　一方、外国企業または外国人個人が、経済組織以外の組織、たとえば、中国の政府行政機関（国有資産管理委員会、商務部門、土地管理部門等）、赤十字会、労働組合総会、その他の営利的な経営活動に従事できない社会組織との間で中外合弁企業を設立することは認められていません（中外合弁企業法1条）。

Q3-1-3　当社現法設立に先立ち、事業計画を立てて、事業の内容や投資規模を決めようと思いますが、設立手続において事業計画に関する書類を提出する必要はありますか。（F/S、プロジェクト審査報告書）

　外商投資企業を設立するにあたっては、F/S（Feasibility Study：フィージビリティ・スタディ）とよばれる事業の検討段階の調査を行ったうえで、F/Sに基づき、投資総額、登録資本を含む、事業計画に関する報告書（プロジェクト審査報告書）を作成し、発展改革部門に提出する必要があります（独資実施細則10条2項および中外合弁実施条例7条2項）。また、F/Sは、商務部門における企業設立審査の申請時にも提出する必要があります。実務上は手続が簡素化されており、商務部門における企業設立審査の申請の際に、プロジェクト審査報告書も商務部門に提出され、商務部門が窓口として受理したうえで、発展改革部門に回すという対応がなされています。

　F/Sやプロジェクト審査報告書に記載された事項は、原則として法的拘束力

はなく、社内用に作成する事業計画と完全に一致する必要はありませんが、政府機関に提出するものであることから、実際の事業計画と矛盾しないよう作成する必要があります。

⇒Q1-1-14（審査確認および審査認可）、Q3-2-8（投資総額）

> Q3-1-4　当社現法の社名を考えていますが、どのようなルールに従う必要がありますか。当社の社名は「日本大江橋株式会社」なので、「日本大江橋」という文字を使いたいと思います。また、中国全土で展開するイメージを持たせるために、「中国」という文字も含ませたいと思います。（企業名称ルール）

　中国企業の名称は、行政区画、屋号、業種および組織形態により構成される必要があります（企業名称登記管理規定7条）。このルールに合致する名称としては、たとえば、「上海大江橋諮詢有限公司」（「諮詢」とは、中国語でコンサルティングを意味します）が挙げられます。また、行政区画を屋号の後ろにおくことも可能です。上記の例であれば、「大江橋（上海）諮詢有限公司」または「大江橋諮詢（上海）有限公司」のいずれでも登記することが可能です。

　企業名称に外国国家（地区）の名称や国際組織の名称を含ませることは原則として禁止されているため、通常、企業名称の中に「日本」という文字を含ませることはできません（企業名称登記管理規定9条）。かつては、国の名称が屋号の一部である場合、国の名称を企業名称に含ませることが認められるケースもありましたが（たとえば、「日本郵船（上海）有限公司」）、近年はほとんど見られないようです。

　一方、「中国」、「中華」、「全国」、「国家」、「国際」等の文字を入れることは、国務院が設立を決定する企業を除き認められませんが、外商投資企業の場合には、当該企業が外国（地区）出資企業の屋号を使用しており、かつ独資企業または外国側当事者が持分権の過半数支配をする企業であれば、国家工商行政管理総局の認可を得て、名称の途中に「（中国）」という文字を入れることができ

ます。また、登録資本金が3,000万人民元を超える現代サービス業およびハイテク産業に従事する企業であれば、国家工商行政管理総局に認可される可能性があり、実務上、登録資本金が5,000万人民元を超える企業の場合には、中国を含む名称が認可されるケースがあります。
⇒ケース9-2-3（「日産」vs「日産嘉和」）

Column 3-1-2：駐在員事務所の名称ルール

駐在員事務所の名称は「国」、「企業名」、「駐在員事務所所在地」および「代表処」の4つの部分により、かつ上記の順番で構成されなければなりません。たとえば、「日本大江橋株式会社上海代表処」となります（外国企業駐在員事務所登記管理条例10条）。

Q3-1-5　Q3-1-1にいう、批准証書や営業許可証とは、どのような文書ですか。（批准証書と営業許可証）

批准証書は、外商投資企業の設立審査認可機関である商務部門が、外商投資企業の設立を認可することを証明する文書であり、企業名称、企業住所、企業形態、経営期間、投資総額、登録資本額、経営範囲、出資者の名称、出資者の登録地、出資者の出資額が記載されます。

営業許可証は、外商投資企業を含むすべての企業の登記を管轄する部門である工商部門が、企業が法に基づき設立されたことを証明する文書であり、企業名称、企業住所、企業形態、法定代表者、経営期間、登録資本額、払込資本額、経営範囲、出資者名称が記載されます。営業許可証には発行以降の年次検査の合格印が押印されていきます。

⇒コラム2-3-12（法定代表者）、Q3-1-6（経営範囲の記載方法）、Q12-5-4（年次検査）、コラム3-1-4（企業情報の取得）

Column 3-1-3：認可手続の瑕疵

外商投資企業は、設立、増資、持分権の譲渡等、重要な組織変更を行う場合、管轄を有する商務部門の認可を受ける必要があります。さすがに何らの認可も受けずにこれらの行為を行う例はほとんど見受けられませんが、たとえば、地方政府が外資企業を誘致するために、本来であれば、市レベルの商務部門で認可すべきところを、区レベルの商務部門で認可を出してしまっているケース（いわゆる越権認可）はあります。このように、認可手続に瑕疵が存在する場合における対応方法について、現時点では明確な法規定はない状況ですが、場合によっては、認可の再取得が要請され、また、最悪の場合には、認可と会社設立が取り消されるおそれもあります。

越権認可に関しては、1998年ころ、中国の各地で発生した商業企業の越権認可の例が有名です。当時、小売業や卸売業に従事する外商投資企業はまだ制限類に属しており、認可権限は中央の商務部門にありましたが、一部の省では、外商投資企業を誘致するために、その設立を独断で認可していました。この問題が発覚した後、国務院は、すでに越権認可を受けた200社近くの外商投資企業に対して、出資比率、資本金の払込状況、経営期間、経営範囲等を総合的に考慮したうえで、各企業の実情に応じて、継続的な経営を認可し、経営期間と経営範囲、持株比率等を調整するよう要請し、または批准証書および工商登記を取り消すなどの方法で処理しました。

越権認可の問題のほか、設立時に認可を受けるべき契約について、認可を受けずに実行してしまうケースも問題になりえます。設立時に認可を受ける必要がある契約としては、中外合弁企業における中外合弁契約が典型例として挙げられます。よく問題となるのは、商務部門の審査用として法定必要記載事項のみを記載したシンプルなものを締結し、その他の詳細事項については、商務部門に提出しない補充契約を締結する例です。最高人民法院の解釈によると、このような補充契約が、認可された契約に対する重大または実質的な変更（登録資本、会社形態、経営範囲、営業期間、株主の引受出資額および出資方式の変更等）を構成する場合には、認可を取得しない限り、効力は発生しないことになります。

Q3-1-6 当社現法は、中国で市場情報の収集と分析を主たる業務とするコンサルティング業務を行う予定です。経営範囲をどのように設定すればよいですか。（経営範囲の記載方法）

会社は、営業許可証に記載された経営範囲に従い事業活動を行う必要があるので、経営範囲をどのような文言にするかは極めて重要です。経営範囲の記載方法および詳細さの程度は、基本的には中国の国家統計局が発行した「国民経済分類」に従わなければなりません。外商投資企業の場合、経営範囲の記載方法には、外資規制にあわせた一定の定型文言があります。たとえば、本問における市場情報の収集と分析に従事するコンサルティング会社の経営範囲には「マーケティング・コンサルティング」（中国語では「市場営銷咨询」）という経営項目を含めることが見受けられますが、この「マーケティング・コンサルティング」の後ろに「広告を除く」と注記されることが多いです。このような注記が記載される理由は、外商投資広告企業の設立条件が、一般のコンサルティング会社のものと大きく異なっている点にあります。すなわち、外商投資広告企業を設立する際には、商務部門の認可を取得するほか、工商部門からの事前承認も必要であり、設立条件は一般のコンサルティング会社のものの場合より厳しいものとなるからです。また、かつては、コンサルティング会社を設立する場合、経営範囲に「コンサルティング業」のように包括的な経営項目を記載することが多かったのですが、近年の実務においては、コンサルティングの内容を明確に記載（「貿易コンサルティング」、「経済情報コンサルティング」、「環境保護コンサルティング」等）する必要があります。現在、上海市、北京市等の大都市では、企業の基本登記情報をインターネットで検索することができるようになっていますので、予定している事業と類似した業務に従事する既存の外商投資企業の経営範囲を検索して参考にし、または商務部門への事前相談を利用することなども考えられます。

　なお、投資性会社等特殊な会社については、その業務範囲が法令によって明確に定められているので、経営範囲の記載方法も、政府機関が定めた定型文言に従わなければなりません（外国投資家が投資により投資性公司を設立・運営することに関する規定10条）。外商投資企業として、最も多く設立されている生産性会社、商業会社およびコンサルティング会社の典型的な経営範囲（主要経営項目）の記載例については、以下の表をご参照ください。

会社業種	主要経営項目の一般的な記載例
生産性会社	製品の製造、自社商品の販売、自社商品と同類の商品の輸出入、卸売、コミッション代理（オークションを除く）、関連する技術コンサルティングおよびその他の関連サービス
商業会社	商品の輸出入、卸売、コミッション代理（オークションを除く）、小売、アフターサービスおよび関連するコンサルティング業務
コンサルティング会社	投資コンサルティング、企業管理コンサルティング、経済情報コンサルティング、商務情報コンサルティング、貿易情報コンサルティング、マーケティング・コンサルティング（広告を除く）、コンサルティング

⇒Q12-4-2（経営範囲逸脱の認定）

Column 3-1-4：企業情報の取得

　中国の商業登記制度は、政府が企業を管理する側面が強く、情報公示、効率性などの面の考慮はいまだ低いといわれています。

　中国企業の基本情報（営業許可証の記載事項）を取得するためには、有効な身分証明をもって企業登録地の工商部門にて調べることになります。一部の地域（上海市、北京市等）では、企業の基本情報に関するインターネット検索サービスを提供しています。たとえば、上海市で登録されている企業については、「企業登録登記情報公開（企業注册登記信息公開）」というウェブサイト（http://www.sgs.gov.cn/lz/etpsInfo.do?method=index）で、基本情報を確認することができます。

　企業の基本情報だけではなく、定款および登記事項の変更履歴等の情報等も取得したい場合は、専門の調査会社や法律事務所に依頼し、地方の管轄工商部門に登記および届出がなされている資料（工商資料）の写しを取得するという方法が考えられます。しかし、企業の秘密情報保護等の観点から、地域によっては、専門の調査会社や法律事務所を通じた工商資料の取得ができないこともあります。

> **Q3-1-7　Q3-1-1の手続の中で、会社が法的に設立されるのはどの段階ですか。また、同手続が完了するまでには、どの程度の期間がかかりますか。（会社設立日と開業スケジュール）**

　会社設立の際に取得した営業許可証の発行日が、会社の法的な設立日となります。会社設立に関する批准証書を取得したとしても、外資独資企業の場合は30日以内（外資独資企業法実施細則12条）、中外合弁企業の場合は1か月以内（中外合弁企業法実施細則11条）に営業許可証の発行を申請しなければ、批准証書は原則として失効します。

　また、Q3-1-1（外資独資企業の設立プロセス）記載のすべての手続が完了するまでに必要な期間は、設立地域、業種、規模等によりケース・バイ・ケースですが、コンサルティング会社や販売会社の場合には、一般的に、3～6か月の期間を要します。ただし、仮に申請書類に不備があったり、追加書類を要請されたりする場合には、さらに時間がかかることになります。

> **Q3-1-8　当社現法の設立地域として、上海市または北京市のいずれかで検討しています。Q3-1-1記載の手続は、地域によって異なりますか。（地域により異なる設立手続の取扱い）**

　会社設立に関する諸法令は、中央レベルのものであり、基本的に全国共通で適用されます。ただし、地域によって、実務的な運用が異なることがありますので、管轄の政府機関に確認する必要があります。
⇒Q1-2-1（地方ごとの規制や解釈）、コラム1-2-2（地方ごとに異なる解釈・運用の例）

第1節　会社設立の手続

> **Q3-1-9**　会社設立の手続はかなり複雑そうですが、中国に拠点もなく頼れる人もいないので、当社が自ら行うことに不安があります。外部業者に委託することは可能ですか。(設立手続委託)

　外商投資企業の設立手続を外部業者に依頼する方法として、2つのパターンがあります。1つは「手続代行」です。すなわち、外国投資家がすべての設立書類に署名・捺印し、書類の提出と受領のみをコンサルティング会社、法律事務所または一般の個人に依頼する方法です。もう1つは「手続代理」です。外国投資家が中国現地の業者に設立手続を依頼する旨の委任状を発行し、その後の設立書類への署名・捺印等を含む関連手続はすべて業者が代理する方法です。前者の場合、外国投資家が自ら設立手続を行うのと同じ効果を有しますので、代行者の資格に特に制限はありませんが、すべての書類に署名・捺印する必要があります。後者の場合、外部業者が外国投資家を代理することになり、外国投資家の手続負担は軽減されますが、外部業者は、その経営範囲に会社設立代理を含む者でなければならないという制限があります。

> **Column 3-1-5：中国におけるオフショア投資**
>
> 　中国においては、外商投資企業の定款変更や、持分権譲渡等の重要事項を行うには商務部門の認可が必要であることを理由の1つとして、中国に対して直接投資を行うのではなく、香港等の中間持株会社を通じて中国に投資する手法が最近増えています。このようなオフショア投資の形態をとる場合、株主間の契約において、より柔軟なガバナンス体制を構築し、かつ、スムーズな撤退のアレンジの実現をはかることができます。ただし、香港経由の投資による税務メリットを享受するためには、一定の条件が求められるので、注意が必要です。
> ⇒Q2-2-3（香港経由の投資）

　本節の**法知識の整理**および**関連法令**については、本章**第3節**（店舗の設置、オフィスの確保）の末尾をご参照ください。

第2節 出　資

中国においては、資金調達の方法に制限があることから（第7章参照）、外商投資企業を設立する場合において、出資についてどのように定めるかは重要な問題です。本節では、中国の外商投資企業における出資金の定め方、出資金の払込方法等について説明します。

Q3-2-1　中国に外商投資企業を設立する際に決める資本金額に何か規制はありますか。可能であれば、資本金をできるだけ低めに抑え、主に親会社からの融資（親子ローン）により資金調達をしたいと考えています。（最低登録資本金）

外商投資企業の資本金制限に関する規定として、主に以下のものがあります。

(1)　会社法上の最低登録資本金

外資独資企業で出資者が1名の場合には、会社法に定められる有限会社のうち一人会社に関する規定が適用され、最低登録資本金は10万人民元となります。

一方、外資独資企業で出資者が2名以上または中外合弁企業の場合には、最低登録資本金は、3万人民元となります。ただし、法律、行政法規に別途規定がある場合は、その規定によります。

外商投資企業はある程度の事業規模が必要となり、資本金規模は10万人民元を超える場合がほとんどなので、会社法に基づく規定は、実務上、あまり問題となりません。

(2)　商務部門の認可基準

商務部門の審査認可を受ける際には、事業規模、事業内容に応じた投資総額および登録資本金額が設定されているかどうかも審査対象とされるため、会社

法上の最低登録資本金をクリアしていたとしても、登録資本金を引き上げるよう要請されることも考えられます。どの程度の資本金の金額が要請されるかは、業種や事業内容等により、ケース・バイ・ケースです。

(3) 業法に基づく最低登録資本金

個別の業法に登録資本の最低限度額の定めがある場合があります。たとえば、銀行（10億人民元）、保険会社（2億人民元）、ファイナンスリース会社（1,000万米ドル）等がこれにあたります（外資銀行管理条例8条、外資保険会社管理条例7条、外商投資リース業管理弁法9条）。

(4) 会社の形態による最低登録資本金

会社の形態により登録資本の最低限度額の定めがある場合もあります。

たとえば、投資性会社（3,000万米ドル）、外商投資株式会社（3,000万人民元）があります（外国投資家が投資により投資性会社を設立・運営することに関する規定3条）。

なお、中国では、外貨借入れができるのは、投注差（**コラム8-2-1参照**）の範囲に限定されているため、資本金を低くおさえてローン調達を行うことには限界があります。また、投注差の範囲内の借入れであったとしても、資本金の払込みのタイミングについては、外債借入れに関する規制や過少資本税制に留意する必要があります。

⇒Q3-1-4（企業名称ルール）、Q3-2-7（出資と外債借入れの順番）、Q10-7-2（外商投資性会社の設立要件）、Q10-8-2（管理性会社の地域本部の認定条件）、コラム2-1-2（外国銀行の駐在員事務所と支店設置）、コラム8-2-1（投注差）

Q3-2-2 出資の方式としては、どのようなものがありますか。（出資方式）

資本金の出資の方式には、大きく分けて金銭出資と非金銭出資があります。

また、金銭出資の場合の払込通貨は、外国投資家による投資の場合には、原則として外貨による出資となり、中国投資家による投資の場合は、人民元による出資となります。もっとも、外国投資家による人民元による出資は、近年解

禁されました。

なお、債権の持分権化（いわゆるデット・エクイティ・スワップ）による出資については、Q10-3-6（再編手法―DES（債権の持分権への転換））を、持分権による出資については**コラム10-4-4**（持分権を対価とする買収方法）をご参照ください。

⇒Q10-3-6（再編手法―DES（債権の持分権への転換））、コラム10-4-4（持分権を対価とする買収方法）

> Q3-2-3　当社は、中国の取引先と、中国で液晶パネルを生産する中外合弁企業を設立することになりました。中国側出資者が機械設備と建設用地の土地使用権を現物出資し、当社は技術を現物出資することを検討していますが、このような現物出資は可能ですか。また、現物出資のみで、会社を設立することも可能ですか。（現物出資）

中国においても現物出資は認められており、通常、土地使用権、工場建物、機械設備、工業所有権、ノウハウ等を、現物として出資することがよくあります。

中国側出資者による現物出資には特に制限はありませんが、外国側出資者による現物出資の場合には、以下のような場合に限り設立審査認可機関への報告をし、認可を得たうえで、実施することができます。

① 機械設備
　　生産に必要であり、国際市場価格を上回る評価をしていないこと
② 工業所有権・ノウハウ
　　所有権証書の写し、有効性、実用価値に関する資料が提出できること

中外合弁企業の場合には、上記①②のほか、当該技術および設備が先進性を有することも必要です。

なお、現物出資の割合は、登録資本金の70％以下としなければなりませんので、現物出資のみで会社を設立することはできません。

> Q3-2-4　Q3-2-3に記載した現物出資の対象資産の評価額は、どのようにして決められますか。また、資産評価会社による資産評価手続は必要ですか。(資産評価)

　中国で現物出資する場合、通常、出資された資産は、資産評価会社による資産評価の結果に従って、出資額を決めなければなりません(会社法27条)。しかし、中外合弁企業の場合には、資産評価会社による資産評価は必須ですが、実際の出資額を決める際、土地使用権を除く他の現物については、必ずしも資産評価会社による資産評価に従う義務はなく、資産評価の結果を参考にして、出資者間の協議により、評価額を決めることが多いです(中外合弁企業法5条)。しかしながら、中外合弁企業であっても、現物出資の評価額は、当事者の出資比率に影響するため、評価額について見解の相違が発生することも多く、そのような場合には、一般的には、それぞれが選定する資産評価会社、または、当事者が合意する資産評価会社に資産評価を依頼し、当該評価額を参考にして評価額が合意されることが多いようです。
⇒ケース6-1-1(無形資産の過大評価)

> Q3-2-5　登録資本金は、人民元建て、または外貨建てのどちらにする必要がありますか。(資本金の通貨)

　登録資本金は、人民元建ておよび外貨建てのどちらとすることも可能です。ただし、外国出資者が登録資本金を払い込む場合には、外国通貨で送金することになるため、登録資本金を人民元建てとする場合には、為替レートを勘案する必要があります。
⇒ケース3-2-1(外貨建て登録資本金と為替レート)

第3章　拠点を立ち上げる

> **Case 3-2-1　外貨建て登録資本金と為替レート**
>
> 　外商投資企業が、一部の業界に参入するときや、一定の特別な取扱いを受けるためには、一定金額以上の資本金を有することを条件とされることがあります。当該基準に用いられる通貨と、企業の資本金を表示する通貨が異なる場合、為替変動により不都合が生じることがあります。たとえば、以下のようなケースがあります。Q3-1-4（企業名称ルール）のとおり、ハイテク企業が外商投資企業の社名に「中国」を用いるためには、登録資本金が3,000万人民元以上である必要があります。A社が商務部門の審査認可の際に設定したドル建て登録資本金は当時の為替レートでは3,000万人民元を超えていましたが、その後の急激な為替変動でドル安が進んだことにより、工商部門での登記申請の際に当該ドル建ての登録資本金を人民元に換算したところ3,000万人民元を下回ると指摘され、急遽、増資を行わざるをえませんでした。
> 　さらに、外貨建てで登録資本金と投資総額を設定する場合、為替レートの変動により、外債借入可能額が変動する可能性があります。
> ⇒Q3-1-4（企業名称ルール）、Q8-2-2（外商投資企業による外債借入れ）

> **Q3-2-6　登録資本金は、設立時に全額を払い込む必要がありますか。（資本金の払込期限）**

　外商投資企業の資本金の払込みは、一括払込みと分割払込みのいずれかを選択することができます。一括払込みの場合は、営業許可証の発行日から6か月以内に全額を払い込まなければなりません。分割払込みの場合には、営業許可証の発行日から3か月以内に登録資本金の15%以上を、2年以内に残額全額を払い込む必要があります（外商投資企業の審査認可及び登記の管理における法律適用の若干問題に関する実施意見9条・10条）。

　なお、投資性公司の出資の場合には特別な定めがあり、営業許可証の発行日から2年以内の払込みは3,000万米ドルを下回ってはならず、残額は営業許可証の発行日から5年以内に全額払い込まなければなりません（外国投資家が投資により投資性公司を設立・運営することに関する補足規定1条）。
⇒Q6-1-7（資本金検査（験資））、第10章第7節（外商投資性公司（傘型企業））

Q3-2-7　登録資本金を分割払いで払い込むことができることはわかりました。当社は、当面の自己資金が少ないので、残額の払込みを２年間の払込期限ぎりぎりで行うこととし、その間は、投注差上限の親子ローンにより資金調達をしたいと考えています。この方法について何か問題はありますか。（出資と外債借入れの順番）

　日本本社が中国現地子会社に貸し出す親子ローンは、外債に該当し、外貨管理局で外債登記を行わないとローンの実行はできません。
　外商投資企業が外債を借り入れ、外債登記を行う場合は、2013年施行の外債登記管理操作ガイドライン１条に従い、投注差の制限（Q8-2-2参照）を遵守するほか、出資払込みと外債借入れの順番について以下の条件を満たす必要があります。
　①　外商投資企業が初めて外債を借り入れるよりも前に、第１期目の出資払込みが終了していること。
　②　外商投資企業が外債を借り入れる際に、その外国出資者の出資の期限、比率および金額が合弁契約または定款どおりに払い込まれていること。
　なお、外商投資企業が実際に利用できる外債枠は、外国出資者の払込済み資本金が資本金総額に占める比率に投注差を乗じて算出した額になります。
　以上のとおり、出資完了前に外債借入れを実行するには、さまざまな制限や条件があります。また、関連会社からの借入れと資本金のバランスが一定の比率を上回る場合、過少資本税制が適用され、税務上の問題が生じるリスクもあります。
⇒Q6-2-4（特別納税調整）、ケース6-2-3（過少資本税制の事例）、Q8-2-2（外商投資企業による外債借入れ）、コラム8-2-1（投注差）、Q7-2-3（親子ローン）

Q3-2-8　登録資本金とは別に、投資総額という言葉を聞きますが、投資総額とは何ですか。（投資総額）

投資総額とは、合弁契約や定款で規定する生産規模に従って投資する必要のある基本的な建設資金、生産資金および運転資金の合計であり（中外合弁企業実施細則17条）、当該企業が行う投資プロジェクト全体の資金総額を指します。外商投資企業は、投資総額と登録資本の差額の範囲内において、外貨借入れをすることが可能です。なお、中国にある日本の銀行の支店や現地法人からの外貨借入れ、中国の銀行からの人民元借入れについては、上記投注差による借入枠の範囲に限定されません。一方で、オフショア人民元借入れは、外貨借入れと同様の取扱いであり、投注差による借入枠の範囲に限定されます。
⇒Q8-2-6（人民元による外債）、コラム8-2-1（投注差）

> Q3-2-9　当社はすでに現地法人を有しています。この会社にはかなり利益がたまっているので、この会社からの出資により、新たな現地法人を設立することは可能ですか。（国内再投資）

　中国の外商投資企業からの出資により、さらに中国に子会社を設立するという、いわゆる再投資は、法令上可能です。ただし、再投資により設立された会社は、投資性会社による再投資および中西部への再投資の場合を除き、中国内資企業としての性質を有することになります。したがって、再投資により設立された会社は、会社法に基づく中国内資企業としてのガバナンスに服する必要があり、また、外商投資企業に対する優遇を受けることはできません。
⇒Q10-4-5（国内再投資の要件）、コラム2-3-9（株主会の権限の範囲と決議に関する規則等）

> Q3-2-10 （Q3-2-9の続き）再投資により設立される新会社が中国内資企業になれば、「外資」と宣伝できず、ブランド・イメージに影響を与える可能性があるので、新現地法人も日本本社からの直接出資としたいと思います。既存現地法人を出資者として再投資するのではなく、既存現地法人が有している利益を配当せずに、日本本社からの出資金として、直接、新会社に払い込むことはできますか。（現地法人の利益による出資）

現地法人の未配当の利益をもって、新法人への出資金を払い込むことは可能です。2012年11月までは、未配当の利益により新法人に出資する場合、外貨管理局の認可が必要でしたが、2012年11月に手続が簡素化され、外貨管理局の認可は不要となりました。

⇒Q8-2-8（海外担保国内借入れ）

第3節
店舗の設置、オフィスの確保

本節では、販売活動を行う店舗を設置する方法および営業活動を行うオフィスを確保する方法について具体的に説明します。

Q3-3-1　当社は、服飾の小売業を営む会社です。日本で流行しているファッションが中国の女性の間で人気なので、中国において販売店舗を展開したいと考えています。店舗開設の手続について教えてください。（店舗開設手続）

貴社が小売業を営むためには、まず、小売業の経営範囲を有する現地法人を設立する必要があります。小売業の経営範囲を有する現地法人が、小売販売のための店舗を開設するには、商務部門に店舗開設の審査認可申請をし、店舗開設の認可を受けてから、工商部門で分公司の登記を行い、営業許可証を取得することになります（外商投資商業分野管理弁法13条）。
⇒Q3-1-6（経営範囲の記載方法）、コラム3-3-1（店舗の開設手続）

Column 3-3-1：店舗の開設手続

外商投資商業企業が、設立後、小売店舗を開設する場合、商務部門に対して認可を申請しなければなりません。認可の条件は以下のとおりです（外商投資商業分野管理弁法8条）。
① 都市発展および都市商業発展の関連法令に準ずること
② 年次検査に合格すること
③ 登録資本が全額払込済みであること
店舗の面積と店舗数等によって審査機関のレベルや審査の所要時間が異なります。

以下の場合には、省レベルの商務部門が審査を行います。
- 1店舗の営業面積が5,000平方メートルを超えず、かつ店舗数が3店舗を超えず、その外国投資家が設立した外商投資商業企業を通して中国に開設した同種店舗の総数が30店舗を超えない場合
- 1店舗の営業面積が3,000平方メートルを超えず、かつ店舗数が5店舗を超えず、その外国投資家が設立した外商投資商業企業を通して中国に開設した同種店舗の総数が50店舗を超えない場合
- 1店舗の営業面積が300平方メートルを超えず、かつ店舗数が30店舗を超えず、その外国投資家が設立した外商投資商業企業を通して中国に開設した同種店舗の総数が300店舗を超えない場合

なお、申請書類の受理は、省以下のレベルの商務部門で行うことがあります。上海市の場合、投資総額が1億ドル以下で、取り扱う製品が特殊な商品ではなく、かつすべての店舗の面積が1,000平方メートルを超えなければ、区レベルの商務部門が申請書類を受理します。省レベルの商務部門は受理より3か月以内に認可するか否かを決定するとされていますが、実際の審査期間はそれより大幅に短くなることもあります。

上記の省レベルの商務部門が審査を行うもの以外は、省レベルの商務部門で受理された申請書類は、1か月以内に中央の商務部に送付され、商務部が審査を行います。また、商務部は3か月以内に認可するか否かを決定します。

Q3-3-2　中国のデパートから、テナントとして出店しないかと誘われました。この場合でもQ3-3-1記載の店舗開設の手続が必要でしょうか。（テナント出店）

中国デパート等の商業施設へのテナント出店の際、商務部門における店舗開設の認可が必要かどうかは、このテナントの売り場の方式が、賃貸借方式なのか、消化仕入方式（**コラム3-3-2**参照）なのかによると考えられます。

賃貸借方式の場合には、**Q3-3-1**（店舗開設手続）記載の店舗開設の手続が必要であり、一方で、消化仕入方式の場合には、工商部門での分公司設立手続を行えば足りるという実務がとられていることが多いようです。実際の開設手続については、現地の実務を管轄政府機関に確認することをお勧めします。

第3章　拠点を立ち上げる

> **Column 3-3-2：消化仕入れ**
>
> 　テナントとデパートが賃貸借契約を締結している場合、商品を最終顧客に販売しているのは各店舗となるので、各テナントが小売業に従事していることになります。したがって、各分公司（店舗）の経営範囲には、小売業の経営項目が含まれなければならず、また、商務部門における店舗開設の認可も必要となります。
> 　一方で、消化仕入れとは、一般的に、顧客が売場のレジで商品を購入する時点で、テナントからデパートへの商品の売買と、デパートから顧客への商品の売買とが同時に成立する取引形態と理解されています。消化仕入方式の場合、売買関係からすれば、小売業を営んでいるのはデパートであり、各テナントはあくまでもデパートに商品を販売しているにすぎないので、テナントの業務は卸売業に該当するという解釈が有力です。上海市の商務部門からも、消化仕入方式の場合、各分公司（店舗）の業務は「卸売業」に該当するとの見解が示されたことがあります。このように、消化仕入方式の場合は、デパートが店舗開設手続を経て小売業の経営範囲の認可、登記を行っていれば足り、テナント独自でこれらを取得する必要はないという実務がとられていることが多いようです。
> 　なお、分公司登記の必要性について、登記住所以外の場所で経営活動を行う以上、消化仕入方式であるか、賃貸借方式であるかを問わず、店舗ごとに工商部門における分公司登記を行う必要があると解されます。
> 　なお、中国における消化仕入方式での出店契約（一般的に連営契約とよばれています）の性質については、法令上明確ではなく、地方の政府機関により見解が異なる可能性があるので、事業形態や契約内容に基づき、事前に政府機関とよく相談することをお勧めします。

> **Q3-3-3　当社現法の本社工場は郊外の開発区にありますが、今後、便利な市街地にオフィスを設置したいと考えています。本社工場とは別にオフィスを設置するための手続を教えてください。（分公司、連絡事務所の設置）**

　本社工場とは別に市内にオフィスを設置する場合の手続については、当該オフィスにおいて、どのような業務を行うかにより異なります。
　会社が登記住所以外の場所において、営利活動（たとえば、営利の目的で取引契約等を締結し、または領収書を発行する行為）を行うのであれば、分公司（支

店）を開設する必要があります。外商投資企業が分公司を設立する場合、一部の業種を除き、商務部門の認可を受ける必要はなく、工商部門で分公司を登記することができます。一方で、営利活動を行わず、単なる業務連絡、事務処理のための連絡事務所としてオフィスを設置する場合、分公司を開設する必要はなく、登記も不要となります。
⇒Q2-1-2（駐在員事務所の設立）、Q10-3-3（再編手法―支店設立）、コラム10-3-1（支店設立が制限される業種）、Q12-4-2（経営範囲逸脱の認定）

Q3-3-4　新現地法人のオフィスを、当社の既存現地法人のオフィスと共用したいと考えています。このオフィスは、新現地法人の店舗も兼ねたいと考えていますが、可能でしょうか。（登記場所の制限）

　中国では、1つの住所地においては、1つの会社の法定住所しか登記できないことになっています。よって、同一のオフィスに2つの会社を登記しようとする場合、まず、賃貸人と協議し、賃貸人の承諾を得たうえでオフィスの住所を分筆することがあります（たとえば、101号室を101-A号室と101-B号室に分ける）。その後、既存現地法人の登記住所を分筆後の1つの区画に変更し、新たな現地法人をもう1つの区画に登記するというプロセスになります。また、店舗は分公司として登記する必要がありますので、上記と同様の理由で、本社と分公司の登記住所を同一とすることはできません。
⇒Q3-3-1（店舗開設手続）

Q3-3-5　中国で小規模な貿易会社を設立したいと考えています。中国に頻繁に買付けに行くので、上海市にマンションを借りているのですが、この住居を会社のオフィスとして登録することは可能ですか。（商用建物）

　中国の建物は、建物ごとに使用目的が定められており、会社の事務所や店舗として使用する建物は、商業用の建物でなければなりません。よって、住居用

建物を、会社の法定住所とすることは原則として認められません。ただし、数は限られますが、商住両用として使用できる建物もあり、そのような建物が自宅兼オフィスという形で使用されている例も見受けられます。なお、上海市では、外国企業の駐在員事務所（代表処）が事務所を賃借する場合、一定の条件（たとえば、一定の面積を有し、かつ一定の安全設備を設置しなければならないなど）を満たし、かつ上海市の商務部門の認可を受けた商業用の建物を賃借しなければなりません（上海市商務委員会「香港・マカオ・台湾及び外国企業駐在員事務所の指定事務場所に関する若干規定」3条）。

⇒Q2-1-2（駐在員事務所の設立）

> **Q3-3-6** 会社設立申請において、登記住所の賃貸借契約書の提出が必要とのことですが、現地法人設立前の段階では、どのような形式で賃貸借契約を締結すればよいですか。（設立前行為）

現地法人の使用するオフィスの賃貸借契約を、設立前の現地法人の名義で締結することはできないため、実務上は、外国出資者の名義で締結するか、または設立中の現地法人の名義で停止条件付きの賃貸借契約を締結することが、商務部門および工商部門に認められています。前者の場合、現地法人が正式に設立された後、現地法人が契約上の地位を承継する旨の記載をすることで対応するケースが多いです。後者の場合、現地法人の設立を契約の発効条件にすることが多いです。

第3節　店舗の設置、オフィスの確保

Column 3-3-3：賃貸借契約締結における留意点

　中国の「契約法」13章（212条～236条）では、不動産賃貸借契約を含む賃貸借契約全般に関する規定が置かれています。以下に、そのうちの何点かについてご紹介します。

① 賃貸借期間は20年を超えてはなりません。20年を超える契約期間に合意した場合は、超過した部分は無効となります（Q3-4-12参照）。

② 賃貸借期間が6か月以上の場合は、書面形式で契約しなければなりません。書面による形式で契約しない場合、期間の定めのない賃貸借とみなされると定められています。期間の定めのない賃貸借契約に該当すれば、当事者は随時に契約を解除することができると定められています（ただし、賃貸人から契約を解除するときは合理的な期間内に賃借人に通知しなければなりません）。

③ 不動産の賃貸借において、賃貸人が賃貸物件を売却する場合、合理的な期間内に賃借人に通知する必要があり、この場合、賃借人は同等の条件のもとで優先購入権を有します。

　上海市や北京市等の地域において、不動産管理部門は、モデル契約を作成、交付しています。実務上、モデル契約が利用されるケースは多いです。たとえば、上海市のモデル契約は上海市不動産取引センターのウェブサイト（http://www.fangdi.com.cn/downloadcontracts.asp）で、北京市のモデル契約は北京市住宅および都市部・農村地域建設委員会のウェブサイト（http://www.bjjs.gov.cn/publish/portal0/tab2207/module9836/more.htm）で取得することができます。

　なお、賃貸借契約締結に先立ち、賃借対象不動産の所有者、用途、権利上の瑕疵の有無、既存の賃貸借契約登記の有無等の情報を確認するために、対象不動産の登記情報を事前に確認しておいたほうがよいでしょう。

⇒コラム3-4-7（不動産登記制度）、Q3-4-12（工場建物の賃借、賃貸借登記）、Q3-4-14（抵当物件の賃借）

第3章 拠点を立ち上げる

法知識の整理

販売会社を例とした外商投資企業の事業開始までの手続（日中併記）

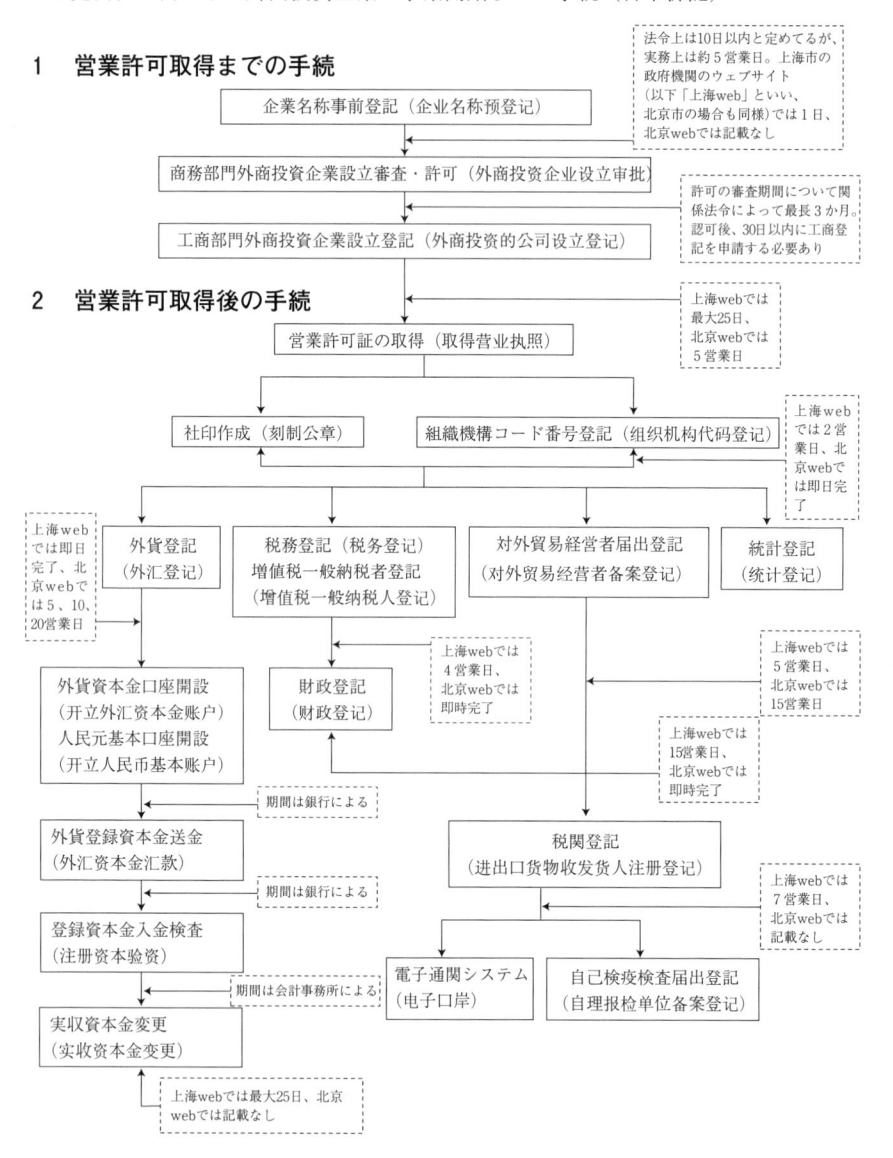

1 営業許可取得までの手続

```
企業名称事前登記（企業名称預登記）
          ↓
商務部門外商投資企業設立審査・許可（外商投資企業設立審批）
          ↓
工商部門外商投資企業設立登記（外商投資的公司設立登記）
```

法令上は10日以内と定めてるが、実務上は約5営業日。上海市の政府機関のウェブサイト（以下「上海web」といい、北京市の場合も同様）では1日、北京webでは記載なし

許可の審査期間について関係法令によって最長3か月。認可後、30日以内に工商登記を申請する必要あり

2 営業許可取得後の手続

```
営業許可証の取得（取得営業執照）
     ↓
社印作成（刻制公章）    組織機構コード番号登記（组织机构代码登记）
     ↓
外貨登記        税務登記（税务登记）    対外貿易経営者届出登記    統計登記
（外汇登記）    増値税一般納税者登記   （対外贸易经营者备案登记）  （统计登记）
               （增值税一般纳税人登记）
     ↓
外貨資本金口座開設     財政登記
（开立外汇资本金账户）  （财政登记）
人民元基本口座開設                      税関登記
（开立人民币基本账户）                  （进出口货物收发货人注册登记）
     ↓                                    ↓
外貨登録資本金送金               電子通関システム   自己検疫検査届出登記
（外汇资本金汇款）                （电子口岸）      （自理报检单位备案登记）
     ↓
登録資本金入金検査
（注册资本验资）
     ↓
実収資本金変更
（実収資本金変更）
```

上海webでは最大25日、北京webでは5営業日

上海webでは2営業日、北京webでは即時完了

上海webでは即日完了、北京webでは5、10、20営業日

上海webでは4営業日、北京webでは即時完了

上海webでは5営業日、北京webでは15営業日

上海webでは15営業日、北京webでは即時完了

上海webでは7営業日、北京webでは記載なし

期間は銀行による
期間は銀行による
期間は会計事務所による

上海webでは最大25日、北京webでは記載なし

100

上記の手続は販売会社の設立を前提としており、他の業種の会社の場合には異なる点がありますのでご留意ください。

関連法令

「会社法」(公司法)(2006年)
「外資独資企業法」(外资企业法)(2000年)
「外資独資企業法実施細則」(外资企业法实施细则)(2001年)
「中外合弁企業法」(中外合资经营企业法)(2001年)
「中外合弁企業法実施条例」(中外合资经营企业法实施条例)(2001年)
「中外合弁企業の各当事者の出資に関する若干の規定」(中外合资经营企业合营各方出资的若干规定)(1988年)
「会社登記管理条例」(公司登记管理条例)(2005年)
「企業法人登記管理条例」(企业法人登记管理条例)(2011年)
「企業名称登記管理実施弁法」(企业名称登记管理实施办法)(国家工商行政管理総局令第10号)
「企業名称登記管理規定」(企业名称登记管理规定)(国家工商行政管理総局令7号)
「外商投資プロジェクト審査確認暫定管理弁法」(外商投资项目核准暂行管理办法)(国家発展改革委員会令22号)
「企業経営範囲登記管理規定」(企业经营范围登记管理规定)(国家工商行政管理総局令12号)
「外国投資会社の審査認可及び登記管理における法律適用の若干問題に関する執行意見」(关于外商投资的公司审批登记管理法律适用若干问题的执行意见)(工商外企字【2006】81号)

第3章 拠点を立ち上げる

第4節
生産拠点の確保

中国には社会主義国家に特有の不動産制度が存在します。本節では、中国において生産を行う場所を確保し、使用することに関する法制度および法的な注意点について説明します。

Q3-4-1 当社は電子部品の製造販売メーカーです。中国に現地法人を設立し、生産工場を設置することを検討しています。まず、工場の敷地が必要ですが、中国で土地を確保するにはどのような方法がありますか。（中国における土地所有・使用制度）

　中国において、土地は、①国家が所有する国有土地、②農民集団が所有する集団土地のいずれかに属しており、企業や個人が直接土地の所有権を取得することはできません。原則として、都市部に所在する土地は国有土地、農村や都市郊外に所在する土地は集団土地となっています。

　国は、国有土地のうち、建設用の土地の使用権（国有建設用地土地使用権）を払い下げることにより、企業に譲渡することができます。有償である払下げ（中国語では「出让」）とは別に、国が国有建設用地の土地使用権を無期限、無償で提供する割当て（中国語では「划拨」）という制度もありますが、割当てを受けるためには一定の条件を満たす必要があり、また割り当てられた土地使用権については、用途、処分方法に制限があり、さらに将来、比較的容易に収用等の対象にされてしまう可能性のある不安定な権利といえることなどから、外商投資企業が土地使用権の割当てを受けて土地を確保することは基本的に考えにくいです。

　一方、**コラム3-4-1**（集団土地）のとおり、外商投資企業が、事業用土地と

して集団土地を使用することは非常に少ないといえます。

以上のとおり、外商投資企業が工場建設のために土地を確保するためには、国有建設用地の土地使用権を確保することが一般的で、その方法としては、主に以下のものが考えられます。

・国から国有土地の使用権の払下げを受ける
・国有土地の使用権を有する他者から国有土地の使用権を譲り受ける
・国有土地の使用権の賃借を受ける
・中外合弁企業の場合、中国側出資者から土地使用権の現物出資を受ける

このように、外商投資企業が使用する土地は、国有土地の払下土地使用権であることが最も一般的であるため、本章においては、特に記載しない限り、土地使用権の説明は、国有土地の払下土地使用権であることを前提に説明します。

なお、国有土地を国から借り受ける制度もありますが、実務上当局からの認可を取得しにくいため、国有土地の払下げと比べて、実際にはあまり利用されていない状況です。

Column 3-4-1：集団土地

集団土地とは、農民集団の集団所有に属する土地です。農民が設立した企業と外国企業が中外合弁企業を設立するときに、集団土地の現物出資が問題になることがあります。中国側出資者は集団土地をもって出資する場合、県レベル以上の人民政府の認可を取得しなければならないと国務院の通知に規定されています（上海市にも同様の規定があります）。

また、建設用地使用権は、国家所有の土地に対して使用収益等を行う権利であると物権法上明記されているため、これに従えば、集団土地は建設用地使用権の対象ではないことになります。よって、外商投資企業が、その建設のために土地を使用する場合には、原則として、国有土地の使用権を取得するか、集団土地の国有土地への転換手続を経る必要があります。

中外合弁企業を設立する場合や、買収等により中国企業に資本参加する場合において、特に相手企業が農民出身の個人出資の民間企業であるときは、工場敷地が集団土地でないかを確認する必要があります。当該中国企業と地元政府とのコネクションにより、集団土地上に建設された工場の使用を事実上黙認されていたとしても、外国企業が資本参加することにより、改めて政府機関の審査認可プロ

セスが発生し、問題が浮き彫りになることが考えられます。また、仮に当該中国内資企業と地元政府とのコネクションにより政府機関の認可を受けられたとしても、後日改めて問題が発覚して、経営の安定性に影響を与えるリスクもあります。

なお、近年では、農村地域の経済の多様化を図るために、従来の農村地域と都市地域の「二元制」は弱められ、一部の地方（上海市、広東省）において、集団土地の使用に関する制度が緩和される傾向があります。つまり、「集団建設用地使用権」を取得し、かつ都市計画に服すという前提であれば、集団土地を工業、商業、観光業およびサービス業等の目的に使用することが許容されました。ただし、商業住宅不動産開発事業に使用することはできません。

Q3-4-2　払下土地使用権とは、どのようなものでしょうか。（払下土地使用権）

払下土地使用権は、有償かつ期限付きの土地使用権です。使用期限は、用途によって、以下のとおり、最長期限が定められています（都市部の国有土地使用権の払下及び譲渡に関する暫定条例12条）。

- 住宅用地　　　　　　　　　　　　　　70年
- 工業用地　　　　　　　　　　　　　　50年
- 教育・科学技術・文化・衛生・体育用地　50年
- 商業・観光・娯楽用地　　　　　　　　40年
- 総合およびその他　　　　　　　　　　50年

払下土地使用権は、再譲渡、賃貸、担保権設定等の処分を行うことが可能です。当該土地の使用にあたっては、払下げの際、土地管理部門と締結する土地使用権払下契約に定められた条件を遵守しなければなりません。

⇒Q3-4-5（払下契約の内容に関する留意点）、Q3-4-6（払下契約の確定プロセス）

第4節　生産拠点の確保

> **Column 3-4-2：土地使用期限満了後の取扱い**
>
> 　土地使用権の期間が満了し、土地使用者が土地の使用の継続を希望する場合、期間満了の1年前までに、期間延長を土地管理部門に申請しなければならず、土地管理部門は、社会公共利益のために土地を収用する必要がある場合を除き、期間延長の申請を許可しなければなりません。また、延長申請が許可された場合、改めて払下契約を締結し、土地使用権者は、土地使用権払下金を支払わなければなりません（都市不動産管理法22条）。なお、住宅用建設用地使用権の期間が満了した場合については、自動的に期間が延長されることが法律上明記されていますが（物権法149条）、工業用建設用地使用権についてはかかる規定はありません。土地使用権を取得する際には、国土資源部が公布している「建設用地使用権払下モデル契約」に基づいて、地方政府と契約を締結することが一般的ですが、現行の「建設用地使用権払下モデル契約」における使用権期間の延長に関する条文は上記法令と同趣旨のものになっています。
> 　一方で、土地使用権の期間が延長される場合、土地使用権払下金がどのような基準で計算されるかは法令上明確ではありません。
> 　このように、住宅用建設用地使用権以外の土地使用権の期間が満了する場合、延長できないリスクは否定できないことと、延長できるとしても、改めて払下金を支払わなければならない可能性があることは考慮に入れておく必要があります。
> ⇒Q3-4-5（払下契約の内容に関する留意点）、コラム3-4-4（土地使用権払下モデル契約の条項）

Q3-4-3　当社現法は、工場建設用地の土地使用権の払下げを受けて土地使用権を取得したいと思います。土地使用権の払下手続の概要について教えてください。（払下手続の概要）

　建設用地使用権の払下げは、原則として、入札募集、競売、公示の方式により行われます。商業、旅行、娯楽および商品住宅等の経営用の土地使用でない限り、同一の土地に1人しか土地を使用する希望者がいない場合、協議方式により行うことができます（国有建設用地使用権の入札募集・競売・公示による払下げに関する規定4条）。入札募集手続等において土地使用者になった者は、市、県の人民政府の土地管理部門との間で、土地使用権払下契約を締結することになります。

第3章　拠点を立ち上げる

> **Q3-4-4　建設用地の土地使用権の入札手続に参加したいと思います。入札手続の概要を説明してください。（土地使用権入札手続の概要）**

　建設用地の土地使用権の入札要項は、地方政府の土地管理部門のウェブサイトに公示されています。入札要項には、土地の関連情報、入札の要件・流れが記載されており、締結予定の書類および当該土地使用権の入札募集に必要な政府機関の許認可書類のコピー等も添付されています。入札する意向がある場合、当該要項を確認するのが第一歩です。参考として、1つの入札案件の入札要項に基づき作成した入札手続の流れを下記のとおり記載します。

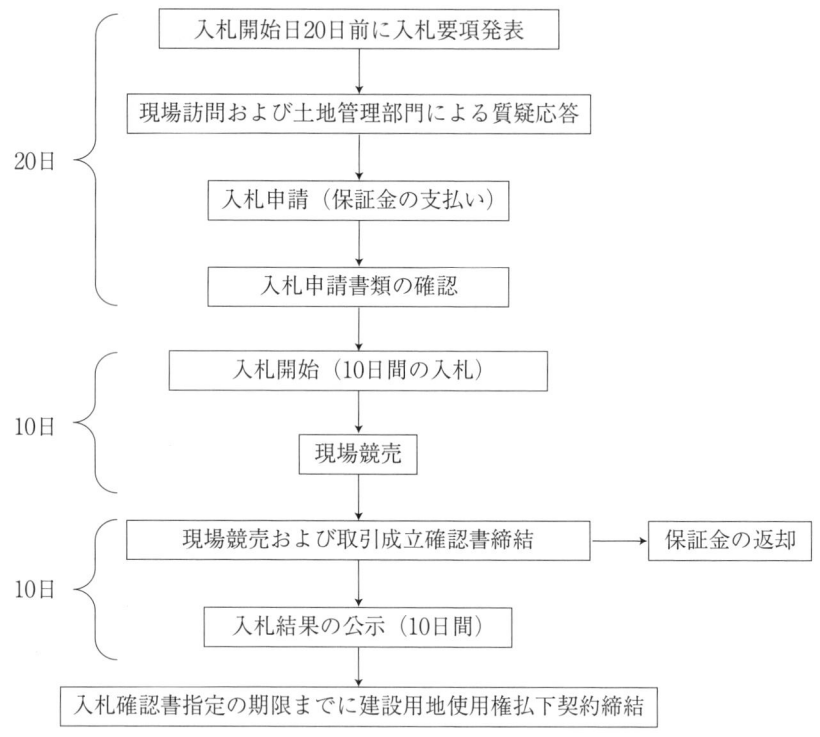

```
        ┌─ 入札開始日20日前に入札要項発表
        │         ↓
        │  現場訪問および土地管理部門による質疑応答
  20日 ─┤         ↓
        │  入札申請（保証金の支払い）
        │         ↓
        └─ 入札申請書類の確認
                  ↓
        ┌─ 入札開始（10日間の入札）
  10日 ─┤         ↓
        └─ 現場競売
                  ↓
        ┌─ 現場競売および取引成立確認書締結 ─→ 保証金の返却
  10日 ─┤         ↓
        └─ 入札結果の公示（10日間）
                  ↓
   入札確認書指定の期限までに建設用地使用権払下契約締結
```

⇒Q3-4-5（払下契約の内容に関する留意点）、Q3-4-6（払下契約の確定プロセス）

Column 3-4-3：遊休土地

　国有建設用地の有償使用契約に定める着工日から1年以内に着工していない国有建設用地は、遊休土地とされます。また、すでに着工しているが、1年間建設を中止し、開発面積に占める着工面積が3分の1に満たないもの、または1年間建設を中止し、すでに投下した資金が投資総額の25％に満たないものも遊休土地とみなされます。

　遊休土地と認定された場合、土地管理部門は遊休期間が満1年で2年未満の場合は払下げを受けた側に遊休費の支払いを求め、遊休期間が2年以上の場合、払下側は無償回収処分を行うことができます（遊休土地処理弁法14条）。

Q3-4-5　土地使用権払下契約の内容に関する留意点は何ですか。（払下契約の内容に関する留意点）

　土地使用権払下契約には、土地払下金の金額、土地使用権の期限、土地の開発条件等の条件が記載されます。地方政府の土地管理部門と契約を締結する際、政府機関が作成したモデル契約に基づき締結を要請されることが、実務上、よくあります。このモデル契約は、国土資源部と国家工商行政管理総局が「建設用地使用権払下モデル契約」（以下「モデル契約」といいます）として公表しており、本書入稿時点の最新版は、2008年度版です。仮に、このようなモデル契約が使われる場合であったとしても、モデル契約の条項の内容を十分に理解したうえで、契約を締結する必要があります。また、場合によっては、地方政府の土地管理部門から、モデル契約の部分的修正や、補充条項の追加を要請されることもあります。たとえば、地方における一定の税収確保のために、払下げを受ける外商投資企業の事業活動からの最低納税額を定めた義務の追加を要請されるようなケースも見受けらます。なお、土地の整地およびインフラの整備に関する引渡条件について、「三通一平」（整地、水道、電気、道路）、「五通一平」（整地、水道、電気、道路、ガス、通信）、「七通一平」（整地、水道、電気、道路、ガス、通信、供熱、排水）のいずれであるかを確認することも重要です。

　このように、実際の払下契約締結においては、モデル契約の内容を十分理解

第3章　拠点を立ち上げる

するのはもちろんのこと、モデル契約の条項と異なる条項については、特に注意深く検討のうえ、条項の趣旨を土地管理部門に確認する必要があります。
⇒コラム3-4-4（土地使用権払下モデル契約の条項）

Column 3-4-4：土地使用権払下モデル契約の条項

　Q3-4-5（払下契約の内容に関する留意点）で紹介したモデル契約の中で、留意すべき条項をいくつか紹介します。
(1)　最低固定資産投資額条項（12条）
　払下土地につき、最低固定資産投資額（当該土地に投下する固定資産の総額の最低額）が定められます。当該固定資産投資は、通常、敷地上の建築物、構築物、付属施設および土地の払下金を含むと規定されますが、払下金を除く金額で規定する場合もあります。
(2)　建築物、構築物および付属施設の計画条件（13条）
　建ぺい率、容積率、緑化率、高さ制限等の条項が定められています。それらの条件を満たさない場合、工事の開始が認められず、竣工検査に合格できず、不動産登記を完了させることもできないため、予定の建築物が当該基準を満たすかどうか留意する必要があります。
(3)　工事のスケジュール
　建設工事予定の着工日、竣工日を定める条項もあります。着工が遅れた場合、または、開発が遅れた場合、遊休土地とみなされるリスクがあります。なお、事前申請により、着工日と竣工日を延ばすこともできます。
(4)　譲渡、賃貸、抵当制限条項（21条～24条）
　土地使用権譲渡、賃貸、抵当権設定にあたって、予定の開発建設が完了する前の譲渡や分割譲渡を禁止するなど、法定条件より厳しい制限を定める条項がしばしば見られます。
(5)　違約責任条項（30条～38条）
　固定資産投資要件、建物の計画条件、工事スケジュール等の条項に違反した場合の責任が具体的に定められています。違約した場合、払下金の一定の比率に従った違約金の支払義務が発生するという定め方がよく利用されています。その具体的な比率は、明確な基準がなく、地方政府が定めるものです。地方政府が、全体のバランスを考慮し、一定の内部基準で当該比率を定めます。
⇒コラム3-4-3（遊休土地）

第4節　生産拠点の確保

> **Column 3-4-5：基準地価制度**
>
> 　土地使用権の価格をより正確に定めるために、中国には、「基準地価制度」が存在しています。基準地価制度とは、県レベル以上の人民政府が、一定の基準および計算方法に基づき、土地使用権の参考価格を算定することです。土地の用途によって、工業、商業および住宅等に分けられ、使用期間、立地および権利性質（払下土地であるか、割当土地であるか）等の条件に基づき、基準地価が算定されます。具体的な算定方法はかなり複雑であり、それに関する国家基準も制定されています。算定された基準地価が、そのまま土地使用権の価格とされるわけではなく、土地入札のときの最低価格または割当土地の払下土地への転換時の対価の参考として利用されています。また、土地に関する税金を徴収するときにも、基準地価は参考にされています（改革推進土地管理の厳格化に関する国務院の規定）。

Q3-4-6　土地使用権払下契約の確定プロセスについて教えてください。（払下契約の確定プロセス）

　Q3-4-3（払下手続の概要）に記載したとおり、建設用地使用権の払下げは、入札等の方式による必要があります。建設用地使用権払下契約は、入札要項の添付書類として、土地管理部門のウェブサイトに公示され、原則として、入札手続が終了するまでは、特定の者との間で払下契約について交渉することはできません。

　ただし、実務上（特に工業用地の場合）、入札手続が開始する前に、入札参加予定者と土地管理部門との間で、払下条件に関する事実上の意思疎通がなされ、その結果を反映した内容の契約が、公示されることがあります。土地管理部門と入札参加予定者との間で事前に払下条件が確認された場合でも、それらの内容と、実際に公示された契約内容とが一致しないケースも見受けられます。入札要項には、通常、入札要項に添付される建設用地使用権払下契約を締結する義務が定められているので、基本的に、落札後の建設用地使用権払下契約の修正はできないと考えられます。よって、仮に、入札前に土地管理部門と事実

上確認した内容と公示された契約内容が異なっていたとしても、落札者は、県レベルの土地管理部門（通常は国土資源不動産管理局）との間で、公示された内容の契約を締結する義務が発生してしまいます。このようなトラブルが発生することのないよう、契約が公示された後、公示契約の内容をよく確認したうえで、入札に参加する必要があります。

> **Q3-4-7　土地使用権払下契約の当事者が、開発区管理委員会とされています。問題はないでしょうか。（払下契約の締結当事者）**

　土地使用権の払下げの管轄部門は、当該土地の適切な管理権限を有する国土資源不動産管理局です。土地管理部門以外は、土地使用権払下契約の当事者にはなれないため、土地の管理権限を有しない開発区管理委員会と締結した土地使用権払下契約は無効とされます。よって、当該土地の適切な管理権限を有する土地管理部門が払下当事者とされているかを確認し、他の部門も当事者に含まれている場合には、当該部門の役割、権利義務の内容等を慎重に確認する必要があります。

Column 3-4-6：立ち退き・収用

　土地使用権の期間が満了する前に政府が土地使用権を繰り上げて収用することは原則として禁止されており、物権法においても私有財産の保護がうたわれています。しかしながら、公共目的のために、政府が一定の補償を行ったうえで、土地使用権を繰り上げ収用することは可能であるとされています。補償については、物権法に原則的な規定が置かれており、補償基準を具体的に規定する地域もあります。また、日中投資保護協定においても定めがあり、補償の基準は、収用等の措置がとられなかった場合の財産状況と同一の状況でなければならないとされています。よって、日系企業としては、取得予定の土地の立ち退きに関する情報を事前に十分に収集するとともに、仮に取得した後に政府から立ち退きを要求された場合においては、法令および投資協定に従い正当な補償を要求する交渉を行うべきと考えられます。ちなみに、収用について、2012年5月に締結された「日中韓投資協定」には、さらに詳しい規定が置かれており、補償の基準は、収

用が公表された時または収用が行われた時のいずれか早いほうの時点における収用された投資財産の公正な市場価格に相当するものとされています。なお、当該協定は、入稿の時点でまだ発効しておらず、各国の国内承認手続を経て、発効する予定です。

　補償に関する条件が定まった後、市または県政府が指定する収用管理部門との間で、補償協議書を締結する必要があります。地方政府は、公文の方式で収用管理部門を指定しますが、一般的には市または県政府の不動産管理部門が指定されます。収用を受ける企業の立場からすれば、補償協議書においては、補償の方法、移転にかかる補償金の支払方法、移転先の代替用地の提供方法、提供条件、代替用地上に建設する建物の建設方法、建設条件等について、できる限り詳細かつ明確に定めるべきでしょう。収用および補償案の決定権限は市または県政府にあり、決定がなされた後に公告が行われます。補償協議書の有効性および実効性を確保するために、上記手続の履行状況および政府機関の決定の内容を確認する必要があります。

　それに対して、収用目的が公共目的でない場合、立ち退きを命じて土地を収用することはできません。公共目的以外の目的で土地を取得する場合、まず、土地使用権者と個別に協議し、補償等について合意に達しない限り、土地を収用することはできません。したがって、収用が公共目的であるか否かによって、収用の難易度は大きく異なります。2008年、上海市のある地域で、土地収用の性質をめぐり、企業と地元政府の間に発生した紛争が全国で大きく注目されました。紛争の争点は、政府が主導して推進する古い町並みの再開発事業は公共目的といえるかどうかという点にありました。政府としては、再開発事業は地元の住民の居住環境を改善するための事業であり、公共目的に該当すると主張し、それに対して、当該企業は、当該再開発事業には商業用の不動産開発プロジェクトが含まれていることから、公共目的ではないと主張しました。結局、政府と当該企業は補償金額について協議し、合意したことにより、収用を行うことで当該紛争は解決したようです。

> **Q3-4-8** 払下手続により土地使用権を取得する場合、当社現法は、どのタイミングで、土地使用権を取得することができますか。また、第三者に対して、どのようにして権利を証明することができますか。（権利証書と不動産登記）

　土地使用権の取得は、原則として、不動産登記をして初めて効力が発生しま

すので、貴社現法は不動産登記が完了した時点で土地使用権を取得することができます。また、貴社現法は、不動産権利証書の発行を受け、それを第三者に示すことにより、土地使用権者であることを証明することができます。

Column 3-4-7：不動産登記制度

中国においては、不動産についての物権の設定、変更または消滅は、登記をしなければ、変動の効果が発生しないとされており（いわゆる「登記発効主義」）、この点は、登記を対抗要件とする日本の登記制度とは異なるところです。一方で、例外として、一部の特殊な所有権の変動や、人民法院の判決、政府による収用、相続および遺贈等による物権変動の場合には、登記によらず直ちに不動産物権の変動が生じることになります。

このように、中国において土地使用権等の物権の設定等の効力を発生させるためには、契約を締結するだけではなく、登記手続を行うことが必須となります。

都市不動産管理法によれば、国が土地使用権および建物の所有権の登記制度および証明書発行制度を実施することになっています。土地使用権証書の発行と建物所有権証書の発行は、それぞれ土地管理部門と建物管理部門により管理されていましたが、上海市、広州市、天津市等の都市では、土地使用権証書と建物所有証書を、「不動産権利証書」という1つの証明書として発行するようになり、いわゆる、「二証合一」の制度が運用されています。実務上、土地使用権証明書類および建物の証明書類を確認する際に、地方による制度上の差異に留意する必要があります。

不動産登記情報のうち、土地登記簿および土地図は、誰でも閲覧可能とされています。ただし、一部の地方においては、登記名義人や当該土地について訴訟提起した者等の利害関係人または中国人弁護士に限り閲覧を認める取扱いをしているところもあるようです。

建物所有権に関する情報について、上海市等の大都市では、不動産登記簿は電子化されており、不動産の状況（場所、面積、用途等）、権利状況（所有権状況、その他の権利状況および権利制限等）および登記機関が記載するその他の情報を含む情報は、不動産所在地の不動産登記センターで閲覧することができます。したがって、実務上、不動産の住所が特定できる場合は、上記の閲覧制度がよく利用されています。

なお、不動産登記に関する法制度は、土地登記弁法と建物登記弁法等の全国的な法規定がある一方で、地方（上海市等）の不動産登記に関する地方規定も存在しています。中国各地の不動産登記実務は類似していますが、細かい点について

は地方によって運用が異なる場合もあります。

> Q3-4-9　ある会社から、更地の建設用地の土地使用権の譲渡を提案されました。立地や価格の条件がよいので、この会社から土地使用権を購入したいと考えています。注意点を教えてください。（土地使用権譲渡）

　建設用地使用権は、以下の条件を満たせば、当事者間の合意により譲渡することができます。よって、まずは以下の条件を満たしているかどうかを確認する必要があります（都市不動産管理法39条）。
・払下金の納付が完了していること
・使用権証書があること
・開発投資総額の25％以上の開発を完了していること
・譲渡条件や譲渡が法に違反しないこと
　しかし、上記条件を満たしていても、工業用の建設用地使用権または建物建設中の建設用地使用権の譲渡の場合、実務上地元政府から了解を得なければならず、当事者間の合意のみで譲渡することはできません。
　譲渡で土地使用権を取得した者は、元の土地使用権払下契約における契約上の土地使用権者の地位を承継することになりますので、元の土地使用権払下契約に定められた条件を確認のうえ、開発用途に適合するかどうか、定められた開発義務が適切に履行されているかどうかなどを確認する必要があります。なお、当然のことながら、上記の条件を満たしても、残存する使用期限が、貴社が予定している事業期間に足りているかについても確認する必要があります。
　本問のような更地の場合、仮に開発投資総額の25％以上の開発が完了していないとすれば、そもそも譲渡を受けることができません。また、土地使用権払下契約上定められた着工期限および竣工期限を守らなければ遊休土地とみなされ、また、その他の契約義務の不履行があれば、行政処罰を受け、または契約不履行の責任を追及されるリスクもあります。土地使用権を譲り受ける際に、

遊休土地になるリスクを含めて、土地使用権払下契約の履行状況を慎重に調査する必要があります。

また、第三者から払下土地使用権を購入する場合には、当事者間の交渉により譲渡価格を決定することになりますが、譲渡価格が明らかに市場価格より低い場合には、市、県レベルの人民政府が優先的に購入する権利を持つため注意が必要です（都市部の国有土地使用権払下及び譲渡に関する暫定条例26条）。
⇒コラム3-4-3（遊休土地）

> Q3-4-10　いろいろ検討しましたが、手ごろな価格の土地使用権を取得することが難しい状況であったところ、ある中国企業から、建設用地使用権の賃貸を提案されました。賃借した土地上に工場を建設しても問題はないでしょうか。（土地使用権の賃借）

中国では、地上建築物の所有者と当該土地の使用者は一致しなければなりません。貴社が土地使用権を賃借し、当該土地の上に建物を建てる場合、工場建設に関する施行許可を取得できない可能性があり、また、完成した建物の所有権登記を行う際に、貴社の名義で所有権登記することができません。よって、他人の建設用地使用権を賃借し、その上に自己の工場を建設する方法を利用することは現実的ではないといえます。

また、長期間使用されていない土地が遊休土地とみなされるリスクがある点については、**コラム3-4-3**（遊休土地）をご参照ください。
⇒コラム3-4-3（遊休土地）、コラム3-4-9（違法建築物の賃貸借契約の有効性）

Column 3-4-8：土地使用権と建物所有権の同時処分の原則

中国においては、土地使用権者と建物所有権者は一致することが原則とされており、両者を分離して保有または処分（譲渡、担保の設定等）することはできません。したがって、一定の例外を除き、建物を処分するときは、土地使用権も同時に処分されます。同様に、土地使用権を処分するときは、建物の所有権も処分されます。

第4節　生産拠点の確保

⇒Q3-4-1（中国における土地所有・使用制度）、Q3-4-9（土地使用権譲渡）

Q3-4-11　中国から撤退する取引先の現地法人が、当社のニーズにあう工場を持っていたので、これを譲り受けたいと思います。工場を譲り受ける際の留意点を教えてください。（工場建物の譲受）

　建物の譲渡が行われる際、土地使用権も同時に譲渡される必要がありますので、Q3-4-9（土地使用権譲渡）で解説した土地使用権の譲渡の条件を満たす必要があります。

　なお、建物の譲渡に必要な手続は、以下のとおりです（都市不動産譲渡管理規定7条）。

- 建物譲渡契約の締結
- 契約締結後90日以内の建物管理部門への申請、取引価格の申告
- 建物管理部門による取引価格の審査
- 税金の支払い、名義の書換え

　建物の譲渡価格が著しく市場価格を下回る場合には、建物管理部門の評価額に基づき、税金を支払う必要があります（都市不動産譲渡管理規定7条）。

　建物の譲渡は、税金、所要時間および付随して必要となる手続等の関係で、実現のためのハードルはありますが、新たな工場建設等の手間を省くことができますので、実務上、検討されるケースもあります。

⇒コラム3-4-8（土地使用権と建物所有権の同時処分の原則）

Q3-4-12　当社は、初期投資コストを抑えるため、自前で工場を建設せずに、開発区の中のレンタル工場に入居することを検討しています。工場のレンタルにおいて気をつけるべきことを教えてください。（工場建物の貸借、賃貸借登記）

　敷地の土地使用権を確保し工場を建設するのは、初期投資コストのほか、時

115

間と手間もかかることから、より手軽な手段として既存の工場を賃借すること
が考えられますが、以下の点に気をつける必要があります。

　まず、賃貸借契約の期間は20年を超えてはならないとされており、20年を超
える契約期間を合意した場合には、超過した部分は無効となります（契約法
214条）。ただし、賃貸借契約が満了したときに更新することが可能です。

　また、賃貸借契約締結後、30日以内に（商品建物賃貸借管理弁法14条）、建物
管理部門における賃貸借契約登記を行うことが必要とされています。登記を
怠った場合、主管部門により是正命令を受けることがあり、是正命令に従わな
い場合１万人民元以下の罰金を受けるおそれがあります。

⇒コラム3-4-7（不動産登記制度）

> **Q3-4-13　適当なレンタル工場が見つからないので、取引先の工場を当面の間、間借りすることを考えています。法的に問題はないでしょうか。（他社工場の賃借）**

　取引先の工場の一部を賃借することも可能です。ただし、取引先が、工場の
賃貸を事業として行い、利益を挙げている場合、「賃貸業」の経営範囲を有し
ていなければ、工商部門により、当該取引先の賃貸行為は認可および登記され
た経営範囲を逸脱する経営行為であると判断される可能性があります。なお、
経営範囲を超えて締結された契約は当然には法的に無効となるわけではありま
せんが、賃貸人である取引先が処罰を受けるなどにより、賃貸を履行できなく
なるリスクがあります。

　また、取引先が合法的な賃貸権限を有しているか、また、実際に工場を安定
的に賃貸することができるのかを確認するため、以下をチェックしておく必要
があります。

・土地使用権払下契約
・土地使用権および工場建物所有権の権利証書
・土地使用権および工場建物所有権の登記（担保権の設定の有無等の確認を

第4節　生産拠点の確保

含む）
・賃貸人の営業許可証（不動産賃貸が経営範囲に含まれているかの確認を含む）

なお、取引先が、工場の賃借人である場合（取引先の賃貸行為が転貸行為になる場合）、さらに以下のものをチェックする必要があります。
・取引先と原賃貸人との間の賃貸借契約（転貸条件）
・転貸に関する承諾書

⇒Q12-4-2（経営範囲逸脱の認定）、コラム3-4-7（不動産登記制度）

Column 3-4-9：違法建築物の賃貸借契約の有効性

中国で工場を建設するためには、事前に都市企画部門および建設部門から工場建設の建築関連許可（建設用地計画許可証、建設工程計画許可証、建築工程施工許可証）を取得する必要があります。建築関連許可を取得せずに建築された建物は、建物所有権を登記できません。なかには、建設工程計画許可証を取得せず、または建設工程計画許可証に従わずに建築された違法建築物も存在しますので、建物の賃貸借契約を締結する場合には、建物所有権登記を確認する必要があります。また、いったんは建物所有権登記をした後、建築関連許可を取得せずに増改築をしているケースもありますので、建築物の構造が、不動産権利証書や建物所有権登記の内容と合致しているかも確認する必要があります。なお、違法建築物を対象とする賃貸借契約は、無効と判断されるおそれがあります。

Q3-4-14　当社現法が工場の賃貸借契約を締結した後に、当該工場物件に抵当権登記がなされたことが発覚しました。抵当権が実行された場合に、当社の賃借権は影響を受けますか。（抵当物件の賃借）

抵当権設定契約が締結されるより前に抵当財産がすでに賃貸されている場合は、賃貸借関係は抵当権の影響を受けません（物権法190条）。すなわち、抵当権者がその抵当権を実行する際、賃借人は物件の譲受人に対し、元の賃貸借契約の継続履行を要求することができます。しかし、賃貸借関係が、抵当権が設

定される前に発生しているかどうかをどのように判断するかについて、法令上明確な規定はありません。たとえば、上海市の裁判実務では、賃貸借契約の登記時期に基づき、賃貸借契約の成立時期を判断します。ただし、賃借人が物件を占用・使用しているなどの状況から、賃貸借が実際に存在していると判断できれば、賃貸借契約を登記していなくても、賃貸借関係は抵当権の影響を受けないという実務が運用されています（「不動産売買及び抵当、賃貸借にかかわる紛争の審判に関する若干問題の意見」の公表に関する上海市高級人民法院民事第一法廷の通知4条）。また、物権法190条によれば、抵当権設定のほうが賃貸借関係より先であった場合には、当該賃貸借関係は、登記済みの抵当権に対抗することができないとされています。ただし、賃貸人は、物件を賃貸する際、既存の抵当権の存在について、書面で賃借人に通知しない限り、抵当権の実行により賃借人にもたらされる損害について、賠償責任を負わなければなりません（「担保法」適用の若干問題に関する解釈66条）。

⇒Q3-4-13（他社工場の賃借）

Q3-4-15　中国において工場を建設する際に、「環境影響評価」を行う必要があると聞きました。この環境影響評価とは、どのような制度ですか。（環境影響評価）

　中国において、環境に影響を与えうる建設プロジェクトを実施する際には、当該建設プロジェクト実施による環境への影響について、分析、予測、評価を行うことにより、当該影響を予防、軽減する措置、および測定する方法を提案する「環境影響評価」を実施しなければなりません。具体的には、影響の大きさに応じて、環境影響報告書（環境に重大な影響を与える可能性がある建設プロジェクトに適用）、環境影響報告表（環境に一定の影響を与える可能性がある建設プロジェクトに適用）、または環境影響登記表（環境に対して、ほぼ影響がない建設プロジェクトに適用）のいずれかの環境影響評価文書を作成し、認可権限のある環境保護部門へ提出して認可を得る必要があります。環境影

報告書および環境影響報告表は、環境影響評価資格を有する機関に委託して環境影響評価を行わせたうえで作成させる必要があります。環境影響登記表は、企業自らが作成することができます。

> **Column 3-4-10：土壌汚染法制**
>
> 　近年、北京市、上海市等の大都市の大気汚染問題（いわゆる「PM2.5」等）が世界中で注目され、環境保護に関する関心はいっそう高まってきています。中国においては、環境保護法のほか、各分野において、水質汚染、大気汚染、固体廃棄物環境汚染、騒音汚染等に関する環境規制が存在していますが、土壌汚染に関する法令はいまだ存在していません。一部の都市では、土地使用権入札の公示書類に環境検査報告を含ませる実務を自主的に導入していますが、多くの地域では、土地使用権の払下条件として、土壌汚染の状況は含まれていません。しかし、中国における土壌汚染は深刻な状況にあり、土壌汚染対策、特に重金属汚染対策は重要課題と位置づけられています。現在、中国土壌汚染防止法の草案が作成されており、立法化作業が進んでいる状況です。一部の地方政府では、モデル事業として先行的に土壌汚染対策に取り組んで対策スキームを作り上げようとする動きが始まっており、土壌浄化技術で先行する日米欧の企業との提携や中外合弁企業設立の動きも出てきているようです。土壌汚染防止法の立法化の動きが注目されるところです。

法知識の整理

中国の土地制度に関しては、憲法10条において、以下の原則が定められています。
・都市の土地は国有であり、農村および都市郊外の土地は集団所有であること
・国は公共の利益の必要のため、土地収用または公用使用を実施することができ、かつ補償を提供すること
・いかなる組織、個人も、土地を不法占有し、売買し、またはその他の形式により不法に譲渡してはならないこと
・土地の使用権は法律の規定により譲渡できること
・土地を使用するすべての組織および個人に対する土地の合理的使用義務
この憲法で定められた原則を具体化した法令として、土地管理法およびその実施

条例、都市不動産管理法、中国都市部国有土地使用権払下および譲渡暫定条例、国有土地使用権払下規定、建物用地使用権払下条例等が制定、実施されています。土地の払下げや、賃貸、その他の具体的な条件や手続はこれらの規定によることになります。また、地方において特別な規定が存在することもあります。

関連法令

「憲法」(宪法)（2004年）
「物権法」(物权法)（2007年）
「土地管理法」(土地管理法)（2004年）
「土地管理法実施条例」(土地管理法实施条例)（2011年）
「都市部の国有土地使用権の払下げ及び譲渡に関する暫定条例」(城镇国有土地使用权出让和转让暂行条例)（1990年）
「国務院不動産産業の発展に関する若干問題の通知」(国务院关于发展房地产业的若干问题的通知)（国発【1992】61号）
「割当土地使用権管理暫定弁法」(划拨土地使用权管理暂行办法)（国家土地管理局令【1992】1号）
「都市国有土地使用権価格管理暫定弁法」(城市国有土地使用权价格管理暂行办法)（計価格【1995】1628号）
「国有土地使用権に関わる契約紛争事件の審理における法律適用問題に関する解釈」(最高人民法院关于审理涉及国有土地使用权合同纠纷案件适用法律问题的解释)（法釈【2005】5号）
「遊休土地処理弁法」(闲置土地处置办法)（国土資源部令53号）
「土地登記弁法」(土地登记办法)（国土資源部令40号）
「都市不動産管理法」(城市房地产管理法)（2007年）
「都市不動産譲渡管理規定」(城市房地产转让管理规定)（建設部令96号）
「都市不動産抵当管理弁法」(城市房地产抵押管理办法)（建設部令98号）
「建物登記弁法」(房屋登记办法)（建設部令168号）
「契約法」(合同法)（1999年）
「商品建物賃貸借管理弁法」(商品房屋租赁管理办法)（住宅都市農村建設部令6号）
「都市建物賃貸借契約紛争事件の審理における具体的な法律適用の若干問題に関する解釈」(最高人民法院关于审理城镇房屋租赁合同纠纷案件具体应用法律若干问题的解

釈)(法釈【2009】11号)
「建設プロジェクト環境保護管理条例」(建设项目环境保护管理条例)(国務院令253号)
「環境影響評価法」(环境影响评价法)(2003年)

第4章

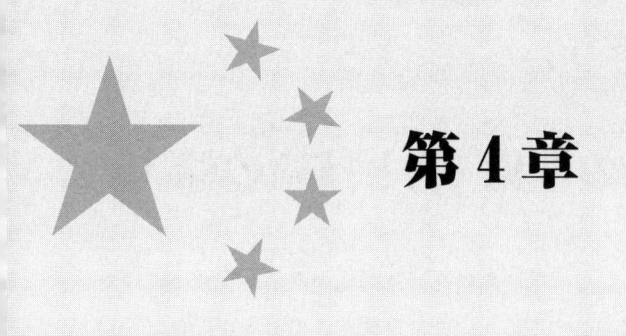

生産・販売

第4章　生産・販売

第1節
生産の準備（物と技術の輸入）

中国に生産拠点を設立した後、生産活動を行うための準備として、設備や原材料の調達、技術の導入をすることになります。このような場合に、重要な設備、原材料や技術を、海外から輸入する場合も少なくありません。本節では、物や技術の輸入の際に必要となる資格や考慮すべき点等について具体的に説明します。

Q4-1-1　当社合弁は二輪車メーカーであり、生産に必要な設備や部品の一部を日本から輸入することを予定しています。中国の企業が海外の企業と輸出入取引をする際には、対外貿易経営権という認可を取得する必要があると聞いたことがありますが、現在でもなお認可が必要でしょうか。またそれはどのようにしたら取得することができますか。（対外貿易に必要な資格および手続）

　中国の企業が部品や設備、技術等について海外の企業と輸出入取引を行うためには、法令上の特別な規定がない限り、原則として対外貿易経営権を有することが必要です。中国の企業は対外貿易経営権がない限り、外国企業と直接輸出入契約を締結することはできず、仮に対外貿易経営権を取得することなく、外国企業と輸出入契約を締結した場合、当該契約は強行法規に反するとして無効になる可能性があります。2004年までは、対外貿易経営権の取得に当局の認可が必要でしたが、現在では当局の認可までは必要ではなく、原則として、外商投資企業を含むすべての企業および中国人が届出によって対外貿易経営権を比較的容易に取得することができるようになりました。具体的には、企業の経営範囲に、「関連物品の輸出入」という項目を入れたうえで、対外貿易の主管

第1節　生産の準備（物と技術の輸入）

部門である商務部門において、対外貿易経営者届出手続を行えば対外貿易経営権を取得することができます。

ただし、外商投資企業が、自社用設備や自社の生産用原材料を輸入する場合には、例外的に対外貿易経営権を取得することは必要とされません。
⇒Q4-1-3（機電製品の輸入）

> Q4-1-2　（Q4-1-1の続き）当社合弁は、二輪車のエンジンを生産する設備の一部を日本から輸入する予定です。設備の輸入にあたって、何か規制はありますか。（輸出入管理制度）

二輪車用のエンジンを生産するための設備の輸入については、原則として特に規制は受けません。ただし、設備の種類によっては、輸入が禁止されたり制限されたりする場合があります。

海外から中国への製品の輸入管理については、製品品目によって、①輸入禁止、②輸入制限、③自由輸入、④国営貿易管理および指定経営管理という4種類のカテゴリーが存在します。①輸入禁止は、文字どおり一切の輸入が禁止される品目が属するカテゴリー、②輸入制限は、輸入数量が制限されたり個別の取引ごとに許認可が要求されたりする品目が属するカテゴリー、④国営貿易管理および指定経営管理は、原則として国営貿易企業と指定された企業（国営貿易企業・指定経営企業のリストは、商務部門が制定、調整したうえで公表することになっています）のみが輸入できる品目が属するカテゴリーで、これらのいずれにも該当しないものが、輸入について特段の制限を受けない③自由輸入となります。

輸入が制限または禁止される製品については、中国の商務部門等の政府部門が定期的にそのリストを調整し公表します。輸入制限製品または輸入禁止製品のリストは、それぞれ以下の目録等で確認することができます。なお、自由輸入に帰属する一部の機電製品については自動輸入許可（貨物輸出入管理条例22条）の取得が要請されることがあります。

第4章　生産・販売

分　類	対象貨物リスト※	具体例
① 輸入禁止	「輸入禁止貨物目録」	石綿、中古衣類、廃タイヤ、中古炊飯器、中古医療機器
② 輸入制限	「輸入許可証管理目録」	小麦、トウモロコシ、米、大豆油、ナタネ油、砂糖、綿花、羊毛、化学肥料
③ 自由輸入	輸入禁止・制限された貨物および国営貿易管理に限定される貨物以外の貨物「自動輸入許可管理貨物リスト」	一般的な機械設備等
④ 国営貿易管理、指定経営管理	「国営貿易管理品目に関する通知」、「輸入指定経営管理貨物リスト」、「輸出指定経営管理貨物リスト」	米、トウモロコシ、植物油、糖、煙草、原油、天然ゴム、ウール等

※対象貨物リストは商務部門ウェブサイトにて確認することが可能です。

> Q4-1-3　当社合弁が日本から輸入する予定の生産用機械には、新製品のほか、当社が日本で2年間ほど使用した中古品が含まれます。中古機械の輸入について、新品の輸入と異なる手続等の注意すべき事項はありますか。（機電製品の輸入）

　機械設備、電気設備、交通輸送手段、電子製品、電気製品、計器、金属製品等およびその部品は、機電製品とよばれ（機械電気製品輸入管理規則2条）、製品のカテゴリーに応じて、輸入禁止、輸入制限と自由輸入の3種類に分けられています。輸入禁止と輸入制限の対象となる機電製品のリストは、商務部門が主導的に制定し、公布されています。
　このほか輸入する機電製品が中古機械の場合、機械の種類によっては特別な輸入許可が必要となる場合があります。
　中古品の輸入に特別な許可が必要な品目は、「重点中古機電製品輸入目録」に記載された機電製品であり、2013年現在では、化工設備、金属精錬設備、工

程機械類、荷役輸送設備、製紙設備、電力電気設備、食品加工および包装設備、農業機械類設備、印刷機械類設備、紡績機械類、船舶類、トナーの12種類の製品がこれに該当します。

したがって、中古機械の輸入をする場合には、上記目録を参照し、特別な許可の取得が必要かを確認する必要があります。

> Q4-1-4　自社用生産設備を輸入する場合、税制上の優遇措置を受けることはできますか。その優遇措置を受けた場合、どのような点に注意が必要ですか。（設備輸入の免税）

外商投資産業指導目録の奨励類に属する事業を行う外商投資企業は、投資総額の金額を限度として、税関の公告により免税とならない輸入商品を除き、自社用の生産設備の輸入にかかる関税の免税措置を受けることができます（国務院の輸入設備に係る税収政策を調整することに関する通達）。

ただし、この免税措置を受ける場合には、輸入した生産設備は、輸入後5年間は税関の監督を受けることとなり、輸入した生産設備を指定の場所で保管しなければならず、税関の許可を得ない限り、自由に移動、賃貸、売却、担保提供することができなくなる点に注意が必要です（中国関税制度概要については、本節**法知識の整理**1参照）。

⇒Q1-1-4（奨励類の優遇措置）、Q10-5-5（関税に関する調査）

Column 4-1-1：関税の課税方式

中国における関税の課税方式には、従価税方式、従量税方式および両者を併用する複合税方式があります。

従価税方式は、商品の取引価格を基準にして税率が定められる関税の徴収方式であり、従量税方式は、商品の重量・面積・長さ・容積・数量等の単位を基準にして税率が決まる関税の徴収方式です。国務院の定める従量税および複合税を併用する商品リスト（「2013年関税実施案」（http://www.gov.cn/zwgk/2012-12/

17/content_2291986.htm）の別紙３「輸入商品従量税及び複合税税率表」）記載の商品以外の輸入商品およびすべての輸出商品に対しては基本的に従価税方式が適用されます。

　従価税方式による税額は、取引の課税価格をもとに関税が決定されます。輸入品の関税価格は、輸入品が中国の港に着くまでの輸送費、その他の費用、保険費を含む取引価格であり、輸出品の関税価格は、輸出品が中国の港から離れるまでの中国国内の輸送費、その他の費用、保険費を含む取引価格となります。
⇒Q6-2-11（税関申告における商品分類）

Q4-1-5　当社は、エンジンの製造技術を当社合弁に提供し、当社合弁からロイヤルティを受ける予定です。当社と当社合弁で技術のライセンス契約を締結するにあたり、何か特別な手続が必要になりますか。（技術輸出入管理）

　貨物の輸出入のほか、技術の輸出入も政府の管理対象とされており、技術の種類によっては特別な手続が必要になる場合があります。輸入技術は、分野ごとに自由輸入技術、輸入制限技術と輸入禁止技術の３種類に分類されます。輸入制限技術・輸入禁止技術は、「輸入禁止輸入制限技術目録」に列挙されており、これ以外の技術が自由輸入技術に属することになります。自由輸入技術の場合は、当事者間で自由に契約を締結して技術輸出入を行うことができますが、輸入制限技術に属する場合は、事前に商務部門の許可を申請し、技術輸入許可を取得しなければ、技術輸入を行うことはできません。輸入禁止技術に属する場合は、当該技術を輸入することはできません。

　エンジンの製造技術は、基本的に自由輸入技術に該当しますが、一部の技術（排気量１リットルあたりの出力が30KW未満で３リットル以上のディーゼルエンジンの製造技術）は輸入制限技術に該当します。

　したがって、本問のエンジンの製造技術が自由輸入技術に属する場合には、当該技術に関するライセンス契約の締結に商務部門の許可は必要なく、当事者間で当該技術ライセンス契約を自由に締結することができ、契約を締結すれば

その効力が生じます。ただし、締結した技術ライセンス契約については商務部門での登記手続を行う必要があります。なお、技術ライセンス契約の登記手続においては、原則として、契約に必要な条項が揃っているかなどの形式審査を中心に行われますが、技術ライセンス契約の内容に違法なものがあり、またロイヤルティの設定が高すぎるなどの理由で商務部門での登記が認められないこともまれにあります。

　他方、本問のエンジンの製造技術が、上記の「輸入禁止輸入制限技術目録」に記載される輸入制限技術に該当する場合には、商務部門に事前許可を申請し、技術輸入許可証書を取得する必要があります。技術輸入許可証書を発行するか否かは、商務部門の自由裁量となります。この場合の技術ライセンス契約は、技術輸入許可証書の交付日から発効します。

⇒コラム4-1-2（技術輸出入契約登記の流れ）、Q6-2-10（ロイヤルティの課税）、Q8-1-6（ロイヤルティの送金）

Column 4-1-2：技術輸出入契約登記の流れ

　輸出入しようとする技術が自由輸出入技術に属する場合、技術輸出入契約が発効してから60日以内に、商務部門にて登記を行う必要があります。ランニング・ロイヤルティを約定した技術輸出入契約については、ランニング・ロイヤルティの金額が初めて確定した後60日以内に、契約登記手続を行い、かつ以後ランニング・ロイヤルティが確定する都度、契約変更登記手続をとらなければなりません。この登記手続には、ランニング・ロイヤルティの計算基準となる関連証明文書を提出する必要があります（技術輸出入契約登記管理弁法7条）。

　一方で、輸入制限技術の場合の輸出入の流れは次頁図のとおりです。商務部門が、当該手続の主管部門になりますが、対象技術が、その他の政府機関（たとえば、食品安全の主管部門、環境主管部門等）にかかる場合、事前に当該政府機関の認可を取得する必要があります。

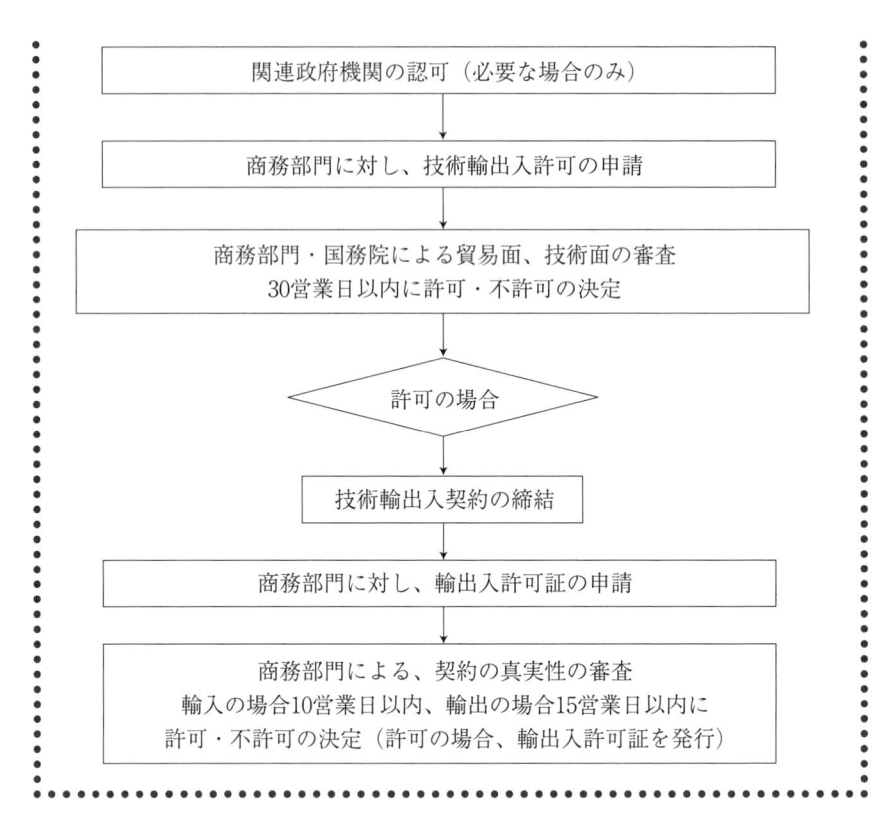

```
┌─────────────────────────────────┐
│ 関連政府機関の認可（必要な場合のみ）│
└─────────────────────────────────┘
              ↓
┌─────────────────────────────────┐
│ 商務部門に対し、技術輸出入許可の申請│
└─────────────────────────────────┘
              ↓
┌─────────────────────────────────────┐
│ 商務部門・国務院による貿易面、技術面の審査│
│   30営業日以内に許可・不許可の決定    │
└─────────────────────────────────────┘
              ↓
          ＜許可の場合＞
              ↓
┌─────────────────────────────────┐
│      技術輸出入契約の締結          │
└─────────────────────────────────┘
              ↓
┌─────────────────────────────────┐
│ 商務部門に対し、輸出入許可証の申請  │
└─────────────────────────────────┘
              ↓
┌─────────────────────────────────────┐
│   商務部門による、契約の真実性の審査   │
│ 輸入の場合10営業日以内、輸出の場合15営業日以内に│
│ 許可・不許可の決定（許可の場合、輸出入許可証を発行）│
└─────────────────────────────────────┘
```

> **Q4-1-6** （Q4-1-5の続き）当社合弁の製品の品質を向上させるため、当社から当社合弁に対して従業員を派遣し、技術指導を行うことを計画しています。このような技術指導についても、技術輸入に該当して規制対象となりますか。（技術輸出入管理の対象）

　基本的に、国境を越えて技術を移転する行為は、技術輸出入管理の対象になります。ここでいう技術を移転する行為には、特許権の譲渡、特許出願権の譲渡、特許の実施許諾、技術ノウハウの譲渡、技術サービスおよびその他の方式による技術移転が含まれます（技術輸出入管理条例2条）。

　本問の技術指導行為は、技術サービスおよびその他の方式による技術移転に

第1節　生産の準備（物と技術の輸入）

該当し、技術輸出入管理の対象になりますので、契約の締結および技術の分類に応じた関連手続が必要となります。

> **Q4-1-7　（Q4-1-5の続き）当社がライセンスする技術の対価として、当社合弁の売上の25％のロイヤルティを得たいと考えていますが、それは可能でしょうか。（ロイヤルティの料率）**

　ロイヤルティの金額をどのように設定すべきかについて、法文上明確な規制はありませんが、提供される技術・ノウハウの価値に対してその対価が不当に高額な場合は、ライセンス契約の登記を行う際に指摘を受けることがあります。

　使用許諾される技術の範囲や許諾の形態にもよりますが、当該許諾製品の売上に対する割合で使用許諾のロイヤルティを定める場合、実務上、一般的には、売上の1～5％程度というのが1つの目安となります。使用許諾される技術に、技術が先進的で高度であることや、国際競争力があることなど、そのロイヤルティに見合った価値が存在することや、そのロイヤルティを支払った場合でもなお技術の受領側に十分な利益が出ることなど、許諾される技術の内容、技術指導の有無、付加価値等により、5％以上のロイヤルティの料率を設定することもあります。

　本問のように売上の25％というロイヤルティの料率を設定することも可能ですが、非常に価値の高い技術のライセンスであるなどの例外的な場合を除き、当該ライセンス契約の登記の際に当局から高額すぎると指摘される可能性があります。

　また、関連会社間のロイヤルティの料率を設定する場合、移転価格の問題を考慮する必要があります。

⇒Q6-2-4（特別納税調整）、Q6-2-5（源泉所得税）、Q6-2-10（ロイヤルティの課税）、コラム6-2-6（輸入貨物に関連するロイヤルティの関税）、ケース6-2-2（移転価格税制の事例）、ケース6-2-6（ロイヤルティが税関関税価格に含まれると認定された事例）

> **Q4-1-8 当社から当社合弁に対する技術ライセンス契約において、当社が提供する技術の目標達成等を保証しなければならないと聞きましたが、そのような保証は必要でしょうか。(目標達成の保証条項)**

技術輸出入管理条例において、技術を提供する側は、提供する技術が完全で、誤りなく、かつ有効であり、契約目標を達成することができることを保証しなければならないとされていることから、貴社による保証は必要となります。

技術輸出入管理条例は、国務院が制定する行政法規に該当し、技術輸出入管理条例に定める上記の規定は強行規定の性質を持ち、技術提供側は上記条項に定める技術提供側の保証義務を負っています。そこで、最初から上記の保証義務を契約に定めつつ、「技術提供側の技術実施条件と同一の技術者および技術環境のもと」等の保証の条件を合理的な範囲に限定するなどの対応をとることが、実務的によく行われています。

技術輸出入管理条例においては、このほかにも技術の受領側を保護するために技術ライセンス契約の内容を制限する定めがありますので、ライセンス契約の締結の際には、たとえ親子会社間の簡単な契約であったとしても、慎重に作成する必要があります。

> **Q4-1-9 当社と当社合弁との技術ライセンス契約において、当社が提供した技術を改良した技術は、すべて当社に帰属すると定めたいのですが、問題ないでしょうか。(改良技術の帰属)**

技術輸出入管理条例によれば、契約の有効期間内に改良された技術は、改良を行った側に帰属するとされています。また、技術ライセンス契約の当事者の一方が契約の目的となっている技術を基礎として新たな研究開発を行うことを不当に制限する場合、契約法が禁止する技術の違法独占または技術進歩の阻害に該当するものとされます。したがって、本問の内容を技術ライセンス契約で定めた場合、これらの内容に違反し、無効とされるリスクがあります。

なお、実務的な対応策としては、技術を受領した側が技術を改良した場合、一定条件のもとで改良技術を共有とすること、また技術改良がなされた際または改良技術に関する知的財産権の出願をする際に元の技術を提供した側に通知する義務を負わせること、改良技術を改良した側に帰属させる場合でも、元の技術の提供側に対して実施権を付与する旨を技術ライセンス契約において定めておくなどの方法が考えられます。

法知識の整理

1 中国の関税制度

国別や物品ごとに、「最恵国税率」、「協定税率」、「特恵税率」、「暫定税率」、「普通税率」といった異なる関税率が適用されます。

税率の種類	内容	適用範囲	適用国または地域・商品の例
最恵国税率	通商航海条約や通商協定によって、対象国に対して与える、他の第三国よりも不利になることのない最も有利な税率	WTO加盟国または中国と関税互恵協定を結んでいる国・地域からの輸入品2,414種の品目に適用されます。	日本からの輸入品の多くには最恵国税率が適用されます。
協定税率	協定により一定率以上の関税を課さないことを約束している税率	中国が参加している、関税優遇条項を含む地域貿易協定の加盟国からの一部の輸入品に適用されます。	これに該当する国には「アジア太平洋協定」の加盟国（韓国等）、「中国・ASEAN自由貿易協定」の加盟国（ブルネイ、インドネシア、マレーシア、シンガポール、タイ、フィリピン、ベトナム、ミャンマー、ラオス、カンボジア）、台湾等があります。中国と香港・マカオとは、「経済・貿易関係緊密化協定（CEPA）」を締結しており、協

			定により定める一部の品目にゼロ関税優遇が適用されます。
特恵税率	開発途上国・地域を支援する観点から、開発途上国・地域からの輸入品に対し、原産地証明書の提出等の条件を満たすことにより適用される税率	中国と特殊な優遇関税協定を結んでいる国・地域からの一部の物品に適用されます。	特恵税率は、基本的に、途上国をその適用対象とします。「中国・ASEAN自由貿易協定」の枠組下でカンボジア、ミャンマー、ラオス、「アジア太平洋協定」の枠組下でラオスとバングラデシュの一部の輸入品に適用されます。
暫定税率	一定の政策上の必要性等から、基本税率を暫定的に修正するため、一定期間に限り適用される税率	最恵国税率、協定税率、特恵税率が適用される物品に、一定の期間において、暫定的に適用されます。重要な農業や工業の原材料や機電製品の重要部品が暫定税率の対象とされており、税率は年単位で制定されます。暫定税率は、一般的に最恵国税率、協定税率や特恵税率よりも低くなっています。	2013年の暫定税率の対象商品には、粉ミルクや液晶パネル等があります。
普通税率	国内産業の状況等を踏まえた長期的な観点から、内外価格差や真に必要な保護水準を勘案して設定されている税率	上記いずれの国・地域または物品にも該当しない場合に適用されます。	

2 技術輸出入管理条例の保証条項等

　技術輸出入管理条例は、中国国内の技術の受領側を保護する条項を数多く定めています。上記Q4-1-8（目標達成の保証条項）とQ4-1-9（改良技術の帰属）で紹介し

た目標達成の保証義務（25条）と改良技術の帰属（27条）以外にも、下表のような重要な条文があります。

「技術輸出入管理条例」の定める技術提供側（ライセンサー）の保証条項等

24条	技術提供側の提供する技術の権利適法性についての保証義務 提供された技術を約定どおり使用したが、第三者から権利侵害であるとするクレームをつけられた場合、技術の提供側は妨害の排除に協力しなければならない。 提供された技術が、第三者の合法的な権益を侵害する場合、技術の提供側が責任を負う。
25条	技術提供側の技術有効性についての保証義務
27条	改良技術の改良を行った当事者への帰属
28条	技術輸入契約満了後の技術の継続使用に関する協議義務
29条	技術輸入契約には以下に掲げる制限的条項を含めてはなりません。 (1) 譲受人に技術輸入に必須ではない付帯条件を求めること。必須ではない技術、原材料、製品、設備またはサービスの購入を含む。 (2) 譲受人に特許権の有効期間が満了しまたは特許権が無効宣告された技術について、許諾使用料の支払いまたは関連義務の履行を求めること。 (3) 譲受人が譲渡人から提供された技術の改良、または改良した技術の使用を制限すること。 (4) 譲受人に対し、その他の供給先から譲渡人が提供した技術に類似または競合する技術の取得を制限すること。 (5) 譲受人に対し、原材料、部品、製品または設備の購入ルートまたは供給先を不合理に制限すること。 (6) 譲受人に対し、製品の生産高、品種または販売価格を不合理に制限すること。 (7) 譲受人に対し、輸入した技術を駆使し、生産した製品の輸出ルートを不合理に制限すること。

第4章　生産・販売

関連法令

「契約法」（合同法）（1999年）
「対外貿易法」（対外貿易法）（2004年）
「対外貿易経営者届出登記規則」（対外貸易经营者备案登记办法）（商務部令【2004】14号）
「機械電気製品輸入管理規則」（机电产品进口管理办法）（商務部、海関総署、質検総局令【2008】7号）
「増値税暫定条例」（増値税暫行条例）（2008年）
「貨物輸出入管理条例」（货物进出口管理条例）（2001年）
「技術輸出入管理条例」（技术进出口管理条例）（2001年）
「輸入禁止輸入制限技術管理弁法」（禁止进口限制进口技术管理办法）（2009年）
「技術契約紛争事件の審理における法律適用の若干問題に関する解釈」（最高人民法院关于审理技术合同纠纷案件适用法律若干问题的解释）（法釈【2004】20号）
「国務院の輸入設備に係る税収政策を調整することに関する通達」（国务院关于调整进口设备税收政策的通知）（国発【1997】37号）

第2節
中国における調達・販売

本節では、製造業、卸売業等の業種における典型的な取引を題材に、中国国内において調達・販売を行う際の取引契約、取引に関して遭遇しうるトラブルや法律問題、それに対する予防策・対応策について説明します。なお、本節Q4-2-1～Q4-2-7における取引は、中国国内に設立された外商投資企業が中国国内企業と中国国内で取引をする場合を想定しており、基本的に中国法が適用されることを前提としています（中国国内企業間の取引の場合に中国法が準拠法とされることについては、Q4-2-9参照）。

Q4-2-1 当社現法は、工業製品の生産型企業であり、自社製品を中国国内で販売しています。今後、日本から自社製品の関連製品を輸入して、中国国内で卸売販売することも考えています。この業務を新たに行うため、何らかの手続を行う必要がありますか。（国内販売）

　外商投資企業が外国から製品を輸入して中国で販売する事業を行うためには、経営範囲に、「関連商品の輸出入および卸売」の経営項目が含まれている必要があります。なお、中国国内で関連商品の卸売または小売の業務を行うためには、商務部門に対して、経営範囲の追加につき、認可を申請しなければなりません。当該商務部門の認可を得てから、工商部門において企業の経営範囲の変更登記をすることができます。
⇒Q3-1-6（経営範囲の記載方法）、Q4-1-1（対外貿易に必要な資格および手続）、Q10-3-4（再編手法―経営範囲の変更）、Q12-4-2（経営範囲逸脱の認定）

> Q4-2-2　当社現法は日本で製造した工業製品を中国に輸入し、中国で小分け包装を行っています。小分け包装された工業製品を中国国内で販売する場合または中国から第三国へ輸出する場合、日本製と表示することができますか。(原産地表示)

　中国で輸入製品を販売する際には、「製品標識記載規定」に基づき、原産地を表示しなければなりません。輸出入製品の原産地表示の判断基準は、中国税関の制定する「輸出入貨物原産地条例」によります。

　具体的には、完全に1つの国(地域)で製造された貨物は当該国(地域)を、一方で、2つ以上の国(地域)が製造に関与していた場合は最後に実質的な変更をした国(地域)を、その貨物の原産地とします。なお、販売のための包装加工は、軽微な加工と処理に該当し、当該貨物が完全に1つの国(地域)で製造されたかどうかを判断する際に、考慮されません。したがって、本問の工業製品が日本で製造されたのであれば、その原産地を日本製と表示することになります。

　なお、当該商品を第三国へ輸出する場合、第三国(輸入国)側の原産地表示規制も適用されるので、輸入国の規制についてもご確認ください。

Column 4-2-1：原産地表示判断標準

　1つの国(地域)で生産、製造された製品については、当該国(地域)を原産地として表示すればよいですが、2つ以上の国(地域)で生産、製造された製品については、どの国(地域)を原産地として表示すればよいかという問題が生じます。

　中国は、原産地の判断標準について、シンガポール、韓国等の一部の国と協定を締結しており、それらの国との間では、協定にある商品項目について、協定の規定に従います。

　他方、協定がない国との間や、または協定はあるが協定対象外の商品項目については、最終的に実質的変更を行った国(地域)を原産地として表示することになります。実質的な変更の有無は、①HSコード(税関統計品目番号)が変更されたかどうかを基本的な基準として判断されます。HSコードの変更が実質的な

変更を反映できない場合、②従価比率標準、③製造または加工工程標準により判断されます（輸出入貨物原産地条例6条）。②従価比率標準、③製造または加工工程標準が適用される商品は、リストアップされており、税関総署の「製造または加工工程標準および従価比率標準を適用する貨物リスト」を参照することによって、特定の商品に適用される判断標準を確認することができます。

　②従価比率標準とは、製造または加工が行われた国で、価値の増加部分が、完成品価格（EXW）の30％を超えた場合を指します。たとえば、チョコレートの原産地の判断には、従価比率標準が適用され、チョコレート1枚の原材料の輸入価格が100円で、中国で生産し、完成品の出荷価格が1枚200円になるとすれば、以下の計算式に従い、30％を超えるので、原産地が中国であると判断されます。

　　価値の増加部分（200－100）/完成品価格（200）＝50％

　③製造または加工工程標準とは、ある国において、製品の主要特徴を付与する製造または加工工程を指します。たとえば、スーツの原産地は、完成品までの縫製工程がどこで行われるかにより判断されます。完成品までの縫製工程が中国の縫製工場で行われるのであれば、材料の輸入価格が高かったとしても、原産地が中国であると表示しなければなりません。

> Q4-2-3　当社現法が、中国の取引先と締結している契約には、契約相手方の社印（公印）の押印のみがある場合もあれば、董事長または総経理の署名のみがある場合もあります。いずれの場合でも、契約の有効性に問題はないでしょうか。（契約書の署名押印）

　基本的に社印（公印）の押印または企業の法定代表者の署名のいずれかがあれば、契約は有効に締結されたことになります。中国企業の場合、董事長または総経理のいずれか（ただし、中外合弁企業の場合は董事長のみ）が法定代表者となります。法定代表者の氏名は、営業許可証にて確認することが可能です。また、社印の真偽を確認するためには公的機関に保管されている過去の資料の印影と一致しているかを確認することが考えられます。本問の場合、社印（公印）の押印や董事長の署名がある場合は問題ありませんが、相手方が中外合弁企業で総経理の個人印しかない場合には、企業の定款や委任状によって、その総経理に当該契約を締結する権限があるかどうかを確認したほうがよいでしょ

第4章　生産・販売

う（権限のない者により締結された契約の効力については、Q4-2-4参照）。
⇒コラム2-3-12（法定代表者）、コラム4-2-2（中国の印鑑制度）

> ### Column 4-2-2：中国の印鑑制度
>
> 　中国においては、企業の印鑑として、①社印（公印）と②財務印を作成しておくことは必須ですが、業務上および会計上の便宜を図るために、③契約印および④法定代表者印も作成するケースが多いです。①社印の管理は、公安局（日本の警察に該当）の管轄事項になり、各地域の公安局が指定した印鑑製作業者のみが製作を許可されます。実際の社印を作成するプロセスについては、地方によって異なっているようです。たとえば、上海市の場合では、社印を作成するとき、公安局に営業許可証副本を提出して、印鑑作成許可証を取得し、公安局が指定した印鑑製作業者に発注するというプロセスになっています。一部の地域においては、公安局を経由して、印鑑を作成する実務もあるようです。
> 　印鑑は契約締結権限の証明のために利用されているため、印鑑の管理・使用について、社内規則を定めて社印の管理・使用ルールを規定し、印鑑を簡単に使用させないようにする必要があります。
> 　また、中国には契約相手の契約締結権限を確認する方法として、日本のような印鑑証明の制度がないため、印鑑の真実性を確認する標準的な方法がありません。契約を締結する際、契約締結権限を確認するために、たとえば、押印と同時に、法定代表者の署名を求めるのも1つの方法です。ただし、法定代表者の署名の真実性を確認することも難しく、確実な方法とはいえません。重要な契約を締結する場合の本人確認方法として、パスポートや身分証明書に記載された署名との照合を行うことなども考えられます。

Q4-2-4　当社現法は、中国の仕入先A社との間で、A社から包装用の資材を購入する取引を継続して行ってきました。当社現法の発注書に対して、いつもどおりA社の担当部長B氏からB氏の署名がある受注書を受け取りました。ところが、後日、同社の別の担当者から、B氏はすでに退職しており、契約は成立していないとの連絡を受けました。この場合、当社現法は、A社に対して契約の履行を求めることができますか。（表見代理）

本問のＢ氏はＡ社を代理する権限を有しておらず、貴社現法との契約締結は無権代理であり、原則として無効です。ただし、取引の安全を図るため、一定の要件を満たす場合には、無権代理であってもその効力を認めるいわゆる表見代理の制度があります。すなわち、①無権代理人と取引の相手方との契約が無権代理であること以外に問題のないこと、②無権代理人が本人から一定範囲の代理権を与えられていた、または過去に代理権を有していたなど外観上代理権を有する事情が存在すること、③取引の相手方が善意かつ無過失であることの３つの条件を満たすとき、表見代理が成立し、本人に契約の効果が帰属します。本問においては、Ｂ氏がＡ社の本件取引を担当する元従業員でありＡ社の注文書を保有していたことからすると、外観上の代理権を有し、②の条件は満たすと考えられます。したがって、貴社現法がＢ氏の退職を知らず、知らないことについて過失もなければ、表見代理が成立し、貴社現法はＡ社に対して、契約の履行を求めることができます。

Q4-2-5 当社現法は、中国のサプライヤーから包装用の資材を購入する売買契約を締結しました。売買契約には、特に資材の引渡場所を定めておらず、当社現法が運送業者に資材の運送を手配すると定められていました。ところが、当社現法が手配した運送業者による運送途中で資材が毀損してしまいました。このような状況において、中国のサプライヤーから代金の支払いを求められた場合、当社現法は、代金を支払う義務がありますか。（危険負担）

　運送途中に毀損した資材の代金を買主が支払う必要があるかどうかという危険負担について、中国の契約法は、当事者の合意や法律の定めのない限り、原則として、目的物の引渡しによって目的物の毀損または滅失に関する危険が移転するとしています（契約法142条）。どの時点で引渡しがあったかについては、原則として契約の定めによりますが、契約の定めがないまたは契約の定めが不明確である場合には取引慣行により決めることになります（契約法141条１項・

61条)。それでも決めることができない場合には、以下のルールによって決まることになります（契約法141条2項）。

① 運送が必要な場合

売主が、目的物を第1番目の運送請負人に引き渡した時点で引渡義務を果たしたとされ（すでに運送請負人に引き渡した目的物に関して、売買契約を締結した場合の処理につき、本節**法知識の整理**参照）、同時に危険負担の責任が買主に移転し、それ以後に目的物が毀損、滅失したとしても買主は原則として代金支払義務を免れません（契約法145条）。

② 運送が不要な場合

売主および買主が契約締結時に目的物が特定の場所にあることを知っているときは、売主は当該場所で目的物を引き渡すこととなり、目的物が特定の場所にあることを知らないときは、売主の契約締結時の営業地にて目的物を引き渡すこととなり、引渡しと同時に危険負担の責任が買主に移転します。

本問では、①運送が必要な場合にあたるので、取引先が資材を運送会社に引き渡した時点で危険負担の責任が買主である貴社現法に移転し、貴社現法は、代金支払義務を免れることはできません。

Q4-2-6 当社現法は、自社使用のため、中国企業からバッテリーを購入しましたが、3か月ほど使用した後、溶液漏れが発生しました。契約書上は、バッテリー納入後3日以内に受入検査を行うという定めがあり、当該期間内に所定の受入検査を実施しましたが、そのときは特に問題は見つかりませんでした。3日間で全面的な受入検査を行うのが困難な場合であっても、売主には何も請求できないのでしょうか。（隠れた瑕疵）

原則として、当事者間で検査期間の合意がある場合、買主は当該期間内に、製品の品質の問題を売主に通知しなければならず、当該期間内に通知しなかった場合、製品の品質は契約に合致するとみなされます（契約法158条）。しかし、当事者が合意した検査期間が目的物の性質および商慣習に照らして短すぎ、買

主が当該期間中に全面的な検査を行うのが困難である場合、当該期間は外観上の瑕疵に関する異議を申し出る期間とみなされ、隠れた瑕疵に関する異議を申し出るべき合理的な期間が別途認定される場合があります。この合理的期間は、人民法院が、取引の性質・目的、取引方式・取引慣習、目的物の種類・数量・性質・取付状況と使用状況、瑕疵の性質、買主が負うべき注意義務、検収方法と検収の難易度、買主および検収者の技術能力等を総合的に考慮して認定します（最高人民法院の売買契約紛争案件の審理における法律適用問題に関する解釈18条）。なお、隠れた瑕疵とは、買主が取引上において一般的に要求される程度の通常の注意を払っても知りえない瑕疵をいいます。

本問において、バッテリーの溶液漏れが、外観上判明できない隠れた瑕疵であり、納入後3日間では全面的な検査を行うことが困難であるなどの事情があれば、訴訟において、人民法院が認定する合理的期間内に異議を申し出たものとして売主に責任を追及できる可能性があります。

なお、本問のバッテリーの溶液漏れにより、その他の財産または人身の損害が生じた場合は、製造物責任を追及することも考えられます。

⇒Q4-4-3（製造物責任）

> Q4-2-7　当社現法は、中国の化学製品メーカーに化学工業原料を販売する取引を行っていますが、納入した製品について品質クレームを受けました。契約においては、納入した製品に品質問題が生じた場合、300万人民元の違約金を支払わなければならないとの規定が設けられていますが、実際の損害は、せいぜい10万人民元程度と思われます。約定どおり300万人民元を支払わなければならないのでしょうか。（違約金）

当事者間に契約違反があった場合の違約金の合意は、原則として有効です。ただし、違約金の金額が実際の損害額より著しく高い場合、人民法院または仲裁機関に対して、減額を要求することができます（契約法114条）。そして、最高人民法院の司法解釈によれば、違約金が実際の損害より30％以上高い場合に

は、「著しく高い」と認定することができるとされています。したがって、本問において、実際の損害が10万人民元であることが証明できる場合には、人民法院または仲裁機関に対して、違約金の減額を求めて債務不存在確認の訴えを提起することも考えられます。特に、中国内資の大手企業に対する供給契約においては、本問のように高額な違約金の定めがあるケースが少なくありませんが、実損害が少ないにもかかわらず高額な違約金の支払いを求められた場合には、上記の司法解釈を指摘して減額交渉をするべきでしょう。

> Q4-2-8　近年、中国ではストライキにより生産が停止するトラブルがよく起きていると聞いていますが、当社現法と仕入先との間の契約には、ストライキによって供給がストップした場合が不可抗力に含まれるかどうかは明記されておらず、不可抗力について定めた条項もありません。ストライキは明確な約定がなくても不可抗力に該当しますか。（不可抗力）

　契約においてストライキが不可抗力事由に該当する旨の明確な合意がない場合、一般的にストライキは不可抗力事由に該当する可能性は低いと考えられます。

　中国法上、不可抗力として認められる事由は、当事者が予見・回避することができず、克服することができない客観的な事由とされています。また、裁判実務上は、洪水、地震等の自然災害や戦争等は不可抗力事由と認められやすいのですが、ストライキ、アンチダンピング規制を始めとする社会情勢の変動は、不可効力の認定要件を満たすことが明らかではないため、認められにくい傾向にあります。ただし、契約当事者の意思を尊重するという観点から、契約で明確にストライキやアンチダンピング規制を不可効力に含むと明記すれば、裁判において不可抗力事由として認められる可能性が高まります。

第 2 節　中国における調達・販売

> Q4-2-9　当社現法は、日本の仕入先から工業機械用歯車を輸入してきましたが、今後、取引先がこの歯車の生産を中国子会社に移すため、その中国子会社から調達することになりました。今までの日本の仕入先との契約は日本法が適用されると記載していますが、今後の中国子会社との契約においても、日本法を適用すると定めても問題はないでしょうか。（国際取引と中国国内取引）

　中国法上、渉外要素のない中国国内取引については、中国法が強制的に適用され、当事者間の合意で他の国の法律を準拠法として選択することはできません。契約法上、契約は、国内契約と渉外契約の 2 種類に分かれており、①当事者の一方または双方が外国人、無国籍者および外国法人である場合、②目的物が外国領域内にある場合、または③民事法上の権利義務の発生、変更または消滅の法律事実が外国で発生した場合のいずれかに該当するとき、渉外性のある、渉外契約であると認定されます（「民法通則」の全面的執行過程における若干の問題に関する意見（試行）178条）。貴社現法の仕入先が中国企業となった場合、取引先の日本親会社は契約当事者ではなくなり、契約当事者である貴社現法と仕入先の中国子会社は両方とも中国企業で、契約の目的物が中国国内にあり、また、契約の権利義務の発生、変更または消滅も中国国内で発生するため、渉外性はないとされる可能性が高くなります。したがって、本問においては、日本法を準拠法にする合意は無効であり、中国法が契約準拠法とされる可能性があります。なお、取引リスクを軽減するために、取引先の中国企業の日本親会社に担保を提供してもらう場合は、契約当事者に外国人がいるため、当該契約には渉外要素があるとして外国法を準拠法とする余地が出てきます。

> Q4-2-10　当社現法は、生産した製品を、日本の取引先に輸出販売する契約を締結しようとしていますが、当該契約には、準拠法の定めがありません。紛争が生じた場合、どの国の法律が適用されますか。（準拠法）

第4章　生産・販売

　売買契約に準拠法の定めがない場合、紛争解決地の国際私法に従い、準拠法が定められることになります。中国が紛争解決地である場合、中国の国際私法に従い、契約と最も密接な関係を有する国または地域の法律が契約の準拠法として適用されます（**Q12-3-1**参照）。なお、日本と中国の両方とも、国際物品売買契約に関する国際連合条約（以下「ウィーン条約」といいます）の加盟国であるため、売買契約において日本法または中国法のいずれが適用されることになったとしても、契約において明示的にウィーン条約の適用を排除しない限り、ウィーン条約が強制的に適用される可能性があります。ウィーン条約の適用排除については、**Q4-2-11**（ウィーン条約の適用排除）をご参照ください。

　なお、国際契約の準拠法の選択については、**Q12-3-2**（渉外民事関係と準拠法）をご参照ください。

⇒第12章第3節（準拠法）

> **Q4-2-11**　日中間の売買契約において、ウィーン条約は適用しないとの条項をよく見受けますが、ウィーン条約とはどのような条約ですか。また、なぜ排除する条項がよくおかれるのですか。（ウィーン条約の適用排除）

　いわゆるウィーン条約とは、国際物品売買契約に関する国際連合条約のことであり、中国では1988年から、日本では2009年8月1日から発効しています。ウィーン条約は一般的に解除権が厳しく制限されているほか、売主の黙示の保証もあるとされ、日中両国の国内法を準拠法とする場合に比べて売主にとって厳しいとされています。現在のところ、日本におけるウィーン条約の適用案件はまだ少なく、ウィーン条約が適用される場合どのような解釈がなされるか予測が難しいことから、ウィーン条約適用を排除する傾向にあるようです。

　上記のとおり、日本と中国は、ともにウィーン条約の加盟国であるため、ウィーン条約の適用を排除する旨の特約がない限り、日中間の物品売買契約にはウィーン条約が適用されることになります（ウィーン条約1条1項(a)・6条）。ウィーン条約の適用を排除して日本法を契約準拠法とするためには、契約にお

いて、単に日本法（または中国法）を準拠法とする旨を定めるだけでは足りず、「ウィーン条約の適用を排除し、日本法（または中国法）を準拠法とする」という文言を明記する必要があります。

> Q4-2-12　日中間の取引に関する紛争解決条項として、一般的にどのような条項をおくことが多いですか。（紛争解決条項）

　国際取引に関する紛争解決方法としては、一般的に、契約書に訴訟または仲裁に関する条項をおくことが多いですが、日中間の取引の場合には、相互にそれぞれの国の裁判所の判決を執行できないリスクがあるため（Q12-1-14参照）、紛争解決手段として仲裁合意を行うことが実務上多くなっています。仲裁合意をおく場合、日本および中国以外のいずれかの国の仲裁機関を選択することが多いですが、公平の観点から、シンガポール等の第三国や香港等の別の地域を選択することもあります。
⇒第12章第2節（仲裁手続）

> Q4-2-13　当社は、中国の企業と売買契約の交渉を行っています。紛争解決方法について、仲裁とすることは双方合意できていますが、中国企業は中国での仲裁を、当社は日本での仲裁をそれぞれ希望しており、折り合いがつきません。このような場合に何かいい方法はありますか。（仲裁地の指定）

　本問のように紛争解決地を一方当事者の所在国（または地域）とすることで折り合いがつかない場合、当事者の国（または地域）以外の第三国（または地域）を仲裁地とすることや、仲裁の被申立人所在地を仲裁地とすることにより、解決を図る方法がよくとられます。
　前者の場合、香港国際仲裁センター（HKIAC）またはシンガポール国際仲裁センター（SIAC）を仲裁機関にすることが実務上は比較的多くなっていま

す。ただし、香港またはシンガポールでの仲裁において、準拠法を日本法または中国法とする場合には、日本法や中国法に対して理解のある仲裁人を選ぶ必要が出てくるため、日本で仲裁を行う場合に比べると、コストが高くなる傾向があります。後者の場合には、日本と中国いずれかの仲裁機関を指定することになりますが、中国の仲裁機関の選択肢としては、国際仲裁案件の取扱いに慣れている中国国際経済貿易仲裁委員会、上海国際経済貿易仲裁委員会（上海国際仲裁センター）、華南国際経済貿易仲裁委員会（深圳国際仲裁院）が、日本の仲裁機関としては、一般社団法人日本商事仲裁協会（東京、大阪）が考えられます。

⇒第12章第2節（仲裁手続）

Column 4-2-3：約款の免責事由

　当事者がひな型として反復使用するためにあらかじめ制定し、契約締結時に相手方と協議を行わずに締結される契約は、約款（中国語では「格式条款」）とされます（契約法39条2項）。約款において、約款を提供する側の責任を免除し、相手方の責任を加重し、相手方の主要な権利を排除する条項は、無効とされます（同法40条）。また、約款を提供する側は、自らの責任を免除または軽減する条項につき、合理的な方式により相手方の注意を喚起し、相手方の請求に基づき、条項の説明をしなければなりません（同法39条1項）。一般消費者向けの商品やサービスを提供する場合には約款が利用されることが多いですが、約款を作成するにあたっては、当該条項が無効にならないよう上記の点に留意し、また説明義務を果たす必要があります。

法知識の整理

2012年に出された「最高人民法院の売買契約紛争案件の審理における法律適用問題に関する解釈」(以下「売買契約解釈」といいます)は、売買契約紛争の処理に関する一部の問題点について解釈を示しました。以下、実務への影響が大きいと思われるいくつかの条文を紹介します。

1 電子データを目的物とする場合の交付
当事者間で合意がなく、かつ、商慣習によっても解決できない場合、買主が受け取った時点から、引渡しがあったとみなされます(売買契約解釈5条)。

2 登記不要の動産が二重売買された場合の所有権の認定
(1) 先に目的物を受け取った買主が所有権を取得します。
(2) 目的物の引渡しが行われていない場合、代金を先に支払った買主が目的物の引渡しを求めることができます。
(3) 目的物の引渡しと代金の支払いのいずれも行われていない場合、先に成立した契約の買主が目的物の引渡しを求めることができます(売買契約解釈9条)。

3 運送を必要とする目的物の危険負担
運送請負人にすでに引き渡した目的物について、売買契約を締結した場合、原則として、契約締結時から、買主が危険負担の責任を負うことになりますが、買主は、売主が契約締結時に目的物の滅失、毀損を知っている場合または知るべきであったにもかかわらず買主に知らせなかったことを証明できる場合、危険負担の責任を売主に負わせることができるとされています(売買契約解釈13条)。

4 買主の受入検査
当事者間にて、受入検査の期間につき特約がない場合、買主が発行する領収書、確認書等の目的物の数量、型番、規格を記載する書類をもって、買主が数量と外観上の瑕疵について検査を行ったことを証明できます(売買契約解釈15条)。

5 違約責任
契約の一方当事者の違約により、相手方に損害をもたらした場合、損害の発生につき相手方にも責任がある場合、違約当事者は、損害賠償額から相応額の減額を求めることができます(売買契約解釈30条)。

6 所有権留保
売買代金の75%以上が支払われた場合、所有権を留保していたとしても、売主の目的物の取戻しは認められません(売買契約解釈36条)。

第4章　生産・販売

関連法令

「契約法」（合同法）（1999年）
「最高人民法院の現在の状況における民事商事契約紛争の審理に関する若干問題についての指導意見」（最高人民法院关于当前形势下审理民商事合同纠纷案件若干问题的指导意见）（法発【2009】40号）
「最高人民法院の売買契約紛争案件の審理における法律適用問題に関する解釈」（最高人民法院关于审理买卖合同纠纷案件适用法律问题的解释）（法釈【2012】7号）
「「民法通則」の全面的執行過程における若干の問題に関する意見（試行）」（最高人民法院关于贯彻执行《中华人民共和国民法通则》若干问题的意见（试行））（法（弁）発【1998】6号）
「中外合弁企業法実施条例」（中外合资经营企业法实施条例）（2001年）
「国際物品売買契約に関する国際連合条約」（联合国国际货物销售合同公约）（1986年批准）
「輸出入貨物原産地条例」（进出口货物原产地条例）（2004年）
「製品標識記載規定」（产品标注标识规定）（技監局監発【1997】172号）

第3節
販売に関する競争法上の規制

近年、中国の市場としての価値が急速に高まるにつれ、中国国内での販売取引も増加しています。一方で、中国で販売活動を行う場合は、中国の独占禁止法（以下「独禁法」といいます）や不正競争防止法等の競争法上の規制を考慮しなければなりません。2008年に独禁法が施行されてから現在までに、販売に関する独占行為に関する厳しい処罰事例もいくつか出始めています。本節は、中国における販売活動に関する競争法上の規制および実務上の留意点について説明します。

Q4-3-1 当社現法は、自動車部品のメーカーです。新たに赴任した販売部門の責任者が業界の会合に出席する予定です。独禁法の観点からはどのような点に留意すべきですか。（独占合意の禁止）

　中国の独禁法では、競争関係にある事業者が、①商品の価格を固定、変更すること（いわゆる価格カルテル）、②商品生産、販売数量を制限すること、③販売市場および原材料購入市場の分割をすること、④新技術、新設備の購買、賃貸、新技術、新製品の開発等を制限すること、協同して取引行為を排斥することなどに関して、独占合意を結ぶことを禁止しています（ここでいう独占合意とは、競争排除・制限する合意、決定等の行為を意味します）。したがって、同業者が集まる会合等において、①商品販売価格の固定、変動率の約定、価格に影響する手続費用、割引率の固定、変更、価格計算方式の約定等の行為をすること、②商品生産量の制限、生産停止、供給停止、③販売地域、販売対象者、供給者の分割、④コスト削減のための新設備の購買、賃貸の制限、新製品開発の制限等に関する協議をしたり、それらに関する連絡を取り合ったりする行為

は、独禁法違反となるおそれがあり、注意が必要です。なお、独占合意の有無の判断にあたっては、協議、約定があるか否かを判断するほかに、①独禁法に禁止される行為との一致性の有無と、②経営者間の意思連絡、情報交換の有無、または独占合意に対して合理的な解釈があるか否かなどが判断要素になります（価格カルテル禁止規定6条）。独禁法違反と判断された場合には、違法行為停止を命じられるほか、違法所得の没収とともに、年度販売額の1％以上10％以下の高額の過料に処されるおそれがあります（**ケース4-3-1**参照）。

　現地法人の経営層は、さまざまな会合への出席が求められることがあると思いますが、特に、競争事業者が集まる会合への出席については、漫然と継続することなく、これまでに行われてきた会合の内容や実態を検証し、センシティブな情報交換が行われている場合または行われる可能性が高い場合には、会合からの脱退を検討するなど、法的リスクを勘案して対応をすべきものと思われます。

⇒第10章第6節法知識の整理

Q4-3-2　当社現法は、代理店との代理店契約の中で、代理店に対して独占販売権を付与するとともに、代理店の販売地域を限定し、指定地域外への販売を禁止する旨の条項を定めたいと思います。競争法上、問題はありますか。（販売地域の指定）

　代理店契約において、独占販売権を代理店に付与するとともに、代理店の販売地域を定め、指定地域外への販売を禁止する旨の条項を定めた場合、かならずしも独禁法14条違反とされるものではありません。独禁法で禁止される独占合意は、競争を排除、制限するものに限られているからです。実務的に重要となるのは、「競争を実質的に制限することとなるとは通常考えられない範囲」（セーフハーバー）がどこになるのか、という問題ですが、2013年12月の段階で、セーフハーバーの範囲に該当する市場シェアや制限の方法（たとえば、能動的販売禁止と受動的販売禁止の違い）に対する考え方等を示すガイドライン

は制定されていません。したがって、実態としては、日系中国現地法人は、EU、日本のガイドラインでのセーフハーバーも参考にしながら、販売代理店政策を検討、見直している例が多いと思われます（なお、他国のガイドラインを参考にすることについては、異論もあると思われますが、2012年8月14日、国家工商行政管理総局が公表した「知的財産権領域に関する反独占法執行のガイドライン（草案）」の内容からすれば、EUや日本の独禁当局のガイドラインも意識して起草されたことが伺われ、具体的なガイドラインが制定されていない中国の現状において実務的に検討を進めるにあたっては、一定の参考価値はあるものと思われます）。

なお、このような販売地域制限の問題のほかにも、貴社現法が販売商品の関連市場において支配的な地位を有する場合、正当な理由なく、取引相手に貴社現法とでなければ取引を行えないよう限定すること、貴社現法が指定した事業者とのみ取引をするよう限定すること、当事者の競争事業者との取引ができないように限定することは、独禁法上の支配的地位濫用行為に該当すると判断される可能性があります（独禁法17条1項4号、工商行政管理機関の市場支配地位の濫用行為を禁止する規定5条）。

Column 4-3-1：支配的地位の判断基準

独禁法に定められる「市場において支配的地位を有する」かどうかは、以下に挙げる各要素等に基づき総合的に判断されます（独禁法18条）。
① 事業者の関連市場における市場占有率および関連市場の競争状況
② 事業者が販売市場または原材料調達市場をコントロールする能力
③ 事業者の財力および技術条件
④ 他の事業者の当該事業者に対する取引における依存度
⑤ 他の事業者の関連市場への参入の難易度

なお、以下の場合においては、事業者が市場における支配的地位を有するものと推定されます。
① 1つの事業者の関連市場における市場占有率が2分の1に達している場合
② 2つの事業者の関連市場における市場占有率が合計で3分の2に達している場合

③ 3つの事業者の関連市場における市場占有率が合計で4分の3に達している場合

ただし、上記②または③に該当しても、そのうちのある事業者の市場占有率が10分の1に満たない場合は、当該事業者が市場における支配的地位を有するとは推定されません。また、事業者が、自らが支配的地位を有しないことを証明できる証拠を有する場合、上記の推定を覆すことができます（独禁法19条）。

Column 4-3-2：知的財産権と独禁法

独禁法上、事業者が知的財産権に関する法律および行政法規の規定に従い、知的財産権を行使する行為には、独禁法は適用されないとされていますが、但書において、知的財産権を濫用して競争を排除、制限する行為については独禁法の適用が認められています（独禁法55条）。この知的財産権の行使と独禁法適用の問題については、2012年8月14日、国家工商行政管理総局が「知的財産権領域に関する反独占法執行のガイドライン（草案）」を公表していますが、2013年12月の時点ではまだ制定されていません。

他方で、2013年11月以降、米国のクアルコム社が国家発展改革委員会による独禁法違反被疑調査を受けていると報道されており、注目されています。調査被疑事実等の詳細は正式に開示されていませんが、同社の知的財産権に基づく市場優位性を考慮すると知的財産権の行使と独禁法の適用についても重要な論点となる可能性もあります。今後も、各執行当局の動向、ガイドライン等の公布、行政処罰事例等について注意していく必要があります。

Q4-3-3　当社現法は、服飾品メーカーであり、中国の販売店（小売店舗）を通じて、中国国内販売を展開しています。販売店へ供給している服飾品には、希望小売価格のタグを付けています。希望小売価格の表示は、中国の競争法上、問題はありますか。（再販価格指定）

商品に希望小売価格を表示することのみであれば、独禁法違反とされる可能性は高くないと思われます。しかし、希望小売価格の表示だけではなく、取引先に対して商品再販売価格を指定し、または、商品販売最低価格を限定することは、独占合意に該当し、独禁法違反になる可能性があります（独禁法14条）。

独占合意に該当する場合、当該行為の停止を命じられ、違法所得の没収とあわせて前年度販売額の1％以上10％以下の過料に処されることになります。近年、再販価格の指定に対する取締は強化される傾向にあります。また、独占行為の実施によって他人に損害を与えた場合、民事責任が追及されることもあります（ケース4-3-1参照）。

Case 4-3-1　価格に関する独占行為の事例

1　価格カルテル

(1)　液晶パネルメーカーの事例

2013年1月4日、価格カルテルの法執行の主管部門である国家発展改革委員会が、液晶パネルに関する国際価格カルテルに参加した韓国企業2社および台湾企業4社に対して、違法所得の没収（合計3,675万人民元）、課徴金納付（合計1億4,404.5万人民元）の処分を行うことを公表しました。ただし、本件価格カルテル行為は、2001年から2006年にかけて実施されており、2008年の独禁法施行前であるため、処罰の根拠法令は、独禁法ではなく、価格法に基づいています。価格法によれば、事業者が相互に通謀して市場価格を操作し、その他の事業者または消費者の合法的な権益を侵害する行為は、不正な価格設定行為であり（価格法14条1号）、不正な価格設定行為を実行した場合、是正命令を受け、違法所得の没収とあわせて違法所得の5倍以下の過料に処されます。

本件は、当局が外国企業による国際価格カルテルに対し行政処罰を科した初めての事例であり、今後、当局が国際価格カルテルに対して積極的に法執行することが予想されます。また、本件では、最初に自主的に報告した台湾の友達光電（AUO）は、行政制裁金の免除を受け、その後、自認報告書を提出した韓国LG、台湾の奇美電子、中華映管、瀚宇液晶は、過料処分の金額が違法所得の50％とされたのに対し、サムスンは、調査に非協力的だったとして違法所得の2倍の過料処分を受けたと報じられました。この点から、本件は、価格カルテルに対する取締におけるリニエンシー制度の運用の重要な先例とされています（リニエンシー制度については**コラム4-3-3**参照）。

(2)　粉ミルクの事例

2013年8月、国家発展改革委員会は、粉ミルク生産企業6社に対し、独禁法に違反し、競争行為を制限したとして、制裁金として史上最高の約6億7,000万人民元（約106億円）を科しました。

Biostime社には深刻な違法行為があり改善に消極的であったとして前年度の売上の6％（約1億6,300万人民元）が科され、調査に協力をしなかったものの自

発的に改善を行ったミード・ジョンソン社には前年度の売上の4％（約2億400万人民元）の制裁金が科されました。

調査に協力し自発的に改善措置をとったDumex社には1億7,200万人民元、アボット（上海）社には7,700万人民元、Friso（上海）社には4,800万人民元、フォンテラ商貿（上海）社には400万人民元がそれぞれ科され、いずれも前年度の売上の3％に該当するとされています。

調査に協力し、重要な証拠を提供し、かつ自発的に改善を行ったワイス社、Beingmate社、日本の明治ホールディングスは制裁金を免除されました。

このように、国家発展改革委員会の調査に積極的に協力し、自発的に改善を行った方が制裁金は低くなることがみられるため、万が一、そのような指摘を受けた場合には、早急かつ適切な判断を行う必要があります。

2　再販最低価格の拘束

(1)　茅台・五粮液事件の事例

2013年2月、中国で非常に有名なブランドである中国酒（白酒）の生産販売者である茅台および五粮液は垂直型カルテルを行ったとして、各社の前年度売上の1％の合計4.49億人民元（茅台：2.47億人民元、五粮液：2.02億人民元）が罰金として科せられました。本件は、独禁法公布以降、初めて垂直型独占合意（再販価格指定）に対して行政処罰がなされた事案であり、具体的な違反行為としては、①茅台が、低価格出荷を行った販売業者に対して警告を行うとともに保証金の20％を控除した行為、②五粮液が販売店等に対して低価格または地区・ルートを跨る約定違反の販売を戒める通知を発した行為が問題として指摘され、茅台および五粮液は、それぞれ違反対象行為の撤回と独禁法の遵守等を内容とする声明を発表しました。

四川省の発展改革委員会の公布した処罰説明には、五粮液社が同種類の酒の市場において重要な地位を占め、商品の代替性が低いと判断したうえで、同社の再販価格指定の行為は独禁法に違反すると認定し、処罰を決定した、とあります。再販価格指定の場合の判断基準として、当該行為が存在すれば当然に違法となるか、関連市場に関する経済分析を行ったうえで、合理的に判断されるのかについては議論が分かれていますが、本件は後者の原則に基づく運用であるとの指摘もあります。

(2)　ジョンソン＆ジョンソンの民事訴訟

原告の北京鋭邦涌和科貿有限公司（以下「鋭邦」といいます）は、被告ジョンソン＆ジョンソン（上海）医療器材有限公司およびジョンソン＆ジョンソン（中国）医療器材有限公司（以下あわせて「J&J」といいます）の代理店であり、鋭邦とJ&Jの間では、15年間にわたって、医療用縫糸や吻合器等（以下「対象商品」といいます）の販売取引が行われていました。両者間の代理店契約は毎年更新されており、契約には、鋭邦がJ&Jの指定する地域において対象商品を販売す

る権利があり、販売価格は、J&Jの指定する最低販売価格を下回ってはならないとの規定がありました。鋭邦は、2008年3月に北京大学人民病院で実施された入札に参加し落札することができましたが、その入札価格がJ&Jの指定する最低販売価格を下回っていたため、J&Jは、鋭邦に対して警告し、その後、対象商品の供給を停止したうえで、翌年、鋭邦との代理販売契約を更新しませんでした。

2010年8月、鋭邦は、J&Jを被告として訴訟を提起し、J&Jの上記行為が、独禁法14条1項2号に定める第三者に対する商品再販最低価格の限定に該当し、独禁法に違反するとして、J&Jの商品供給停止により生じた損害賠償を求めました。

一審の上海市第一中級人民法院は、2012年5月、証拠が不十分であるとし鋭邦の訴訟請求を棄却しましたが、二審の上海市高級人民法院はおおむね鋭邦の主張を認め、J&Jが独禁法に違反したとして、J&Jに対し53万人民元の損害賠償を命じる判決を下しました。

二審判決においては、独禁法の適用にかかわる重要な問題点について、以下のような判断が下されました。

まず、事業者による取引相手との独占合意の締結を禁止する独禁法14条の条項を適用する際に、独占合意が競争を排除、制限する効果があることが要件とされているかという争点について、上海市高級人民法院は、独占合意が競争を排除、制限する効果があることが独禁法14条の適用要件であると判断し、独禁法14条の違反を認定するにあたっては、まず、かかる独占合意が競争を排除、制限する効果があるか否かを判断する必要があるとの見解を示しました。そのうえで上海市高級人民法院は、関連市場の競争状況、J&Jの関連市場における市場地位等について詳細な分析を行い、当事者間の独占合意は競争を排除、制限する効果があり、かつ当該合意が商品の品質の向上、新商品または新ブランドの市場参入等の経済合理性が十分でないと判断したうえで、J&Jが独禁法に違反したと認定しました。

また、J&Jの独占行為による損害賠償の範囲がどこまで及ぶかについては、J&Jの対象商品の供給停止による鋭邦の2008年度の代理店契約の履行されている部分の利益損失が、損害賠償の範囲に属すると判断しました。なお、販売利益率は、対象商品の過去の販売実績ではなく、関連市場の各ブランドの製品の一般利益率に基づき計算されるものとされました。

2008年の独禁法施行以来、独占合意による損害賠償を求める民事訴訟はそれほど多くありません。上記に述べた争点にかかわるものを含めて、二審の上海市高級人民法院の判断は、今後の類似事件処理の指針となり重要な意義を持ち、本件が垂直型独占合意の民事訴訟の1つのリーディングケースとなるとも考えられます。

第 4 章　生産・販売

> **Column 4-3-3：リニエンシー制度**
>
> 　独占合意を行った事業者の中でも、自発的に独禁法の執行機関（価格カルテルについては国家発展改革委員会、価格以外の独占合意に関しては国家工商行政管理総局）に独占合意に関する状況を報告し、かつ重要な証拠を提出した事業者について、独禁法執行機関は、情状を酌量して当該事業者に対する処罰を減軽または免除することができるとされています。すなわち、価格カルテルの調査において、価格カルテル協議があったことについて、1番最初に自発的に状況を報告しかつ重要な証拠を提出した事業者に対しては処罰を免除し、2番目に自発的に状況を報告し、かつ重要な証拠を提出した事業者に対しては50％を下回らない幅で処罰を軽減することができ、またその後に状況を報告し、かつ重要な証拠を提出したその他の事業者に対して50％を超えない幅で処罰を軽減することができるとされています（価格独占禁止に係る行政による法執行手続規定14条2項）。なお、ここにいう重要な証拠とは、独禁法で禁止される独占合意の認定にとって決定的な証拠を指します。

> **Q4-3-4**　当社現法は、清涼飲料を製造・販売しており、そのボトルに個体番号を付しています。その販売キャンペーンの方法として、1つの番号につき2回の抽選のチャンスを与え、1回目の1等賞品は3,000人民元相当の携帯電話1台とし、2回目の1等賞品は5,000人民元相当のノートパソコンとする予定です。そのようなキャンペーンを行うことは、競争法上、何か問題はありますか。（景品付き販売）

　商品やサービスの提供者が、当該商品やサービスを提供するにあたり、付随的に物品、金銭またはその他の経済的な利益を提供することを、景品付き販売といいます。中国では、景品付き販売に関して、景品の最高金額は5,000人民元を上回ってはならないとされており、当該規制に違反した場合、工商部門から是正を命令されるほか、1万人民元以上10万人民元以下の罰金を科されることがあります。

　本問においては、1回の商品販売につき、2回の抽選のチャンスがあり、2

回とも１等賞品があたれば、景品の合計価値が8,000人民元になるため、5,000人民元の上限を超えることになり、違法となるリスクがあります。

Q4-3-5　中国では「行政独占」に関する規定が独禁法上設けられていると聞きましたが、どのような制度でしょうか（行政独占）

　独禁法で禁止される「行政独占」とは、行政機関または公共事務を管理する権限を有する組織がその行政権利を濫用することにより、市場競争を排除または制限する行為を指します。

　具体的には、主として、以下の種類があります。

① 指定する事業者の提供する商品を取り扱い、購入、使用するよう限定する行為（たとえば、地元のタクシー会社は、地元の車メーカーが製造する車両を必ず使用しなければならないと限定する行政行為）

② 各地域間における商品の自由流通を阻害する行為（たとえば、差別化した費用徴収項目を設定すること、差別化した検査基準を設定すること、市場流通について行政許可を設定することなど）

③ 差別化した入札基準を設定することにより、他の地域の事業者による当該地域の入札活動への参加を排除または制限する行為

④ 不平等な待遇をするなどの方法により、他の地域の事業者による投資活動を排除または制限する行為

⑤ 独占行為に従事するよう事業者を強制する行為

⑥ 競争を排除または制限する内容を含む規定を制定する行為

　上記の行政独占行為があった場合、その上級の機関は是正を命じることができ、直接主管責任者および直接担当者に対して法に基づき処理することができます。また、独禁法執行機関は、その上級機関に対して法による処理措置を提案することができます。

第 4 章　生産・販売

> **Q4-3-6**　当社現法に独禁法の価格カルテル行為に関する調査が入りました。具体的にどのような調査措置と調査手続がなされますか。（価格カルテル行政調査）

　価格カルテル行為を調査する独禁法執行機関は、国家発展改革委員会および各地方の物価局です。価格カルテルの疑いのある行為を調査する場合、以下の調査措置がとられます。

① 調査対象となる事業者の営業施設またはその他の関連施設に立ち入り、検査を行うこと
② 調査対象となる事業者、利害関係人またはその他の関連単位もしくは個人に質問し、その関連状況の説明を要求すること
③ 調査対象となる事業者、利害関係人またはその他の関連単位もしくは個人の関連書類、協議書、会計帳簿、業務書簡、電子データ等の文書、資料を閲覧し、複製すること
④ 関連証拠を差押えをすること
⑤ 事業者の銀行口座を調査すること

　また、上記の措置をとる場合には、独禁法執行機関の責任者に対して、書面により、報告し、認可を取得しなければならないとされています。

　事業者は独禁法執行機関から価格カルテル調査を受けた場合、独禁法執行機関の調査に協力しなければならず、拒否および阻害行為をしてはなりません。この場合、事業者は意見陳述する権利を有し、かつ、調査中止を申請することができます。

　独禁法執行機関は、事業者が説明した事実、理由、証拠について審査し調査しなければならず、また、事業者が調査中止を申請し、かつ一定期間内に一定の措置を行い、独占行為の効果を排除することを承諾した場合には、調査中止決定を行うことができます。

　調査中止を決定した場合、独禁法執行機関は事業者の履行状況を監督し、事業者が承諾を履行したと判断した際に調査を終了させることができます。事業

者が承諾を履行していない、または調査中止を判断する根拠が不真実であり、根拠事実の状況に重大な変更があった際には、調査を再開させることができます。

調査が終了した場合、独禁法執行機関は決定書を出すことになります。事業者は、不服があれば、行政再審または行政訴訟を提起することができます。

法知識の整理

1　独禁法の概要

独禁法は、大きく分類すると、独占合意（水平的独占合意および垂直的独占合意）、支配的地位の濫用、企業結合、行政独占の4つの内容から構成されています。それぞれの規制内容に関する独禁法関連条文および本書における該当箇所は以下のとおりです。

独禁法規制の内容	独禁法関連条文	本書における該当箇所
水平的独占合意の禁止	独禁法第2章13条	Q4-3-1（独占合意の禁止）
垂直的独占合意の禁止	独禁法第2章14条	Q4-3-2（販売地域の指定） Q4-3-3（再販価格指定）
支配的地位の濫用	独禁法第2章17条	Q4-3-2（販売地域の指定）
企業結合	独禁法第4章	Q10-6-1（企業結合の申告基準） Q10-6-2（企業結合申告および審査手続） Q10-6-3（企業結合の判断要素）
行政独占	独禁法第5章	Q4-3-5（行政独占）

2　独禁法の執行機関

中国の独禁法は、国務院の設置する独占禁止委員会が全体的な調整を行うほか、価格独占行為、価格以外の独占行為および企業結合に関する法規制につき、それぞれ異なる機関が分担して執行しています。
⇒第10章第6節法知識の整理

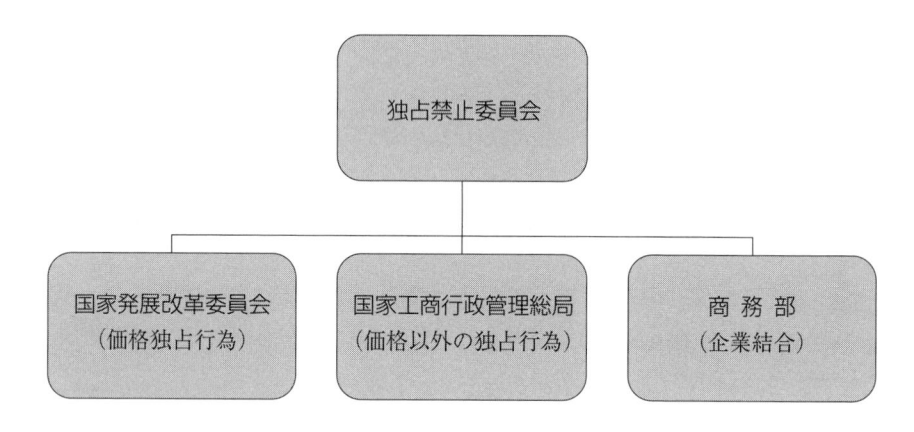

```
           ┌─────────────────┐
           │  独占禁止委員会  │
           └────────┬────────┘
        ┌───────────┼───────────┐
┌───────┴──────┐ ┌──┴─────────┐ ┌┴────────┐
│国家発展改革  │ │国家工商行政│ │商 務 部 │
│委員会        │ │管理総局    │ │(企業結合)│
│(価格独占行為)│ │(価格以外の │ │         │
│              │ │独占行為)   │ │         │
└──────────────┘ └────────────┘ └─────────┘
```

関連法令

「独占禁止法」(反壟断法)(2007年)
「反不正当競争法」(反不正当競争法)(1993年)
「価格法」(价格法)(1997年)
「価格カルテル禁止規定」(反価格垄断規定)(国家发展和改革委員会令【2011】7号)
「価格違法行為行政処罰規定」(价格违法行为行政処罰規定)(国務院(2010年))
「価格独占禁止に係る行政による法執行手続規定」(反価格垄断行政執法程序規定)(国家発展和改革委員会令【2011】8号)
「価格違法行為に関する行政処罰実施弁法」(价格违法行为行政処罰実施办法)(国家発展和改革委員会令【2004】14号)
「工商行政管理機関の独占合意行為を禁止する規定」(工商行政管理机关禁止垄断协议行为的規定)(国家工商行政管理総局令【2010】53号)
「工商行政管理機関の市場支配地位の濫用行為を禁止する規定」(工商行政管理机关禁止濫用市場支配地位行为的規定)(国家工商行政管理総局令【2010】54号)
「工商行政管理機関の独占合意、市場支配地位の濫用事件を審査処理する手続規定」(工商行政管理机关査処垄断协议、濫用市場支配地位案件程序規定)(国家工商行政管理総局令【2009】42号)
「工商行政管理機関の行政権力の濫用による競争排除、制限する行為を制止する手続規定」(工商行政管理机关制止濫用行政权力排除、限制競争行为程序規定)(国家工商行政管理総局(2009年))

第4節
販売後の責任

販売取引において、売主が、製品を引き渡し、代金の支払いを受けた後、製品の品質や安全性に関するトラブルが発生することがあります。本節では、中国において製品を販売した後に生じうる売主の製品の品質や安全性に関する責任に関連する事項を紹介します。

> Q4-4-1 当社現法は、中国で一般消費者向けの家電製品の生産、販売事業を行っています。家電製品の部品を中国の仕入先から購入するにあたり、品質について合意する必要がありますが、仮に品質について合意のない場合には、品質はどのようにして決定されますか。(品質基準)

　品質について当事者の合意がない場合は、まずは、製品の仕様書や当事者間の取引慣行によって、当事者の合意を推測することになります（契約法61条・154条）。次に、このような方法によっても当事者の合意を明らかにすることができない場合は、中国の国家標準および業界標準が適用されます（同法62条）。さらに、国家標準および業界標準も存在しない場合には、通常の標準または契約目的から特定することとされています（同条）。

　国家標準とは、国務院国家標準化管理委員会が制定する全国的に統一して適用される標準です。それに対して、業界標準は、業界組織が自主的に定める標準です。

　中国の国家標準や業界標準は、日本で一般的に要求されている標準より低く設定されている場合も多く、買主にとっては不利となる可能性があります。したがって、買主としては、契約を締結する際に、希望する品質基準および検収等商品品質の確認手続を明確かつ詳細に定めておくことをお勧めします。

第4章　生産・販売

> **Column 4-4-1：国家標準**
>
> 　国家標準とは、国務院国家標準化管理委員会が制定する、全国で統一的に適用される標準規範をいい、強制標準（GB）と推薦標準（GB/T）の２種類があります。人体の健康、人身、財産の安全を保障する標準および法律、行政法規が強制実施を定めた標準は強制標準であり、その他の標準は推薦標準になります。現在各種の国家標準の総数は、２万を超えています。国家標準は、国務院国家標準化管理委員会のウェブサイト（www.sac.gov.cn）で検索することができます。国家標準の内容を知るためには、中国標準オンラインサービス（http://www.gb168.cn/std/indexpage/index.jsp）や中国知網（www.cnki.net）等のウェブサイトから冊子を購入するなどの方法もあります。

> Q4-4-2　（Q4-4-1の続き）当社現法の販売する家電製品には、１年間の品質保証期間が付されています。中国の契約法によれば、売買目的物の引渡しから２年以内であれば、売主に品質問題を追及しうると聞いたのですが、１年間の品質保証期間によって契約法上の２年間の期間は短縮されるのでしょうか。（品質保証期間）

　契約法における売買契約の一般規定によれば、買主は売買の目的物の引渡しから２年以内であれば、売主に対して品質問題の主張をすることができるとされています。ただし、品質保証期間につき当事者間に特約がある場合は、この２年間の規定は適用されません（契約法158条）。本問では、品質保証期間が１年間である旨を記載していますので、瑕疵を主張することができる期間は、１年間になります。ただし、この品質保証期間の定めにかかわらず、隠れた瑕疵に関する紛争が生じた場合は、合理的な期間内で品質問題の主張ができるとされています（最高人民法院の売買契約紛争案件の審理における法律適用問題に関する解釈18条）。

　なお、家電製品の場合、三包責任が適用される製品である可能性が高いため、三包責任に反するような品質保証期間の短縮や品質保証責任の限定は認められない可能性が高いといえます。

⇒コラム4-4-5（三包責任適用製品）

> Q4-4-3　当社現法が製造販売した家電製品のバッテリーから出火し、火災が発生してしまいました。当社現法は消費者から損害賠償請求を受けていますが、応じなければならないでしょうか。また、問題の製品が、当社が他社から仕入れて販売したものである場合にはどうなりますか。（製造物責任）

　本問において、出火の原因が製品の品質にあり、貴社現法に品質保証義務違反がある場合には、貴社現法は消費者に対する損害賠償に応じる必要があります。また、貴社現法に品質保証義務違反がない場合であっても、製造物責任に基づき製品の欠陥によって消費者に生じた損害について貴社現法が責任を負わなければならない可能性があります。

　欠陥とは、製品に人身および他の財産の安全に危害を及ぼす不合理な危険が存在することをいい、製品に人体の健康、人身および財産の安全を保障する国家標準、業界標準がある場合、当該標準に合致しないことをいいます（製品品質法46条）。製品（加工、製造を経て販売に至る製品）に欠陥があり、その欠陥が原因で当該製品以外の財産または人身に損害が生じたとき、製品の製造者はその損害を賠償しなければなりません（製品品質法41条、権利侵害責任法41条）。なお、仮に欠陥が存在していると立証されたとしても、法令上の免責事由に該当することを立証できれば、貴社現法は責任を負う必要はありません（免責についてはコラム4-4-2参照）。

　他方、貴社現法は当該電化製品の販売も行っているところ、販売者の過失によって欠陥が存在することもあり、人身および他の財産に損害が生じた場合は、販売者も損害賠償責任を負う必要があります（製品品質法44条、権利侵害責任法42条）。

　製造物責任の訴訟時効は、損害を知ることができたときから2年間とされており、かつ、製品の引渡時から10年間の除斥期間が経過すれば、製造物責任の

賠償請求権は失われます（製品品質法45条）。

　よって、出火が貴社現法の自社製品の欠陥によるものであり、かつ免責事由に該当しない場合には、貴社は、損害賠償に応じる必要があります。

　当該家電製品が他社から仕入れて販売したものである場合は、製造者が製造物責任を負う事実が認定されれば、消費者の販売者に対する損害賠償請求も人民法院に支持されます（消費者が製造者を共同被告として追加しない場合、販売者は製造者を製造物責任訴訟の被告として追加できません）。一方、欠陥の原因が貴社現法にない場合、貴社現法は、後日、当該家電製品の製造者に対して、消費者に賠償した金額を求償することができます。

Column 4-4-2　製造物責任の免責事由

　Q4-4-3（製造物責任）記載のとおり、製造者は、原則として、中国国内で販売された製品の欠陥により消費者に生じた人身および欠陥製品以外の財産上の損害について賠償責任（製造物責任）を負いますが、製造者が以下のいずれかを証明できれば、製造物責任が免除されます（製品品質法41条）。
① 製品の流通を開始していないこと
② 製品の流通を開始した時点では、損害を引き起こした欠陥が存在していなかったこと
③ 製品の流通開始時点の科学技術水準では欠陥の存在を発見できなかったこと

Column 4-4-3：製品品質法と権利侵害責任法

　1993年に制定され、2000年に改正された製品品質法は、製品の欠陥により、人身や当該製品以外の財産の損害をもたらした場合、製造者は賠償責任を負わなければならないとする法律です（製品品質法41条）。2010年に施行された権利侵害責任法は、製品品質法の原則を踏襲しつつ、さらに、製造物責任に関する製造者と販売者以外の第三者の責任（権利侵害責任法44条）、製造者のリコールの責任（同法46条）、懲罰的損害賠償（同法47条）、損害賠償額の計算方法等についても定めました。

Q4-4-4 中国において、どのような製品についてリコールの義務が発生しますか。（リコール）

　権利侵害責任法によれば、流通に入った製品に欠陥があることを発見した製造者または販売者が、速やかに警告またはリコール等の救済措置をとらなかった、または救済措置が不適切であった結果、損害をもたらした場合、損害賠償等の権利侵害責任を負わなければなりません。しかし、どのような場合に、救済措置としてリコールをとらなければならないか、またどのような場合に、その救済措置が適切であるといえるかについては、権利侵害責任法には具体的な規定はありません。

　なお、たとえば自動車、食品、薬品、医療機器、玩具等、一部の特定の製品については、リコールに関する特別法令が存在し、リコール義務の発生条件、リコールの手続等についてより具体的に規定されています。
⇒コラム4-4-4（欠陥車製品リコール管理条例）、本節法知識の整理１

Column 4-4-4：欠陥車製品リコール管理条例

　国務院は、2012年12月22日、「欠陥車製品リコール管理条例」を公布し、同条例は、2013年1月1日に施行されています。それまでは、「欠陥車製品リコール管理規定」が8年間適用されてきましたが、同条例の処罰規定等は不十分で、十分には機能していなかったといわれています。新たに施行された「欠陥車製品リコール管理条例」は、その点について旧規定を補強したものといわれています。旧規定によれば、罰金の上限額が3万人民元とされていたのに対して、新条例においては、欠陥車製品価値金額の1％以上10％以下の罰金を科すことができると規定しています。さらに、情状が重い場合には、自動車の製造・販売等の関係許認可が取り消されることもありえます（欠陥車製品リコール管理条例24条）。
　中国国家品質監督管理局が運営する自動車リコール情報交付専用のウェブサイト（www.qiche365.org.cn）では、中国国内で販売された自動車のリコールの情報を掲載しています。2012年度、中国で実施された自動車のリコールは延べ113回で、合計対象台数が320.3万台に上っています。

第4章　生産・販売

> Q4-4-5　当社現法は、食品の生産事業を行っております。近年の冷凍ギョーザ中毒事件等により、食品の生産過程における安全性が問題視されていますが、万が一、食品に有毒物質が混入し、人身に被害が出た場合、どれくらいの賠償金を支払わなければなりませんか。（人身損害賠償の計算）

　中国で人身被害が発生した場合、製造者または販売者等の責任者は、被害者が治療を受けた場合の治療費以外に、葬式費用、被扶養者の生活費、死亡補償金および被害者の親戚が葬式を行うために支出した交通費、宿泊費および欠勤損失等の費用を賠償しなければなりません。そのうち、死亡補償金は、提訴された人民法院所在地の前年度の可処分所得の平均または農村住民平均純収入を基準に、20年分として計算されます（最高人民法院の人身損害賠償事件の審理における法律適用に関する解釈）。たとえば、2013年の上海市の場合、前年度の可処分所得の平均は40,188人民元となります。ただし、被害者が60歳以上の場合、60歳を超えた年数分を上記の20年分から控除し、被害者が75歳以上の場合には、5年分として計算されます。

> Q4-4-6　当社現法が製造・販売した製品の欠陥により受けた損害について、消費者が、当社現法のみならず、親会社である当社にも損害賠償を求めてきました。子会社の製造販売した製品について親会社も責任を負うのでしょうか。（親会社の責任）

　原則として、親会社は、子会社が製造した製品について、製造物責任を負いません。ただし、親会社が販売に関与していれば、販売者としての製造物責任を負う場合や、子会社に対して技術ライセンスをしており、当該技術ライセンス契約に基づき子会社に対して責任を負うという場合はあるでしょう。また、当該製品が、親会社が有する商標を付して販売されていた場合、状況によっては、製品品質法上の「製造者」として認定される可能性があることを示唆する

最高人民法院の見解があります。1995年8月、中国において、米国ゼネラルモーターのブラジル子会社が生産したトラックに搭乗していた中国人2名が死亡、3名が重傷を負った事故に関して、米国ゼネラルモーターを共同被告として、製造物責任訴訟が提起されるという事案がありました。当時、米国ゼネラルモーターは係争対象の車両を生産したのは独立した法人格を有する同社のブラジル子会社であることを理由に被告適格がない旨を主張していました。この点について、2002年7月4日、最高人民法院は、被告適格の有無について下級審からなされた照会について、「自己の氏名、名称、商標または識別に役立つその他の標識が製品上に存在しており、自己が製品製造者であると表示された企業または個人も、民法通則122条に規定する『製品の製造者』であり、かつ製品品質法に規定する『製造者』である。」と回答しています（最高人民法院の製造物責任事件の被害者が製造物商標の所有者を被告として提訴できるか否かについての回答）。これは、日本の製造物責任法の表示製造業者の概念に似た考え方に基づくものと考えられ、親会社の保有する商標を使用する場合、製品上の表示について留意する必要があります。

> **Q4-4-7** 当社現法では、消費者にパソコンを販売してから2週間後に、販売した商品に品質問題があるとして消費者からクレームを受けました。当社現法はどのような対応をすべきでしょうか。（三包責任）

　パソコン、携帯電話、オートバイ等一定の製品については、製品品質法とは別に、販売者、修理者、製造者が、消費者に対して修理、交換、返品を保証しなければならない責任を負います。これは、修理、交換、返品を意味する中国語（それぞれ「包修」、「包換」、「包退」）の3つの「包」から「三包責任」とよばれています。本問において、貴社現法は、販売者として「コンピュータ製品交換・修理・返品責任規定」に従い、販売後7日以内に発生した品質問題につき、返品の対応をしなければならず、販売後8日以降15日以内に発生した品質問題については、消費者の選択により、交換または修理の責任を負わなければ

なりません。また、販売後1年間は修理の責任を負わなければなりません。

　三包責任は、現在23種類の製品に適用され、それぞれ個別の規定があります（三包責任に適用される製品については、**コラム4-4-5参照**）。三包責任は、消費者一般に対する責任であり、販売者と製造者、販売者と修理者等との間の契約によって免除することはできないため、消費者との関係では、製造者であれ販売者であれ、請求に応じる必要があります。責任が製造者に帰すべき場合、販売者は、消費者に対する責任を果たした後に、製造者に対して負担した費用の求償をすることができます。

　なお、三包責任の適用対象は中国国内法人ですので、輸入製品を販売する場合は、中国国外の売主との間において、販売者が三包責任を果たした場合の責任分担につき、明確な規定を定めておいたほうがよいでしょう。

Column 4-4-5：三包責任適用製品

　三包責任が適用される製品は、2013年10月1日以降、自転車、カラーテレビ、白黒テレビ、家庭用ビデオ、ビデオカメラ、ラジカセ、エレクトーン、家庭用冷蔵庫、洗濯機、扇風機、電子レンジ、掃除機、家庭用エアコン、レンジフード、ガス給湯器、ミシン、時計、オートバイ、携帯電話、固定電話、マイクロコンピュータ、家庭用AV製品および家庭用自動車等の全23種類の製品です。

　家庭用自動車については、2013年10月1日に施行された「家庭用自動車製品修理・交換・返品責任規定」によって三包責任が認められるようになりました。同規定によれば、販売日から2年間または走行距離5万キロメートルを下回る場合が三包責任の対象とされ、購入後60日以内または走行距離3,000キロ以内であるときに、発動機・変速器の主要な部品に品質問題が生じた場合は、消費者は無償の交換を求めることができるとされています。また、部品等に重大な品質問題があると発覚した場合、消費者は、問題のある部品の交換を要求することができるとされています。三包責任の第一次責任者は販売者とされ、当該責任の発生の原因が生産者にある場合、販売者は生産者に対して求償することができます。生産者とは、自動車を生産したメーカーを指しますが、輸入車の場合は、自動車を輸入販売する者が生産者とみなされます。

> Q4-4-8　当社現法は、中国国内の仕入先から生産用の設備を購入しました。品質問題が発生した場合に備えて、代金の一部の支払いを留保し、一定期間が経過して品質に問題がないことが確認できてから残額を支払うという条項を定めたいと思いますが、どの程度の品質保証金をとるのが一般的でしょうか。（品質保証金）

　契約自由の原則から、売買製品の品質を保証するために、売買代金の一部を留保して支払い、製品引渡後に製品の品質を確認してから残金を支払うとする合意も当然可能です。この留保する売買代金を品質保証金といい、売買代金の一部の支払いを留保することをもって、商品の品質を保証させようという趣旨で中国での取引においてよく利用されています。品質保証金の金額は、ケース・バイ・ケースではあるものの、一般的には取引総額の5～10%で設定することが多いと思われます。また、品質保証金を有効的に活用するために、品質問題が発生した場合の違約金条項および品質保証金とその違約金や他の損害賠償との相殺条項もあわせて規定することが多いです。

法知識の整理

1　中国の製品品質責任に関する法体系

　中国の製品品質責任に関する法体系は主に下記の法律・行政法規等から構成されています。

(1)　法　　律

　製品品質責任体系を規律する法律としては、民法通則、契約法、製品品質法、消費者権益保護法、権利侵害責任法、薬品管理法・食品安全法等の業法および刑法が挙げられます。
　まず契約法上の責任として、売主は買主に対し、当事者間で合意した品質を有する商品を引き渡す義務を負います。
　製品品質法において、製品の使用者・消費者の権益を保護するため、製品の品質に対する監督管理を強化し、製品の品質責任を明確にしています。

消費者権益保護法では、消費者の権利を保護するため、製品品質法に規定する製造者・販売者の責任を消費者保護の立場から一層強化しています。

権利侵害責任法では、製造者・販売者の連帯責任を規定するほか、リコール制度の適用の強化や懲罰的損害賠償義務についても規定しています。

薬品管理法・食品安全法等の業法では、特定商品の製造者・販売者に関する行政許可等の規制を設け、品質管理義務を違反した場合等の行政処罰を規定しています。

刑法では、偽劣商品製造・販売罪という節を設け、11か条の条文で偽劣商品製造・販売罪を違反した単位および直接に主管責任を負う人員とその他直接責任人員に対する刑事責任を規定しています。

(2) 行政法規

製品品質責任体系に関する行政法規として、欠陥自動車製品リコール管理規定、子供用玩具リコール管理規定、工業製品品質責任条例および食品安全法実施条例等が挙げられます。

(3) 部門規則

製品品質責任体系に関する部門規則として、製品標識表示規定、一部商品修理交換返品責任規定等が挙げられます。

(4) 地方性法規

製品品質責任体系に関する地方性法規として、北京市製品品質監督管理条例、上海市消費者権益保護条例等が挙げられます。

(5) 司法解釈

製品品質責任体系に関する司法解釈として、「『中華人民共和国民法通則』を貫徹執行することの若干問題についての意見（試行）」、「人身損害賠償事件の審理における法律適用に関する若干問題についての解釈」等が挙げられます。

2 消費者権益保護法改正の動き

全国人民代表大会常務委員会は、2013年10月25日、消費者権益保護法の改正を決定・公布しました。これは、1993年に消費者権益保護法が制定されて以来、初めての改正で、この改正により、消費者権益の保護が強化されました。今回の改正における最も大きな点は、合意した品質に合致しない商品の返品およびインターネット販売等の場合の返品に関する改正です。

従来は、三包責任の適用製品については製品販売後7日以内に返品できましたが、その他の製品については、特に規定はありませんでした。今回の改正では、合意に合致しない品質の製品またはサービスにつき、当事者間で合意がなく、かつ、国家規定もない場合、消費者は、製品またはサービスを受け取ってから7日以内に返品

することができると規定され、一般商品またはサービスについても返品の適用が拡大されました。また、インターネット販売、テレビ販売、電話販売、通信販売の場合、消費者のオーダーメイドによる商品、腐敗しやすい生鮮食品、消費者が開封した音楽映像製品やコンピュータソフトウェア等のデジタル商品、交付された新聞や刊行物を除き、消費者は商品を受け取ってから7日以内に、理由を説明することなく返品することができることも定められています。

また、事業者の提供する商品やサービスに詐欺行為があった場合には、返品に応じることに加え、消費者の要求に応じて、消費者の被った損失を補填し、消費者が購入した製品の代金やサービス費用の3倍を賠償しなければならないと規定されました。

3　三包規定の種類

1993年に施行された消費者権益保護法23条によれば、事業者は、国の定めまたは消費者との約定に従い、消費者に対して修理・交換・返品等の責任を負わなければならないとされています。1995年に施行された部品商品の修理交換返品責任規定は、三包責任の期間等の具体的な定めを設けたほか、18種類の適用商品を定めています。その後、下記の5つの規定が施行され、合計23種類の商品について三包責任は適用されることになっています。

① 携帯電話機商品修理・交換・返品責任規定（移動電話機商品修理更換退貨責任規）（2001年施行）
② 固定電話機商品修理・交換・返品責任規定（固定電話機商品修理更換退貨責任規）（2001年施行）
③ マイクロ・コンピュータ商品修理・交換・返品責任規定（微型計算機商品修理更換退貨責任規定）（2002年施行）
④ 家庭用AV商品修理・交換・返品責任規定（家用視听商品修理更換退貨責任規定）（2002年施行）
⑤ 家庭用車商品修理・交換・返品責任規定（家用汽車産品修理、更換、退貨責任規定）（2013年施行）

第4章　生産・販売

関連法令

「製品品質法」（产品质量法）（2000年）
「権利侵害責任法」（侵权责任法）（2009年）
「欠陥車製品リコール管理条例」（缺陷汽车产品召回管理条例）（2013年）
「最高人民法院の製造物責任事件の被害者が製造物商標の所有者を被告として提訴できるか否かについての回答」（最高人民法院关于产品侵权案件的受害人能否以产品的商标所有人为被告提起民事诉讼的批复）（法釈【2002】22号）
「最高人民法院の売買契約紛争案件の審理における法律適用問題に関する解釈」（最高人民法院关于审理买卖合同纠纷案件适用法律问题的解释）（法釈【2012】7号）
「最高人民法院の人身損害賠償事件の審理における法律適用に関する解釈」（最高人民法院关于审理人身损害赔偿案件适用法律若干问题的解）（法釈【2003】20号）

第 5 節
債権保全

　中国市場での販売活動を行うためには、中国内資企業の販売ネットワークを開拓する必要があり、今まででもっぱら日系企業としか取引してこなかった企業も、中国内資企業と取引する機会が急激に増加していきます。しかし、特に中国内資企業に対する製品の販売やその他の取引を行う際には、商慣習の違い、契約の不備等により、債権回収が困難となるケースがしばしばあります。本節では、債権回収の可能性を高めるための予防的対応策と、実際に債権回収を行う場合に遭遇しうる問題に対する対応策を紹介します。

> Q4-5-1　当社現法は、展示会で知りあった企業と初めて取引を行うことになりました。この企業の信用状況を調査したうえで取引を開始したいと考えていますが、取引の相手方の事業内容や経営状況等を調査する方法として、どのようなものがありますか。また、そのような調査でどのような情報を取得できますか。（取引先の調査）

　取引先に対する初歩的な調査の方法として、当該企業の営業許可証を確認することが最も簡便な方法です。営業許可証には、企業の住所、登録資本金（およびその払込みの有無）、法定代表者の氏名、企業設立時期、経営範囲、経営期限等の基本情報が記載されています。これらの情報によって、当該企業が実在しているかや登録資金等の基本状況をある程度確認することができます。また、経営範囲の記載により、当該企業との取引行為が登記された経営範囲に属するかどうかを確認することができます。なお、特別な許認可が要求される業種や取引の場合、経営範囲を確認するほかに、業法ライセンスを取得しているかどうか確認することも重要です。

また、営業許可証に記載される基本情報以外に、弁護士や調査会社に依頼して、工商部門に提出されているすべての登記情報を取得することも考えられます。通常、弁護士や調査会社を通じて取得できる工商資料は、企業設立および変更登記に関する資料等ですが、地域によっては、財務諸表を含む年次検査の報告書等も取得できる場合があります。財務諸表は、取引先の最近の経営・財務状況等を確認できる有用な参考資料です。ただし、近年の工商資料の閲覧条件の厳格化により、そもそも工商資料を取得できるかどうかは確実ではなく、取得できるとしても、取得できる資料の範囲は地域や企業によって異なりうるため、調査会社に依頼する際には、どのような資料が入手できるかをあらかじめ確認しておくことをお勧めします。このほか、最高人民法院のウェブサイト（http://zhixing.court.gov.cn/search/）で、訴訟事件の強制執行の被執行人となった当事者を検索することができます。

⇒Q3-1-5（批准証書と営業許可証）、コラム3-1-4（企業情報の取得）

> Q4-5-2　取引先の資産状況を確認するため、取引先の中国企業の土地使用権や建物等の不動産に関する保有状況を知りたいと思います。中国では、ある企業が保有している土地使用権や建物等の不動産を調査する方法がありますか。（不動産状況の調査）

　第3章第4節（生産拠点の確保）で説明したとおり、中国には統一的な不動産登記制度があり、個人または企業は身分証明書を提示したうえ、不動産の基本情報および差押え、抵当等の権利の制限状況を調べることができるものの（房屋登記簿管理試行弁法14条）、地域によって、検索方法や開示される情報の範囲等に関する実務の運用が異なっています。現状では、ほとんどの地域で特定の不動産の権利者を調べることができますが、一方で、個人情報保護等の観点から、個人の氏名または企業の社名をもって、当該個人または企業が保有している不動産状況や不動産一覧を調査することはできない状況です。

　調査対象となる不動産を特定するためには、その所在情報を特定する必要が

あります。自社工場や自社ビルを保有しているという情報がある場合、取引先の営業許可証に記載されている登録住所がその自社工場・自社ビルの所在地である可能性が高いため、その登録住所にある不動産の権利者、権利登記状況（抵当権設定の有無、差押えの有無）等の情報を管轄の不動産登記機関から入手することが考えられます。しかし、非常にまれなケースではありますが、営業許可証の登録住所と不動産登記上の実際の所在地が同じであっても、登録されている住所が微妙に異なる場合があり、不動産登記のシステム管理上、当該不動産がヒットせず、不動産登記に関する調査が難航し、現地での住所の確認が必要になることもあります。
⇒コラム3-4-7（不動産登記制度）

> Q4-5-3　当社現法は中国の取引先に対して雑貨製品の販売を行っていますが、債権回収に苦労しています。そこで、今後の取引においては、前払金の支払いを受ける方法をとりたいと考えていますが、問題ないでしょうか。（前払い、手付金）

　債権が回収不能となるリスク回避の対策として、前払金を受け取ることは、最も安全な方法であり、法令上特に問題ありません。また、中国国内取引における商慣習上も、代金の一部を前払いとして受領することはよく行われます。また、前払いとしてではなく、手付金として金員を受領することも考えられます。貴社現法が取引先から手付金を受領した場合において、取引先が代金債務を履行した場合、手付金は、代金に充当されるかまたは買主に返還されなければなりません。一方、取引先が代金支払債務を履行しない場合は、貴社現法は手付金を没収することができます。一方、貴社現法が債務不履行に陥った場合には手付金を2倍にして返還しなければなりません（担保法89条）。なお、手付金を設定する場合、手付金の金額は、取引の総額の20%を超えてはなりません（同法91条）。
⇒Q8-1-7（貿易信用登記制度）、第7章第3節（担保・保証、リース）

第4章　生産・販売

> **Q4-5-4　債務者が弁済期限到来後も弁済しない場合に、訴訟を提起しなくても、強制執行を行うことができるようにしておく方法はありますか。（強制執行力付き公証証書）**

　債務者が金銭債務を履行しない場合の法的救済措置としては、原則として、人民法院で訴訟を提起し（仲裁の場合には仲裁の申立て）、確定判決または仲裁判断を得た後、その判決または仲裁判断をもって、管轄のある人民法院に対して強制執行を申し立てることになります。しかし、金銭債務に関する契約について、あらかじめ公証処において、強制執行力付き公証証書の発行を受けておけば、期限到来後に債務者が弁済しない場合、人民法院での訴訟を経ずに、債務者の財産に対して直接強制執行を申し立てることができます。

　強制執行力付き公証証書の発行を受けるためには、債務の内容が、金銭、物品または有価証券の給付に関するものであることが必要です。具体的には、①貸付契約、借用契約、資産担保のない賃貸借契約、②売掛金に関する債権文書、③貨物引渡猶予の債権文書、④各種の借用証書、⑤代金（品物）返済協議書、⑥扶養費、養育費、学費、賠償金（補償金）の給付を内容とする協議書が含まれます。また、債権債務関係が明確であり債権者と債務者が給付に関する債権文書の内容について異議がないこと、義務の不履行または不完全履行の場合に債務者が法に基づき強制執行を受けることについて同意する旨を債権文書に明記することも必要です。

　なお、強制執行力付き公証証書発行の公証費用は、債務総額の0.3%前後です。

> **Q4-5-5　当社現法は、支払いを滞納している中国の取引先に対して、別の取引に基づく代金支払債務を負っています。この別の取引に基づく代金の支払期限が到来しましたが、弁済するかわりに、相殺することはできますか。（相殺）**

　当事者双方がお互いに弁済期が到来した債務を負い、かつ、当該債務の目的

物の種類、品質が同じである場合、相手方に対して通知することにより、債権債務を対等額にて消滅させること（相殺）ができます。本問においても、両債務は同種類の金銭債務であり、かつ、ともに弁済期も到来しているので、貴社現法は取引先に通知することにより、相殺することが可能です。

> **Q4-5-6** （Q4-5-5の続き）取引先に対する売掛債権を、中国国内にある別の会社に譲渡しようと思いますが可能でしょうか。また、日本の親会社に債権譲渡することはできますか。（債権譲渡）

売掛債権を早期に回収するために、割引を入れてまた手数料を払い、その債権を銀行または第三者に譲渡することで、債権を回収することが考えられます。売掛債権を買い取る金融業務をファクタリングといい、中国の銀行の多くは、売掛債権のファクタリング業務を提供しています。債権譲渡は、債権者が債務者へ債権譲渡の通知をしたことにより効力が発生し、当該通知を撤回することはできません。ただし、以下の3つの場合は、債権を譲渡することができないとされています。
① 契約の性質上譲渡できない債権
② 当事者の合意により譲渡が禁止されている債権
③ 法律の定めにより譲渡が禁止されている債権

上記②のとおり当事者間で債権譲渡の禁止合意があれば、債権譲渡を行ったとしても原則として無効になるため、まず契約上、債権譲渡禁止規定がないかどうかを確認する必要があります。

一方、売掛債権を日本の親会社に譲渡した場合、支払いの段階で、金融機関によって、元の契約上の販売者、インボイス上の販売者および通関書類上の名義の一致性を確認される可能性があり、これらの名義に相違が生じた場合、送金の真実性と一致性が疑われ、送金できなくなる可能性があります。

⇒Q8-1-5（真実性審査原則）

第4章　生産・販売

> **Q4-5-7** 当社現法は、中国の取引先に対して金銭債権を有しています。金銭債権の履行期限からもうすぐ２年が経とうとしていますが、当社現法は、中国の取引先に対して訴訟提起できますか。（訴訟時効）

　中国における訴訟時効の期間は、法令上、特別な時効期間が定められている場合を除き、権利の侵害を知り、または知りえた日から２年とされています。ただし、訴訟の提起、当事者の一方による請求または当事者の一方による債務の承認により時効は中断し、訴訟時効期間は、中断の時から改めて進行することになります。

　金銭債権の履行期が、到来したにもかかわらず履行を受けていない場合、一般的に、履行期が権利の侵害を知りまたは知りえた日になるところ、本問では履行期からまだ２年は経過していないため、訴訟提起することは可能です。なお、直ちに提訴できない事情がある場合には、訴訟時効の中断を主張するため、債務履行を請求する書面を発送することなどにより、訴訟時効を中断させることも考えられます。その場合、債務の履行を請求したことを証明できる証拠を残しておく必要があります。実務上、送付済み通知付きの書留郵便（中国語では「双掛号信」）を利用して請求書面を送付するか、請求書面を郵送した事実につき公証書を作成することが多いです。送付済通知付きの書留郵便が相手方に届いた場合、郵便局から送付済みの通知書が発行されますので、債務履行を請求したことの証拠として利用することができます。

　なお、訴訟提起を行う場合については、**第12章**（紛争解決・行政・刑事・コンプライアンス）をご参照ください。

Column 4-5-1：特別な訴訟時効期間

　Q4-5-7（訴訟時効）に記載したとおり、訴訟時効は、原則として２年とされていますが、特殊な場合、それより短いまたは長い時効期間が適用されます（民法通則136条）。
　以下の場合には例外的に１年の短期間時効が適用されます。

①　身体に障害を受け賠償を請求する場合
②　品質不合格の商品を販売し、いまだ公告していない場合
③　賃借料の支払いを遅延または拒否している場合
④　預けた荷物が紛失または損壊した場合

また、国際貨物売買契約および技術輸出入契約の紛争による訴訟の時効期間は４年であり（契約法129条）、環境汚染損害賠償のための訴訟の時効期間は３年であり（環境保護法42条）、製造物責任に関する時効は商品を引き渡した後の時効期間は10年（製品品質法45条）であるなど、２年より長い特別な訴訟時効もあります。

なお、権利が侵害された日から20年を経過した場合、もとの権利が消滅するという、いわゆる除斥期間が設けられています。

⇒Q4-4-3（製造物責任）

Case 4-5-1　会社財産と関連会社の財産の混同を認めた事例

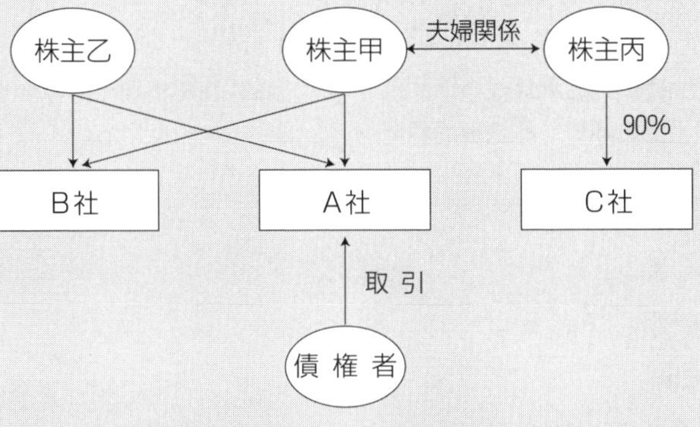
株主乙
株主甲
夫婦関係
株主丙
90%
B社
A社
C社
取 引
債 権 者

中国国内の企業は、同族経営の場合に、会社財産と個人財産の切り分けが十分になされていないケースも多く、債権者にとって債権回収の障害の１つになっています。以下、会社財産の混同が認められたケースをご紹介します（江蘇省高級人民法院2011年10月19日判決（2011）蘇商終字第0107号）。

債権者は、A社と売買契約を締結しました。ところが、A社は、売買代金の支払期限が到来したにもかかわらず、代金支払義務を履行しませんでした。A社には財産がなく、事実上代金支払債務を履行することが不可能であるため、債権者は、A社、B社、C社、および３社の株主である甲、乙および丙（以下「関連株主」といいます）を被告として提訴し、上記３社および関連株主の財産が混同していることを理由に、下記の請求を求めました。

> ① A社が売買代金を支払うこと
> ② A社の売買代金の支払義務につき、B社、C社および関連株主が連帯責任を負うこと
>
> 人民法院は、請求①を認めたうえで、B社とC社が連帯責任を負うことを判示し、請求②の一部を認容しました。人民法院が請求②の一部を認容した理由は、下記のとおりです。
>
> 「A社、B社およびC社は、ほぼ同一の人員（甲、乙および丙）により運営されており、対外的に業務を行う際にも3社が同一の会社であるかのように行動しており、同じ口座で決済を行い、同一の取引に関しても代金の支払いや受取りに共同で関与しており、独立人格が現れる要素である人員、業務、財務等において深く混同しており、各自の財産を区別することができないため、独立した人格を失い、人格混同に陥っている。会社法20条3項によれば、会社の株主が会社法人の独立的地位および株主の有限責任を濫用して、債務を逃れ、会社の債権者の利益を著しく損なった場合、会社の債務に対して連帯して責任を負わなければならないとされている。本件では、実際に契約当事者であるA社には債務弁済能力がなく、法人格を利用して債務から逃れ、債権者の利益を損なおうとしているので、上記会社法の条文により、3社は、原告に対する債務につき連帯責任を負う。」
>
> 上記の判決の理論構成についてはさらに議論される余地がありますが、日本の法人格の否認と類似する法理が裁判上でも認められた点において意味を持つと思われます。

関連法令

「契約法」（合同法）（1999年）
「民事訴訟法」（民事诉讼法）（2012年）
「担保法」（担保法）（1995年）
「民法通則」（民法通则）（1986年）
「公証機関から強制執行力を付与した債権文書の執行関連問題に関する連合通知」（公证机关赋予强制执行效力的债权文书执行有关问题的联合通知）

第6節 製造委託

本章第5節までは、中国に現地法人を設立し、現地法人が自ら生産販売活動を行うことを想定した各種論点を説明しました。一方、日本の企業または中国の現地法人が、管理コスト・生産コストを削減するために、中国の内資企業に製造委託を行うことも多くみられます。日本の企業や中国の現地法人が中国内資企業に製造委託する方法としては、請負や売買といった取引形態がありますが、日本の企業が製造委託する場合には、原材料の全部または一部を有償または無償で提供し加工した製品を買い取る加工貿易といった取引形態があります。本節では、これら製造委託の場合における特徴的な問題についていくつか取り上げて説明します。

Q4-6-1 当社は、厳しい価格競争を勝ち抜くため、生産コスト削減のために中国の企業に製品の原材料を提供し、加工のみを委託することを考えています。中国の企業に加工を委託する取引は、法令上どのような形態になりますか。また、どのような点に留意すべきでしょうか。（加工貿易）

　海外の委託者が、全部または一部の原材料等を中国の企業に提供して加工を委託し、加工された製品をすべて買い取る取引は、加工貿易とよばれます。原材料等の提供が無償である場合は「来料加工」、有償である場合は「進料加工」とよばれます。本問の取引は、加工貿易に該当します。加工貿易の場合、原材料につき中国国内で発生する関税および増値税は免除または還付されます。これらの税金の免除や還付を受けるためには、事前に税関に対して申請する必要があります。

　なお、加工貿易を行うにあたっては、実務上下記の点に留意する必要があり

ます。
(1) 加工貿易の委託先が対外貿易経営権を有しているかどうかの確認をし、委託先が対外貿易経営権を持たない場合は、加工貿易契約を直接海外の依頼主と締結できないので、他の輸出入業者を通じて、原材料等の輸入と製品の輸出を行う。
(2) 委託生産は、契約期間が比較的長くなることが予想されることから、取引を行う前に委託先の信用調査を行う。
(3) 委託先の生産活動に対する直接の管理ができないため、製品の品質をどのように確保するのか工夫する。また、品質問題が発生した場合に備えて、契約において、品質保証や製造物責任について明確に定めておく。
(4) 特許、デザインや製造技術等を提供する場合、知的財産権の利用、関連権利の帰属および秘密保持義務等についても、事前に契約で合意する。原材料のほか、資材、器具または設備を貸与する場合、返却や処分等についても、契約で合意する。

⇒Q4-1-1（対外貿易に必要な資格および手続）

> Q4-6-2 加工貿易により、中国の委託先が製造した製品を、日本本社の名義で買い取り、日本にある商社に一旦販売し、その商社から中国国内向けに販売するという商流を考えています。完成品を一旦日本へ輸入し、再度中国に輸出すると、物流コストがかかるため、物を中国国内で移動させたいのですが、このような取引は可能でしょうか。（保税区の物流センターとしての機能）

中国国内の保税区を利用すれば、中国で委託製造された製品を海外に移動させずに、輸出および再輸入の手続を済ませることが可能です。中国の保税区とは、税関の認可に基づき、空港や港湾等に設置される外国貨物の通関手続を行うことなく（いわゆる「関税保留」）長期的に保管できる地域をいいます。1990年に中国第1号の保税区である上海外高橋保税区が設置されて以来、全国

各地の14か所において保税区が増設され、現在は合計15か所の保税区が運営されています。

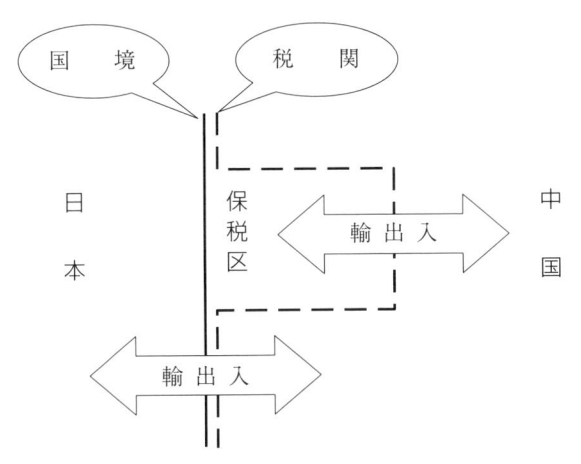

```
        国 境      税 関
           ＼     ／
            │
   日        保      中
   本   ←→  税  ←→  国
            区  輸出入
            │
         ←→
         輸出入
```

　本問においては、中国の委託先に製造してもらった製品を一旦通関させ、保税区の倉庫に入れることで、当該製品はすでに中国から輸出されたとみなされますので、注文を受ける都度、改めて通関させ、すなわち中国へ輸入し、中国国内の買主に納入すればよいこととなります。本問の場合、日本本社と日本にある商社が中国の保税区内の倉庫を借りれば、代金決済を日本で行いながら保税区内で商品の所有権の移転を実現できます。

　この方法によれば、中国で委託製造した製品をほぼ動かさず、保税区内外の間の移動のみで、輸出および再輸入手続を済ませることができ、運送コストの削減と納入期間の短縮等の効果があります。これは、保税区の物流センターの機能ともいわれています。仮に、本問の製品が最終的に中国のみならず、日本および日本以外のその他の国へ出荷する必要がある場合でも、保税区から直接販売先の国へ出荷することができ、商品を一旦日本へ移動させる必要がありません。

　ただし、保税区で貨物を保管できる最長期間は１年となっている点には注意が必要です。なお、製品が保税区に出入りするごとに、通関手続と関税の納付等を行わなければなりません。

第4章　生産・販売

⇒Q1-2-8（保税区）

Q4-6-3　下記の図のように、当社は、当社現法に対し保税で原材料を提供し、加工を委託しています。加工した製品はその他の日本企業に販売します。ところが、当該日本企業は、当該製品を別の中国企業に対する加工貿易に使う予定ですので、当該製品を直接中国国内で移動させることを希望しています。その場合、加工された製品を輸出せずに直接当該中国企業へ引き渡すことはできますか。（深加工結転）

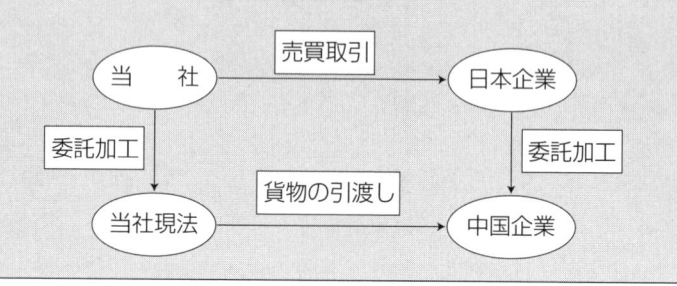

```
    当　社  ──売買取引──▶  日本企業
      │                        │
    委託加工                  委託加工
      │                        │
      ▼                        ▼
    当社現法 ──貨物の引渡し─▶ 中国企業
```

　貴社と貴社現法の間の加工貿易において製造された製品は、保税貨物になりますので、完成後の製品は原則として、中国国内で流通することができず、輸出しなければなりません。ただし、中国国内の再加工等の目的のために、当該保税貨物をその他の加工貿易企業に移す必要が生じるケースがあります。このような加工貿易企業間の保税貨物の国内移動は、「深加工結転」といわれます。

　深加工結転を実現するためには、転出側と転入側双方が税関の許可を取得する必要があります。かつ、貨物自体は中国国内で移動されていますが、転出と転入の際は、輸出と輸入の手続を行わなければならず、完成品も最終的には輸出しなければなりません。

　なお、深加工結転手続においては、目的となる貨物は国内で移送されますが、保税取引に該当することから、輸出通関（転出企業側）および輸入通関（転入企業側）が行われます。外貨管理上も、貿易取引に準じた管理が行われます。

第6節　製造委託

> Q4-6-4 当社現法は、お菓子の生産を中国の企業に委託しています。製品の包装には、当該委託先を製造者として表示しなければなりませんか。（製造者の表示）

　貴社現法が中国の企業に製造を委託する場合、委託先が対外販売を行わないことを前提に、製品には貴社現法の社名と住所を表示しなければなりません（製品標示記載規定9条3項4号）。また、お菓子の製造には生産許可証が必要となるところ、委託元が生産許可証を持っているかどうかによって表示の仕方が変わります。

　委託元と委託先の両方が、当該製品の生産許可証を保有している場合、委託元か委託先のいずれかの社名および住所、委託元の生産許可証標識・番号を表示する方法でよいとされています。一方、委託元が当該製品の生産許可証を持たず、委託先のみが生産許可証を持っている場合、委託先の社名および住所と生産許可証の標識・番号を表示しなければなりません（国家品質監督検査検疫総局の委託加工における生産許可証管理が実施される製品の標識標示に関する質問についての通知）。

関連法令

「税関の加工貿易貨物に対する監督規則」（海关对加工贸易货物监管办法）（海关总署令【2010】195号）
「税関の加工貿易の保税貨物を税関区の間における深加工結転の管理弁法」（海关关于加工贸易保税货物跨关区深加工结转的管理办法）（海关总署令【2004】109号）
「製品標示記載規定」（产品标识标注规定）（技監局監発【1997】172号）
「国家品質監督検査検疫総局の委託加工における生産許可証管理が実施される製品の標識標示に関する質問についての通知」（国家质量监督检验检疫总局关于委托加工实施生产许可证管理的产品标识标注有关问题的通知）（国質検【2001】41号）

第5章

労　務

第5章 労　務

第1節
雇　用

中国で企業等を設立した後は、経営資源の1つである「ヒト」をいかに活用するかが中国ビジネス成功のポイントの1つとなります。一言に「ヒト」の活用といっても、日本の場合と同様、中国における雇用形態にもいくつかの種類があります。本節では、中国における雇用形態について説明します。

Q5-1-1　当社は、現在、現地法人の設立を計画していますが、従業員の雇用形態にはどのようなものがありますか。（雇用形態）

　雇用形態には、直接雇用と間接雇用があります。直接雇用は、企業が直接従業員と労働契約を締結する形態であり、労働契約に基づいて企業と従業員との間で権利や義務が発生します。一方、間接雇用は、企業が人材派遣会社を経由して、間接的に従業員を雇用する形態であり、企業は、従業員と直接契約を締結せず、人材派遣会社との間で「労務派遣契約」を締結します。

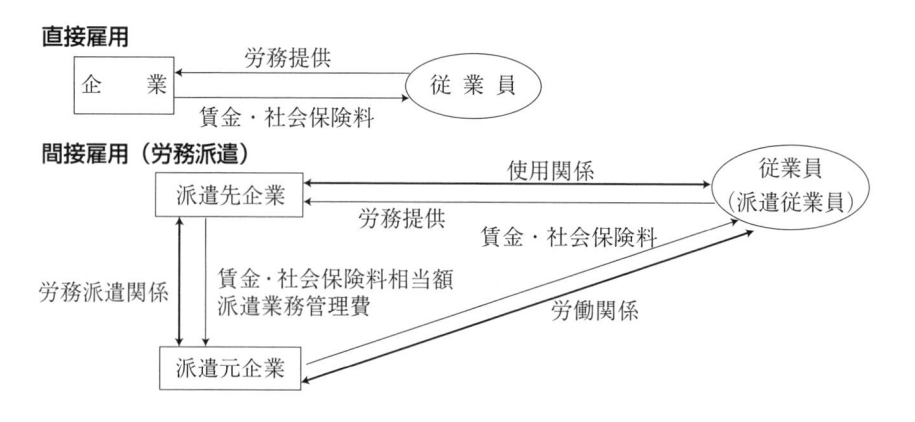

直接雇用

```
　　　　　　　　　労務提供
企　業　←───────────　従業員
　　　　　　賃金・社会保険料
```

間接雇用（労務派遣）

```
　　　　　　　　　　　　使用関係　　　　　　従業員
派遣先企業　←──────────────→　（派遣従業員）
　　　　　　　労務提供
　　　　　　　　　　　　　賃金・社会保険料
　↕　　　賃金・社会保険料相当額
労務派遣関係　派遣業務管理費
　　　　　　　　　　　　　　労働関係
派遣元企業　←──────────────
```

第1節 雇　用

> **Column 5-1-1：駐在員事務所における雇用**
>
> 　外国企業の駐在員事務所（代表処）には、直接雇用は認められておらず、人材派遣会社経由の間接雇用しか認められていません（外国企業常駐代表機構の管理に関する暫定規定11条）。通常、駐在員事務所は、政府が指定した渉外サービスを提供する人材派遣会社と派遣契約を締結し、人材派遣という形をとって、人材派遣会社が直接雇用した従業員を派遣従業員として受け入れています。たとえば、上海市ではFESCO・外服（上海対外服務有限公司の略称）、CIIC・中智（中智上海経済技術合作公司傘下の中智上海外国企業服務分公司）があります。

> **Q5-1-2　当社現法の従業員を、直接雇用にするか間接雇用（労務派遣）にするか悩んでいます。どちらを選択すればよいでしょうか。（間接雇用（労務派遣）のメリットと留意点）**

　間接雇用（労務派遣）の場合、貴社現法は、人材派遣会社との間で「労務派遣契約」を締結するだけでよく、直接雇用の場合では貴社自身が従業員と労働契約を締結することになります。また、労務派遣の場合には、従業員の募集・採用、労働契約の締結・解除、各種社会保険料の納付等の各種労務手続を人材派遣会社が行ってくれます。したがって、間接雇用（労務派遣）は、一般的に労務管理に人的資源を割くことのできない場合に適した雇用形態といわれています。

　しかし、派遣従業員が認められる職種は限られていますので（コラム5-1-2参照）、貴社現法が必要とする従業員の職種に応じて間接雇用（労務派遣）の選択の可否を検討する必要があります。

　また、派遣従業員が認められる職種である場合、派遣従業員と派遣先企業との間に直接の労働関係がないものの、実際には、「労務派遣契約」において、経済補償金の支払いなど人材派遣会社の雇用コスト・リスクが派遣先企業に転嫁されている場合が多いことに注意が必要です。さらに、派遣従業員から、人材派遣会社とともに労働紛争で訴えられ、場合によっては賠償責任を負うリス

第5章 労　務

クもあります（労働紛争調停仲裁法22条2項、労働契約法92条）。

　したがって、派遣従業員が認められる職種である場合、労務管理のアウトソーシングとして間接雇用（労務派遣）を活用するメリットはあるものの、直接雇用のコスト・リスクについて必ずしも人材派遣会社がすべてを負担する形態にはなっていないことに留意しておく必要があります。派遣従業員が認められる職種である場合でも、貴社現法が派遣従業員を活用するメリットを見極め、場合によっては、従業員を直接雇用し、社会保険料の納付、人材の募集および斡旋等必要な業務のみを人材派遣会社にアウトソーシングすることも選択肢に入れるべきでしょう。

⇒Q5-3-1（労働契約の解除）、Q5-3-4（経済補償金）、Q5-4-3（社会保険の種類）

Column 5-1-2：間接雇用（労務派遣）の厳格化

　労働契約法の労務派遣に関する規定が一部改正されました（2013年7月1日施行）。2008年施行の労働契約法によって労働者保護を目的とした規制が強化され、本来限定的な職種で行われるべき労務派遣があらゆる職種で多用された結果、正社員との格差が生じているという社会問題を背景に、労務派遣の濫用を防止するために改正されたものです。具体的な基準・運用等が今後出される関連法令等に委ねられており、今後の関連法令等の追加や実際の運用動向を注視していく必要があります。主な改正内容は以下のとおりです。

(1)　臨時性、補助性、代替性の明確化

　労働契約による雇用が基本的な労働形態であることを明記し、労務派遣は補足的な形態であり、①臨時性、②補助性もしくは③代替性のある業務に限り行うことができると規定されました。そして、①は継続期間が6か月を超えない業務を、②は主要な業務のためにサービスを提供する非主要業務を、③は従業員が進学や休暇等による一時的な離職により一定期間正規業務に従事することができない場合において代替させる業務をそれぞれいうものと定義されています。また、企業は、派遣従業員数を厳格にコントロールし、従業員総数の一定比率を超えてはならないとされています（具体的な比率は国務院労働行政部門が規定するとされています）。したがって、派遣従業員の比率の高い企業は、今後出される具体的な比率に関する法令・法規に注意する必要があります。

(2)　労務派遣会社の資格要件の厳格化

　①登録資本が200万人民元を下回らないこと（従来の50万人民元から引上

げ)、②業務に適した経営場所と設備を有すること、③法律、行政法規の規定に合致する労務派遣管理制度を有することなどとされており、さらに、労務派遣業務を経営する場合、労働行政部門の認可が必要と明記されました。

(3) 同一労働同一賃金の再確認

従来から派遣従業員が派遣先の正社員と同内容の業務を行っている場合には、派遣従業員は当該正社員と同じ基準の賃金をもらう権利があること(同一労働同一賃金)が、労働契約法に規定されていましたが、今回の改正で、改めて再確認されています。

(4) 罰則の強化(改正後92条)

労務派遣会社の上記(2)の違反に対する罰則規定を設けたほか、労務派遣に関する規定違反につき、労務派遣会社だけでなく派遣先企業も処罰対象となる点が、新たに規定されました。具体的には、①労働行政部門が期限を定めて是正命令を行い、②期限経過後も是正されない場合、1人あたり5,000人民元以上1万人民元以下の罰金が科されます。

> **Q5-1-3** 当社は、早くから中国で合弁企業を設立して経営してきました。当社合併には、定年退職を控えた熟練の技術者が多数いるのですが、社内で若手への技術の継承がうまく進んでいないので、定年退職後も彼らに引続き仕事をしてほしいと思っています。何かよい方法はありますか。(定年退職者との労務契約)

本問の技術者が中国人の場合、定年退職後、労務契約(業務委託契約)を締結して、引続き勤務してもらうことが可能です。定年退職者は、中国の労働契約法の適用対象ではないため、定年退職者と労働契約を締結することはできません(労働契約制度の実行における諸問題に関する通知13条、「労働契約制度の実行における諸問題に関する指示願い」に対する労働部事務庁の返答2条)。

なお、本問の技術者が外国人の場合、通常は一定の年齢を超えると、外国人が中国で就労する際に必要となる就労許可証の取得が困難となります。

⇒Q5-1-6(外国人の採用)、コラム5-3-4(定年年齢)

第5章 労　務

> Q5-1-4　私は当社現法の総経理として、従業員の採用を検討していくことになりますが、採用対象者に関してどのような事項を確認すべきですか。（採用前の確認事項）

　採用時に提出させることができる資料は、法令上特に定められていませんが、年齢、学歴、職歴を証明する書面および健康診断書等に加えて、中途採用の場合には、退職前の従業員の二重雇用を避けるために、退職を証明する書面の提出を受けて確認したほうがよいでしょう。退職証明書は、法令上、前使用者に発行が義務づけられています（労働契約法50条1項）。他の企業を退職していない者を雇用して当該企業に損害を与えてしまった場合、損害賠償請求を受ける可能性がありますので注意が必要です（労働契約法91条）。また、前使用者に対して競業避止義務を負っていないことを確認しておく必要もあります。なお、定年年齢に達した者とは労働契約を締結できませんので、年齢確認は合理的な確認事項といえます（コラム5-3-4参照）。
⇒Q5-2-8（競業制限条項）

> Q5-1-5　当社現法は、Xさんを採用したのですが、採用時にXさんから提出された書類のうち、有名大学卒業という学歴証明書が偽造されたものでした。Xさんを解雇できますか。（採用資料の偽造）

　企業を騙して労働契約を締結することは、解雇事由にあたるため（労働契約法39条1項5号・26条1項1号）、偽造証明書の提出によって企業を騙して労働契約を締結した場合は、解雇できる可能性があります。もっとも、偽造された書類が、採用にとって重要なものではない場合、企業を騙して労働契約を締結したとまではいえない可能性がありますので、解雇するかどうか慎重な判断が必要です。
　なお、学歴は、中国高等教育学生情報NET（中国高等教育学生信息网http://www.chsi.com.cn/）で無料で確認することができます。ただし、当該ウェブサ

第1節　雇　用

イトは、2001年以降の卒業の場合のみ検索可能となっていますので、当該ウェブサイトで確認できない場合、学校等に直接照会することになります。

> Q5-1-6　上海市にある当社現法は、優秀な技術者が不足しています。知人の紹介で、日本の大手メーカーを定年退職した技術職の日本人男性Zさん（61歳）が来てくれることになりました。Zさんを採用する場合の留意点を教えてください。（外国人の採用）

　外国人が中国で就労するには、政府機関からの外国人就労許可証の取得等、関連手続が必要です。地方ごとに、外国人が就労許可証を取得できる年齢が定められており、中国の現地法人の場合、規定された年齢を過ぎた外国人の就労許可証の取得は通常困難です。もっとも、専門的な資格を有するなどの事情を政府機関に説明することで、例外的に就労許可を得られる可能性もあります。

　本問の上海市の場合、男性は60歳まで（女性は最長55歳まで）就労許可証を申請することができるとされており（「外国人在中国就業管理規定の貫徹に関する若干意見」の交付に関する通知6条6号）、Zさんは規定の年齢を過ぎているので、通常は就労許可証の取得が困難と思われます。したがって、Zさんの採用に際しては、政府機関に事情を説明して例外的に就労許可を得られるか事前に照会しておくべきでしょう。

⇒コラム5-3-4（定年年齢）

法知識の整理

1　労働法体系

　2008年の労働契約法の施行に始まり、労働関連の法律・法規が数多く施行され、中国の労働関連法規の整備は進んでいます。中国人従業員の権利意識が比較的高いことに加えて、従業員の権利保護を目的としたこれらの労働関連の法律・法規の整備によって、労働紛争は増加する傾向にあります。したがって、従業員採用という

第5章 労　務

初期段階から、労働紛争の防止策をとっておく必要があります。

また、地方レベルでも労働関係の細かい法規、通知等が存在しますので、企業が進出予定の地域に応じて、地方の法規についても情報収集しておく必要があります。

主な労働関連法規
(これらのほか、地方レベルの労働関連法規、通知等も各地で存在します)

労働契約	労働法、労働契約法、労働契約法実施条例
雇　用	就業促進法
賃　金	最低賃金規定
勤務時間・休暇	労働法、従業員年次休暇条例
社会保険と住宅積立金	社会保険法、社会保険料徴収暫定条例、住宅積立金管理条例
労働保護条例	女性労働者労働保護規定、職業病防止・処理法
労　災	労災保険条例、労災認定弁法
工会（労働組合）	工会法（労働組合法）
労働紛争	労働紛争調停仲裁法

2　司法解釈

最高人民法院（日本の最高裁判所に相当）によって実際の法令の解釈・適用に関して示される「司法解釈」は、法律・法規ではないものの、すべての裁判所がその司法解釈に従って判断しますので、実務上、法令の解釈・適用を検討するうえで非常に重要な指針となります。また、地方の人民法院レベルでも司法解釈を出していることがあります。したがって、労働関連の法律・法規だけでなく、それらの司法解釈も確認しておく必要があります。

関連法令

「労働契約法」(劳动合同法)(2008年)
「労働紛争調停仲裁法」(劳动争议调解仲裁法)(2008年)
「外国企業常駐代表機構の管理に関する暫定規定」(中华人民共和国国务院关于管理外国企业常驻代表机构的暂行规定)(1980年)
「労働契約制度の実行における諸問題に関する通知」(关于实行劳动合同制度若干问题的通知)(労部発【1996】354号)
「『労働契約制度の実行における諸問題に関する指示願い』に対する労働部事務庁の返答」(劳动部办公厅对《关于实行劳动合同制若干问题的请示》的复函)(労弁発【1997】88号)
「『『外国人在中国就業管理規定』の貫徹に関する若干意見」の公布に関する通知」(关于印发《关于贯彻〈外国人在中国就业管理规定〉的若干意见》的通知)(上海市劳动局【1998】25号)

第5章 労　務

第2節
労働契約

従業員を直接雇用することが決まった場合、企業は、従業員と労働契約を締結することになります。本節では、中国における労働契約の締結やその作成ポイントについて説明します。

Q5-2-1　私は日本の人事部から当社現法に派遣されてきました。日本では、従業員の雇用に際して、主要な労働条件の明示は必要でしたが、労働契約書の締結まではしていませんでした。中国で従業員を雇用する場合、労働契約書の締結は必須だと聞いたのですが、事実でしょうか。（労働契約書の締結）

　中国の企業が従業員を直接雇用する場合、雇用開始日から1か月以内に、必ず書面で労働契約を締結しなければなりません（労働契約法10条1項）。ただし、非全日制雇用（コラム5-2-1参照）は除きます。

　雇用開始日から1か月以上1年未満の間に、書面による労働契約が締結されない場合、2か月目から毎月2倍の賃金を支払わなければなりません（労働契約法82条1項、労働契約法実施条例6条）。また、雇用開始日から1年経過しても、書面による労働契約が締結されない場合、2か月目から1年が経過する前日までの2倍の賃金の支払いに加えて、雇用開始日から1年経過した日をもって期間の定めのない労働契約が締結されたものとみなされますので、注意が必要です（労働契約法14条3項、労働契約法実施条例7条）。
⇒Q5-2-5（勤務期間）

Column 5-2-1：非全日制雇用

　非全日制雇用とは、時間あたりで報酬を計算することを主とし、同一雇用先において通常、1日あたりの勤務時間が4時間を超えず、1週間の勤務時間累計が24時間を超えない雇用形態をいいます（労働契約法68条）。非全日制雇用の場合、書面による労働契約の締結が不要であるばかりでなく、企業および従業員のどちらからでもいつでも一方的に終了でき、経済補償金の支払いも不要です（労働契約法71条）。
⇒Q5-3-4（経済補償金）

Q5-2-2　労働契約の内容としてどのような事項の記載が必要ですか。（労働契約の法定記載事項）

　労働契約には、以下の事項を記載することが法律で要求されています（労働契約法17条1項）。その他に、企業の所在地を管轄する地方政府の労働管理規定で要求されている事項があるかについても注意が必要です。

・使用者の名称、住所および法定代表者または主要な責任者
・従業員の氏名、住所および住民身分証明書またはその他有効な身分証明書の番号
・労働契約の期限
・業務内容および勤務地
・勤務時間および休憩・休暇
・労働賃金
・社会保険
・労働保護、労働条件および職業危害の防護
・法律、法規が労働契約に含めるべきと規定するその他の事項

　業務内容や勤務地について、あまり具体的に記載すると、異動等による変更が難しくなるので注意が必要です。また、労働賃金について、たとえば、ボーナスを基本給の何か月分とするなどと記載した場合、企業の業績や従業員個人

第5章 労　務

の成績にかかわらず当該ボーナスの支払義務が生じますのでやはり注意が必要です。

なお、当該法定記載事項の記載がない場合、政府機関から是正を求められることになります。当該法定記載事項の記載がないことによって、従業員に損害が生じた場合、企業が損害賠償責任を負うことになります（労働契約法81条）。

Column 5-2-2：年次有給休暇

連続して12か月以上勤務した場合、年次有給休暇を取得することができます。複数の企業における勤務期間も、連続している限り、当該12か月の計算の対象となります。

年次有給休暇の日数は、従業員の累計勤務期間に基づいて以下のとおり定められています（従業員年次有給休暇条例3条1項）。

累計勤務期間	年次有給休暇の日数
1年以上10年未満	5日
10年以上20年未満	10日
20年以上	15日

なお、未消化の年次有給休暇がある場合、企業は、従業員に対して、通常支払う日額賃金に加えて200%（合計300%）を支払う必要があります（企業従業員年次有給休暇実施弁法10条）。この「日額賃金」とは、当該補償を受ける前の12か月間における月額平均賃金（時間外手当除く）を21.75で除した金額と定められています。未消化の年次有給休暇日数は、以下のとおり計算されます（1日未満は切り捨て計算）（企業従業員年次有給休暇実施弁法11条）。

（当該年度において企業に在籍した日数÷365日）×当該従業員が1年間に取得すべき年次有給休暇日数－当該年度においてすでに取得した年次有給休暇日数

⇒Q5-3-6（退職時の留意事項）

Column 5-2-3：集団契約

集団契約とは、企業と従業員全体との契約で、従業員の代表である労働組合（中国語では「工会」）（労働組合がない場合は従業員代表）が企業と締結するも

のです（労働契約法51条2項）。集団契約の内容としては、労働賃金、勤務時間、休憩・休暇ほか、労働契約に定めるべき事項とほぼ同一ですが、個別の労働契約の条件が集団契約の内容を下回ることは許されません（労働契約法55条）。集団契約は、日本の労働協約に相当すると考えられます。外商投資企業において集団契約が締結されている例は少ないですが、関係政府機関は集団契約の締結を推奨しているようです。
⇒Q5-4-5（労働組合の法的位置づけ）、Q5-4-7（従業員代表大会）

Q5-2-3 法定の記載事項以外に、労働契約に記載しておいたほうがよい事項はありますか。（労働契約の任意記載事項）

　労働契約の法定記載事項に加えて、必要に応じて、試用期間、研修および勤務義務期間、秘密保持条項、競業制限条項等の事項を入れることが多いです。
⇒Q5-2-6（試用期間の注意事項）、Q5-2-7（秘密保持条項）、Q5-2-8（競業制限条項）

Column 5-2-4：研修後の勤務義務期間

　企業が特別の研修費用を提供し、従業員に専門技術研修を受けさせる場合（たとえば、従業員を国外に一定期間派遣させ技術研修を受けさせるなど）、その後の勤務義務期間を定めて、その期間満了前に従業員が退職した場合には、違約金を支払う旨を定めておくことができます。ただし、違約金は、企業が提供した研修費用が上限であり、かつその期間の未履行分に割り当てるべき研修費用を超えてはならないとされています（労働契約法22条2項、労働契約実施条例16条）。たとえば、勤務義務期間が3年、違約金（研修費用）が30万人民元と定めていた場合、3年目に退職したとすると、10万人民元しか違約金を請求できないということになります。
⇒コラム5-2-8（従業員との違約金の合意）

Q5-2-4 労働契約に定める賃金の規定について、留意すべき点を教えてください。（賃金に関する規定）

第5章 労　　務

　賃金は、企業の所在地における最低賃金を下回ることができません（労働法48条2項）。最低賃金基準については、地方政府が最低2年に1度見直して発表することになっています（最低賃金規定10条）。また、企業で定める残業代は月の賃金を基に計算されますが、当該賃金の範囲については、地方政府の規定によって異なるため、企業の所在地の規定に合致しているか確認する必要があります（コラム5-2-5参照）。なお、賃金は、社会保険料の計算基数となることにも留意しておく必要があります。
⇒Q5-4-3（社会保険の種類）

Column 5-2-5：残　業　代

　中国では、従業員の1日の労働時間は8時間以内、1週間の労働時間は40時間以内で、週に少なくとも1日の休日を設けることが原則です（労働法36条・38条、労働者の労働時間に関する規定の改正規定1条）。これらの法定労働時間を超えて従業員に労働させる場合、残業代の支払いが必要となります。
　残業代の計算基準は以下のとおりです（労働法44条、労働者の年月間平均労働時間及び賃金の換算問題の通知2条）。
・平日：従業員の時給（※）の150％（代休の付与ができない場合）
・土日：従業員の時給（※）の200％（代休の付与ができない場合）
・法定休日：従業員の時給（※）の300％（代休の付与により残業代の支払いを免れることはできません）
　（※）月賃金÷21.75（月の法定賃金計算日数）÷8時間
　　　ただし「月賃金」については地方政府により具体的内容が異なります。
　なお、残業時間は、通常、1日につき1時間、必要性のある場合には1日につき3時間以内で、かつ1か月につき36時間以内としなければならないと定められています（労働法41条）。

Column 5-2-6：不定時労働時間制

　コラム5-2-5（残業代）のとおり、法定労働時間を超えて従業員に労働させる場合、残業代の支払いが必要となるのが原則ですが、業務の特徴、業務上の特別な必要性等により、例外的に労働時間の決定を従業員の裁量に任せる「不定時労働時間制」という特殊な労働時間制があります（労働法39条）。従業員に不定時

第2節　労働契約

> 労働時間制を適用するには、労働行政部門の認可が必要であり、また、適用対象が、高級管理職、セールスマン、当直員等一部の職種に限定されています（企業の不定時労働時間制及び総合計算労働時間制に関する審査認可弁法4条）。

Q5-2-5　労働契約の期間はどのように定めるのでしょうか。日本のような終身雇用制が原則なのでしょうか。（勤務期間）

　中国の労働契約は、契約期間の定め方によって、期間の定めのある労働契約、期間の定めのない労働契約、一定の業務完成を期間とする労働契約（コラム5-2-7参照）の3種類に分類されます。

　期間の定めのある労働契約の場合、企業と従業員とが更新に合意しない限り、勤務期間満了によって、原則として労働契約が終了します。期間の定めのない労働契約の場合、法定の契約終了事由または解雇事由がなければ、労働契約は終了しません。いわゆる日本の「終身雇用」の労働契約とおおむね同様と理解してよいと思われます。

　企業としては、期間の定めのある労働契約を契約満了の都度更新すればよく、あえて期間の定めのない労働契約を締結する必要はないと思われますので、期間の定めのある労働契約を締結することが一般的です。なお、期間の定めのある労働契約を締結していても、更新時に一定の条件を満たす場合、期間の定めのない労働契約を締結しなければならなくなりますので注意が必要です（詳細は、Q5-3-3およびコラム5-3-3参照）。
⇒Q5-3-3（労働契約の終了）、コラム5-3-3（「連続して2回締結」（労働契約法14条2項3号））

> ### Column 5-2-7：一定の業務完成を期間とする労働契約
>
> 　期限の定めのある労働契約と期限の定めのない労働契約以外に、一定の業務完成を期間とする労働契約があります（労働契約法15条）。実務上は、建設業や特定の業務の完成を目的として採用した従業員等との締結が想定されています。期

第5章 労　務

限の定めのある労働契約と異なり、試用期間の約定が認められません（労働契約法19条3項）。また、一定の業務完成を期間とする労働契約の場合、2回連続して契約を締結しても期間の定めのない労働契約を締結する義務は生じません。
⇒Q5-2-6（試用期間の注意事項）

> Q5-2-6　新たに従業員を採用するに際して、採用時の試験や面接だけでは能力や適性を有する人か否かを判断できるか不安です。試用期間を定めたいのですが、注意すべき事項を教えてください。（試用期間の注意事項）

　日本では、試用期間の長さは、労働契約期間の長さとは関係なく設定されるのが通常ですが、中国では、労働契約期間に応じて、下表のとおり、6か月以内の試用期間が認められています（労働契約法19条1項）。労働契約でこれらの期間を超える試用期間を合意していたとしても法令上は認められませんので、超過した期間は労働契約期間とみなされることになります。

契約期間別の試用期間

労働契約期間	試用期間
3か月未満	なし
3か月以上1年未満	最長1か月
1年以上3年未満	最長2か月
3年以上または期間の定めがない場合	最長6か月

　試用期間中の賃金は、労働期間中の賃金と異なる金額とすることができます。しかし、試用期間中の従業員の権利を保護するため、労働契約期間の賃金の80％を下回ってはならず、かつ企業の所在地の最低賃金基準を下回ってはならないという制限があります（労働契約法20条、労働契約法実施条例15条）。
　試用期間のみを定める労働契約は認められず、当該期間を労働契約の期間とした通常の労働契約が成立したとみなされます（労働契約法19条4項）。また、

企業は同一の従業員に1回しか試用期間を定めることが許されません（労働契約法19条2項）。すなわち、一旦退職した後、同じ企業と再び労働契約を締結するような場合、以前の労働契約で試用期間が設定されていたのであれば、再び試用期間を設定することは認められないことになります。

また、企業は、試用期間中であれば、従業員が採用条件に適合しないことが証明できる場合、即時に労働契約を解除することができます（労働契約法39条1号）。ただし、採用条件の適合の有無に関して解雇された従業員との間で紛争となった場合、採用条件に適合しなかったことを企業が証明する必要があります。したがって、紛争予防策としては、できる限り客観的な採用条件を策定し、かつその条件に適合する証明書類を従業員から取得しておくべきです。
⇒Q5-1-4（採用前の確認事項）、Q5-3-1（労働契約の解除）

> Q5-2-7　会社の重要な秘密情報を従業員が他社に漏らさないか心配です。また、退職・転職後にも会社の秘密情報を漏らさないようにさせるには、どうしたらよいでしょうか。（秘密保持条項）

労働契約または就業規則において、秘密保持条項を定めることが考えられます（労働契約法23条1項）。その際には、保持すべき秘密の内容を明記しておくべきです。また、退職・転職後の秘密漏洩を防止するため、秘密保持条項については、労働契約の解除・終了後も一定期間存続する旨を定めておくことが考えられます。なお、秘密保持義務を負う従業員との間で労働契約の解除・終了時から一定期間、競業制限を約定することができます（労働契約法23条2項）。
⇒Q9-4-3（商業秘密）、Q5-2-8（競業制限条項）

> Q5-2-8　独自の技術・ノウハウを習得させた従業員がライバル企業に転職したり、自分で独立したりするのを避けるには、どうしたらよいでしょうか。（競業制限条項）

労働契約において、企業の技術の秘密を知り、または知りえる立場にいた従業員が、退職後一定期間、競業する企業への就職または自ら開業して同業を営むことを禁止する条項（競業制限条項）を定め、従業員が違反した場合には違約金（**コラム5-2-8**参照）の支払義務が生じる旨を定めておくことが考えられます（労働契約法23条2項）。ただし、競合制限期間は2年を超えてはならず、競業制限期間中は、企業は元従業員に対して、合意した補償金を月々支払う必要がある点に注意が必要です（労働契約法23条2項・24条2項）。

また、補償金の金額については、当事者間で合意していれば、合意した金額となりますが、当事者間で金額の合意がない場合は、契約解除または契約終了から過去12か月間の平均月額賃金の30%（労働契約履行地における最低賃金を下回る場合は当該最低賃金）が補償金の金額となります（労働争議事件審理の法律適用の若干問題に関する解釈（四）6条）。企業側の理由により補償金が3か月間支払われない場合、元従業員は競業制限の約定を解除することができます（同解釈8条）。また、企業が競合制限条項を解除する場合、企業は、元従業員に対して3か月分の補償金を別途支払うことが必要となります（同解釈9条）。

なお、競業制限を定めることができるのは、高級管理職、高級技術者および秘密保持義務を負う従業員に対してのみですので、秘密保持義務を負わない一般従業員に対して競業を制限することはできない点について注意が必要です（労働契約法24条1項）。

Column 5-2-8：従業員との違約金の合意

企業は、従業員が競業制限に違反した場合（Q5-2-8参照）および研修後の勤務義務に違反した場合（コラム5-2-4参照）に限り、従業員と違約金について合意することができ、それ以外の事由に基づいて違約金を合意することはできません（労働契約法25条）。

法知識の整理

契約の分類

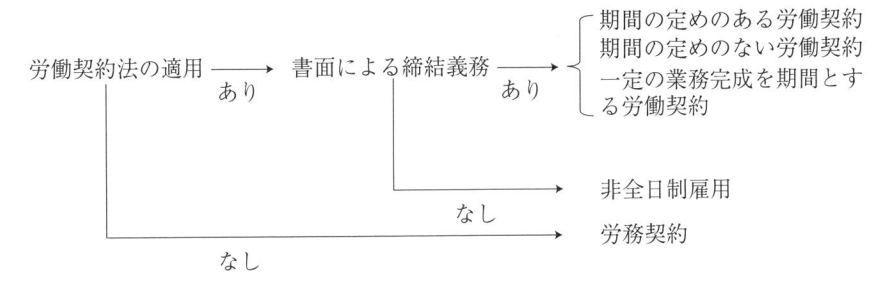

```
労働契約法の適用 ──あり──→ 書面による締結義務 ──あり──→ ┌ 期間の定めのある労働契約
                                                        │ 期間の定めのない労働契約
                                                        └ 一定の業務完成を期間とする労働契約
                                     │
                                     なし──→ 非全日制雇用
                        │
                        なし──→ 労務契約
```

関連法令

「労働法」(劳动法)(1995年)
「労働契約法」(劳动合同法)(2008年)
「労働契約法実施条例」(劳动合同法实施条例)(2008年)
「従業員年次有給休暇条例」(职工带薪年休假条例)(2008年)
「『労働者の労働時間に関する規定』の改正規定」(国务院关于修改国务院关于职工工作时间的规定的决定)(国务院令【1995】174号)
「企業従業員年次有給休暇実施弁法」(企业职工带薪年休假实施办法)(人力資源社会保障部令【2008】1号)
「最低賃金規定」(最低工资规定)(劳动社会保障部令【2004】21号)
「労働者の年月間平均労働時間及び賃金の換算問題の通知」(职工全年月平均工作时間和工资折算問題的通知)(労部発【2008】3号)
「企業の不定時労働時間制及び総合計算労働時間制に関する審査認可弁法」(关于企业实行不定时工作制和综合计算工时工作制的审批办法)(労部発【1994】503号)
「最高人民法院『不正競争民事事件の審理の法律適用の若干問題に関する解釈』」(最高人民法院关于审理不正当竞争民事案件应用法律若干問題的解释)(法释【2007】2号)
「最高人民法院『労働争議事件審理の法律適用の若干問題に関する解釈(四)』」(最高人民法院关于审理劳动争议案件适用法律若干问题的解释(四))(法释【2013】4号)

第5章 労　務

第3節
労働契約の終了

> 従業員との労働契約は、企業の自由裁量でいつでも一方的に終了できるわけではありません。また、労働契約の終了に際して、従業員に対して補償金を支払わなければならない場合があります。本節では、労働契約の終了に関連する問題について説明します。

Q5-3-1　会社が労働契約を解除できるのはどのような場合ですか。（労働契約の解除）

　従業員と合意のうえで解除する場合のほか、企業が一方的に解除できる場合として、(1)即時に解除できる場合、(2)予告して解除できる場合、(3)いわゆるリストラで解除できる場合の3つに大別できます。具体的には、以下のとおりですが、解除事由が抽象的に規定されている場合もあり、従業員の解雇にあたっては、どれに該当する可能性があるかについて慎重に検討する必要があります（特に経済補償金の支払いが不要である即時解除の場合）。

(1) 企業が即時解除できる場合

　以下のいずれかに該当する場合、企業は即時に労働契約を解除することができます（労働契約法39条）。基本的に従業員側の責任で解雇されても仕方がない十分な理由がある場合といえるでしょう。

- ・試用期間において採用条件に合致しないことが証明された場合
- ・企業の規則制度に著しく違反した場合
- ・重大な職務上の過失を犯し、私利のために不正行為を行い、企業に重大な損害を与えた場合
- ・従業員が他の企業とも同時に労働関係を確立しており、企業における業務

上の任務の完了に重大な影響を及ぼした場合、または企業が是正を要求してもこれを拒んだ場合
・詐欺または脅迫の手段により、または他人の弱みにつけこむことにより、真実の意思に反する状況のもと、企業に労働契約を締結させまたは変更させた場合
・法により刑事責任を追求された場合

(2) **企業が予告して解除できる場合**

　以下のいずれかに該当する場合、企業は30日前までに書面で従業員本人に通知するか、従業員に1か月分の賃金を余分に支払って、労働契約を解除することができます（労働契約法40条）。

　即時解雇の場合に比べて、従業員側の一方的責任とまではいいがたい理由によるものと考えると理解しやすいでしょう。

・従業員が疾病または業務外の負傷により、規定された医療期間の満了後、元の業務に従事することができず、企業が別途手配した業務にも従事できない場合
・従業員が業務に堪えることができず、研修または職場調整を経た後も、なお業務に堪えることができない場合
・労働契約の締結時に根拠とした客観的な状況が著しく変化したため、労働契約を履行することができなくなり、企業と従業員による協議を経ても、労働契約の内容の変更について合意に達しない場合

(3) **いわゆるリストラ（人員削減）で解除できる場合**

　以下のいずれかに該当する場合で、人員を20名以上削減する必要がある、または20名未満であるが従業員総数の10％以上を削減する必要がある場合、企業は30日前までに労働組合または従業員全体に状況を説明し、労働組合または従業員の意見を聴取した後、リストラ案（人員削減案）の労働行政部門への報告を経て、人員削減、すなわち、労働契約を解除することができます（労働契約法41条）。

　単に以下の事由に該当するだけではなく、上記の条件（人員削減数または割

合、および手続）を充足する必要がある点に注意が必要です。
- 企業破産法の規定により企業が再生する場合
- 企業の生産経営に重大な困難が生じた場合
- 企業の生産転換、重大な技術革新または経営方式の調整を経てもなお人員削減が必要な場合
- 労働契約の締結時に根拠とした客観的な状況に重大な変化が生じたために、労働契約の履行が不能となったその他の場合

⇒コラム5-4-1（抽象的な解雇事由の具体化）、Q5-3-4（経済補償金）、Q5-3-2（労働契約解除の制限）、Q11-4-1（破産）

> Q5-3-2　従業員Tさんは妊娠していますが、Q5-3-1の解除事由があるので労働契約を解除しようと思います。何か問題がありますか。（労働契約解除の制限）

　従業員が以下のいずれかに該当する場合、企業が予告して解除できる場合およびいわゆるリストラ（人員削減）で解除できる場合に該当しても、解除はできません。

企業の予告解除、人員削減での解除が制限される場合（労働契約法42条、労働組合法18条、集団契約規定28条1項）
- 職業病の危険を伴う業務に従事する従業員が、離職前に職業健康診断を行っていない場合、または職業病の疑いのある従業員が診断もしくは医学観察期間にある場合
- 企業に在籍中に職業病を患い、または業務上負傷し、かつ労働能力の喪失または一部喪失が確認された場合
- 疾病または業務外の負傷により、所定の医療期間にある場合
- 従業員が妊娠、出産、授乳期間中にある場合
- 企業に15年間連続して勤務し、かつ定年年齢に達するまで5年未満である場合

・企業の労働組合の主席に選出されている場合
・集団契約協議における従業員代表に選出されている場合
・法律、行政法規が定めるその他の事由がある場合

以上より、従業員Tさんは妊娠していますので、**Q5-3-1**(2)企業が予告して解除できる場合および(3)いわゆるリストラ（人員削減）で解除できる場合でも、労働契約の解除はできません。もっとも、**Q5-3-1**(1)即時解雇できる場合には、当該制限はありませんので、Tさんとの労働契約を解除することができます。
⇒Q5-3-1（労働契約の解除）、Q5-4-5（労働組合の法的位置づけ）、Q5-4-7（従業員代表大会）、コラム5-2-3（集団契約）

Column 5-3-1：女性従業員の「三期」

　女性従業員の妊娠期間、出産期間、授乳期間（「三期」）における労働条件、休暇等について、特別の保護が定められています。
　企業は、妊娠、出産、授乳期間であることを理由に女性従業員の賃金を削減したり、労働契約の解除等を行ってはならず、98日の出産休暇、流産休暇（妊娠4か月未満で流産した場合15日、妊娠4か月以上で流産した場合42日）が認められています（女性労働者労働保護特別規定5条・7条）。その他、女性従業員が比較的多い職場における女性従業員の保健室、妊婦の休憩室、授乳室等の施設の設置義務、企業のセクシャルハラスメント予防・制止義務等が法令で定められるなど女性従業員の保護が強化されてきています（女性労働者労働保護特別規定10条・11条）。

Column 5-3-2：医療期間

　従業員が業務外で病気を患ったり負傷したりした場合、医療期間（病気休暇期間）を取得することができ、当該期間中は労働契約の解除および終了ができません（企業従業員の病気または業務外負傷の医療期間に関する規定2条）。医療期間は、従業員の合計勤続年数、当該企業での勤務年数に応じて、3か月から24か月まで定められています（企業従業員の病気または業務外負傷の医療期間に関する規定3条）。また、医療期間中の従業員は、企業から病気休暇賃金または疾病救済費の支払いを受けることができ、当該支払金額は、企業の所在する地域に

おける最低賃金の80%を下回ってはならないと定められています（「中華人民共和国労働法」の徹底執行に関わる若干問題に関する意見59条）。
　地方ごとに、より詳細で具体的な運用規定が存在しますので、企業の所在する地域の規定も確認する必要があります。

> Q5-3-3　従業員Uさん（40歳）と締結している労働契約の定めでは、契約期間は2014年3月31日までです。2014年3月31日が到来すればUさんとの労働契約は終了すると考えてよいでしょうか。（労働契約の終了）

　期間の定めのある労働契約は、期間満了により終了するのが原則です。また、従業員が法定の定年年齢（コラム5-3-4参照）に達すると自動的に労働契約は終了します（労働契約法実施条例21条）。ただし、期間満了による終了の例外として、以下の3つの場合があります。
(1)　以下の事由に該当すると、当該事由が消滅するまで、労働契約は延長されます（労働契約法45条、労働組合法18条、集団契約規定28条1項）。これは、労働契約の解除が制限される場合と同じ事由です（Q5-3-2参照）。
・職業病の危険を伴う業務に従事する従業員が、離職前に職業健康診断を行っていない場合、または職業病の疑いのある従業員が診断もしくは医学観察期間にある場合
・企業在籍中に職業病を患い、または業務上負傷し、かつ労働能力の喪失または一部喪失が確認された場合
・疾病または業務外の負傷により、所定の医療期間にある場合
・従業員が妊娠、出産、授乳期間中にある場合
・企業に15年間連続して勤務し、かつ定年年齢に達するまで5年未満である場合
・企業の労働組合の主席に選出されている場合
・集団契約協議における従業員代表に選出されている場合
・法律、行政法規が定めるその他の事由がある場合

第3節　労働契約の終了

(2)　期間の定めのある労働契約を2回連続して締結した時に、さらに従業員が労働契約の更新を求めてきた場合、従業員に解雇事由がなければ、企業は期間の定めのない労働契約を必ず締結しなければなりません（労働契約法14条2項3号、**コラム5-3-3**参照）。ただし、従業員が期間の定めのある労働契約の締結を申し出た場合を除きます。なお、契約締結の回数とは、労働契約法施行（2008年1月1日）以後に、期間の定めのある労働契約を締結した回数をいいます（労働契約法97条1項）。

(3)　勤務期間が連続10年となる場合にも、従業員から労働契約の締結の申し出があれば、企業に期限の定めのない労働契約を締結する義務が生じます（労働契約法14条2項1号）。ただし、従業員が期間の定めのある労働契約の締結を申し出た場合を除きます。なお、この場合の「10年」には、労働契約法施行（2008年1月1日）前の年数を含みます（労働契約法実施条例9条）。

このような期限の定めのない労働契約を締結する義務が企業に生じているにもかかわらず、企業が当該契約の締結を怠ると、当該契約を締結すべき日から、企業にはペナルティとして2倍の賃金の支払義務が課せられます（労働契約法82条2項）。

以上から、従業員Uさんとの契約については、以下に該当する場合を除き、期間満了により2014年3月31日に終了することになります。
・2014年3月31日時点で、上記(1)の事由が存在する場合
・労働契約法施行（2008年1月1日）後、2回連続して労働契約を締結した場合、または通算の勤続年数が10年以上となる場合で、かつUさんが労働契約の更新を求めてきた場合

⇒Q5-2-5（勤務期間）

Column 5-3-3：「連続して2回締結」（労働契約法14条2項3号）

労働契約法14条2項3号は、期間の定めのある労働契約を「連続して2回締結し」と規定しており、連続して締結した2回目の期間の定めのある労働契約（下図の②）の期間満了時に、従業員が労働契約の更新を求めてきた場合（従業

第5章 労　務

員が期間の定めのある労働契約の締結を申し出た場合を除きます）、期間の定めのない労働契約を締結しなければならないということになります（下図では2011年3月末）。この点、上記従業員の申し出を企業が拒否できるという解釈もあるなどいまだに見解が分かれています。労働関係政府機関への照会結果も、地方によって異なっているのが現状です。なお、これまで、上海市高級人民法院が司法解釈を出すなどしていましたが、2013年1月15日に、江蘇省労働契約条例が改正され（同年5月1日施行）、2回目の期間の定めのある労働契約の期間満了時に、従業員に法定解雇事由がなければ、企業は当該期間満了の30日前に、従業員に期間の定めのない労働契約を締結できる旨を書面で通知しなければならない、と定められました。この条例は江蘇省の地方法規ですが、従業員に有利な解釈をとっています。

　以上のとおり、当該法的解釈がいまだに定まっておらず、労働関係政府機関への照会結果も地方によって異なることから、従業員に有利な解釈がなされるリスクを考慮し、仮に上記のとおり2回目の契約締結時で判断しなければならないという見解に立つと、1回目の労働契約期間を比較的長期に設定し、その期間でその従業員の能力を見極める必要があります。したがって、企業の実情や業種にもよるため一概にはいえませんが、1回目の労働契約の期間は、1年では短く、一般的には2～3年程度という比較的長期間に設定せざるをえないことが多いと思われます。

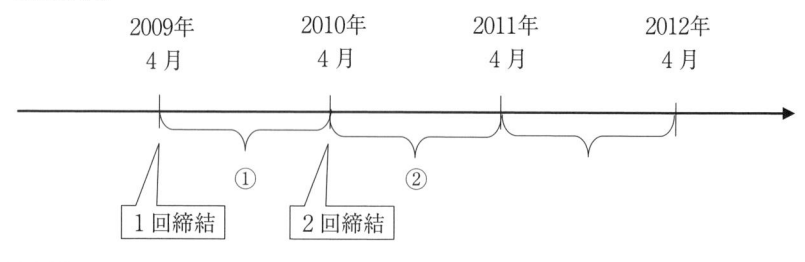

```
  2009年      2010年      2011年      2012年
   4月         4月         4月         4月
─────┬──────────┬──────────┬──────────┬──────→
     │    ①     │    ②
  1回締結    2回締結
```

Column 5-3-4：定年年齢

　従業員の定年年齢は、男性が一律満60歳であるのに対して、女性の場合、「工人」は50歳、「幹部」は55歳と定められています（企業従業員の法定定年年齢の意味に関する回答）。もっとも、法令上、「工人」と「幹部」との区別は明確に定められていません。一般的に、「工人」は作業員を指し、「幹部」は管理職を指すようです。なお、現在、定年年齢を延長する方向で法令改正の議論がなされており、将来、定年年齢が延長される可能性があります。

第3節　労働契約の終了

> **Q5-3-4**　従業員Vさんの労働契約の契約期間が満了します。契約期間満了時に、Vさんに経済的な補償をする必要がありますか。（経済補償金）

　企業が従業員との労働契約を解除または終了する場合、その理由によっては、企業は従業員に対して経済補償金を支払わなければなりません（労働契約法46条）。経済補償金の支払いの要否については、以下のとおりです。経済補償金の支払いが不要な場合は、従業員と紛争になる可能性も高いため、当該事由に該当するか慎重な判断を要するところです。

経済補償金の支払いの要否

区分	事由	詳細	備考	経済補償金支払い（要○、不要×）
契約終了	期間満了	従業員による更新不同意	(1)	×
		会社による更新不同意	(2)	○
	会社破産宣告、営業許可証の取消し等		(3)	○
	定年退職			×
	従業員の死亡等		(4)	×
契約解除	合意解除	会社による提案		○
		従業員による提案		×
	従業員による	即時解除	(5)	○
	会社による	即時解除	(6)	×
		予告解除	(7)	○
		リストラ（人員削減）における解除	(8)	○

備考(1)　契約期間が満了した場合で、企業側が労働契約に約定する条件を維持しまたは引き上げて労働契約を更新したが、従業員が更新に同意しない場合
　　(2)　契約期間が満了したが、企業側が労働契約の更新をしない場合
　　(3)　企業が法に基づき破産宣告を受けた場合、企業が営業許可証を取り消され、閉鎖、登記抹消を命じられ、または中途解散する旨を企業が決定した場合
　　(4)　従業員の死亡、または死亡宣告・失踪宣告がなされた場合
　　(5)　企業が賃金や社会保険料を納付しないなど、企業に責任がある場合
　　(6)　企業が予告して解除できる場合（**Q5-3-1**(2)参照）
　　(7)　いわゆるリストラ（人員削減）で解除できる場合（**Q5-3-1**(3)参照）

本問の従業員Vさんの場合、労働期間が満了し、企業側が労働契約に約定する条件を維持または引き上げて労働契約を更新する申し出をしたものの、従業員が更新に同意しないという場合に該当しない限り、経済補償金の支払いが必要となります。

> **Column 5-3-5：合意解除と経済補償金**
>
> Q5-3-4（経済補償金）のとおり、従業員から労働契約の解除を提案し、合意解除する場合、企業は経済補償金を支給する必要がない一方で、企業から労働契約の解除を提案し、合意解除する場合、企業は経済補償金を支給する義務があります。
> 　合意解除の覚書に、単に「合意解除した」旨を記載するにとどめた場合、上記のどちらの合意解除に該当するか不明確となります。すなわち、従業員から解除を提案し合意解除に至った場合でも、後日、企業から解除を提案し合意解除に至ったと元従業員から主張されて紛争となるおそれがあります。このような紛争を防止する策として、従業員からの提案による合意解除である証拠として、従業員に退職願を書面で提出させて、企業で保管しておくことが考えられます。

> **Q5-3-5** 2007年1月1日に雇用し、2012年3月末日で期間満了により退職する、上海現地法人の管理職Wさんに経済補償金を支払う必要があります。Wさんの労働期間満了前12か月の平均月額賃金は5万人民元（残業手当、ボーナスを含む）です。Wさんに支払うべき経済補償金はいくらになりますか。（経済補償金の計算方法）

経済補償金の計算方法は以下のとおりです（労働契約法47条、労働契約法実施条例27条）。

　「従業員の企業勤続年数に対応する月数」×「月賃金」

(1)　「従業員の企業勤続年数に対応する月数」とは、勤続年数満1年ごとに1か月、6か月以上1年未満の場合は1か月として計算し、6か月未満の場合は半月分として計算し、最高限度は12か月までとされています。ただし、労働契約法施行（2008年1月1日）前については6か月未満の場合も一律1年

として計算されます。

(2) 「月賃金」とは、労働契約解除または終了前の12か月分の平均月賃金で、残業手当、ボーナス等も含みます。ただし、当該地区における前年度の従業員月平均賃金の３倍が上限となります。

なお、2008年以前の勤務年数に対応する経済補償金を計算する場合、当該金額上限の規定は適用されません（労働契約法97条３項）。

なお、上記のとおり、労働契約の期間満了によって企業が労働契約を終了する場合も、経済補償金の支払いが必要となります（企業側が労働契約に約定する条件を維持しまたは引き上げて労働契約を更新する申し出をしたものの、従業員が更新に同意しない場合を除きます）。ただし、労働契約法が施行された2008年１月１日より前は当該事由に基づく経済補償金の支払いが不要であったため、2008年１月以降の勤続年数のみを対象として計算することになります（労働法28条、労働契約法97条３項）。

本問のＷさんの「企業勤続年数に対応する月数」は、労働契約法施行以降の2008年１月１日から2012年３月末までの４年３か月の期間を対象として計算しますので、4.5か月となります（2012年は６か月未満ですので半月分として計算します）。

Ｗさんの労働契約終了前の12か月分の平均月賃金は５万人民元ですが、2011年度の上海市月額平均賃金4,331人民元の３倍である１万2,993人民元を上回るため、１万2,993人民元が「月賃金」となります。

以上から、Ｗさんに対する経済補償金は、１万2,993人民元×4.5か月＝５万8,469人民元となります。

⇒Q5-3-1（労働契約の解除）、Q5-3-3（労働契約の終了）、Q5-3-4（経済補償金）

Q5-3-6　従業員の退職時に処理すべき事項として、考慮しておくべき事項を教えてください。（退職時の留意事項）

退職にあたって、企業が処理・留意すべき事項は主に以下のとおりです。

第5章 労　　務

- 労働契約終了月の給与および社会保険
- 経済補償金の支払い（必要な場合）
- 年次有給休暇の消化
- 業務の引継ぎ
- 企業からの貸与品、企業の機密資料の返還
- 労働契約終了日、労働契約期間、勤続年数等を記載した労働契約解除証明書の発行

　なお、年次有給休暇については、解雇日までに消化させるか、または消化していない場合には、通常支払う日額賃金に加えて200％（合計300％）を支払う必要があります（企業従業員年次有給休暇実施弁法10条1項）。
⇒Q5-3-1（労働契約の解除）、コラム5-2-2（年次有給休暇）

関連法令

「労働契約法」（労动合同法）（2008年）
「労働契約法実施条例」（労动合同法実施条例）（2008年）
「女性労働者労働保護特別規定」（女職工労动保護特別規定）（国務院令【2012】619号）
「集団契約規定」（集体合同規定）（労部令【2004】22号）
「企業従業員年次有給休暇実施弁法」（企業職工帯薪年休假実施办法）（人力資源社会保障部令【2008】1号）
「企業従業員の病気または業務外負傷の医療期間に関する規定」（企業職工患病或非因工負傷医療期規定）（労部発【1994】479号）
「『中華人民共和国労働法』の徹底執行に関わる若干問題に関する意見」（关于贯彻执行《中华人民共和国劳动法》若干问题的意见）（労部発【1995】309号）
「上海市高級人民法院『「労働契約法」適用に係る若干問題に関する意見』」（上海市高級人民法院《关于适用〈劳动合同法〉若干问题的意见》）（沪高法【2009】73号）
「江蘇省労働契約条例」（江苏省劳动合同条例）（2013年）
「企業従業員の「法定定年年齢」の意味に関する回答」（关于企业职工"法定退休年龄"涵义的复函）（労社庁函【2001】125号）

第4節 労務管理

労働契約とならんで重要なのが、すべての従業員に適用される就業規則です。また、外国人も原則加入が義務づけられた社会保険や、日本とは少し性質の異なる労働組合の概要を理解することは、労務管理のうえで役立ちます。本節では、就業規則、社会保険、労働組合の概要について説明します。

Q5-4-1 当社現法の就業規則には、どのような内容を規定すべきでしょうか。（就業規則の内容）

就業規則は、個々の従業員に適用される労働契約とは異なり、すべての従業員に適用される社内規則の１つです。通常、賃金、就業時間、休憩時間・休暇、労働安全衛生、福利厚生、従業員の教育訓練、職場規律等について定めます（労働契約法4条）。

法定の解雇事由が抽象的であることから、職場規律について、規律違反の従業員に対する処分を数段階（戒告、停職、解雇等）に分け、なるべく明確かつ具体的に処分に該当する事由を列挙しておくべきでしょう。なお、就業規則の内容が法律・法規に違反し、従業員に損害を与えた場合、企業は損害賠償責任を負いますので、規定する内容には注意する必要があります（労働契約法80条）。
⇒ケース9-3-1（職務発明規程の無効事例）

Column 5-4-1：抽象的な解雇事由の具体化

労働契約法には、解雇事由として「就業規則に著しく違反した場合」、「職務上重大な過失により、企業に重大な損害を与えた場合」という抽象的な事由があり

第5章 労　務

ます（労働契約法39条2号・3号）。
　就業規則において、「就業規則に著しく違反した場合」に該当する具体的事由を列挙しておき、小さな違反事由であっても、回数を重ねれば著しい違反に該当する旨を規定しておくことが考えられます。また、「職務上重大な過失により、企業に重大な損害を与えた場合」についても、該当する具体的事由を列挙し、軽過失の行為であっても、回数を重ねれば重大な過失に該当すると規定したり、損害の具体的金額を規定しておくことも一案です。

Q5-4-2　就業規則を修正・変更する場合、どのような手続が必要ですか。（就業規則の変更）

　賃金、就業時間、休憩時間・休暇、労働安全衛生、福利厚生、従業員の教育訓練、職場規律等の重要事項を修正・変更する場合、従業員代表大会または従業員全員で討論し、それらの意見を聴取し、労働組合または従業員代表と協議しなければなりません（労働契約法4条2項）。もっとも、それらの同意を得なければならないというわけではありません。実務上は、就業規則の修正・変更に関する勉強会を開催し、従業員から意見聴取を図るという方法も行われています。

　また、就業規則の重要事項の修正について、決定を掲示するか、従業員に通知しなければなりません（労働契約法4条4項）。従業員に告知した証拠を確実に残す方法として、修正した就業規則を各従業員に配布し、内容を理解した旨の受領書面をとっておくことなどが考えられます。

　なお、上記の意見聴取等の手続をとらなかった場合、就業規則の修正は、労働紛争の審理において無効とされるリスクがあります（労働争議事件の法律適用の若干問題に関する解釈（一）19条）。

就業規則の修正	従業員代表大会または従業員全員による議論・意見聴取	労働組合または従業員代表との協議	修正した就業規則の公示または従業員への告知

⇒Q5-4-5（労働組合の法的位置づけ）、Q5-4-7（従業員代表大会）

Column 5-4-2：労働契約と就業規則の内容の不一致

労働契約の内容と就業規則の内容が一致しない場合、従業員は、労働契約の適用を優先することを求めることができます（労働争議事件の法律適用の若干問題に関する解釈（二）16条）。したがって、労働契約にも就業規則にも同様の内容が定められている事項については、就業規則において当該事項を従業員に不利な内容に修正した場合、従業員から、労働契約の内容の適用を主張されるおそれがあります。この場合、就業規則の当該条項を変更する際に、労働契約の内容も同じ内容に変更しておく必要があります。

Q5-4-3　従業員が加入すべき社会保険の種類を教えてください。（社会保険の種類）

　企業および従業員に加入義務がある社会保険として、養老保険、医療保険、失業保険、労災保険、生育保険の5種類があります。

　養老保険は、定年年齢に達した後に支給を受けるための保険で、日本の年金に相当します。医療保険は、医療費等に用いられ、日本の健康保険に相当します。失業保険および労災保険は日本とほぼ同じ内容です。生育保険は、出産時の医療費やそれに伴う休業に対して補償する保険です。

　これらの社会保険は、地方によって負担割合等制度に違いがあり一概にはいえませんが、都市部では、企業負担割合が賃金の約40%、個人負担割合が賃金の約20%とかなりの負担となっています。

⇒Q10-5-6（労務問題に関する調査）

Column 5-4-3：外国人の社会保険加入

　新しく制定された社会保険法（2011年7月1日施行）によって、中国国内で就業する外国人についても社会保険に加入しなければならないことが規定され、現地での大幅なコストアップ要因として懸念されています。具体的には、当該外国人の社会保険加入に関する規定（2011年10月15日施行）によって、中国人

第5章 労　務

> 従業員と同じく5種類の保険に加入しなければならず、納付比率、納付方法等の詳細は、地方の規定に従うものとされています。現時点では、納付比率、納付方法等の詳細規定が公布・施行されていない地方も多く、地方によって運用が異なっているのが現状です。したがって、進出する地域の動向には注意しておく必要があります。
>
> 　なお、中国国内で就業する外国人は、外国本社から派遣されることが多く、本国でも社会保険に加入しているため、中国での社会保険加入により社会保険料を二重に払うことになります。このような二重払いを回避するため、中国はすでにドイツおよび韓国と協定を締結していますが、日本とは現在協議中で未締結の状態であり、今後の動向に留意する必要があります。

Q5-4-4　社会保険のほかにも住宅積立金制度というものがあると聞きましたが、概要を教えてください。（住宅積立金制度）

　住宅積立金制度とは、企業と従業員が、賃金の一定比率の金額を、毎月積立て、長期にわたって住宅購入資金を貯金する制度です（住宅積立金管理条例）。地方によって規定が異なりますが、企業負担分、および個人負担分はそれぞれ賃金の7～12％程度となっています。

　社会保険とは異なるため、中国国内で就業する外国人に積み立てる義務はありません。

Q5-4-5　中国では、企業は労働組合を結成する義務があるのでしょうか。（労働組合の法的位置づけ）

　労働組合の結成は、従業員の権利にすぎず、企業が結成する義務はありません。ただし、企業が従業員による労働組合の結成を妨害または阻止することは禁止されています。

　労働組合の責務は、従業員の権利を守ることにあり、日本の労働組合に相当する組織として紹介されることも多いですが、一方で、企業の経営管理を支持し、従業員に生産目標や任務の達成を働きかけることも労働組合の責務とされ

ているため、企業と対立する日本の労働組合とは異なり、企業と従業員との間の調整役という側面も有する組織と考えられます。実際に、労働紛争が生じた場合、企業内調停では、労働組合は第三者的立場での参加が予定されています。
⇒Q5-5-1（労働紛争の解決方法）

> Q5-4-6　従業員から申入れがあり、労働組合が結成される予定です。企業は、労働組合に対してどのような義務を負いますか。（労働組合に対する義務）

　企業は、労働組合を労務面での重要事項の決定過程に参加させたり、一定の経費を負担しなければなりません。企業の主な義務として以下を挙げることができます。
・労働契約を一方的に解除する場合における解除理由の事前通知（労働組合法21条）
・就業規則の作成、変更時の事前協議（労働契約法4条）
・労働安全衛生等の重要事項を決定する場合の意見聴取等（労働組合法26条・38条）
・全従業員賃金総額の2％相当額の経費負担（労働組合法42条1項2号）
・労働組合専従職員の賃金等の負担（労働組合法41条）
⇒Q5-4-2（就業規則の変更）

> Q5-4-7　合弁企業を設立しました。合弁出資者である中国の国有企業から、合弁企業の就業規則の案の提示があり、その内容に従業員代表大会に関する規定がありました。従業員代表大会とは何ですか。また、従業員代表大会を設立しないといけないのでしょうか。（従業員代表大会）

　従業員代表大会は、従業員の代表で構成される組織（コラム5-4-4参照）で、地方法規等により具体的内容が定められている場合もありますが、外商投資企

第5章 労　務

業に設立義務はありません（全民所有制工業企業従業員代表大会条例2条）。なお、従業員代表大会は、労働組合と異なり常設の組織ではありません。

> **Column 5-4-4：従業員代表大会と従業員大会**
>
> 　各地方の規定によって従業員で構成される組織についての制度や権限は必ずしも一致しているわけではありませんが、従業員代表大会のほかに、従業員大会という組織が規定されている場合があります。「従業員大会」は、企業が小規模で、従業員が少数である場合に従業員全員が参加する組織として、「従業員代表大会」は、従業員から代表を選出して会議を行う組織として、区別されていることが多いようです。
>
> 　従業員代表大会、従業員大会ともに、通常は、1年に一定の回数、従業員により開催される会議によって運営され、その権限としては、①従業員代表の選任、②企業の日常経営、経営企画および組織再編等の事項についての提案、③集団契約（コラム5-2-3参照）の締結・変更等があります。
>
> 　労働組合が、全国組織である「中華全国総工会」を頂点とし、各地方の「地方総工会」の下に、各企業、事業単位毎の「基層工会」が存在するというような全国的な社会組織であるのに比べて、従業員代表大会、従業員大会は、基本的には、各企業の従業員によって組織され、当該企業の内部事項に参画するものとされており、この点において、労働組合とは役割が異なるものといえます。
>
> 　なお、上記Q5-4-7（従業員代表大会）の回答のとおり、原則として、外商投資企業に従業員代表大会、従業員大会を設立する義務はありません。

関連法令

「労働契約法」（労働合同法）（2008年）
「最高人民法院『労働争議事件の法律適用の若干問題に関する解釈（一）』」（最高人民法院关于审理劳动争议案件适用法律若干问题的解释）（法釈【2001】14号）
「最高人民法院『労働争議事件審理の法律適用の若干問題に関する解釈（二）』」（最高人民法院关于审理劳动争议案件适用法律若干问题的解释（二））（法釈【2006】6号）
「社会保険法」（社会保険法）（2011年）
「中国国内に就労する外国人の社会保険加入暫定弁法」（在中国境内就业的外国人参加社会保険暂行办法）（人力資源社会保障部令【2011】16号）

「住宅積立金管理条例」（住房公積金管理条例）（2002年）
「労働組合法」（工会法）（2001年）
「全民所有制工業企業従業員代表大会条例」（全民所有制工业企业职工代表大会条例）（1986年）

第5章 労　務

第5節
労働紛争の解決

本節では、実際に労働紛争が発生した場合、どのような解決手段があるかなどについて、説明します。

Q5-5-1　従業員Vとの間で、労働契約の解除についてのトラブルが発生しました。このような労働紛争が生じた場合、どう解決すればよいでしょうか。（労働紛争の解決方法）

　労働契約の解除または終了により生じた紛争、賃金または経済補償金に関する紛争等の労働紛争が生じた場合、通常、以下の順序で解決が図られます。もっとも、当事者が協議や調停を望まない場合は、いきなり仲裁を申し立てることも可能となっています。

(1) **協　議**

　まずは、当事者間（従業員および企業）で協議を行うことになります（労働紛争調停仲裁法4条）。労働組合を協議に入れることもできます。

(2) **調停組織による調停**

　協議が整わない場合、当事者は、調停組織による調停を申し立てることができ、通常、従業員代表と企業代表で構成された企業労働紛争調停委員会で行われます（労働紛争調停仲裁法5条・10条）。調停申立てから15日以内に調停による合意ができない場合、仲裁の申立てに進むことができます（労働紛争調停仲裁法14条3項）。

(3) **労働紛争仲裁委員会による仲裁**

　管轄する労働紛争仲裁委員会に仲裁を申し立てるものです。仲裁は、通常3名の仲裁人で行われますが、簡単な紛争の場合には1名の仲裁人で行われるこ

ともあります（労働紛争調停仲裁法31条）。

(4) 人民法院による訴訟

仲裁判断を不服とする場合、従業員側はすべての事案において、企業側は一定の事案（最低賃金の12か月分を超えない労働賃金等の紛争）を除いて、仲裁判断書を受け取った日から15日以内に人民法院に訴訟を提起することができます（労働紛争調停仲裁法47条・48条・50条）。仲裁判断を受けずにいきなり訴訟提起することはできません。

Column 5-5-1：労働仲裁制度

2008年5月1日に施行された「労働紛争調停仲裁法」によって労働仲裁制度が整備されています。特徴として以下の点が挙げられます。

(1) 時効期間

仲裁申立ての時効期間は1年間で、当事者が権利を侵害されていることを知り、または知ることができた日から起算されます（労働紛争調停仲裁法27条1項）。ただし、労働関係の存続期間中においては、労働賃金の支払遅延に起因して生じた紛争についての従業員側の仲裁申立てに当該時効は適用されません（労働関係が終了した場合は、終了時から1年以内に申立てをする必要があります）（労働紛争調停仲裁法27条4項）。

(2) 挙証責任

仲裁では、当事者が提出した証拠によって事実認定がなされます。しかし、従業員の主張に関連する証拠が企業によって保有、管理されている場合、企業はこれらを提出しなければならず、企業が提出しない場合、企業側が不利な結果を負わなければならないとされています（労働紛争調停仲裁法39条）。このような観点からも、企業にとって労働関係に関する書類の管理は重要といえます。

(3) 申立費用

仲裁の申立費用は無料ですので、従業員にとって申立てが容易となっています（労働紛争調停仲裁法53条）。

(4) 手続の概略

申立書提出 → （5日以内）→ 受理決定 → （受理日から45日～60日以内）→ 仲裁判断 → （仲裁判断書受領日から15日以内）→ 人民法院に提訴

第5章 労　務

> **Case 5-5-1　残業代に関する労働仲裁**
>
> 　自己都合で退職した従業員Xが、残業代につき労働法規に基づいた金額が支払われなかったとして在籍期間中の残業代の支払いを求めて労働仲裁を申し立てました。Xが勤務していたY企業の就業規則では、勤務時間は平日12時間、土曜日9時間と定めてられていましたが、Xとの労働契約書では、「1日の勤務時間は8時間を超えてはならず、週の勤務時間は40時間を超えてはならない」と定められており、月額基本給に固定金額が記載され、残業代は関連法令に従って支払われると記載されていました。Xは、労働契約書の記載により、就業規則における勤務時間のうち、労働契約書に記載された勤務時間を超過する分については、残業代が支払われるべきであると主張しました。一方、Y企業は、①Xの採用時に就業規則に定めた勤務時間を説明し、さらに月額基本給が当該超過時間についての固定額の残業代を含めた金額であることも説明したうえで、当事者間で合意していたこと、②月額基本給が、当該地区における同職種の賃金に比べて高額である場合、固定額の残業代を月額基本給に含めることは有効であるとする高級人民法院の司法解釈、地方の下級人民法院の裁判例等を引用しつつ、月額基本給に当該超過時間が適法に含まれることを主張しました。結果として、仲裁委員会は、Y企業の主張をほぼ認めたため、Y企業に有利な内容で和解することができました。
> 　本件では、契約に至った経緯等他の事実も総合的に考慮され、Y企業の主張・立証が認められましたが、一般的には、労働仲裁において労働契約書は重要な証拠となりますので、記載内容には十分注意すべきです。

Q5-5-2　従業員がストライキ・暴動を起こしました。どのように対処すればよいでしょうか。（ストライキ対策）

　中国では、国家公務員によるストライキは禁止されています（公務員法53条1項2号）が、一般の従業員によるストライキの合法性については、明文上の根拠がなく、議論が分かれるところです。ストライキを解雇事由とする労働関連法規はありませんが、少なくとも、企業の資産を破壊したり、他の従業員や管理職に対して暴力を振るうような、いわゆる暴動にまで発展した場合には、刑法の罪に該当する場合はもとより、刑法の罪に該当しない場合でも「就業規則の著しい違反」に該当するとして当該従業員を解雇することは可能です。

対処方法としては、ケース・バイ・ケースとなりますが、労働関係政府機関等への通報を行うほか、警備を強化するなどして、企業資産および従業員の安全の確保を図る必要があります。また、ストライキによる要求内容を把握することも重要です。そして、合理的な要求であれば受入れを検討し、不合理な要求であっても誠意をもって説明することが必要となります。交渉相手としては、従業員の代表者を選出してもらい、代表者と交渉することになります。労働組合がある場合は、その責任者にも同席してもらい、さらに、法的な説明を行うために弁護士による立会いを求めるなども考えられます。

⇒Q4-2-8（不可抗力）

Q5-5-3　ストライキ・暴動等の労働紛争の発生を防止するためには、日常どのような点に注意すればよいでしょうか。（労働紛争の事前防止策）

ストライキの発生原因にもよりますが、日頃から、従業員との意見交換の機会を確保し、苦情申立てのルートを確保するなど、従業員の不満・意見を把握できる体制を構築しておくことで、無用なストライキは回避できると思われます。また、日本人では中国人従業員の意見や不満を十分把握できないことが多いため、信頼できる中国人従業員に人事労務面を任せて適宜情報を得られる体制を整えておくことも一案です。

関連法令

「労働紛争調停仲裁法」（労动争议调解仲裁法）（2008年）
「公務員法」（公务员法）（2006年）

第6章

会計・税務

第1節 会　計

> 会計はビジネス世界の共通語とされますが、やはり国ごとに会計制度の特徴があります。本節では、中国ビジネス実務において、出資者の視点から、事前に理解しておいたほうがよいと思われる会計制度上の基礎知識を紹介します。

Q6-1-1　中国の会計制度は国際的に共通しているのですか、それとも中国特有のものですか。（会計制度）

　過去10年間の改正を経て、中国の会計制度は、国際財務報告基準（IFRS）にかなり近づいています。

　国際会計基準に近づく第一歩として、中国政府は、2000年12月に国際会計基準を踏まえた企業会計制度を制定し、まずは中国国内の株式会社に当該会計制度の遵守を要求し、2002年から外商投資企業に対しても当該会計制度の適用を要求しました。

　さらに、中国政府は、2006年2月に、1993年以降施行されてきた「旧」企業会計準則を国際財務報告基準（IFRS）に則って大幅に改正した「新」企業会計準則を公表しました。

　「新」企業会計準則は、規定上2007年から施行されており、施行当初は、上場企業、金融会社、および一部の国有企業等に対しては強制的に適用されましたが、外商投資企業に対しては適用が推奨されているものの強制適用ではありませんでした。その後、中国政府は、外商投資企業を含む大型・中型企業が全面的に「新」企業会計準則を採用することを促進してきました。

　2013年1月1日以降、中国にある大型・中型企業には、「新」企業会計準則

を適用し、小型企業には「小企業会計準則」を適用することになりました（大型・中型・小型企業の認定分類は、「中小企業分類標準規定」（工信部聯企業【2011】300号）に定めがあります）。

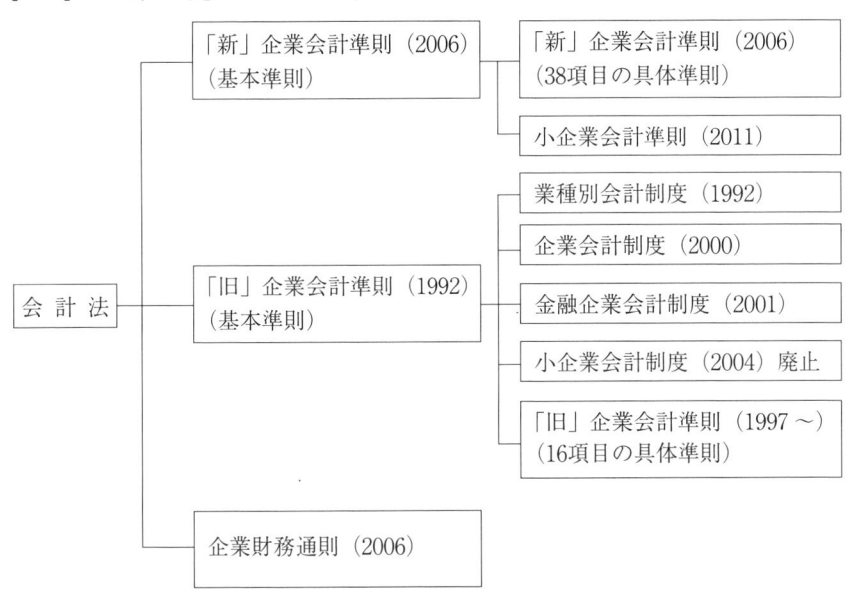

```
会計法 ─┬─ 「新」企業会計準則（2006）──┬─ 「新」企業会計準則（2006）
        │   （基本準則）                │   （38項目の具体準則）
        │                               └─ 小企業会計準則（2011）
        │
        ├─ 「旧」企業会計準則（1992）──┬─ 業種別会計制度（1992）
        │   （基本準則）                ├─ 企業会計制度（2000）
        │                               ├─ 金融企業会計制度（2001）
        │                               ├─ 小企業会計制度（2004）廃止
        │                               └─ 「旧」企業会計準則（1997〜）
        │                                    （16項目の具体準則）
        └─ 企業財務通則（2006）
```

> **Q6-1-2** 当社現法の決算期を親会社の決算期にあわせて3月末に設定することはできますか。（会計年度）

　中国企業の会計年度は、西暦の1月1日から12月31日までと明確に規定されており、それ以外の会計年度を設定することはできません（会計法11条）。また、新設法人は営業許可証発行日から12月31日までとなります。

　したがって、日本の親会社の決算期が12月末以外であったとしても、それにあわせて貴社現法の決算期を設定することはできません。

第6章　会計・税務

> **Q6-1-3　当社現法が作成すべき財務諸表はどのようなものがありますか。（財務諸表）**

　中国では、すべての現地法人について、基本財務諸表として貸借対照表、損益計算書、キャッシュフロー計算書を作成することが義務づけられています。また、これらの基本財務諸表は、会計年度末に、中国で登録されている会計事務所の監査を受けなければなりません。工商部門、外貨管理局等の関係政府機関が合同で外商投資企業に対して行う年間の定例検査（連合年次検査）の際には、会計事務所による監査報告書付の基本財務諸表を関係政府機関に提出する必要があります。なお、非上場会社の場合、日常的にキャッシュフロー計算書を作成しておらず、年に一度、監査を担当する会計事務所にキャッシュフロー計算書を作成してもらっている企業もよくあります。なお、記帳通貨は原則として人民元とされています。

　また、上記の基本財務諸表以外に、資産評価損失引当金明細表、株主持分増減変動表、未払増値税明細表、利益処分計算書の財務諸表を作成する必要があります。

　中国企業の貸借対照表と損益計算書について、特殊な点をいくつか紹介します。まず、貸借対照表上、建物は固定資産や建設仮勘定に記載されますが、中国では土地所有権が国に帰属し、企業は土地使用権しか保有できないため、土地使用権は無形資産として計上されます。また、損益計算書には、主要業務利益、営業利益、利益総額（税控除前利益）、純利益という4つの種類の利益が表示されますが、そのうち、中国における営業利益は、受取利息・支払利息等の財務費用を控除した後の利益となっています。さらに、日本における経常利益という概念はありません。

　中国で使われる貸借対照表、損益計算書、キャッシュフロー計算書の雛型を、本節末尾に記載しましたのでご参照ください。
⇒Q3-4-1（中国における土地所有・使用制度）、Q12-5-4（年次検査）

第1節 会　　計

> Q6-1-4　当社現法の財務諸表について、外部監査を受ける必要はありますか。（法定監査）

　外商投資企業を含む中国における有限責任会社および株式会社には、年度財務諸表の監査が義務づけられています。期末の会計監査は、会計事務所に対して会計監査を依頼し、税務申告、連合年次検査等の期限までに法定監査報告書を受領し、関係政府機関に提出します。連合年次検査の書類を当該会計年度の翌年3月1日から6月30日の間に提出する必要があるため、法定監査報告書は6月30日までに会計事務所から取得するのが一般的です。

　また、中国現地法人に著しい財産損失があって、これを財務上、損金処理したい場合、別途税務機関に損金処理申請を行いますが、その時税務機関から当該損失について公認会計士作成の特別監査報告書の提出が要請されます。これに備えて、事前に公認会計士の特別監査を受けておくこともあります。

⇒Q6-1-12（監事・任意監査）、Q12-5-4（年次検査）

> Q6-1-5　当社現法の経理担当者を探していますが、経理担当者に必要な資格はありますか。（会計責任者の資格）

　中国で経理実務を担当するためには、会計従業資格証書が必要です。さらに、会計責任者となるためには、会計従業資格証書に加えて会計士（中国語では「会計師」）以上の専門技術職務資格または3年以上の実務経験が必要とされています。これは、企業から独立して会計監査を実施するための資格である登録会計士とは異なる資格制度です。

　実務上、経理人員を保有するコストを削減するために、駐在員事務所（代表処）や中小規模の現地法人が登録会計士事務所・登録税務士事務所（Q6-1-6参照）に記帳代行・納税代行を依頼することはよくあります。

第6章　会計・税務

> **Q6-1-6　会計・財務分野の専門家資格を説明してください。（会計・税務の専門家資格）**

　会計・財務分野の中国における専門家資格は、主に以下の3つがあります。
　①　登録会計士（中国語では「注册会計師」）
　監査業務（登録資本金を検証する験資（Q6-1-7参照）業務も含む）、会計コンサルティング、会計サービスを提供します。
　②　登録税務士（中国語では「注册税务師」）
　税務手続代行・税務コンサルティング等の税務サービスおよび日本の法人税の確定申告に類似する企業所得税年末総合計算申告（中国語では「企業所得税汇算清繳」）と企業所得税控除前の損失填補・財産損失に関する検証業務を提供します。
　③　登録資産評価士（中国語では「注册资产评估師」）
　資産評価業務、資産評価コンサルティング、資産評価サービスを提供します。
⇒Q3-2-4（資産評価）

> **Q6-1-7　中国の企業に出資金を振り込むときに、資本金検査を受ける必要がありますか。（資本金検査（験資））**

　中国の企業に対して出資金を振り込んだ後、当該出資を払込済み登録資本金として登記するためには、中国の会計事務所による当該出資行為に対する検査を受け、会計事務所から発行される験資報告書を取得して、登記機関に提出しなければなりません。これを資本金検査（験資）といいます。験資報告書は、企業の重要書類の1つで、後日、他の手続においても、関係政府機関から提出を求められることがあります。
　金銭による出資の場合の験資報告書の作成は、通常、数営業日でできますが、出資者が金銭以外の資産をもって出資（現物出資）する場合、験資報告書を取得するためには、出資対象資産の権利移転完了に関する証拠書類、資産評価事

第 1 節 会 計

務所から作成された出資対象資産に関する資産評価報告書を事前に入手する必要があることにご留意ください。
⇒Q3-2-3（現物出資）、Q3-2-6（資本金の払込期限）

> **Case 6-1-1 無形資産の過大評価**
> 　一定金額の登録資本金を有することは、業法上（例：建築業）の一定の資格・行政認可を取得する前提条件、または入札等の取引の前提条件となることが多いです。その規定上の登録資本金を達成するために、金銭の原資の代わりに、無形資産（特許権等）をもって現物出資するケースは少なくありません。現物出資をする際には、資産評価事務所に依頼して資産評価報告書を提出してもらう必要があります。実務上、出資者が資産評価事務所と癒着し、出資者が希望する金額どおりの資産評価報告書を提出してもらい、登録資本金を膨らませるという手法がよくみられます。
> 　したがって、特に、無形資産の現物出資がなされている中国企業を買収または中国企業に資本参加する場合には、資産評価事務所から発行された無形資産に関する資産評価報告書を安易に信用せずに、買収側の専門家に法務・財務等の面から改めて精査してもらうことをお勧めします。
> ⇒Q3-1-4（企業名称ルール）、Q3-2-1（最低登録資本金）、Q3-2-4（資産評価）

Q6-1-8　中国における固定資産の減価償却の年数を教えてください。（減価償却）

　会計上、企業は、有形固定資産の性質と使用状況に基づいて耐用年数と残存価額を合理的に見積り、経済的利益の程度を根拠として、定額法等の４つの償却方法から、合理的な減価償却方法を選択できるとされていますが、実務上は、税法と同じく定額法を採用する企業がほとんどです。
　定額法を採用する場合、各有形固定資産の償却年数は以下のとおりで、その残存価額は通常10％とされます（企業所得税法実施条例60条）。税務機関の認可を得れば、定額法以外に生産高比例法や加速償却法（級数法と倍額定率法）が認められますが、実務上、定額法以外の償却方法や10％を下回る残存価額の設

第6章 会計・税務

定について税務機関の認可を取得するための手続は煩雑です。

- 建物、構築物　　　　　　　　　　　　20年
- 機械設備、列車、船舶、航空機　　　　10年
- 生産経営活動に関連する工具・器具・備品　5年
- 運搬具（列車、船舶、航空機を除く）　　4年
- 電子設備　　　　　　　　　　　　　　3年

一方、中国の土地使用権は無形資産として計上し、払下げの土地使用年数に基づき定額法で減価償却されます。

Q6-1-9 当社現法の利益の全部を、親会社である当社に配当することはできますか。（内部留保）

中国の会社法上、企業は、欠損を補填し、企業所得税控除後の利益から、法定および任意の準備金を積み立てた後の余剰利益を株主に配当することができます。

これに加えて、合弁企業については、企業所得税控除後の利益から三項基金を積み立てる必要があり、独資企業については、三項基金から従業員奨励および福利基金を除いた二項基金を積み立てる必要があるとの法規定も存在しています。三項基金とは、準備基金、企業発展基金、ならびに従業員奨励および福利基金をいいます。

しかし、外商投資企業にも適用される会社法、企業会計準則上は、三項基金という概念がないため、混乱が生じやすくなっています。ここで、三項基金に関する要点を、下表のとおり整理しました。

	三項基金	会社法上の積立項目	積立方法	用　　途
1	準備基金	法定準備金	毎年（累損填補後の）当年度税控除後利益の10％を積み立てなけれ	累損填補、生産拡大、関係政府機関の認可を得て増資に使用できま

			ばなりません。企業の法定準備金の累計額が企業の登録資本金の50%以上となった場合は、新たな積立てを必要としません。	す。
2	企業発展基金	任意準備金	任意積立。企業は税控除後利益から法定準備金を積み立てた後、企業の最高権力機構の決議を経て任意準備金を積み立てることができます。	累損填補、生産拡大、関係政府機関の認可を得て増資に使用できます。
3	従業員奨励および福利基金	※廃止された旧会社法における公益金に相当	任意積立。企業の最高権力機構が積み立てることを決議した場合、用途、使用条件、使用手続を明確にしたうえで、負債として管理します。	積立時に決められた用途、使用条件、使用手続に基づき、従業員への日常的な奨励や従業員寮・社宅の購入・建設・修繕のために使います。

Q6-1-10 当社現法から当社へ配当を送金する際に、どのような書類を提出する必要がありますか。（配当の送金）

　外商投資企業は比較的容易に配当金を海外に送金することができます。かつ、2013年9月以降、「サービス貿易外貨管理ガイドライン」およびその実施細則等の法規の実施により、さらに送金手続が緩和されました。配当金を海外に送金する場合、外貨指定銀行に対して以下の書類を提出し、銀行による真実性と一致性の審査を受ける必要があります。

(1) 送金申請書

　銀行の用紙に銀行届出印を捺印して作成します。

(2) 税務届出表（5万米ドル以下の場合不要）

管轄税務局に対して対象となる配当に関する税務届出をします。

(3) **対象年度の会計事務所が発行する監査報告書（5万米ドル未満の場合不要）**

ただし、2013年10月29日、国家外貨管理局から、「外商投資企業利益の海外送金における問題に関する批複」（匯総複【2013】110号）が公表され、配当金が5万米ドル以上であっても監査報告書の提出が不要であるとされました。同批複によれば、配当金が5万米ドル以上であっても、銀行が外商投資企業のために配当送金をする際には、監査報告書を審査せず、利益配当に関する董事会決議書および関連する税務証明書の原本を審査確認し、利益送金する都度、この税務証明書の原本の上に実際の送金金額を付記することになります。

(4) **配当に関する董事会決議書（5万米ドル未満の場合不要）**
(5) **外商投資企業の外貨登記証**
(6) **会計事務所が作成した最新の験資報告書（5万米ドル未満の場合不要）**

原則として、登録資本金全額の振込みが完了するまで配当の海外送金はできません。

⇒Q3-2-10（現地法人の利益による出資）、Q6-2-5（源泉所得税）

Q6-1-11　中国現地法人から親会社に対して、会計年度が未終了のうちに、当該会計年度の今まで発生した利益を配当することはできますか。（先行配当）

法令上、会計年度が未終了のうちに、当該会計年度のそれまでに発生した利益を配当すること（中国語では「預分利潤」といい、一般的に「先行配当」と訳されています）を禁止する規定はありません。また、外商投資企業については、先行配当につき財政部門の審査許認可が不要であるという通達（「財政部の外商投資企業の先行配当の審査許認可事項を取り消す通達」（財企【2004】133号））が存在するものの、先行配当は従来の実務上困難でした。しかし、2013年9月以降の配当の送金手続に関する規制緩和（Q6-1-10参照）により、実務

上、先行配当ができる可能性が出てきました。

　従来、外商投資企業の場合、外国にある親会社に対して配当を行う際には、外貨送金手続において、当該配当利益について企業所得税を納税済みであることの証明書を提出する必要がありました。一方、中国において、企業所得税は会計年度末に精算・納付されます。そのため、年度の中間において、税務機関から企業所得税納税済みの証明書を入手するのは困難でした。

　しかしながら、納税済みで送金待ちの配当可能利益については、送金時期および送金回数に特に制限がありません。たとえば、2013年度の利益に関する配当を、2014年の5月に送金することも、2014年の11月に送金することも可能であり、また、2014年の5月と11月の2回に分けて送金することも可能です。

　2013年9月以降の配当の送金手続に関する規制緩和により、5万米ドル以下の配当については、税務局が発行する書類を送金手続の際に提出する必要が一切なくなったため、先行配当の送金難の問題がなくなりました。また、5万米ドルを超える配当については、実務がまだ確定されていませんが、理論的には、管轄税務局に対して本件配当についての税務届出をすれば、先行配当を送金できる可能性があります。

> **Q6-1-12　当社合弁の会計・経理上の不正を調査や確認する方法はありますか。（監事・任意監査）**

　貴社が当該合弁企業の監事を委任派遣していれば、監事の職権に基づき、合弁企業の財務を検査し、董事・高級管理職の職務執行を監督することができます。さらに、状況によっては関与する董事・高級管理職の職務行為の是正を要求し、罷免の提案をし、最終的にこれらの者に対して訴訟を提起することも考えられます。

　また、法令上、株主の帳簿閲覧権が認められていますが、より実効的な監査を行うためには、貴社の経理人員を当該合弁企業に派遣して、または会計事務所等の専門家を導入して監査を行うことが考えられます。しかし、当該監査は、

毎会計年度末に実施される法定監査と異なり、任意監査であるため、当該任意監査を実現するためには、他の株主や合弁企業が監査に協力する義務を合弁契約において規定しておくことが望ましいです。
⇒コラム2-3-11（監事会の権限の範囲と決議に関する規則等）、コラム2-3-8（総経理を中国側出資者が派遣する場合の実務上の牽制方法）、Q6-1-4（法定監査）、Q12-5-5（董事の責任）

法知識の整理

1　法体系
中国の会計制度の基本的事項を規定する法令としては、以下のものがあります。
① 会計法（1985年制定、1993年、1999年改正、2000年施行）
② 企業会計準則（国務院財政部が制定し、順次発布・施行）
③ 会社法（1993年制定、1999年、2004年、2005年改正、2006年施行）
　第8章（外貨）に企業の財務、会計の章を設けています。
④ その他、国務院財政部、中国人民銀行およびその他関係政府機関が制定する法令、企業会計準則解釈も実務上重要です。

2　主管部門
国務院財政部は、企業会計準則を作成し発布し、各種会計処理の方法について指示、解釈を出しています。その他には、中国人民銀行が、支払決済に関する規制を担当しています。

関連法令

「会計法」（会計法）（2000年）
「企業会計準則」（企業会計准則）（財政部令【2007】33号）
「会社法」（公司法）（2006年）
「支払決済弁法」（支付結算弁法）（銀発【1997】393号）
「人民元銀行決済口座管理弁法」（人民币銀行結算账户管理弁法）（中国人民銀行令【2003】5号）
「企業内部統制基本規範」（企業内部控制基本規範）（財会【2008】7号）

貸借対照表、損益計算書、キャッシュフロー計算書の雛形
资产负债表（貸借対照表）
年　月　日

编制单位：(作成会社：)　　　　　　　　　　　　　　　　单位：元（単位：人民元）

资产（資産）	年初余额 (年初額)	期末余额 (期末額)	负债和所有者权益 (負債および所有者権益)	年初余额 (年初額)	期末余额 (期末額)
流动资产（流動資産）：			流动负债（流動負債）：		
货币资金（現預金）			短期借款 （短期借入金）		
应收票据（受取手形）			应付票据（支払手形）		
应收账款（売掛金）			应付账款（買掛金）		
预付账款（前渡金）			预收账款（前受金）		
应收股利（受取配当金）			应付职工薪酬 （未払給与）		
应收利息（未収利息）			应交税费（未払税金）		
其他应收款 （その他の未収金）			应付利息（未払利息）		
存货（在庫）			应付股利 （未払配当金）		
1年内到期的非流动资产 （1年以内に期限が到来 する非流動資産）			其他应付款 （その他未払金）		
其他流动资产 （その他の流動資産）			1年内到期的非流动负债 （1年以内に期限が到来 する非流動負債）		
流动资产合计 （流動資産合計）			其他流动负债 （その他の流動負債）		
			流动负债合计 （流動負債合計）		
非流动资产 （非流動資産）：			非流动负债（非流動負債）：		
长期应收账款 （長期売掛金）			长期借款（長期借入金）		
长期股权投资 （長期株式投資）			应付债券（社債）		
固定资产（固定資産）			递延所得税负债 （繰延税金貸方）		
在建工程（建設仮勘定）			其他非流动负债 （その他の固定負債）		
无形资产（無形資産）			非流动负债合计 （固定負債合計）		
开发支出（開発支出）			负债合计（負債合計）		

243

第6章 会計・税務

商誉（のれん）			所有者权益 （所有者権益）：	
长期待摊费用 （長期前払費用）			实收资本（実収資本）	
递延所得税资产 （繰延税金借方）			资本公积（資本準備金）	
其他非流动资产 （その他の非流動資産）			盈余公积（剰余金積立金）	
非流动资产合计 （非流動資産合計）			未分配利润（未配当利益）	
			所有者权益合计 （所有者権益合計）	
资产总计（資産合計）			负债和所有者权益合计 （負債および所有者権益合計）	

利润表（損益計算書）
年（年度）

编制单位：（作成会社：） 单位：元（単位：人民元）

项目（項目）	本期金额 （当期金額）	上期金额 （前期金額）
一、营业收入（売上高）		
减：营业成本（減：売上原価）		
营业税金及附加（売上税および付加）		
销售费用（販売費用）		
管理费用（管理費用）		
财务费用（財務費用）		
资产减值损失（資産減価償却）		
加：公允价值变动收益（损失以"－"号填列） 　　（適正価値変動損益（損失は「－」で記載））		
投资收益（损失以"－"号填列） 　　（投資損益（損失は「－」で記載））		
二、营业利润（亏损以"－"号填列） 　（営業利益（赤字は「－」で記載））		
加：营业外收入（加：営業外収入）		
减：营业外支出（減：営業外支出）		
三、利润总额（亏损总额以"－"号填列） 　（利益総額（赤字は「－」で記載））		
减：所得税费用（減：所得税費用）		
四、净利润（净亏损以"－"号填列） 　（純利益（純損失は「－」で記載））		

244

第1節　会　　計

現金流量表（キャッシュフロー計算書）
年（年度）

編制単位：（作成会社：）　　　　　　　　　　　　　単位：元（単位：人民元）

项目（項目）	本期金额 （当期金額）	上期金额 （前期金額）
一、经营活动产生的现金流量：（経営活動に伴うキャッシュフロー：）		
销售商品、提供劳务收到的现金 （商品の販売、役務の提供により受け取った現金）		
收到的税费返还（受け取った税金費用の還付額）		
收到其他与经营活动有关的现金 （その他経営活動に関連して受け取った現金）		
经营活动现金流入小计（経営活動現金流入　小計）		
购买商品、接受劳务支付的现金 （商品の購入、役務の提供に対し支払った現金）		
支付给职工以及为职工支付的现金 （職員に支給した、または職員のために支払った現金）		
支付的各项税费（支払った各種税金費用）		
支付其他与经营活动有关的现金 （その他経営活動に関連して支払った現金）		
经营活动现金流出小计（経営活動現金流出　小計）		
经营活动产生的现金流量净额 　　（経営活動に伴うキャッシュフローの正味額）		
二、投资活动产生的现金流量： （投資活動によって発生したキャッシュフロー：）		
收回投资收到的现金 （投資を回収することにより受け取った現金）		
取得投资收益收到的现金（投資収益として受け取った現金）		
处置固定资产、无形资产和其他长期资产收回的现金净额 （固定資産、無形資産、その他の長期資産処分により受け取った現金の正味額）		
处置子公司及其他营业单位收到的现金净额 （子会社、その他の営業所属単位処分により受け取った現金の正味額）		
收到其他与投资活动有关的现金 （その他投資活動に関連して受け取った現金）		
投资活动现金流入小计（投資活動現金流入　小計）		
购建固定资产、无形资产和其他长期资产支付的现金 （固定資産、無形資産、その他の長期資産の取得のために支払った現金）		
投资支付的现金（投資のために支払った現金）		

取得子公司及其他営業単位支付的現金浄額 （子会社、その他の営業所属単位の取得のために支払った現金の正味額）		
支付其他与投資活動有关的現金 （その他投資活動に関連して支払った現金）		
投資活動現金流出小計（投資活動現金流出　小計）		
投資活動产生的現金流量浄額 （投資活動に伴うキャッシュフローの正味額）		
三、筹资活動产生的現金流量：（資金調達によるキャッシュフロー：）		
吸收投資收到的現金（投資回収により受け取った現金）		
取得借款收到的現金（借入れにより受け取った現金）		
收到其他与筹资活動有关的現金 （その他資金調達に関連して受け取った現金）		
筹资活動現金流入小計（資金調達活動現金流入　小計）		
偿还债务支付的現金（債務の弁済のために支払った現金）		
分配股利、利润或偿付利息支付的現金 （株式配当金、利益分配あるいは利息支払いのために支払った現金）		
支付其他与筹资活動有关的現金 （資金調達に関連して発生したその他現金の支払い）		
筹资活動現金流出小計（資金調達活動現金流出　小計）		
筹资活動产生的現金流量浄額 （資金調達に伴うキャッシュフローの正味額）		
四、汇率变動対現金及現金等价物的影响（為替変動の現金に対して与えた影響額）		
五、現金及現金等价物浄増加額（現金および現金等価物の正味増加額）		
加：期初現金及現金等价物余額（加：期首現金および現金等価物残高）		
六、期末現金及現金等价物余額（期末現金および現金等価物残高）		

第2節 税　務

投資や取引をする場合、税務コストを考えなければなりません。また、企業を運営する際には、税務面のコンプライアンスも守らなければなりません。本節では、中国の税制の概要のほか、企業所得税、増値税、営業税、関税、個人所得税に関する実務上の基礎知識を紹介します。

Q6-2-1　中国の現行の税制について簡単に説明してください。（中国の税制体系）

中国は改革開放政策を実施して以来、中国企業および中国人に対する対内税制と外商投資企業および外国人に対する対外税制を区別してきました。特に、かつて中国は外資導入のために、外商投資企業に対して企業所得税をはじめとする優遇税制を与えていました。2008年、新しい企業所得税の実施により、外商投資企業を優遇する外商投資企業所得税法が廃止され、内資向けと外資向けの企業所得税を統一しました。このように、現行の中国の税制体系においては、内資と外資の税法の統一が進められ、内資と外資の税法上の違いは非常に小さくなっています。各税目の概要については、本節末尾の**現行の税制体系**をご参照ください。
⇒Q1-1-4（奨励類の優遇措置）、コラム1-1-2（ハイテク企業認定）、Q1-2-4（西部大開発政策）

Column 6-2-1：国税、地方税と共通税

中国においては、中央と地方の分税制が実施されており、税の種類によって、国家税務局が徴収する税と地方税務局が徴収する税に分かれています。また、

第6章　会計・税務

国家税務局が徴収する一部の税については、中央政府と地方政府が税収を分配することもあります。

国家税務局が徴収し、中央政府の収入となる税は国税といい、主に、車両購入税、関税、税関徴収の消費税、税関徴収の増値税、鉄道部門等の集中納付する営業税、都市維持建設税、海洋石油の資源税等があります。

地方税務局が徴収し、地方政府の収入となる税は地税といい、主に、国税を除く営業税および都市維持建設税、城鎮土地使用税、耕地占用税、土地増値税、不動産税、車船税、契税、印紙税（証券取引印紙税を除く）、海洋石油以外の資源税等があります。

国家税務局が徴収し、中央政府と地方政府に分配される税は共通税といい、主に、増値税（中央75％、地方25％）、企業所得税、個人所得税があります。

ほとんどの地域には、国家税務局と地方税務局がそれぞれ設置されていますが、たとえば、上海市等の一部の地域では、国家税務局と地方税務局が統合されている場合もあります。国税・地税の区別は、中央政府の財源を確保するための政策ですが、その反面、必要としない人員や徴収コストが生じるなどのデメリットがあります。そこで、国家税務局と地方税務局を統合しようとする声が高まってきています。

Column 6-2-2：日中租税協定

日本と中国との間では、所得に対する租税に関する二重課税の回避および脱税の防止のための協定（日中租税協定）が締結されています。なお、現在、中国は100か国ほどの国と租税協定を締結しています。また、中国と香港・マカオとの間にも租税協定と同様の二重課税防止規定があります。

日中租税協定の主な内容は以下のとおりです。
(1)　日中租税協定の適用対象となる租税
　　　日本の所得税、法人税、住民税
　　　中国の個人所得税、企業所得税
(2)　配当、利子、使用料の限度税率
　　日本の居住者が中国国内で得る配当所得、利子所得、各種無体財産権使用料所得に対しては、中国は10％を超えない税率で課税できます。
(3)　企業の所得の課税
　　日本の企業が中国にある恒久的施設（PE）を通じて中国で事業を行う場合、それに関する企業の利得については、中国で企業所得税が課税されます。特に、恒久的施設の範囲については、次の表のように中国国内法の規定と日中租税協定

の規定が異なりますが、日中間の税務問題の場合、日中租税協定が優先的に適用されます。

	中国国内法における恒久的施設	日中租税協定における恒久的施設
生産経営の場所	1. 管理場所、営業所、事務所 2. 工場、天然資源の採取場所 3. 役務提供の場所 4. 建設作業等の場所 5. その他生産経営の場所	1. 事業の管理場所、支店、事務所 2. 工場、作業場、天然資源の採取場所 3. 建設作業等の場所（6か月超） 4. コンサルタント役務提供の場所（単一のプロジェクトまたは複数の関連プロジェクトについて12か月の間に合計6か月を超える期間行われる場合）
代理人	1. 経常的な契約締結の代行 2. 貨物の保管・受渡等の代行	1. 常習代理人（その一方の締約国内において、その企業の名において契約を締結する権限を有し、かつこの権限を反復して行使する者） 2. 注文取得代理人（その一方の締約国内において、もっぱらまたは主としてその企業のため、またはその企業およびその企業を支配しもしくはその企業に支配されている他の企業のため、反復継続して注文を取得する者）

(4) 不動産所得の課税

日本の居住者が中国国内にある不動産を直接使用するか、もしくは貸与するなどにより得る所得に対しては、中国で個人所得税または企業所得税が課税されます。

(5) 独立性のある個人的役務の課税

日本の居住者である個人が、中国で医師、弁護士、会計士等の独立した業務活動を行う際、中国国内に固定的施設を有する場合または中国滞在期間が183日を超える場合は、その所得に対して中国で個人所得税が課税されます。

(6) 給与所得の課税

日本の居住者が中国において勤務し中国以外から取得する給料等の報酬については、中国国内の滞在期間が当該年度で183日を超える場合、中国で個人所得税が課税されます。

⇒コラム2-1-1（駐在員事務所（代表処）に対する管理・規制の強化）、Q2-2-3（香港経由の投資）

Case 6-2-1　出向PEの事例

　遼寧省錦州市にある日中合弁企業は、日本の親会社との間で人員派遣契約を締結し、総経理等の人員の派遣を受けて、当該合弁企業が日本の親会社に対して人員派遣契約に基づき費用を支払っていました。また、当該合弁企業は、人員派遣契約に基づき派遣人員に対して現地で一部費用を直接支払っていました。

　2010年、中国税務局は、調査による、派遣費用の金額が毎月大きく変動していること（総経理の派遣費用として支払う費用が、月6万人民元から月35万人民元までのばらつきがあるなど）、日本の親会社が受け取った費用を派遣人員に給与として支払った証拠が提出されていないことなどの事実に基づき、日本の親会社が中国で恒久的施設（いわゆる「PE」。コラム6-2-2参照）を有すると認定し、中国での企業所得税を追徴しました。

　なお、親会社から中国子会社への人員派遣が中国における恒久的施設を構成するかどうかの判断基準について、中国国家税務総局は、派遣人員が子会社の従業員として雇用され、子会社が当該人員に対して指揮命令の権利を有し、その従業員の職責とリスクが親会社と関係なく子会社によって負担される場合には、中国において恒久的施設を構成しないという解釈を示しており、その場合、派遣人員に対する給与を親会社を通じて支払っても、中国子会社の人件費として損金算入され、当該人件費については中国の個人所得税の関係規定に基づき個人所得税が課税されることになります。

　同時に、中国国家税務総局は、下記のいずれかの基準に合致する場合には、当該派遣人員は親会社のために中国で勤務していると判断されるとの解釈も示しており、その場合、親会社が中国子会社から受け取る費用は、独立企業間の公平取引の原則に基づき合理性を確認したうえで、中国子会社の損金として算入されます。もし当該派遣人員が親会社のために中国で勤務する期間等の要件もあわせて考慮した結果、恒久的施設の保有であると認定できる場合には、中国政府が日本の親会社に対して中国子会社から受け取った費用につき企業所得税を課税できる（実務上はみなし課税）、と示しています。

① 親会社が派遣人員の業務について指揮権を有し、かつリスクと責任を負うこと
② 子会社に派遣される人員の人数と基準を親会社が決定すること
③ 派遣人員の給与を親会社が負担すること
④ 親会社が子会社に人員を派遣することを通じて利益を得ていること

　2013年施行の「非居住者企業の中国国内で労務を提供することにつき企業所得税を徴収する関係問題の公告」により、派遣人員によるPE認定がさらに強化され、同時に、親会社が出資者権益の行使の一環として、株主会、董事会に参加させ、経営を提案させるために、子会社へ人員を派遣し労務を提供する場合、PEと認定しないことも明確にされました。

⇒Q8-1-9（立替費用の対外送金）

Q6-2-2 中国で税務上の追徴期間を教えてください。(追徴課税期間)

中国では、納税者・源泉徴収義務者の悪意によって、脱税、租税回避、税金還付・控除の騙取が行われた場合、追徴期限はなく無期限に追徴されます。また、その場合、1日あたり0.05%の滞納金が追加徴収されます。

一方、税務機関の過失により、未納付や過少納付が生じた場合、税務機関は、3年以内に限り追徴することができます。

なお、納税者・源泉徴収義務者の錯誤により、未納付、過少納付が生じた場合は、税務機関は、3年以内に限り追徴することができ、特殊な場合(未納付、過少納付の累計金額が10万人民元以上の場合)は5年まで追徴期限を延長できます。

また、企業とその関連関係にある企業・個人との取引が独立取引原則に適合せず、または企業がその他の合理的な商業目的のない取引を実施した場合、税務機関は、当該業務が発生した納税年度から10年以内に限り、納税調整をすることができます。

⇒Q12-4-3(脱税の行政処分等)、Q12-4-4(人民法院による出国制限)

Q6-2-3 当社現法は北京市に本社があり、上海に支店(分公司)を有します。分公司の企業所得税の申告納税はどのようにすべきですか。(支店(分公司)の企業所得税)

2008年以前は、外商投資企業が中国国内で本社と支店(中国語では「分公司」。法人格を有しないものの、工商部門で登記し営業許可証を受領して、本社の責任のもとで対外的に事業を展開できる支店)を有している場合には、本社が所在地の税務機関で一括して申告納税を行うことで足り、分公司が別途その所在地の税務機関で申告納税する必要はありませんでした。そのため、分公司の所在地の地元政府は、分公司の設置をあまり歓迎しない傾向にありました。

2008年以降の政策改革を経て、2013年以降、「地区を跨り経営する場合の企

業所得税徴収管理弁法」に基づき、企業が、省、自治区、直轄市と一部の大都市を跨って分公司を設立する場合、地域を跨って設立された分公司は、所在地において定期的に仮申告納税を行うこととされました。分配率で算出された分公司が負担すべき税額は、分公司の所在地で納付し、分公司の所在地は当該分公司から財政収入を得られるようになります。また、各分公司が納付した企業所得税は年1回あわせて精算され、過不足がある場合には、本社と分公司間の分配率に基づき、本社と分公司のそれぞれの所在地において追納または返金を受けることにより、調整されます。

⇒Q10-3-3（再編手法—支店設立）

Q6-2-4　改正後の企業所得税法に新たに追加された特別納税調整の概要について教えてください。（特別納税調整）

　2008年に施行された改正後の企業所得税法には、第6章として特別納税調整の章が新たに設けられました。特別納税調整とは、税務機関が租税回避防止のために納税者の特定の納税事項について行う税務調整のことであり、以下の規則が含まれています。
　①　移転価格税制
　　　関連会社間の取引価格を、独立の第三者間取引における通常の価格に基づき納税調整する制度
　②　タックスヘイブン税制
　　　居住企業または居住企業と中国居住者が支配する実際の税負担が25%の税率より明らかに低い税率の国または地域に設立した企業が合理的経営上の必要性なく利益を分配しない場合、または分配を減少させる場合、上記利益の中で当該居住企業に帰属する部分を、当該居住企業の収入に計上する制度
　③　過少資本税制
　　　関連会社から受けた債権性融資（借入れ）と権益性融資（出資）の割合

が規定の基準を上回る場合、その部分の利息支出の損金算入を認めない制度
④ その他一般の租税回避防止規則
企業が合理的な商業目的を具備しないその他の活動を実施し、その課税収入または所得額を減少させた場合に、税務機関が合理的な方法により納税調整できる制度

税務機関は、特別納税事項のある企業に対して、当該特別納税事項が発生した納税年度から10年以内に限り、納税調整をすることができます。

特別納税調整の中心となる法的根拠としては、企業所得税法第6章、企業所得税実施条例第6章以外に、2009年に公布された特別納税調整実施弁法（試行）があります。

Case 6-2-2　移転価格税制の事例

日本企業のA社は、中国で100%子会社として製造工場B社を設立し、すべての商品をA社が買い取り、再販しています。B社の設立から3年後、A社の増資により工場の二期建設工事が始まる際に、地元の税務局の調査が入りました。

B社は設立以来ずっと赤字でしたが、税務局の調査の結果、B社が製造した製品は、同種類製品の中国国内販売価格よりも相当安い価格で日本のA社に輸出されていることがわかり、親子会社間の移転価格であると税務局に認定され、企業所得税の納税調整を受けました。

Case 6-2-3　過少資本税制の事例

2011年、中国の中西部にある陝西省国家税務局が、全省の関連会社の台帳を総合分析した際、日系大手企業の現地法人について、以下の事実があることを発見しました。
- 資産負債率が高く（90%以上）かつ関連会社からの多額の借入れがあること
- 現地法人は長年赤字となっているが何回も増資が行われていること
- 外国系銀行が親会社の保証のもとで長年赤字である現地法人に対して高額な貸付けをしていること

第6章　会計・税務

> 陝西省国家税務局は、当該現地法人に対して税務調査を実施し、企業側との交渉を経て、2011年11月、最終的に過少資本税制等の理由で過去年度の企業所得税等を約3,000万人民元納税調整しました。各税収優遇との精算後、当該現地法人は1,100万人民元の税金を納付しました。本件は、中国税務機関が過少資本税制で納税調整をした事例で初めて公表されたものです。
> 　親子ローンを含む関連会社間の債権性融資と権益性融資のそれぞれ合計金額の比率については、国家税務局は、金融業の企業の場合は5：1を超えてはならず、その他の企業の場合は2：1を超えてはならない、と明確に規定しています。高額な関連会社間の融資取引および当該比率を超える関連会社の融資のための利息の支出を実施する前に、中国企業の税務上のリスクを評価する必要があります。
> ⇒Q7-2-3（親子ローン）

Q6-2-5　当社が当社現法から配当を受ける際に、中国において課税されますか。（源泉所得税）

　日本の親会社が中国現地法人から取得する配当は、従来は中国国内では免税とされていました。しかし、現行の企業所得税法（2008年施行）では、外国企業が中国から得る投資所得に対しては20％の企業所得税を課税すると規定され、それが、企業所得税法実施条例によって10％に軽減されています。

　ただし、2008年1月1日以前に形成された外商投資企業の未処分利益を2008年度以降に外国投資家に配当する場合には企業所得税が免除されます。

　従来は、日本企業の海外現地法人が納税した法人税の控除（および法人税のみなし税額控除）がなされていましたが、日本の税制改定により、2009年3月期でこのような間接税額控除は廃止されました。
⇒Q6-1-10（配当の送金）、コラム2-2-2（香港経由の投資による中国本土での手続の簡略化）

第2節　税　　務

> Q6-2-6　当社が保有する当社合弁の持分権を他社に譲渡しようと思います。その場合の課税について教えてください。（持分権譲渡に対する課税）

　日本法人が中国の合弁企業、現地法人等の外商投資企業の持分権を他社に譲渡する場合、以下の課税が発生します。
・持分権譲渡収入から持分権譲渡の原価を差し引いた持分権譲渡所得に対して、中国で企業所得税（名目税率20%、納付税率10%）が課税されます。
・間接税（営業税、増値税）は課税されません。
・取引価格の0.05%の印紙税が譲渡当事者双方に発生します。

　譲渡当事者双方が非居住企業であり、中国国外で取引が行われる場合、当該取引によって生じた譲渡所得については譲渡所得を取得する非居住企業が自ら、あるいは代理人に委託して、投資先の中国国内企業の所在地の主管税務機関で申告納税を行う必要があります。

　なお、その場合、譲渡対象となる中国にある合弁企業が税務局に対して協力義務があると規定されています。しかし、実務上、当該協力義務が源泉徴収義務まで拡大解釈されるケースがあります。そのため、合弁企業の持分権譲渡契約において、対価の支払条項について、税金申告納付および中国税務局から源泉徴収を要求される場合を考慮して明確に規定しなければ、将来、紛争になるリスクがあることにご注意ください。

⇒Q10-4-6（再編手法─外商投資企業の持分権譲渡手続）、Q11-2-1（持分権譲渡による撤退）、コラム2-2-2（香港経由の投資による中国本土での手続の簡略化）

> **Case 6-2-4　間接的に持分権を譲渡する取引が中国で納税調整された事例**
> 　多国籍投資グループA社が、香港で持株会社となるペーパーカンパニーである100％子会社X社を設立し、X社を通じて、江蘇省で中外合弁企業Y社を設立しました。X社が有する持分権の比率は合弁企業Y社の持分権全体の49％を占めていました。2010年、A社が香港のX社の株式全額を米国投資グループのB社に譲渡しました。

江蘇省の地元の国税局は当該間接持分権譲渡取引に対して税務調査を実施しました。A社は、当該譲渡取引の対象会社X社が香港の企業で、かつ購入者、取引がすべて中国国外で行われるため、中国における納税義務を負わないと主張しました。

　結果として、地元の国税局は、中国国家税務総局の審査確認を得たうえ、当該取引が、外国投資家（実質支配者）が組織形態等のアレンジで中国居住企業の持分権（株式）を間接的に譲渡し、かつ合理的な商業目的を有せず、企業所得税納税義務を回避するものであり、実質的には中国にある合弁企業Y社の外国側持分権を譲渡する取引であるとして、税金スキームに用いられた香港のX社の法人格を否定し、中国において譲渡所得につき納税義務がある、と認定しました。

　この設定をうけ、A社は、最終的に、1.73億人民元の非居住企業所得税を申告し納税をしました。

　現在、実質支配者が間接的に中国企業の持分権を譲渡する場合には、持分権譲渡対象となる海外持株会社の所在地の実効税率が12.5%以下または居住者の海外所得に対して非課税であれば、持分権譲渡契約締結後30日以内に、実質支配者が中国の税務局に対して所定書類を提出しなければなりません（非居住企業持分権譲渡所得の企業所得税管理の強化に関する通知5条）。しかし、所定書類の提出義務のない間接譲渡について、中国で課税されるリスクがないとはいえません。

⇒Q2-2-3（香港経由の投資）

Column 6-2-3：企業再編に関する企業所得税

　デット・エクイティ・スワップ、持分権買収、資産買収、会社合併、会社分割等の企業再編における企業所得税の処理に関しては、「企業再編取引における企業所得税処理の若干問題に関する通知」（2008年施行）および「企業再編取引企業所得税管理規則」（2010年施行）により、一般的税務処理と特殊的税務処理の2種類に分けて規定されています。企業再編取引が特殊的税務処理の適用前提条件を満たさない限り、基本的には一般的税務処理が適用されます。また、特殊的税務処理の適用条件を満たし、かつ特殊的税務処理を選択する場合には、税務機関に届出をしなければなりません。

　また、外国当事者が関わる企業再編取引については、上記の規定以外に、「国家税務総局『非居民企業所得税源泉徴収管理の暫行弁法』を発布する通達」および「国家税務総局の非居民企業の持分権譲渡所得の企業所得税管理を強化する通達」も適用されますので、ご留意ください。

> Q6-2-7 中国で商社を設立しました。売買取引に関わる課税の管理について実務上の留意点を教えてください。（増値税の管理）

　中国では、物品の販売、加工・修理・組立役務の提供、および物品の輸入をする者に対して、日本の消費税に相当する付加価値税である増値税（基本税率17％と13％、営業税から転換された増値税については、11％と6％の新しい税率が設けられています）が課税されています。増値税納税金額は、売上税額（＝売上価格×税率）から仕入税額（＝仕入価格×税率）を差し引いた金額となります。

　増値税の税務管理上、増値税インボイス（中国語では「増値税发票」）の管理が中心となっています。増値税インボイスの管理については以下の点にご留意ください。

- 売り手の立場の場合、可能であれば、顧客の支払いを確認した後に、増値税インボイスを発行することが望ましい。ただし、商慣習上、かかる要請に応じる買い手は極めてまれである。
- 買い手の立場の場合、増値税インボイスを取得した後に、仕入代金を支払う。
- 仕入先が増値税一般納税義務者であるかどうか、契約をする前に確認する。
- 仕入契約、販売契約の価格条項につき、増値税込み価格なのか増値税抜き価格なのか、また増値税インボイスの発行時期を明確に規定する。
- 増値税インボイスを発行し、当月を過ぎた後においては、減額・取消しの手続が煩雑であるため、インボイス発行時期や支払時期等の代金回収のスケジュール管理を適切に調整し、増値税インボイスを発行する前に、請求金額について顧客の確認を取得しておく。
- 増値税インボイスを紛失した場合の再発行コストを避けるために、増値税インボイス発行後、速やかに顧客の受領確認をし、メール等の書面形式で記録を残す。
- 仕入税額の控除を受けるために、仕入れの増値税インボイスにつき、発行

日から180日以内に税務機関の真偽認証システムによる認証手続を終わらせる。ただし、支払いについて紛争中のものについては要検討。

> **Column 6-2-4：輸出還付制度**
>
> 中国政府が輸出を奨励する政策として、増値税、消費税の課税対象となる貨物を中国から国外へ輸出する場合、輸出時の売上増値税がゼロ税率として消費税が免除され、さらに未消化の仕入増値税を一定の還付率で還付する制度があります。
> 　増値税還付の対象品目、還付率は、中国政府により、政策的に随時調整されます。

> **Q6-2-8** 当社現法が中国企業に商品を販売した際、当社現法は商品を引き渡したのに、買主は売買契約の存在を否定しています。手元には、関連証拠として、増値税インボイスの発行記録しかありませんが、売買契約の成立を立証することはできますか。（増値税インボイスの発行と売買関係の成立）

　増値税インボイスは決済伝票にすぎず、その他の証拠がない場合、売買関係の成立を証明することは難しいと考えられます。

　しかし、増値税インボイスには商品の名称、型番、単位数量、単価、金額が記載されているため、もし買主が税務機関に仕入税額の控除を申告した場合、当該申告行為によって双方の間の売買契約の存在を買主が自認したと主張できます。

　したがって、管轄税務機関の認証システムにおいて、当該増値税インボイスに関する仕入控除を買主が受けたかどうかを調査することをお勧めします。税務機関によって発行された買主が仕入税額控除を受けた証拠を貴社が人民法院へ提出した場合、当該証拠が増値税インボイスとの間で照合でき、買主から反対証拠がない限り、人民法院により双方の間に売買契約があると認定される可

能性が高まります。

> Q6-2-9 買主が手元にある当社が発行した増値税インボイスをもって、代金支払済みであると主張していますが、人民法院においてその主張は認められますか。(増値税インボイスの発行と支払いの関係)

　代金支払いの有無が争われた場合において、発行済み増値税インボイスの存在をもって、人民法院が代金支払いの証拠とする可能性があるかどうかは、当該買主との間の取引慣習や売買契約の内容によると思われます。売買取引において、増値税インボイスには買主、売主、商品名称、数量、金額、日付等の売買取引に関する重要な事実が記載されているため、最終的に支払うべき代金を正確に確定する役割を担っています。一般的には、商品の引渡時、または引渡後から決済時までに、売主が買主に対して増値税インボイスを発行し、買主が当該増値税インボイスに記載された金額に基づき支払いを行います。したがって、売主が増値税インボイスを発行し、買主が当該増値税インボイスにつき税務機関から仕入税額控除を受けたという証拠だけでは、買主が代金の支払義務を履行したとは認定されません。

　しかし、売買契約当事者間の取引慣習または売買契約の記載により、支払受領証明として増値税インボイスを発行するとなっている場合には、売主が増値税インボイスを発行していることをもって買主が代金の支払義務を履行したと認定される可能性が高くなります。

> Q6-2-10 当社は当社現法に対して技術の実施許諾をしています。当社に支払われるロイヤルティは中国で課税されますか。(ロイヤルティの課税)

　中国企業に対して技術の実施許諾をする場合、中国において、従来は無形資産の譲渡取引に関わる営業税が課税されていましたが、2013年8月1日以降、全国的に営業税適用から増値税(外税である増値税の税率は6%であり、増値

税に付加する税金の税率と合計して6.66%）の課税に転換されました。また、増値税以外に、外国企業が中国から所得を受け取る際に発生する源泉所得税（税率は10%）が課税されます。

　　例：技術ロイヤルティ　　　　　　　100.00　　　　①
　　　　増値税（100÷1.06×6%）　　　　5.66　　　　②
　　　　課税所得（①－②）　　　　　　 94.34　　　　③
　　　　源泉所得税（③×10%）　　　　　 9.434　　　 ④
　　　　納税後送金金額（③－④）　　　 84.906　　　 ⑤

　なお、従来、組織および個人（外商投資企業、外国投資家が投資して設立した研究開発センター、外国企業および外国籍個人を含む）が技術移転、技術開発業務およびそれらに関連する技術コンサルティング等の技術サービス業務に従事しこれによって取得する収入については、一定の免税申請手続を行えば営業税が免除されていました。営業税から増値税への転換後、上海市等の試験地域においては、技術ロイヤルティについては引続き増値税の免税申請を認めていました。地域的な試験を終了し、全国的に営業税から増値税への改革を実施した2013年8月以降も、外国企業が取得する技術ロイヤルティについて従来の営業税免税と同様の優遇政策を増値税においても享受できるかという点について、まだ全国的な規定は発表されていません。

　技術ライセンス契約においては、税金の負担についても当事者間の合意が尊重され、たとえば、外国のライセンサーが中国で発生する税金をすべて中国のライセンシーに負担してもらうことも可能です。

⇒Q4-1-7（ロイヤルティの料率）、Q8-1-6（ロイヤルティの送金）

Case 6-2-5　商標権ロイヤルティと技術ロイヤルティの区別

　日本企業であるＡ社が中国子会社に対してある製品の製造技術および商標使用権の実施許諾をしようとしています。親子会社間の契約であるため、技術および商標使用権を実施許諾する契約を一本化したシンプルな契約書を作成し、5％のロイヤルティをとることを予定しています。このような契約書を作成するにあたっては、商標権ロイヤルティと技術ロイヤルティの区別について注意が必要で

第2節 税 務

す。
　商標権ロイヤルティに関する中国における税金は、技術ロイヤルティの場合と同じく、主に営業税と源泉所得税です。しかし、技術ロイヤルティに関しては営業税を免除する優遇税制がありますが、商標権ロイヤルティに関する営業税は免除されません。
　したがって、中国子会社に対して同時に技術と商標使用権の実施許諾をする場合は、技術ライセンス契約と商標権ライセンス契約を別々に締結するか、または一本のライセンス契約に技術ロイヤルティと商標権ロイヤルティを分けて規定することが望ましいです。技術ロイヤルティと商標権ロイヤルティを分けて規定しない場合、または商標権ロイヤルティが明らかに低い場合、契約総額の50%以上を商標権ロイヤルティとみなして営業税を徴収されることになります。

Column 6-2-5：営業税から増値税への転換

　2012年以降、上海市、北京市、江蘇省、安徽省、福建省、広東省、天津市、浙江省、湖北省では、順次に試験地域として、交通運送業および一部の現代サービス業（研究開発と技術サービス、情報技術サービス、文化創意サービス、物流補助サービス、有形動産リースサービス、鑑定・証明・コンサルティングサービス）に関する営業税の増値税への転換が実施されました。2013年8月1日から、地域的な試験を終了し、全国的に交通運送業および一部の現代サービス業に関する営業税は増値税に一本化されました。
　増値税への転換により、現行増値税の税率（17%と13%）に対して11%（交通運輸業）と6%（現代サービス業）の新税率が設定されました。増値税の仕入税額控除を十分に活用すれば、実質上の減税が期待されます。
　また、日本企業の中国子会社間によくある業務委託契約（現代サービス業に該当する場合）につき、仕入税額の控除を受けられない営業税から控除を受けられる増値税に転換された場合には、親子会社グループ全体の増値税負担が実質上ゼロになるメリットが期待できます。

Q6-2-11　商品を中国の税関で輸入通関する際には、日本で輸出通関時に使われたHSコードで申告すれば問題はないですか。（税関申告における商品分類）

第6章　会計・税務

　中国で輸入通関する際は、輸入商品の関税税率を決めることになる輸入商品の商品分類を正確に申告する必要があります。一般的には、輸出国の税関により確定された商品分類（HSコードで特定）が中国の税関でも通用しますが、場合によっては当該商品分類が中国の税関の判断により修正されることがありますので、中国の税関商品分類に基づき確認する必要があります。

　また、中国の税関商品分類目録は、税関により調整されることがあるので、最新の中国税関税則（年に1度更新・公開）に基づき確認することをお勧めします。

　商品分類について自信がない場合は、管轄税関が指定する商品分類サービスを提供する企業に事前に分類を依頼し、その分類結果を税関に提出すると通関がスムーズになります。

　なお、セットとなる設備や商品を、各部品・モジュールに分けて輸送するとなると、中国税関で通関する際に、セットとなる設備や商品として分類できず、各部品・モジュールに基づき分類しなければならなくなるため、適用される税率が異なってくる場合がありますのでご注意ください。

⇒Q10-5-5（関税に関する調査）

Column 6-2-6：輸入貨物に関連するロイヤルティの関税

　買い手が売り手またはその関連会社に支払うロイヤルティは、①輸入貨物と関連し、②ロイヤルティの支払いを、貨物を中国に販売する条件とする場合、当該輸入貨物の税関関税価格に含めなければなりません。

　以下に該当するロイヤルティは、輸入貨物と関連するものとみなされます。
(1)　特許権またはノウハウの使用権のために支払われ、かつ輸入貨物が下記のいずれかに該当するもの
　①　特許またはノウハウを含む貨物
　②　特許方法またはノウハウを使用して生産した貨物
　③　特許またはノウハウを実施するために、専用に設計または製造した貨物
(2)　商標権のために支払われ、かつ輸入貨物が下記のいずれかに該当するもの
　①　商標の付されている貨物
　②　輸入後に商標を付した後、直接販売できる貨物

③　輸入時にすでに商標権を含み、簡単な加工の後に商標を付して販売できる貨物

> **Case 6-2-6　ロイヤルティが税関関税価格に含まれると認定された事例**
> 　Ａ社は日本本社から部品を輸入し、中国で組み立て製造した商品を販売する事業を行っています。Ａ社は、輸入部品に使われている特許および商品の組み立て製造技術のために、日本本社に対してロイヤルティを支払っています。後日、Ａ社は中国税関から、ロイヤルティの対象のうち輸入部品に使われている特許が輸入部品と関連性があると認定され、一部のロイヤルティにつき関税を追徴されました。
> ⇒第４章第１節法知識の整理１

Q6-2-12　日本人従業員を中国で駐在させる場合、滞在期間と中国での個人所得税課税との関係について教えてください。（外国人の個人所得税）

　中国での滞在期間の長短により、課税対象所得が異なります。
(1)　当年度の中国での合計滞在日数が183日以下の日本人は、中国滞在期間中の勤務のために支払われた給与所得のうち中国国内の企業・組織（中国に恒久的施設を有すると認定された日本企業も含む）が負担するものについて、中国で個人所得税を納付しなければなりません。
(2)　駐在１年目で、当年度の中国での合計滞在日数が183日を超える日本人は、中国滞在期間中の勤務のために支払われた給与所得（日本で支払われたとしても、中国国内源泉所得とされます）について、中国で個人所得税を納付しなければなりません。ただし、駐在員事務所（代表処）の首席代表または一般代表の給与所得は、中国滞在期間中の勤務のために支払われたものかどうかを問わず、中国で個人所得税を納付しなければなりません。
(3)　駐在期間が２年から５年で、連続して各年度の中国での合計滞在日数が183日を超える日本人は、中国滞在期間中の中国内外の給与所得、および中

国から出国している間の労務に関する所得のうち中国国内の企業・組織が負担する部分について、中国で個人所得税を納付しなければなりません。

(4) 駐在期間が6年を越え、連続して各年度の中国での合計滞在日数が183日を超える日本人は、中国国内外問わずすべての所得について、中国で個人所得税を納付しなければなりません。

なお、中国で納税義務を負う日本人は、一定条件を満たすと、中国の税務局に対する所得の自己申告が義務づけられています（個人所得税自己納税申告弁法（試行）2・4条）。実務上は、駐在員の個人所得税の計算・納付および所得の自己申告手続を、登録税理士事務所に代行してもらうのがほとんどです。

Case 6-2-7　外国人の給与の個人所得税の試算

Mさんは中国子会社の総経理として中国に長期駐在して2年目になりました。Mさんの給与は日本側で支給された分も中国子会社が負担しているため、中国国内外の給与所得につき、中国で個人所得税を納付しなければなりません。以下、Mさんの給与の中国における個人所得税を試算します。計算の便宜のために、Mさんの年収135万人民元は12か月に分けて均等に支給され、かつ毎月4,800人民元の法定控除以外に受けられる控除はないものとします。

毎月給与：1,350,000÷12＝112,500人民元
毎月の納税対象所得額：112,500－4,800＝107,700人民元
適用される最高税率：毎月の納税対象所得額（107,700人民元）が80,000人民元を超えるため、下表のレベル7に該当し、適用される最高税率は45％
毎月の個人所得税額：納税対象所得額×適用される最高税率－速算控除数
107,700×45％－13,505＝34,960人民元

給与の個人所得税速算表（2011年9月以降の給与所得に適用）

レベル	毎月の納税対象となる所得額	税率(%)	速算控除額(人民元)
1	1,500人民元以下	3	0
2	1,500人民元を超え、4,500人民元以下の部分	10	105
3	4,500人民元を超え、9,000人民元以下の部分	20	555
4	9,000人民元を超え、35,000人民元以下の部分	25	1,005

5	35,000人民元を超え、55,000人民元以下の部分	30	2,755
6	55,000人民元を超え、80,000人民元以下の部分	35	5,505
7	80,000人民元を超える部分	45	13,505

⇒Q8-1-9（立替費用の対外送金）

法知識の整理

1　法体系
中国の税制に関する法体系は、以下の6つのレベルに分けられています。
① 全国人民代表大会またはその常務委員会が制定した税収に関する法律
② 全国人民代表大会またはその常務委員会の授権を受けて、国務院が制定した税収に関する暫行条例
③ 国務院が制定した税収に関する行政法規
④ 地方の人民代表大会およびその常務委員会が制定した税収に関する地方法規
⑤ 国務院税務主管部門が制定した税収に関する部門規章
⑥ 地方政府が制定した税収に関する地方規章

2　主管部門
中国の税務行政組織の概要は下図のとおりです。

中国の税務行政組織の概要

```
                           国務院
        ┌─────────┬─────────────┬──────────────┐
      財政部   国家税務総局   省（自治区、直轄市）  税関総署
                              人民政府
        
  省（自治区、直轄市）国家税務局    省（自治区、直轄市）地方税務局
           │                              │
   市（地区）国家税務局              市（地区）地方税務局
           │                              │
   県（市）国家税務局                県（市）地方税務局
```

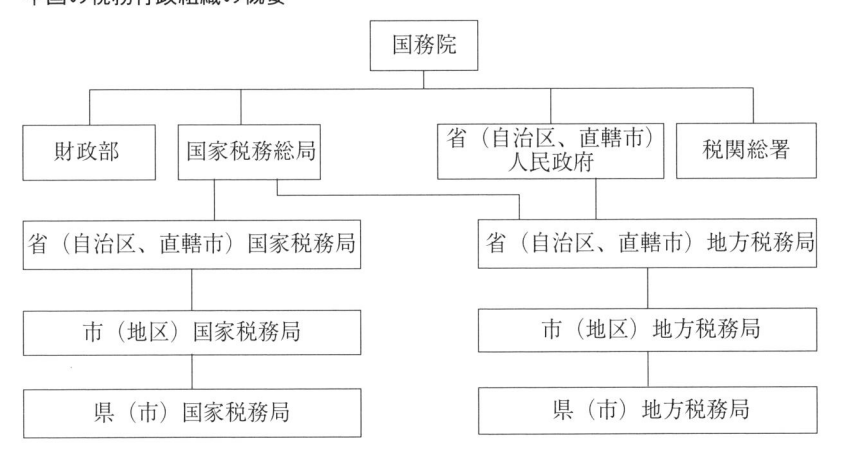

なお、上海市等の一部の地域では、国家税務局と地方税務局が統合されています。

関連法令

「税収徴収管理法」（税收征收管理法）（2013年）
「税収徴収管理法実施細則」（税收征收管理法実施细则）（2002年）
「企業所得税法」（企业所得税法）（2008年）
「企業所得税法実施条例」（企业所得税法实施条例）（国務院令【2008】512号）
「ハイテク企業認定管理弁法」（高新技术企业认定管理办法）（国科発火【2008】172号）
「特別納税調整実施弁法（試行）」（特别纳税调整实施办法（试行））（国税発【2009】2号）
「企業再編取引における企業所得税処理の若干問題に関する通知」（关于企业重组业务企业所得税处理若干问题的通知）（財税【2009】59号）
「非居住企業持分譲渡所得の企業所得税管理の強化に関する通知」（关于加强非居民企业股权转让所得企业所得税管理的通知）（国税函【2009】698号）
「非居住企業の派遣人員の中国国内における労務提供につき企業所得税を徴収する関係問題の公告」（关于非居民企业派遣人员在中国境内提供劳务征收企业所得税有关问题的公告）（国家税務総局公告【2013】19号）
「企業再編取引企業所得税管理弁法」（企业重组业务企业所得税管理办法）（国家税務総局公告【2010】4号）
「省市を跨る本支機構の企業所得税の分配と予算の管理弁法」（跨省市总分机构企业所得税分配及预算管理办法）（財予【2012】40号）
「地区を跨り経営する場合の企業所得税徴収管理弁法」（跨地区经营汇总纳税企业所得税征收管理办法）（国家税務総局公告【2012】57号）
「増値税暫行条例」（增值税暂行条例）（2009年）
「営業税暫行条例」（营业税暂行条例）（2009年）
「財政部、国家税務総局の全国で交通運輸業と一部の現代的サービス業において営業税を増値税に変更し徴収することに関する試験的な税収政策の通達」（財政部、国家税务总局关于在全国开展交通运输业和部分现代服务业营业税改征增值税试点税收政策的通知）（財税【2013】37号）
「輸出入関税条例」（进出口关税条例）（2004年）

「輸出貨物役務の増値税と消費税の管理弁法」（出口貨物労務増値税和消費税管理办法）（国家税務総局公告【2012】24号）
「個人所得税法」（个人所得税法）（2011年）
「個人所得税法実施条例」（个人所得税法実施条例）（2011年）
「個人所得税自己納税申告弁法（試行）」（个人所得税自行納税申報办法（試行））（国税発【2006】162号）
「所得に対する租税に関する二重課税の回避及び脱税の防止のための日本国政府と中華人民共和国政府との協定」（中華人民共和国政府和日本国政府关于対所得避免双重征税和防止偸漏税的协定）（1983年）
「『「所得に対する租税に関する二重課税の回避及び脱税防止のための中華人民共和国政府とシンガポール共和国政府との協定」及び議定書条文解釈』を発行する通達」（关于印発《〈中華人民共和国政府和新加坡共和国政府关于対所得避免双重征税和防止偸漏税的协定〉及议定书条文解釈》的通知）（国税発【2010】75号）

現行の税制体系

分　類	税　　目		納税義務者	税率および納税金額計算の概要
流通税類	1	増値税	日本の消費税に相当する付加価値税で、物品の販売、加工・修理・組立役務の提供および物品の輸入をする者、および有形動産のリースサービス・交通運輸サービス・一部の現代的サービスを提供する者 技術、暖簾、商標、著作権の譲渡・実施許諾をし収入を得る者も該当します。	基本税率は17％と13％ 仕入税額＝仕入価格×17％ 売上税額＝売上価格×17％ 増値税納税金額＝売上税額－仕入税額 営業税から転換された増値税については、11％と6％の新しい税率が設けられています。
	2	消費税	嗜好品や奢侈品とよばれる特定の物品の生産、委託加工および輸入をする者	各対象商品により税率が異なります。 消費税納税金額＝販売価格（増値税抜き）×消費税税率

	3	営業税	（増値税が物品の販売を課税対象とするのに対し、）課税役務（有形動産のリースサービス・交通運輸サービス・一部の現代的サービスを除く）の提供、無形資産（技術、暖簾、商標、著作権を除く）の譲渡および不動産の販売をする者 なお、現行の課税役務は、建設業、金融保険業（有形動産のリースを除く）、郵便・通信業、文化体育業、娯楽業およびサービス業です。	交通運輸業、建設業、郵便・通信業、文化体育業の場合、税率は3％ サービス業、金融保険業（有形動産のリースを除く）、無形資産の譲渡および不動産の販売の場合、税率は5％ 営業税納税金額＝営業額×税率
所得税類	4	企業所得税	日本の法人税に相当し、事業活動によって所得を得る企業	基本税率は25％ 日本企業が適用される源泉所得税率は10％ 企業所得税納税額＝課税所得×税率
	5	個人所得税	日本の所得税に相当し、所得を得る個人	課税所得区分ごとの分離課税方式を採用します。 給与所得につき超過累進課税方式が採用され、税率は3～45％
資源税類	6	資源税	中国国内における鉱物資源の採掘および塩の生産をする者	数量課税で、税目によって単位税額が異なります。 資源税納税金額＝課税数量×単位税額
	7	城鎮土地使用税	特定の地域にある土地の使用者	1平方メートルの土地面積の税額は、地域、立地により0.6～30人民元/年

第2節 税 務

財産および行為税類	8	房産税	特定地域にある建物の所有者	年間房産税納税金額＝建物原価×（1－控除率（10～30%））×1.2%
	9	車船税	中国国内で車輌、船舶を所有または管理する者	バイク、乗用車は、台数に基づき課税され、貨物自動車と船舶の場合は自重とトン数に基づき課税されます。
	10	印紙税	中国法の保護を受ける文書を作成、使用、受領する者（作成場所を問いません） 中国語では「印花税」といい、日本の印紙税に相当します。	税率は1万分の1～千分の1 印紙税納税金額＝契約金額×税率
	11	契税	土地および建物の売買、贈与、交換等の移転を受け、権利を取得する者	地方によって、税率は3～5% 契税納税金額＝計算根拠（通常は取引価格）×税率
特定目的税類	12	土地増値税	国有の土地使用権、建物等の譲渡による譲渡益を取得する者	譲渡価格から控除額を引いて計算された土地増値額と控除額との比率により超率累進課税されます。 税率は30～60%
	13	固定資産投資方向調節税	中国国内において固定資産投資を行う者 外商投資企業は適用対象外で、現在は中国企業に対しても適用を停止しています。	
	14	都市維持建設税	増値税、営業税、消費税の納付する者	納税者所在地により1～7% 納税金額＝増値税、営業税、消費税の納税金額×税率
	15	車輌購入税	車・オートバイ等を取得した者	車輌購入税納税額＝取得価額×10%

269

	16	耕地占用税	農業用地を使用して建物等を建てる者	占用面積に基づき、地域によって12.5〜45人民元/年
	17	煙草葉税	中国国内で煙草の葉を購入する者	煙草葉税納税金額＝購入金額×20%
関税類	18	関税	貨物、物品を輸出入する者	物品により税率が異なります。関税納税額＝完税価格（通常が取引価格）×税率

第7章

資金調達

第 1 節

中国国内での資金調達

中国で企業等を設立して事業を継続的に行うために必要な資金すべてを、設立当初の資本金として投資することは現実的ではなく、通常は必要な資金の一部を借入れでまかなったり、また、事業の途中で追加資金を調達したりする必要が出てきます。資金調達の方法は、資金調達先の観点からは中国国内での調達と中国国外からの調達に、また、投入される資金の性質という観点からは増資と借入れに、さらに、通貨に着目すると人民元の借入れと外貨の借入れといったように分類することができ、それぞれ異なる法律問題が生じてきます。また、金融機関からの資金調達の際には、担保や保証を求められるケースがあります。本章では、事業に必要な資金調達、担保、保証およびそれらに関連する法律問題について説明していきます。まず本節では、中国国内での資金調達方法について説明します。

Q7-1-1 当社は、日本の地方都市に本社を持つ電子部品のメーカーで、上海市の近郊に現地企業と合弁企業を設立し生産を行ってきました。合弁企業の運転資金が不足しているため、金融機関から融資を受けることを考えています。当社の日本での取引銀行（地方銀行）は中国での貸付経験が乏しく、現地法人への直接の貸付けは難しいといわれています。中国の金融機関からの借入れを提案されていますが、中国にはどのような金融機関がありますか。また、日本企業の現地法人がよく利用するのはどの金融機関ですか。（中国の金融機関）

中国の金融機関の種類は、4大国有銀行を始めとする国有銀行から、都市銀行、外資系銀行、信託会社、リース会社、ローン会社等と多岐にわたりますが、

第 1 節　中国国内での資金調達

日本企業の現地法人によく利用されるのは、日本に本拠を持つ銀行またはファイナンスリース会社の中国現地法人または支店です。

中国の金融機関は、人民銀行が公表している「金融機構コード規範」により、通貨機関（人民銀行、外貨管理局）、監督機関（銀行業監督管理委員会、証券監督管理委員会、保険業監督管理委員会）、銀行業貯金類金融機構、銀行業非貯金類金融機構、証券業金融機構、保険業金融機関、取引および決算類金融機関（取引所等）、金融ホールディング会社、その他、と分類されています（金融機構コード規範）。

このうち、銀行業貯金類金融機構には、銀行、都市信用合作社、農村信用合作社、農村資金互助社および財務会社等が含まれ、銀行業非貯金類金融機構には、信託会社、金融資産管理会社、金融リース会社、自動車金融会社、ローン会社および通貨取次会社が含まれます。

また、法令上の区分ではありませんが、主要な銀行はしばしば以下のように分類されることがあります。

4大国有銀行	中国銀行、中国工商銀行、中国人民建設銀行、中国農業銀行
その他の中国系銀行	華夏銀行、交通銀行、招商銀行、中国光大銀行、中信銀行、北京銀行、上海銀行等
外資系銀行	花旗銀行（Citibank）（アメリカ系）、汇豊銀行（HSBC）（香港系）、渣打銀行（Standard Chartered）（イギリス系）、瑞穂銀行（みずほ銀行）、三井住友銀行（三井住友銀行）、三菱東京日聯銀行（三菱東京UFJ銀行）等

Q7-1-2　人民元を運転資金として借り入れるにあたって、何か規制や注意する点はありますか。（中国国内での借入れ）

中国の銀行からの借入れは、一般的には、返済期間によって短期貸出、中期貸出、長期貸出の3種類に分類されます。それぞれの返済期間は、短期貸出が1年以内、中期貸出が1年以上5年以内、5年を超える場合には長期貸出となり（貸付通則8条）、運転資金の借入れの場合には、通常、短期貸出を利用す

ることになります。中期貸出や長期貸出は一定規模以上の設備投資等に充てるために利用されることが一般的です。

また、日本の実務でも同様ですが、借入契約では、通常、借入資金の使途を明確にする必要があり（運転資金、設備投資等）、他の使途への転用は認められない点に注意が必要です（貸付通則71条）。

さらに、借主が外商投資企業の場合には、特に、親会社や親会社の取引銀行からの保証状の差入等の担保を求められるケースが多いといえます。

⇒ケース6-2-3（過少資本税制の事例）

Q7-1-3　中国系の銀行からの借入れは、日系の銀行からの借入れと比べて、実務的にメリット、デメリットはありますか。（中国系銀行からの借入れと日系銀行からの借入れとの比較）

Q7-1-1（中国の金融機関）で説明したとおり、現在中国には、中国系銀行以外にも多くの外資系銀行が進出しており、日本の主要な都市銀行も現地法人や支店等の営業拠点を設立しています。実務上、日本企業の現地法人が、日系の銀行の中国での営業拠点から借入れをするケースはよくあります。日本に本拠がある銀行であれば、親会社が保証状を差し入れるなどにより、親会社の信用力を現地法人の借入れのために利用できるというメリットがあります。

なお、外資系銀行の現地法人または支店からの借入れは、外貨管理との関係では中国国内での借入れとして扱われるため、外債登記手続は不要であり、投注差による借入限度額の制限もありません（国内の外資銀行外債管理弁法）。

これに対し、中国現地の銀行からの借入れも可能ですが、現地法人単独での事業実績がない場合には貸出しを受けにくい、銀行とのコミュニケーションは基本的にすべて中国語で行わなければならないといったデメリットもあり、現地である程度の事業の実績を上げ、信頼できる現地人員や現地出資者が確保できている状況でないと、なかなか容易に利用できないのが現状です。

⇒コラム8-2-1（投注差）、Q8-2-2（外商投資企業による外債借入れ）、Q8-2-4（外

債登記)

> Q7-1-4 中国の国内銀行からの借入契約書によると、金利の欄に「人民銀行の貸出基準金利」との記載がありました。この「貸出基準金利」とはどのようなものですか。(人民元の借入金利)

　貸出基準金利とは、中国の中央銀行である中国人民銀行が決定、公表している、銀行から顧客に対する貸出基準となる利率です。日本でも、日本銀行が政策金利を決定していますが、日本の政策金利が日本銀行から各金融機関に対する貸出金利であるのに対し、中国の貸出基準金利は各金融機関から顧客への貸出金利の基準を規定しているものである点で異なっています。なお、かつては、中国の銀行は貸出基準金利に基づく一定の範囲内でのみ貸出金利を設定することができるとされていましたが、この規制は、2013年7月に廃止され、現在では、金融機関は貸出基準金利に拘束されず、自主的に金利を決定することができます(中国人民銀行の利率の市場化改革をさらに推進する通知)。もっとも、現在のところ、貸出基準金利をベースに金利が決定されるという実務は残っているようです。

　なお、中国では、金融機関への預金金利にも基準が存在し(預金基準金利)、こちらは各金融機関への預金金利は預金基準金利の1.1倍以下でなければならないという制限があります(中国人民銀行の利率の市場化改革をさらに推進する通知)。

> Q7-1-5 (Q7-1-1の続き)当社合弁が新たに生産工場を立ち上げ、大型の生産設備を海外から購入するため、米ドル建ての取引をする必要が生じました。中国の国内銀行から、人民元ではなく外貨での借入れはできますか。人民元借入れと比較して、メリット・デメリットはありますか。(中国国内での外貨建て借入れ)

第7章　資金調達

　中国の銀行からの借入れについては、人民元建ての借入れのほか、日本円、米ドル等の主要な外貨建ての借入れを行うことも可能です。

　人民元の借入れと比較した場合の違いとしては、実務上、人民元借入れの場合は人民銀行の基準金利をもとに利率が定められるのに対し、外貨借入れの場合は当該外貨の調達コストにスプレッドを加えて定められるのが一般的です。そのため、外貨借入れの場合は、外貨の取得コストや借主の信用状態等によって金利が変動しやすい傾向にあります。

　また、外貨借入れの場合、借り入れた外貨を人民元に両替することができません（人民元転、外貨転、外貨支払管理規定27条）。そのため、外貨借入れは、外貨での支払いの明確な必要性があり、かつ、借入れの条件が人民元借入れの場合よりも有利な場合に利用する価値があるといえます。

⇒コラム8-2-1（投注差）、Q8-2-5（国内外貨建て借入れ）

> **Q7-1-6　当社は中国にＡ社、Ｂ社の２社の現地法人を持っています。現在、Ａ社の運転資金が不足しているため、資金に余裕のあるＢ社から貸付けをして資金を融通したいのですが、このような取引は可能ですか。（企業間貸付けの禁止）**

　中国では、銀行以外の中国企業が他の企業に対して貸付けを行うことは、原則として禁止されており、たとえ関係会社であっても、また１回のみの取引であっても貸付けを行うことはできません。

　この規制は、中国政府が金融業に対して厳しく管理・規制していることの表れの１つで、金融業を免許制にしたことに対する潜脱行為を防止するために定められているものといわれています。

　この規制に違反してなされた企業間の貸付行為は無効とされるリスクがあり、この場合、元金は貸主に返還されますが、貸主に対して、違法所得の１倍から５倍に相当する罰金を支払うペナルティが科される可能性もあります（貸付通則73条）（ただし、**コラム7-1-1**参照）。

第1節　中国国内での資金調達

　もっとも、関係会社間での資金の融通手段としては、銀行を介した委託貸付け（Q7-1-7参照）の方法がありますので、本問では、委託貸付けを利用することも考えられます。なお、B社で利益が出ている場合には、B社の日本親会社に対する配当をA社に対する出資金に充てるという方法（国内再投資）もありえます（ただし、（A社での）増資の手続が必要なため、やや時間がかかります）。

　なお、この規制は、中国企業同士の貸付取引を対象とするものですので、日本の親会社から現地法人に対する貸付け（いわゆる親子ローン）は適用の対象外です。

⇒コラム7-1-1（企業間貸付けの有効性に関する近時の動向）、Q7-2-6（中外合弁企業の増資）、Q7-1-7（委託貸付け）、Q7-2-3（親子ローン）、コラム8-2-1（投注差）、Q10-4-4（国内再投資の概要）

Q7-1-7　委託貸付けとはどのような制度ですか。（委託貸付け）

　委託貸付けとは、中国国内の企業が、銀行を介して、他の企業に融資を行う制度です。

　具体的には、貸主、借主および仲介する銀行の三者間で融資契約を締結し、銀行にある貸主の口座の資金を、借主の口座に振り替えることで、貸主の資金を借主に融通します。この際、銀行は、一定の手数料を受けるほかは融資条件の決定には関与せず、また、融資金の返済についても責任を負いません。そのため、実質的には、銀行を介した企業間の間接的な融資ということができます。

　委託貸付けの場合、実務上、貸主は銀行ではなく直接借主に対して返済の請求ができ、借主を被告として訴訟を提起することができるとされています。また、この場合、銀行が共同原告または第三者として訴訟に参加するケースもあります。

第7章　資金調達

Column 7-1-1：企業間貸付けの有効性に関する近時の動向

　Q7-1-6（企業間貸付けの禁止）でも紹介したとおり、人民銀行から認可を得ない限り、企業間の貸付行為は禁止されており（貸付通則61条）、また、銀行業監督管理委員会の許可を得て設立された商業銀行でなければ、貸付等の銀行業務を行ってはならないとされています（商業銀行法11条）。加えて、最高人民法院の通知「最高人民法院の企業の貸付契約の借主が期限を超え返済しない場合の問題処理についての回答」という通知によると、これらの規制に違反した貸付契約は無効とされています。

　もっとも、中国の契約法の一般原則における契約の無効原因との関係では、上記の貸付通則、商業銀行法および最高人民法院の通知は、企業間貸付けを無効とする根拠たりうるか、疑問があります。すなわち、契約の無効原因を定めた契約法52条に基づき契約が無効となるのは、「法律、行政法規の強制規定に違反するもの」とされています。貸付通則および最高人民法院の通知は「法律」「行政法規」のいずれにも該当しませんので、契約法における契約の無効原因とはならず、契約自体は有効と解釈される余地があります（「法律」「行政法規」と他の法令との区別については、第1章第1節法知識の整理参照）。また、商業銀行法は「法律」に該当しますが、企業間貸付契約が無効であると明確には定めておらず、契約法52条の「強制規定に違反する」といえるかどうかについても、学説上争いがあります。裁判実務上も地方の人民法院では有効・無効の判断が分かれています。

　このような議論がある中、最高人民法院は、2011年、企業間貸付けに関する報告書である「我が国の民間貸付法律規制の構築及び改善に関する報告」において、一定の場合には、企業間貸付けは有効となる余地があることを示しました。

　同報告書では、たとえば、企業が、その自己資金で、他の企業に対して経営上の困難を解決するための援助資金を提供する目的でなされる貸付けは有効であるが、金融機関から借り入れた資金を、その他の企業に貸し付けるなど、金融業に関する監督管理法令の趣旨に反するような取引や、金融業の許認可を有しない投資会社や担保会社が業として行う貸付行為は無効であるとされています。

　すなわち、経済的必要性・合理性があり、国家の金融業に対する監督という趣旨を没却しないような場合には、企業間貸付けも適法・有効となる余地があると考えられます。

　とはいえ、現時点では貸付通則に明確に優先する法令があるわけではなく、また最高人民法院の報告書で言及されている判断基準も明確でないため、今後の法改正の動向を注視する必要があります。

> Q7-1-8 当社現法は、日本製の台所用品等を現地の販売代理店等を通じて販売していますが、販売先から、手形での決済を要請されました。当社は中国での手形取引の経験はないのですが、中国の手形取引は信用できますか。(手形取引)

中国にも手形制度があります。中国の手形のうち、売買契約の決済のために振り出される手形を商業手形といいます。商業手形には、銀行が支払人となる銀行引受手形(中国語では「銀行承兌汇票」)と、企業が支払人となる商業引受手形(中国語では「商業承兌汇票」)がありますが、実際に流通している手形の多くは銀行が支払いを保証している信用性の高い銀行引受手形です。したがって、利用するのであれば、信用の観点からは銀行引受手形が望ましいといえます。

手形取引自体は、中国でも広く行われていますが、近時の中国の市場金利は日本の金利水準より相当高く、回収が不確実な商業手形はいうまでもなく、銀行引受手形であっても、売主から敬遠される傾向もみられるようです。もっとも、中国政府は商業手形取引を推進する政策をとっています。

Column 7-1-2：中国の商業手形の推進策と電子商業手形の導入

日本では、かつて企業間の手形取引は、数か月単位の比較的短期間の支払繰延べ手段として広く普及していましたが、近年は流通枚数・金額ともに減少傾向にあります。これに対し、中国での商業手形は、1996年に手形法が施行されてから導入された、比較的新しい資金決済手段です。

中国政府は、手形取引の普及・推進のため、さまざまな政策を導入してきましたが、ここでは代表的な2つの政策を紹介します。

まず1つ目は、商業手形のうち銀行引受手形(銀行が保証している手形)の比率を下げ、商業引受手形(銀行保証のない手形)の比率を上げることを目的として、2006年11月に人民銀行が策定したガイドライン「商業引受為替手形取引の発展に関する中国人民銀行の指導意見」です。銀行引受手形は企業自身の信用よりも銀行保証への信頼を基礎に成り立っているものであるため、企業自身の信用を基礎とした手形取引を普及・推進させるべく、企業の信用情報データバンクや

信用格付制度の整備、手形債務の不履行に対する罰則の強化等が図られています。
　2つ目は、2009年10月から実施されている電子商業手形制度です。電子商業手形は、商業手形を電子記録債権としてインターネット上で管理する制度で、従来の紙ベースの手形とは異なり、手形期間が1年間（従来は6か月間）、署名方式が電子署名、割引金利を当事者が自由に決定でき、より柔軟で利用しやすいような制度となっています。もっとも、従来の紙ベースの手形も引き続き発行・流通することができるとされており、現在は、紙ベースの手形と電子手形が併用されています。

Q7-1-9　取引先からの強い要請もあり、商業引受手形取引を受け入れる場合、どのような点に注意すべきですか。（商業引受手形を受ける場合の注意点）

　Q7-1-8（手形取引）でも述べたとおり、商業引受手形取引の信用性は十分ではありません。やむをえず商業引受手形を受け入れる場合には、十分に取引相手の信用調査を行ったうえで、代金の一部のみに限って認めたり、与信限度額を設定して手形債権の残高を管理したりするなど、支払いを受けられないリスクを限定することが重要です。

Q7-1-10　取引先から商品の売掛金の支払いのために振出しを受けた手形を、満期前に現金化することはできますか。（商業手形の割引）

　日本と同様に、中国でも商業手形を銀行に持ち込むことで割引を受けることができます。
　手形の割引を受けるためには、以下の条件を満たす必要があります（商業手形引受け、割引及び再割引の管理暫定弁法18条）。
　①　手形所有者は、企業、法人またはその他の経済組織であり、法律に従って、経営活動に従事していること

② 手形上の債務に対応する商品取引が存在すること
③ 銀行に決済用預金口座があること

注意しなければならないのは、裏づけとなる実体取引の存在を証明しなくとも善意取得等によって手形取得者が広く保護される日本の制度と異なり、中国では、銀行実務上、実体取引の存在を確認するために、取引契約書や増値税インボイスの提出が求められる点です。この観点からも、新規に手形取引をする場合には、必ず、銀行や専門家に、裏書や支払提示に必要な書類を確認すべきでしょう。

なお、業として商業手形の割引ができるのは、免許を受けた金融機関に限られていますが、実際には、無免許の手形割引業者も存在しますので、正規の業者であることの確認も必要です。

Case 7-1-1　白地式裏書

A社は、売掛金の回収のため、売掛先B社から、X社が振り出した商業手形を受け取りました。その手形は、X社からY社に振り出され、Y社からB社に裏書譲渡されたものでしたが、Y社からB社への裏書について、被裏書人欄が空欄のままとなっていました。

この点、日本の手形法では、被裏書人欄を空欄にしたままでの裏書（白地式裏書）も裏書譲渡の方法として有効であり、空欄のままでも、裏書の連続（手形の受取人から最後の被裏書人まで裏書が間断なく連続していること）が認められ、手形金の支払いを受けることができます。そのため、A社はB社からそのまま手形を受け取りました。

ところが、中国の銀行実務では、裏書の連続の有無は、裏書人と被裏書人の名義が形式的に連続しているかどうかで判断され、一部でも空欄（白地）が残ったままでは、支払いをしないことになっており、A社は銀行から支払いを受けることができませんでした。

そこで、A社は、B社に連絡することなく空欄部分を自ら記入しましたが、B社の社名を誤って記載してしまいました。その結果、A社は、銀行から裏書の連続がないとして支払いを拒否され、またB社に修正を求めたもののこれも拒否され、結局手形金の支払いを受けることができませんでした。

実務上は、このようなミスを回避するために、被裏書人と手形の提示者との同一性を証明する文書を裏書人に作成してもらい、銀行に提示する方法が採られて

第 7 章　資金調達

> います。
> 　なお、白地式裏書の場合以外でも、手形の記載事項の一部が空欄のまま振り出された手形、いわゆる白地手形についても同様の問題が起こりえます。結局のところ、一部でも白地が残った手形を受け取る場合には、必ず、相手方に白地を補充する権限があることを確認し、相手方において補充してもらうか、裏書人に上記の文書をもらうよう注意が必要です。

Q7-1-11　銀行借入れや手形の割引等の金融機関からの資金調達以外に、取引先の資金繰りを改善したり資金調達を容易にしたりするために、取引先に協力できることはありますか。（取引先からの資金的援助）

　中国では、商取引の当事者間での援助方法として、販売先からの支払サイトを短くする、一定の割合で前払金を支払うといった方法がしばしば行われています。また、たとえば数か月先の納品分の取引まで売掛・買掛を立てて仕入先の売掛金残高を増やすことで、仕入先が金融機関から融資を受けるのを容易にするといった間接的な方法もあります。これらは、将来的には有望だが企業規模が小さく資金調達に困っている企業を取引先が援助する方策として有効ですので、特に優良な顧客等がいれば、上記の方法を提案してみる価値はあるといえます。

　なお、当然ながら、このような方法は実体が伴った取引でなければなりません。架空の取引契約を締結して前払金を支払い、後に契約を解除して当該前払金に一定の損害金を上乗せして返済を受けるようなことは企業コンプライアンスに反することは、いうまでもなく、違法行為にあたる可能性もあります。
⇒Q8-1-7（貿易信用登記制度）

法知識の整理

1　法体系

　中国の金融機関から企業に対する貸付けに関しては、人民銀行が制定した貸付通

則（1996年）が、貸付契約の内容や不良貸付けへの監督等について規定しています。
　貸付通則の内容のうち、借主の立場から特に重要な内容は以下のとおりです。
・貸付けの種類（7条～10条）
・貸付期間および利率（11条～16条）
・借入人の資格、権利・義務等（17条～20条）
・貸付人の資格、権利・義務等（21条～25条）
・貸付けの手続（25条～32条）
・企業間貸付けの禁止（61条）
・罰則（62条～74条）

　また、手形取引に関しては、手形法（1995年制定、2004年改正）が規定しており、大枠の大系は日本の手形法と類似しています。

2　主管部門

　金融機関の貸付等の業務に関する許認可の受理・審査等を取り扱う政府機関は人民銀行です。また、金融機関の業務を統一的に管理する政府機関として、銀行業監督管理委員会が置かれています（銀行業監督管理委員会については**第2章第1節法知識の整理2**(3)参照）。

関連法令

「貸付通則」（贷款通則）（中国人民銀行令【1996】2号）
「人民元転、外貨転、外貨支払管理規定」（结汇、售汇及付汇管理规定）（銀発【1996】210号）
「最高人民法院の企業の貸付契約の借主が期限を超え返済しない場合の問題処理についての回答」（最高人民法院关于对企业借贷合同借款方逾期不归还借款的应如何处理问题的批复）（法復【1996】15号）
「中国人民銀行の利率の市場化改革をさらに推進する通知」（中国人民银行关于进一步推进利率市场化改革的通知）（2013年）
「手形法」（票据法）（2004年）
「商業銀行法」（商业银行法）（2003年）
「商業引受為替手形取引の発展に関する中国人民銀行の指導意見」（中国人民银行关于促进商业承兑汇票业务发展的指导意见）（銀発【2006】385号）
「商業手形引受け、割引及び再割引の管理暫定弁法」（商业汇票承兑、贴现与再贴现管理暂行办法）（銀発【1997】216号）

第7章 資金調達

第2節
海外からの資金調達

中国で新規にビジネスを始める場合、事業の実績がないなどの理由で、中国国内の銀行からの借入れでは十分に資金を調達できない場合も考えられます。また、日本での取引銀行から融資を受けることがビジネス上望ましい場合もあり、日本の親会社の資金を融資または追加出資の形で投入することも考えられます。本節では、このような、中国企業が海外から資金調達する場合に適用される法規制の内容や制度についてみていきます。なお、海外からの資金調達は外貨管理の問題とも密接に関連していますので、第8章（外貨）もあわせてご参照ください。

Q7-2-1 当社現法の新事業用資金を調達するため、当社の日本の取引銀行からの借入れを検討しています。当社現法の登録資本金は500万米ドル、投資総額は700万米ドルで、新事業のためには1,000万米ドルの借入れが必要と見込んでいます。海外からの借入れにはどのような規制があるのでしょうか。（海外からの借入れに関する規制）

　中国の企業が中国国外からの借入れ、たとえば、日本の銀行や親会社からの借入れを行う場合において、中国国内の金融機関から人民元で借入れを行う場合と大きく異なるのは、①外債登記の手続を行わなければ、借り入れた資金を口座から引き出せず、返済金を国外送金することもできない、②累計の借入額が認可を受けた投資総額と登録資本の額の差（投注差）の範囲内でなければならない、すなわち借入可能額に制限がある点です。

　①の外債登記の手続については、第8章（外貨）で詳しく解説していますが、ここで特に注意が必要なのは、②の借入限度額です。本問の場合、投資総額と

登録資本の額の差である200万米ドルまでしか借入れができず、投資総額を増額しなければ、新事業に必要な資金である1,000万米ドル全額の借入れはできません。

なお、外資系銀行の中国支店または現地法人からの借入れの場合は、中国国内の借入れとして扱われます。したがって、外債登記や投注差の規制は適用されません。ただし、米ドル等の外貨を中国国内で借り入れた場合、当該借入金を、人民元に両替して使用することはできない点に注意が必要です（Q8-2-5参照）。

⇒Q7-1-3（中国系銀行からの借入れと日系銀行からの借入れとの比較）、Q8-2-4（外債登記）、コラム8-2-1（投注差）、Q8-2-2（外商投資企業による外債借入れ）、Q8-2-5（国内外貨建て借入れ）

Q7-2-2 （Q7-2-1の続き）日本の銀行から1,000万米ドル全額の借入れを受けるために投資総額を増額するには、どうすればよいのでしょうか。（投資総額の増額）

Q7-2-1（海外からの借入れに関する規制）で説明したとおり、投注差の範囲を超えて海外から借入れを行おうとする場合には、投資総額を増額する必要があります。

投資総額は無制限に増額できるわけではなく、登録資本が投資総額に占める割合は下表のとおり一定以上でなければならないという制約があります。なお、この投資総額と登録資本の関係については、コラム8-2-1（投注差）で詳しく説明します。

投資総額	登録資本の割合	備　　考
300万米ドル以下の場合	70％以上	
300万米ドルを超え1,000万米ドル以下の場合	50％以上	投資総額は300万米ドル〜420万米ドル：登録資本は210万米ドル以上
1,000万米ドルを超え3,000	40％	投資総額は1,000万米ドル〜1,250万

万米ドル以下の場合		米ドル：登録資本は500万米ドル以上
3,000万米ドルを超える場合	3分の1以上	投資総額は3,000万米ドル～3,600万米ドル：登録資本は1,200万米ドル以上

　Q7-2-1（海外からの借入れに関する規制）の事例の企業（登録資本金500万米ドル、投資総額700万米ドル）が1,000万米ドルの借入れを受けようとする場合には、投資総額を現在の700万米ドルから1,500万米ドル（現在の資本金500万米ドル＋借入金1,000万米ドル）まで引き上げる必要がありますが、資本金500万米ドルの場合には、資本金は投資総額の50％以上でなければならないので、設定できる投資総額は1,000万米ドルが上限となります。そのため、増資を行い、投注差の比率が限度内（投資総額が1,500万米ドルの場合、資本金はその40％すなわち600万米ドル以上である必要があるので、最低100万米ドルの増資が必要）になるよう資本金を増額させる必要があります。

　なお、同じ事例で仮に借入額が500万米ドルの場合には、投資総額は1,000万米ドルで足りるので、増資をせずに投資総額のみを増額させることも考えられますが、実務上は増資と同時に投資総額を増額させるケースが多いため、増資をせずに投資総額のみを増額することが運用上認められているか、事前に政府機関に確認したほうがよいでしょう。

　また、子会社が親会社に対し既存の債務がある場合には、その債務を資本に振り替えて資本金を増額させることも考えられますが（デット・エクイティ・スワップ）、外商投資企業のデット・エクイティ・スワップについては、一部の都市部を除き、法整備がいまだ不十分であり、また実務の運用もいまだ確立していないため、慎重に進めることが望ましいといえます。

⇒コラム8-2-1（投注差）、Q7-2-6（中外合弁企業の増資）、Q10-3-6（再編手法―DES（債権の持分権への転換））

第2節　海外からの資金調達

> Q7-2-3　(Q7-2-1の続き) 日本の取引銀行からは、まず日本の親会社である当社が銀行から借入れをしたうえで、当社現法に対してその資金を融資する方法を提案されました。当社現法が日本の取引銀行から借入れをするのではなく、間に親会社を入れることにメリットはあるのでしょうか。(親子ローン)

　中国の外商投資企業の資金調達方法としては、本国の親会社からの融資を受ける方法(いわゆる親子ローン)も一般的に行われています。現地法人にめぼしい資産がないなどの場合、日本の銀行は資金回収が容易な日本の親会社への貸付けとすることを求めてくることが多いといえます。

　借り入れる側としても、親会社全体の資金繰りの中で銀行に返済していけばよいので、借入後すぐに現地法人で利益が上がらないような場合にも借入れがしやすくなる、返済時期や利息等の借入条件を親子会社間で決められる(ただし、通常、銀行からはある程度の情報開示は求められます)等のメリットがあります。

　ただし、過少資本税制の適用対象となる場合には、その適用除外の要件との関係で、借入条件の設定には留意が必要です。

　なお、親会社からの融資であっても、中国の現地法人にとっては海外からの借入れに該当するため、金融機関からの借入れと同様に外債登記の手続が必要となり、投注差の制限も受けます。

⇒Q3-2-7 (出資と外債借入れの順番)、Q6-2-4 (特別納税調整)、ケース6-2-3 (過少資本税制の事例)、コラム8-2-1 (投注差)、Q8-2-4 (外債登記)

> Q7-2-4　日本の親会社から中国の現地法人に資金提供する方法として、増資を利用する場合と融資の形式を利用する場合には、どのような違いがありますか。(親子ローンと増資との比較)

　まず、増資の場合には、審査認可機関の審査認可が必要であり、また、投下

された資金は資本金に充てられますので、事業によって得た利益を配当の形で回収することはできても、資本金自体は減資の手続をとらなければ払戻しを受けることはできません。

これに対し、融資の場合、審査認可は不要であり、また子会社の資金に余裕がないときは返済を繰り延べ、余裕があるときは元本および利息の弁済を受けることで投下資金を回収することができるなど、増資の場合よりも柔軟な資金運用が可能となります。また、融資の場合、外債登記の手続が必要であり、また投注差の制限を受けるという違いがあります。

⇒コラム8-2-1（投注差）、Q8-2-4（外債登記）、Q10-3-2（再編手法―減資）

Column 7-2-1：親子ローンの返済義務の免除

親子ローンは、外商投資企業の一般的な資金調達手段として実務上広く用いられていますが、中国からの撤退に必要な資金の融通のために用いられるケースもあります。

親子ローンは、一部の地域を除き、一般的には、管轄の外貨管理局で登記変更手続をすれば、返済義務を免除することが可能です。この親子ローンの返済義務の免除は、しばしば、現地法人を解散・清算する際、破産手続に入ることを避け普通清算の方法で現地法人を清算する目的で実施されます。なぜなら、外商投資企業が普通清算の手続を行うためには、管轄の商務部門に対して解散・清算開始の申立てをする必要があるところ、実務上、申立てには債務超過でない貸借対照表の提出が求められており、結果として債務超過の外商投資企業は普通清算を開始できないからです。

普通清算ができない場合、理論的には、人民法院に対して破産手続を申し立てることになりますが、外商投資企業の破産の事例はまだ多くはなく、また、親会社と金融機関との融資契約等、現地法人の事業に関する諸契約においては、現地法人の破産が契約解除事由になっている場合がほとんどであるため、親会社としては、何としても破産ではなく普通清算の手続で進めなければならないというケースが非常に多いです。また、特に親会社が大企業や上場企業の場合には、債務超過状態にあり普通清算ができない現地法人を放置しておくことは企業責任の観点から望ましくないという理由で、親会社の経済的負担が増えても現地法人の債務超過を解消して普通清算をするケースもあります。

債務超過を解消するための方法としては、①既存の親子ローンの返済義務の免

除、②新たな親子ローンの実施およびその返済義務の免除、③増資の方法があり、これらから適切な方法を選択しまたは組み合わせて、清算に必要な費用も見込んだうえで債務超過を解消できる水準まで財務状況を改善する必要があります。特に、②の親子ローンの必要額が投注差を超える場合には、まず③の増資を行って親子ローンの「枠」を増額したうえで親子ローンを実施しなければならないケースもあります。また、普通清算の手続開始後は増資ができなくなることとの関係で、清算費用が見込みよりも増えた場合には、普通清算開始後も、必要に応じて親子ローンの返済義務の免除を実施することがあります。

なお、債務免除に伴い、現地法人には企業所得税の課税対象である債務免除益が発生します。通常、撤退を迫られるような債務超過の状態にある現地法人には累損が存在するため、累損を使って債務免除益を消化することで新たな課税の発生を回避することも考えられますが、実施にあたっては税務の専門家の意見も聴取したうえで進める必要があるでしょう。また、債権放棄に関する寄附金課税の問題等、債権者側でも税務上の問題が生じえます。
⇒Q11-1-1（撤退の方法）、Q11-1-2（撤退方法の比較）、Q11-3-1（解散・清算による撤退）、Q11-3-6（債務超過会社の解散・清算）

Q7-2-5　当社現法が中国の銀行から1,000万米ドルを借り入れ、当社が債務保証していましたが、返済期限までに現地法人が返済資金を準備できなかったため、当社が保証義務を履行して借入金を返済しました。当社としては、この返済金は後で当社現法から回収する予定ですが、現時点で何か中国で手続をとる必要はありますか。（親会社の保証）

一般に、保証人が保証債務を履行した場合、保証人は債務者に対して求償債権を取得しますが、保証人が親会社を含む海外の企業や金融機関である場合、中国の現地法人にとってかかる求償債務は外債（対外債務）となります。このような求償によって発生する債務についても、外債登記が必要であり、この登記を行わないと送金することができなくなってしまいます。また、投注差の制限を受ける点も通常の外債と同様です（外債登記管理オペレーションガイドライン）。
⇒コラム8-2-1（投注差）、Q8-2-4（外債登記）

第7章　資金調達

> Q7-2-6　当社は、当社合弁で必要な設備投資を行うために、当社合弁への増資を考えています。増資にはどのような手続が必要ですか。（中外合弁企業の増資）

　中外合弁企業が増資を行うためには、董事会で増資の全員一致の決議を行い、審査認可機関の認可を受ける必要があります。なお、増資によって登録資本と投資総額が変更されると、定款や合弁契約も変更することになりますので、定款・合弁契約の変更手続としても、審査認可機関の認可を受ける必要があります。また、定款・合弁契約の変更手続として、工商部門での変更登記、税務、外貨等の変更登記も行わなければなりません。

⇒Q2-3-8（董事会の決議事項、議事規則）、Q10-3-1（再編手法―増資）、Q10-3-2（再編手法―減資）

> Q7-2-7　当社（X社）は、当社と別の日本企業Y社がそれぞれ50％の持分を持つ中国現地法人への増資を考えていますが、Y社は増資に消極的です。当社だけが増資をする場合にはどのような手続が必要ですか。（増資に伴う持分比率の変更）

　外資独資企業（外国企業同士の合弁を含む）が増資をするには、株主が1人の場合を除き、定款および法律に従い、株主会での特別決議（決議要件については、Q10-3-1参照）を経る必要があります。したがって、本問では増資についてY社の承認を得る必要があります。

　また、増資後の持分割合は、通常は単独で増資をしたX社が過半数を持つこととなりますので、増資と同時に持分割合の変更手続（定款変更および中外合弁の場合は合弁契約の変更）も必要です。この手続には、すべての出資者が署名・押印した定款または定款修正案（中外合弁の場合はこれに加えて合弁契約または合弁契約修正案）を提出しなければなりません。したがって、Y社の持分権比率にかかわらず、定款等へのY社の署名・押印を取得する必要があるた

め、Y社の同意なしに増資することは事実上困難です。なお、増資後の具体的な持分割合は、増資時点の持分権の資産評価を行ったうえで、出資者間の協議で決める方法が一般的です。なお、増資に伴って持分割合を変更する際、税務局から説明等を求められるケースもあるので、事前に税務局・税理士に相談することをお勧めします。

⇒コラム2-3-9（株主会の権限の範囲と決議に関する規則等）、Q10-3-1（再編手法―増資）

Case 7-2-1　割当価格にプレミアムを付けた第三者割当増資

X社の中国現地法人A社（X社が100％の持分権を保有する外資独資企業、資本金800万人民元）は、業績好調で、大きく資産超過となっていたところ、中国企業Y社から、A社について資本提携の申し出を受けました。Y社は第三者割当増資の方法でA社に出資し、A社の持分権の一部を保有することを提案しています。X社としては、持分権の過半数は維持したいという意向であり、また、A社の業績が好調なため、出資を受け入れるにしても割当価格にプレミアムを付けたいと考えています。

この場合、Y社からの出資を単純に資本金としてしまうと、投資額が800万人民元を超える場合にはY社が過半数の持分権を保有することになってしまいます。

このようなケースでX社が持分権の過半数を維持する方法としては、Y社から出資を受けると同時にX社への持分権譲渡の手続をとる方法のほか、投資額の一部のみを資本金とし、残りを資本準備金（中国語では「資本公积」）の項目で受け入れる方法がとられます。資本準備金は、資本の部に計上されますが、登録資本金に組み入れない資本金で、持分権の割合を計算する際にも除外されます。

両者の交渉の結果、Y社は1,000万人民元を投資するものの、資本金に組み入れるのは200万人民元のみとし、残りの800万人民元は、資本準備金として計上することで合意しました。A社株式の持分権割合はX社が80％、Y社が20％となり、X社としては、A社株式に、設立時の5倍のプレミアムを付けて出資を受けました。

法知識の整理

1　法体系

(1) 外債に関する規制

　　海外からの借入れを含む中国企業の外債規制に関する中心的な規制法令として、外債管理暫定規則（2003年制定）があります。また、中国企業が外国企業（外国の金融機関を含む）に対して担保を提供する場合、かかる対外担保を規制する法令としては、国内機構対外担保管理規則（1996年制定）、同実施細則（1997年制定）が重要です。

　　中国企業が海外のリース会社との間でファイナンスリース契約を締結する場合も、当該リース債務は外債として扱われ、外債管理暫定規則の規制対象となります。

　　外貨管理に関する法規制については、**第8章（外貨）法知識の整理**もあわせてご参照ください。

(2) 増　　資

　　中外合弁企業の場合、中外合弁企業法実施条例において、董事会の全員一致決議（33条）（**第2章**参照）、審査認可機関（商務部門）による認可および工商部門における工商登記の変更が必要であることなどが規定されています（21条）。

　　中外合作企業の場合、中外合作経営企業法実施細則において、董事会または共同管理委員会の全員一致決議が必要であることなどが規定されています（29条）。

　　外資独資企業の場合、外資独資企業法実施細則において、審査認可機関による認可および工商部門における工商登記の変更が必要であることなどが規定されています（22条）。企業内部の意思決定手続については、同規則には規定がなく、会社法の規定により、株主会の3分の2以上の賛成による特別決議が要求されています（会社法44条但書）。ただし、株主が1人の場合は不要です。

2　主管部門

　　外債、対外担保にかかる審査認可の権限を有する政府機関は発展改革部門で、外債登記を取り扱う機関は外貨管理局です。投注差の限度内での外債については、審査認可は不要なので、この場合には後者のみが手続に関連します。

　　増資および減資に関する認可申請の受理および審査を取り扱う政府機関は、企業設立の際の審査認可機関（商務部門）です。

関連法令

「外債管理暫定弁法」(外債管理暫行办法)(国家計画委員会、財政部、国家外貨管理局令28号)(2003年)

「外債登記管理オペレーションガイドライン」(外債登記管理操作指引)(2013年)

「国内機構対外担保管理弁法」(境内機構対外担保管理办法)(中国人民銀行令【1996】3号)

「国内機構対外担保管理弁法実施細則」(境内機構対外担保管理办法実施細則)(【1997】匯政発字10号)

「会社法」(公司法)(2005年)

「中外合弁経営企業法」(中外合资经営企业法)(2001年)

「中外合弁経営企業法実施条例」(中外合资经営企业法実施条例)(2001年)

「中外合作経営企業法」(中外合作経営企业法)(2000年)

「中外合作経営企業法実施細則」(中外合作経営企业法実施細則)(対外貿易経済部令【1995】6号)

「外資独資企業法」(外资企业法)(2000年)

「外資独資企業法実施細則」(外资企业法実施細則)(2001年)

第7章 資金調達

第3節
担保・保証、リース

金融機関等から資金調達をしようとする際には、しばしば、資産に担保権を設定したり保証人を立てたりすることを求められます。また、借入れや増資以外の重要な資金調達の方法として、ファイナンスリース取引も広く利用されています。本節では、中国においてよく利用される担保・保証の方法や関連する法規制、中国におけるファイナンスリース取引の概要についてみていきます。

Q7-3-1 当社は、中国に持株会社として投資性会社を設立し、その子会社として産業機械の組立工場を保有するA社を設立しています。A社が金融機関から借入れをするにあたって金融機関から担保の提供を求められています。中国ではどのような担保がよく利用されていますか。（担保の方法）

　中国で法令上認められている担保の方法としては、①保証、②抵当権、③質権、④留置権、⑤手付金の5種類があります。このうち④および⑤は性質上、商品の売買やサービスの提供等の取引における担保機能を果たすものであり、資金調達の際の担保として積極的に利用できる方法ではないので、実際の選択肢は①保証、②抵当権および③質権です。担保の設定対象としては、実務上、土地使用権または建物（抵当権）、設備等の動産（抵当権）、自動車（抵当権または質権）、他の企業の持分権（質権）および保証がよく利用されています。
　このほか、法令上は、生産設備等に対する特別の抵当権等が存在します。
　なお、投資性会社については、**第10章第7節**（外商投資性会社（傘型企業））で説明しています。
⇒第10章第7節（外商投資性会社（傘型企業））

> Q7-3-2　銀行から、A社に担保権を設定できる資産があるかどうかを調査するため、資産評価機関による調査を行いたいとの要求を受けています。中国にはどのような資産評価機関があり、また調査はどのように行われますか。（資産評価機関）

　中国には、資産評価を専門的に行う資産評価機関が存在します。企業の資産全般の資産評価を行う業者もあれば、建物、土地、中古車から宝石に至るまで、個別の資産の評価に特化した業者もあります。ただ、現状はこれらの資産評価機関の質は千差万別であり、評価結果の信憑性に疑問が残るケースもあります。

　この点、業界団体である中国資産評価協会による自主的な格づけが存在し、AAA、AA、A、BおよびCの5つのランクに分けられています（資産評価機構総合評価弁法（試行））。この格づけは、資産評価機関の質をはかるうえで一応の参考になると思われます。

　また、評価対象が国有資産である場合や上場企業関係の資産評価の場合、それぞれ、国有資産管理部門から国有資産評価資格証書を取得している資産評価機関や、財政部、中国証券監督管理委員会が認定した証券評価資格を有する資産評価機関でなければならないという条件がある点に留意が必要です（国有資産評価管理弁法9条、財政部および証監会の証券先物関連業務に従事する資産評価機構に関する管理問題についての通知）。

　本問のような場合、通常は、銀行が指定する資産評価機関が調査を行います。工場不動産や設備等の評価であれば、通常は、帳簿や登記情報等の書面による調査と、工場現地での実地調査を行って資産の価値を評価する方法が一般的です。

　また、評価額の算出方法としては、国有資産の評価方法として法定されている次の手法が一般的に用いられています（国有資産評価管理弁法施行細則4章）。

(1) 収益現在価値換算法

　予測される適正な収益能力および適正な現在価値換算率に基づき、対象資産の現在価格を算出する。

(2) 再調達原価法

対象資産をまったく新しい状況のもとで再調達するときの原価に基づき、すでに使用した年限の累積減価償却額を控除したうえで、資産の機能的変化、新旧の度合い等を勘案して算出する。

(3) 現行市場価格法

同一または類似の資産の市場価格を参照して算出する。

(4) 清算価格法

企業の清算時の資産の処分価格に基づき算出する。

⇒Q3-2-4（資産評価）、Q10-2-4（内資企業の資産買収手続）

> **Column 7-3-1：税関監督期間中の設備への担保権設定**
>
> 輸入設備に担保権を設定する際には、その設備が税関監督期間中でないか、注意する必要があります。
> 中国では、外商投資企業向けの優遇政策として、自社で使用する設備を海外から輸入する場合に、関税の免除を受けられる制度があります。この免税措置を受けた場合、輸入後5年間は税関監督期間とよばれ、原則として、免税設備を移動させたり、譲渡等の処分を行ったりすることはできず、自由に担保権を設定することもできなくなります。この税関監督期間中に担保権を設定するには、税関の認可が必要になります。また、実務上、認可を受ける条件として担保期間、被担保債務の性質、被担保債務の金額および担保権者の性質等いろいろな制限に服さなければなりません。
> ⇒Q4-1-4（設備輸入の免税）、Q10-5-5（関税に関する調査）

> Q7-3-3 （Q7-3-1の続き）中国の銀行から、A社の親会社である当社の中国での投資性会社が当社現法の債務を保証することを求められています。当社の投資性会社が中国の銀行と保証契約を締結するにあたって特に注意することはありますか。（保証）

中国法を準拠法とした場合の保証契約において、特に注意が必要なのは、①一般保証と連帯保証の区別、②保証期間、③他の担保との優先関係です。

まず、中国法上、保証契約には書面性が要求されること、一般保証と連帯保証の２種類があることは日本法と似ています。しかし、日本法と異なり、一般保証か連帯保証かについて当事者が約定しなかった場合または約定が不明確な場合には、連帯保証とみなされるので、特に保証人となる際には注意が必要です。なお、一般保証では主債務者に強制執行したが回収できなかった場合、主債務者の住所が変わり履行請求が困難となった場合、主債務者が破産した場合、保証人が抗弁権を書面により放棄した場合を除き、保証人は保証履行を拒絶できますが、連帯保証の場合には拒絶できません（担保法17条）。

次に、保証契約には保証人の責任の存続期間を定める必要があり、約定した保証期間が満了し、かつ主債務の期限到来から６か月間が経過すると保証人の責任は消滅します。なお、特に保証期間を約定しなかった場合には、主債務の期限到来から６か月間を経過すると保証人の責任は消滅します（担保法25条）。

さらに、保証人と抵当権等の物的担保が併存する場合、担保権の実行の順序が制限される場合があります。物的担保の設定者が債務者である場合には、債権者は、当事者間で担保権の実行方法について特段の合意をしていない限り、まず物的担保を実行しなければなりません。これに対し、物的担保の設定者が債務者でない場合、債権者は、物的担保を実行することができ、また、保証人に対して履行請求することもできます。なお、いずれの場合でも、物的担保の設定者または保証人は、物的担保が実行された後または保証責任を履行した後、債務者に対して求償できます（物権法176条）。

> **Q7-3-4　当社現法の借入れについて、董事（日本人）は個人保証はしていませんが、現地法人の董事が法人の債務について個人責任を負うことはありますか。（役員の個人責任）**

法人の債務と代表者の債務は別であり、法人代表者が法人の債務を負担することは原則としてありません。また、役員が、忠実義務違反により法人に対して損害を与えた場合でも（会社法150条）、法人に対する損害賠償義務は負うも

のの、法人の債権者に対する直接の損害賠償義務は負いません。ただし、債権者が債権者代位権を行使して法人の董事に対する損害賠償請求権を代位行使することはありえます（契約法73条）。

⇒Q12-5-5（董事の責任）

> Q7-3-5　（Q7-3-1の続き）銀行との協議の結果、現地法人の土地使用権、工場建物および生産設備に抵当権を設定することになりました。抵当権の設定にはどのような手続が必要で、どの程度時間がかかりますか。（抵当権の設定）

　土地使用権や建物等に対する不動産抵当権は、日本と同様、最も頻繁に利用される担保方法の1つです。

　不動産への抵当権設定手続は、日本での場合とあまり変わりません。具体的には、抵当権設定者と抵当権者が抵当権設定契約を締結したうえで、物件所在地の不動産管理部門に共同で抵当権設定登記申請を行えば、10日以内に抵当権登記証（地域によっては発行されない可能性があります）が発行され、その時点で抵当権が有効に設定されることになります（房屋登記弁法23条）。

　次に、中国では設備等の動産に対しても抵当権の設定が可能です。動産の抵当権の設定手続は、当事者が抵当権設定契約を締結して設定登記申請を行う点では不動産抵当権と同様ですが、動産抵当権は当事者が抵当権設定契約を締結した時点で効力が発生し、登記は第三者への対抗要件であるという点で異なります（なお、申請先は不動産管理部門ではなく抵当権設定者所在地の工商部門です）。もっとも、動産抵当権の設定登記は、申請に必要な書類が揃えば申請当日に権利証書を受け取ることができます（動産抵当登記弁法9条）ので、適切に手続が行われる場合、設定から登記までにはそれほど時間を要しません。

　なお、法令上の根拠は明確でないものの、債権者が外国企業の場合、地方によっては、不動産登記システムの制限等を理由に、土地管理部門が土地・建物への抵当権設定登記申請を受け付けないケースがあります。

第3節　担保・保証、リース

⇒コラム3-4-7（不動産登記制度）、Q3-4-14（抵当物件の賃借）

> Q7-3-6　（Q7-3-1の続き）銀行との協議の結果、当社現法Ａ社が所有する動産に質権が設定されることになりました。質権の設定にはどのような手続が必要ですか。（動産質権の設定）

　質権の設定が有効となるためには、当事者間で質権設定契約を締結したうえで、対象が動産や有価証券の場合は引渡しを、債権の場合は所管の政府機関（権利の種類によって異なります）において設定登記を行う必要があります。
　本問の場合、対象は動産ですので、当事者間で質権設定契約を締結して動産を質権者に引き渡した時点で、質権の設定が有効となります。

> Q7-3-7　Q7-3-1のとおり、当社現法が中国の銀行から借入れをすることを検討していましたが、やはり、日本法人である当社が日本の銀行から借入れを行い、当社現法の持分権に質権を設定することにしたいと考えています。このような質権設定は可能ですか。（外商投資企業の持分権に対する質権設定）

　外商投資企業の出資済みの持分権への質権設定も可能ですが、①設定時には出資者全員の承諾を得て認可機関の認可を得る必要があるという点と、②実行について実務上種々の問題があり、スムーズに換価できない場合がありうる点に注意が必要です。
　まず、外商投資企業の持分権への質権設定については、中外合弁企業の場合は董事会の全員一致が必要であり、外資独資企業の場合も会社法上は出資者全員の同意は要求されていないものの、関連政府機関が制定する規則に基づき、認可を得る際には最高権力機関が全員一致の決議をした議事録の提出が求められているため（外商投資企業投資家の持分変更についての若干の規定12条(1)）、いずれの企業形態でも出資者全員の承諾を得る必要があります。

次に、実行に関しては、持分権への質権の実行手続を定めた法規定の整備が十分でなく、実務も十分に蓄積されていないのが現状です。一般論としては、質権設定者の協力がない限り、訴訟または仲裁を経たうえで、強制執行手続を申し立て、競売を行って売却代金から優先弁済を受けるのが原則ですが、持分権の換価は必ずしも容易ではなく、所要期間もかなり長く、その間に質権が設定されている持分権の価値が減損するリスクもあります。質権者としては、持分権を換価して債権を回収するというよりは、持分権を自由に処分できなくすることで、債務者やその現地法人に対して事実上影響力を行使することを主な目的として質権の設定を受けるケースもあります。

> **Q7-3-8** （Q7-3-7の続き）当社現法の持分権に質権を設定した場合、当社は当該持分の権利行使に関し、何か制限を受けますか。（持分権への質権設定の効力）

持分権に質権を設定した場合、質権設定者は、当該持分権を自由に譲渡することができなくなります。また、物権法上、質権者は、質権設定契約に別途規定がない限り、質権の果実を収受する権利を取得しますので、現地法人の持分権についての利益配当は質権者が受け取ることができます。しかし、利益配当がなされた時点で被担保債権の弁済期が到来していない場合にも、質権者が利益配当を受け取ることができるかについては確立した解釈がありません。加えて、現状の外商投資企業の利益配当の手続上、出資者でない質権者への送金は困難であり、実務上は、質権が設定されている持分権の出資者への配当を会社に一時的に内部留保するか、質権設定期間中は利益配当を控えるといったかの対応をとるのが一般的です。

第3節 担保・保証、リース

> **Column 7-3-2：現地法人の持分権への質権設定と貸倒処理**
>
> 　現地法人の持分権への質権設定に関連して、債権者が日本企業の場合、債権者側の会計上の問題として、不良債権の貸倒処理の問題があります。
> 　債権が回収不能になった場合には、債権者はその不良債権を貸倒れとして損金に算入することになりますが、債権に担保が存在し、担保物の処分による回収可能額がある場合には、原則として担保物を処分した後でなければ債権の貸倒処理ができません（法人税法基本通達9-6-2）。例外的に、回収可能性のある金額が少額であり、その担保物の処分に多額の費用がかかることが見込まれ、すでに債務者の債務超過の状態が相当期間継続している場合には、債務者に対して書面により債務免除を行うことで貸倒れとして損金に算入することができる可能性があります。ところが、現地法人の持分権への質権の場合、実行に関する実務がいまだ確立しておらず、手続費用、所要期間、回収の可否および金額等の予測が困難なため、上記の貸倒処理の可否の判断も容易でなくなり、場合によっては質権を持つこと自体が債権者にとって負担になる可能性もあります。

Q7-3-9 （Q7-3-5の続き）生産設備への抵当権設定に加えて、売掛金債権に質権担保を設定したいと考えていますが、売掛金債権に質権を設定することはできますか。（売掛金への質権設定）

　売掛金債権にも質権を設定することはできますが、担保としての実効性・確実性にはやや疑問があります。

　法令上、売掛金債権にも質権が設定できるとされていますが、他方で、質権設定契約においては、被担保債権に不履行があった場合に質物の所有権を質権者に移転させる合意（流質合意）をすることができず、質権者が売掛債権を自ら取り立てることはこの流質合意の禁止に該当し許されないのではないかという問題があります。この点について、現時点では、学説上争いがあり確立した判例もないため、紛争になるおそれがあります。

　仮に質権者が自ら債権を取り立てることが許されないのであれば、質権を設定する意義は乏しいため、売掛金に対する質権設定はあくまで他の担保方法の補完的・補助的な担保という位置づけにとどめておくべきでしょう。

Case 7-3-1　親会社から中国現地法人への売掛金に対する質権設定

　日本の投資会社Ａ社は日本企業Ｂ社に貸付けを行うにあたり、Ｂ社の中国現地法人Ｘ社の持分権のほか、Ｂ社がＹ社に対して有する売掛金債権に質権を設定することを考えました。

　ところが、この質権の設定や実効性の確保には以下のような問題がありました。

　まず、売掛金債権に対して質権を設定するためには人民銀行において登記する必要がありますが、人民銀行の登記システムでは、登記申請のために中国企業の営業許可証の提出が求められているため、外国企業が直接登記申請を行うことができませんでした。結局、中国国内で登記手続を行う代理人を立てることにより、登記を行うことができました。

　次に、Q7-3-9（売掛金への質権設定）で説明したとおり、Ａ社が直接Ｘ社に対して債権を取り立てることは流質禁止の原則に反するとされるリスクもあったため、Ａ社は、事実上の措置として、回収の実効性を確保する目的で、Ｂ社に債務不履行があった場合にＸ社に対する売掛金債権を譲渡する譲渡日付、金額等を空欄にした債権譲渡通知書をあらかじめ発行してもらい、債務不履行があったときはＡ社の選択によって売掛金債権を取得できるようにしました。もっとも、このような事実上の措置のみでは、Ｘ社がＢ社に返済期日前に弁済してしまうことを防止できないため、Ａ社・Ｂ社・Ｘ社の三者間で、返済期日よりも前に返済しないこととする覚書もあわせて締結しました。

　さらに、このケースでは問題とならなかったものの、売掛金債権が支払期限を遅延している場合、外貨管理局において登記が要求される場合もあり（貨物貿易外貨管理ガイドライン実施細則37条）（登記制度についてはQ8-1-7参照）、登記上の債権者（Ｂ社）でないＡ社に対する支払いが認められない可能性もあります。

　以上のとおり、有効かつ実効性のある形で売掛金債権に質権を設定するためには種々のハードルがあり、解決策を工夫する必要がありますが、完全に有効な担保とすることは難しいといえます。この観点から、中国企業を第三債務者とする売掛金債権への質権設定は、やはり、他の手段で十分な担保を確保したうえでの補助的な担保という位置づけにとどめておくことが無難といえるでしょう。

⇒Q4-5-6（債権譲渡）、Q8-1-7（貿易信用登記制度）

第3節 担保・保証、リース

> Q7-3-10 当社現法の事業で使用する生産設備や車両、事務機器についてリースを組みたいと考えています。中国ではどのような商品やサービスについてリースを組むことができますか。(中国でのリース取引)

　中国でも、ファイナンスリース取引は車両や機械設備等の動産を中心に広く利用されており、日本のリース会社の現地法人も多く進出しています。リース契約の内容も日本と類似しているので、まずは日本で取引のあるリース会社の現地法人に相談してみるのがよいでしょう。

　なお、日本のリース会社と直接リース契約を締結することも一応は可能ですが、海外のリース会社とのファイナンスリース契約は、対外借入れと同様に制限が厳しい(外債管理暫行弁法5条)ので実務上はあまり利用されていないのが現状です。

法知識の整理

　本節で紹介した5種類の担保については、担保法で網羅的に規定されています。ただし、これらのうち担保物権である抵当権、質権および留置権の3種については、物権法にも規定が存在し、双方に齟齬がある場合は物権法が優先します。このほか、ファイナンスリースについては、契約法に規定されています。

1 物的担保

種　類	対　象	成立要件
抵　当　権	不動産、建物用地使用権、生産設備、原材料、製品等（物権法180条）	建築物等：設定契約締結および登記（物権法187条） 生産設備等：設定契約締結（登記は第三者対抗要件）（物権法188条）
質　　権	動産（物権法208条）、権利（物権法203条）	動産：設定契約および引渡し（物権法212条） 権利：設定契約および権利証書の交付、登録等。ただし、有限会社の持分および知的財産権については主管部門での質権登記（物権法226条・227条）

303

| 留置権 | 動産（物権法230条） | 動産の占有。ただし、動産が債権と同一の法律関係に属することが必要（物権法231条） |

2 保　証
(1) 種　類：一般保証および連帯保証（担保法16条）。契約上明記されていない場合、連帯保証となる（担保法19条）。
(2) 保証期間：保証契約の必要的事項（担保法15条）。契約上明記されていない場合、主債務の履行期間満了後6か月までとなる（担保法25条・26条）。

3 手付金
(1) 種　類：原則は違約手付（担保法89条）であるが、同時に解約手付としての性質も有する（担保法解釈117条）。手付金の交付を契約成立の条件とすることも可能（成約手付（担保法解釈116条））。
(2) 金　額：主たる契約の契約金額の20％以下（担保法91条、担保法解釈121条）。

関連法令

「物権法」（物权法）（2007年）
「資産評価機構総合評価弁法（試行）」（资产评估机构综合评估办法（试行））（中評協【2007】109号）
「国有資産評価管理弁法」（国有资产评估管理办法）（1991年）
「国有資産評価管理弁法施行細則」（国有资产评估管理办法施行细则）（国資弁発【1992】26号）
「担保法」（担保法）（1995年）
「担保法適用の若干問題に関する解釈」（最高人民法院关于适用《中华人民共和国担保法》若干问题的解释）（法釈【2000】44号）
「房屋登記弁法」（房屋登记办法）（建設部令168号）
「動産抵当登記弁法」（动产抵押登记办法）（国家工商行政管理総局令30号）
「貨物貿易外貨管理ガイドライン実施細則」（货物贸易外汇管理指引实施细则）（匯発【2012】38号）
「契約法」（合同法）（1999年）
「工商行政管理機関持分権質権設定登記弁法」（工商行政管理机关股权出质登记办法）（国家工商行政管理総局令32号）

「外商投資企業投資家の持分変更についての若干の規定」(外商投资企业投资者股权変更的若干規定)(【1997】外経貿法発267号)
「売掛債権質権登記弁法」(应收账款质押登记办法)(中国人民銀行令【2007】4号)

第7章 資金調達

第4節
株式の公開

機関投資家や個人から広く資金を調達する方法として、中国の証券取引所での株式公開があります。本節では、中国の証券取引所における外資系企業の上場に関する近年の状況と、上場のための一般的な手続について紹介します。

Q7-4-1 中国の証券市場の概要について教えてください。(中国の証券取引所)

中国には、現在、中国本土の上海証券取引所、深セン証券取引所、および香港の香港証券取引所の3か所の証券取引所があります。1990年、中国本土で初めての証券取引所として上海証券取引所が開設され、ついで1991年に深セン証券取引所が開設されました。また、1992年には両証券取引所は外国人にも開放されました。香港証券取引所は、1891年に開設された香港株式仲介協会等をルーツとするもので、より長い歴史を持っています。各証券取引所のメインボードのほか、中小新興企業向けの市場として深セン証券取引所に創業板が、香港証券取引所にGEM(Growth Enterprise Market)が開設されています。

中国の株式市場に上場されている株式は、A株、B株、H株の3種類に区分されています。A株は人民元で取引される株式で、A株の取引は一定の条件を満たした機関投資家を除き外国人には認められていません。これに対し、B株は、外貨(上海市場では米ドル、深セン市場では香港ドル)で取引が行われます。このようなA株とB株の区分は、中国政府が、人民元と外貨との自由な交換を規制する外貨管理政策をとっていることによるものです。H株は、香港市場に上場している株式です。

⇒第8章（外貨）

> Q7-4-2　中国での事業で成功を収めた現地法人をさらに発展させるため、株式の上場を考えています。中国での株式上場のためにはどのような条件が必要ですか。（外商投資企業の上場）

　外商投資企業が株式を上場する場合、外商投資株式会社でなければなりません。多くの外商投資企業は、三資企業（合弁・合作・外資独資）のいずれかの形態をとっているため、上場の際には、まず外商投資株式会社への組織変更が必要になります。

　次に、外商投資企業・中国内資企業に共通する、株式上場のための主要な条件として、証券法において以下のようなものが定められています（証券法50条）。

① 　株式が証券監督管理機構の認可を得てすでに公開発行されていること
② 　企業の株式総額が3,000万人民元以上であること
③ 　公開発行する株式が企業の株式総数の25％以上（株式総額が4億人民元以上である場合は10％以上）であること
④ 　直近の3年間に重大な違法行為がなく、財務会計報告書に虚偽記載がないこと

　さらに、株式を公開する企業が外商投資企業である場合、上記のほかに以下の条件が追加されます（外商投資株式会社に関する問題についての通知）。

① 　上場申請前3年間における外商投資企業の同年次検査に合格していること
② 　経営範囲が「外商投資の方向を指導する暫定規定」および「外商投資産業指導目録」の要求に合致していること
③ 　上場後の外資株式が資本金総額に占める割合が10％以上であること
④ 　中国側が一定以上の持分比率を保持することが要求されている場合、上場後もかかる比率が維持されること

　また、上記の証券法の基準に加えて証券取引所ごとの上場基準があり、かか

る基準を満たしているかも上場審査の対象となります。

　上記のように外商投資企業の上場のために要求される条件は厳しく、また、政府機関および証券取引所の審査も中国の国有企業や国内企業に比べ厳しいため、中国本土の証券取引所で株式を公開する外資系企業の数は多くなく、現状、外資系企業が中国系の投資家から資金を調達する方法としては、香港やシンガポールでの上場のほうが多く利用されています。

⇒Q3-2-1（最低登録資本金）、第10章第７節（外商投資性会社（傘型企業））

Case 7-4-1　日本企業の香港での株式上場

　中国における株式上場の方法としては、中国本土の証券取引所のほかに、香港証券取引所への上場があります。香港は、古くから英国法に基づく法制度・裁判制度が整備され、アジア地域における国際金融センターとして発展してきた歴史を持ち、企業が事業活動や資金調達等を行うためのインフラが整備されていること、中国の一部であり中国本土での事業活動の窓口として機能させることもできることから、香港での上場を中国本土での上場よりも魅力的な方法と考える外資企業も少なくないようです。

　かつては、香港証券取引所規則では、香港、中国本土、英領ケイマン諸島および英領バミューダ諸島の４つの国・地域の企業のみが上場主体として認められており、日本企業が直接香港で上場することはできませんでした。そのため、将来的に香港市場での上場を目指す外資企業は、香港に持株会社を設立し、当該持株会社の株式を上場する手法がとられていました。また、複数の株主がいる合弁形態の会社の場合、上場後の資本関係が複雑化するのを回避するため、上場主体となる香港法人の上にさらに中間持株会社を設立することもあります。このような中間持株会社は、英領ケイマン諸島や英領バージン諸島に設立するケースが多くみられます。

　しかし、2010年の香港証券取引所の規則改正により、一定の条件（定款等において、①債権者、行政機関および自主規制機関への無料の株主名簿の閲覧請求権を認めること、②上場規則に基づき議決権行使を制限される株主の議決権数を算入しないことなどを定めること）を満たすことで、日本企業が直接香港で上場することができるようになりました。

　この規則改正後、2011年にはSBIホールディングス株式会社が、2012年には株式会社ダイナムジャパンホールディングスが、それぞれ香港証券取引所に株式を上場しています。

SBIホールディングスは、すでに日本で株式を上場していたため、香港での上場はいわゆる「セカンダリー上場」ですが、ダイナムジャパンホールディングスの場合は、業種の特殊性等の事情から日本でこれまで上場していなかったため、同社にとって初めての上場（プライマリー上場）でした。
　今後も、上記2社に続いて香港で上場する日本企業が増えていくかどうかが注目されています。

Case 7-4-2　中国企業の日本での上場（中国博奇）

　チャイナ・ボーチー（中国博奇）は、2007年8月、中国本土の企業グループとして、初めて日本の東京証券取引所第一部に株式を上場しました。チャイナ・ボーチーは、火力発電所等の排煙脱硫装置の設計・設置等を主な事業とする「北京博奇電力科技有限公司」を中核とする企業グループで、アジア企業の上場を増やしたい東京証券取引所の意向と一致したなどとして広く注目を浴びました。当時の報道によると、上場の主体であるチャイナ・ボーチーは、海外での上場を目的としてケイマン諸島で設立された法人で、日本での上場の目的は日本での事業展開ではなく、技術提携相手を探すことや株式公開に伴うIR活動とされていました。
　しかし、上場当初は注目を浴びたこともあって公募価格を上回る株価をつけていたものの、その後、中国市場の鈍化等の影響で業績が振るわず、また、一部メディアからは不正経理問題を指摘されたこともありました。
　このような中、2012年10月、チャイナ・ボーチーは、経営陣が設立した特別目的会社への吸収合併、つまりMBOを発表し、同年11月をもって東京証券取引所を上場廃止となりました。

関連法令

「証券法」（証券法）（2013年）
「上場会社の外商投資に関わる関連問題に関する若干意見」（关于上市公司涉及外商投资有关问题的若干意见）（外经贸资发【2001】538号）
「外国投資家の上場企業に対する戦略投資管理弁法」（外国投資者対上市公司战略投资管理办法）（商務部、中国証券監督管理委員会、国家税務総局、国家工商行政管理総局、国家外貨管理局令【2005】28号）

第8章

外　貨

第8章 外　貨

第1節
外貨規制の概要および経常項目

中国では、日本やアメリカのような先進国と異なり、外貨についていまだに厳しい規制が存在しています。したがって、先進国の投資家が、中国の企業と取引し、または中国において事業を展開する場合、常に中国の外貨制度を念頭に置いておく必要があります。また、輸出入やロイヤルティの送金等、比較的頻繁に発生する外貨の受領と支払い（経常項目）においても外貨規制の問題が発生します。本節では、中国の外貨規制の概要および経常項目に関する外貨制度を紹介します。

Q8-1-1　当社は初めての中国進出を検討しています。当社はすでにアメリカやヨーロッパで事業展開していますが、これまで外貨制度に特に気を遣ったことはありません。中国で事業を展開する場合、なぜ中国の外貨制度に留意する必要があるのですか。（外貨規制）

　中国では、外貨の購入・売却および対外送金・受金を含む外貨に関する各場面において、いまだに厳しい規制が存在しています。たとえば、中国国内から海外への送金は、各銀行において、当該支払いと取引の関連性について、いわゆる「真実性と一致性の審査」をクリアして初めて実施することができます。送金項目によっては、外貨管理局の認可を受けなければ送金を実施できないものもあります。また、海外から資金を借り入れる場合は、事前に認可または登記手続を行わなければなりません。このように、外国投資家の現地法人を含めて、すべての中国所在の企業は、外貨の受領・支払いを自由に行うことができません。この外貨規制は、海外との日常取引から、海外からの資金調達まで、企業の経営活動に幅広く関わることから、十分に理解しておく必要があります。

この数年間で、外貨に対する規制はかなり緩和されましたが、他の国々、特に日本やアメリカ等の先進国に比べると、中国の外貨規制はいまだに厳しいものといえます。現在の日本のように外貨に対する規制が比較的緩やかな国の投資家にとって、中国の外貨規制はなじみが薄いため、中国において事業を行うにあたり重要であるわりに、注意を怠ることも少なくありません。そのため、取引自体はうまく行われたものの、外貨規制を意識していなかったために、最後の対外支払いを実行する段階で問題が生じ、取引全体に大きな影響を与えるケースも少なくありません。したがって、中国の国境を跨る資金の出入りに関わる取引や事業を行う場合は、必ず計画の初期段階から外貨制度に留意しなければなりません。

> **Q8-1-2　中国の外貨制度は非常に理解しにくいと聞いたのですが、具体的にはどういうところが理解しにくいのでしょうか。（外貨関連法制度の現状）**

　中国での外貨に関する法制度は非常に複雑です。国内外の経済情勢にあわせて迅速に調整する必要があるため、外貨制度に関する法令の改正は頻繁に行われています。外貨に関する規制は、法令レベルよりも個別の問題の処理に関する外貨管理局の通達や通知等により運用されることが多いのが特徴です。また、実際にはすでに失効した規定が整理されずに有効なものとして残されている場合も多く、また、同一の事項について、短期間で頻繁に調整されることもあります。したがって、中国の外貨に関する法制度の現状を網羅的に把握することは非常に難しいといえます。このような状況の中、国家外貨管理局は、現在実際に施行されている外貨関係の法令を取扱分野ごとに整理し、公表する作業を始め、2010年から毎年1回の頻度で更新しています。2013年の整理結果によれば、現在実際に施行されている外貨関係の法令は300を超える数に上ります。

　中国の複雑な外貨制度を実務運用面の細かいところまで完全に把握することは相当難しいのですが、中国での事業をうまく展開するためには、少なくとも

第8章　外　貨

外貨規制を意識するとともに、外貨規制の基本を理解しなければならないことを常に念頭に置く必要があります。

Column 8-1-1：外貨に関する有効な法令の定期公表

中国の外貨制度に関する法令は非常に複雑です。各企業はもちろんのこと、銀行や各地の外貨管理局も個別の問題を処理するにあたり、根拠法令について悩むケースが少なくありません。その問題を解決するために、国家外貨管理局は2010年から、「現行有効な主要外貨管理規定目録」を公表し始めました。最新の目録は、国家外貨管理局のウェブサイト（http://www.safe.gov.cn/）で確認することができます。本稿入稿時点の最新版は2013年7月31日時点のものであり、基本的には毎年6月～7月頃に最新のものを公表しています。この目録では外貨管理局の取扱分野ごとに関連する法令がまとめられており、非常にわかりやすいものとなっています。ただし、年1回の更新のため、めまぐるしく変わる外貨関連法令の制定・改廃を完全にフォローしているわけではありません。たとえば、2012年6月の貨物貿易外貨管理制度の大改正（コラム8-1-4参照）の際、多くの法令が失効にもかかわらず、当該目録は直ちに更新されませんでした。したがって、年1回の更新後の法令の変更等も随時確認する必要があります。

> Q8-1-3　中国にある当社現法が日本の取引先にコンサルティングフィーを支払おうとしたところ、取引銀行に拒否されたようです。実は、このほかにも多数の外貨問題に遭遇したことがあるようです。このような場合、どのように解決すればよいでしょうか。また、どこで誰に解決方法を相談すればよいでしょうか。（外貨管理局）

外国企業が中国で事業を展開する際には、必ずといっていいほど外貨管理の問題に遭遇します。外貨に関する問題に遭遇した場合、まずは、「経常項目」に関する問題であるか、「資本項目」に関する問題であるかを判断することが重要です（経常項目と資本項目の定義および区別については、Q8-1-4参照）。1996年に経常項目の外貨受領・支払いが自由化された後、経常項目に関する外貨の受領と支払いについては、基本的には銀行の判断に委ねられることになりまし

第1節　外貨規制の概要および経常項目

た。したがって、経常項目に関連する外貨問題であれば、まず取扱銀行に確認することをお勧めします（たとえば、上記のコンサルティングフィーの送金は経常項目に該当します）。銀行で確認することができない、または銀行も確実に回答できない問題であれば、銀行を通じて外貨管理局に確認するか、または自ら現地の外貨管理局に確認することも可能です（ただし、一部の地域の外貨管理局においては、経常項目に関する問合わせを受け付けないケースもあります）。一方で、資本項目に関連する外貨問題については、外貨管理局の厳しい監督に服しますので、まずは現地の外貨管理局に問合わせを行うことをお勧めします。

⇒Q8-1-4（経常項目と資本項目）、Q8-1-8（サービス貿易に関わる対外支払い）

Column 8-1-2：外貨管理局の沿革

　中国における外貨管理を担当する政府機関として、国家外貨管理局（State Administration of Foreign Exchange, SAFE）があります。そもそも外貨管理は中国の中央銀行である中国人民銀行に管理権限がありますが、外貨管理の機能を強化するために、1979年、外貨管理業務に特化した機関として国家外貨管理局が別途設立されました。国家外貨管理局は中国人民銀行の監督のもとで運営され、中国人民銀行の管理に服するものとされています。国家外貨管理局は各省レベルの行政区画および一部の比較的大きな市（深セン市、大連市、青島市、寧波市、アモイ市）に支局（中国語では「分局」）を設置し、支局がさらにその管轄地域に派出機関を設置しています。しかし、外貨管理局は「外貨管理局」の名義では対外的に運営されておらず、当該地域の「中国人民銀行」に統合され、中国人民銀行の名義で対外的に運営されているケースがほとんどです。外貨管理局の名義で対外的に運営される場合でも現地の人民銀行と同じ場所にあることが多いです。たとえば、国家外貨管理局上海市分局は中国人民銀行上海総部と同じ場所にあります。したがって、現地の外貨管理局がわからない場合は、まずは現地の中国人民銀行に問合わせをしてみるとよいでしょう。

　外貨管理局の組織構造については、本章第3節**法知識の整理3**をご参照ください。

第8章 外　貨

> **Q8-1-4　経常項目であるか資本項目であるかは具体的にどのように判断すればよいでしょうか。判断基準を教えてください。（経常項目と資本項目）**

　Q8-1-3（外貨管理局）に記載したとおり、中国の外貨規制の大枠を掴むにあたり、最も理解しておくべき重要な概念は「経常項目」と「資本項目」です。「経常項目」とは、国際収支のうち、貨物、サービス、収益および頻繁に移転される取引項目を指します。「経常項目」に該当する外貨の受領・支払いに対しては、人民元との交換制限がなく、真実性と一致性の審査（当該外貨の受領・支払いの根拠となる取引関係が実在するかどうかに関する審査）を通れば、人民元または外貨に自由に両替することができます。また一部特殊な場合を除くほとんどの場合、真実性と一致性の審査および送金手続は銀行で行われ、原則として外貨管理局は関与しません（ただし、ロイヤルティの送金における登記手続等、一部の対外送金については、事前の手続が必要となります。技術ライセンスのロイヤルティ送金については、**Q8-1-6**参照）。

　これに対して、「資本項目」とは、国際収支のうち、対外資産および負債の水準に変動を与える取引項目を指します。たとえば、直接投資、外債、証券投資および対外担保等に伴う収支は「資本項目」に含まれます。「資本項目」については、該当する外貨の受領・支払いは「認可制」のもとで管理され、外貨管理局の認可を受けなければ、外貨の受領・支払いを行うことができません。経常項目と資本項目の簡単な比較は以下のとおりです。

	経常項目		資本項目
定　義	貨物、サービス、収益および移転される取引項目		対外資産および負債の水準に変動を与える取引項目
典型的な例	貿　易	非貿易	資金の借入れ、対外担保、対外投資、外商投資
	・輸出入代金 ・運送・物流・	・ロイヤルティ ・無形資産譲渡・購入対価	

316

第1節　外貨規制の概要および経常項目

	通関費用	・コンサルティングフィー ・利益配当	
規　制	送金・受金は原則として自由であり、関連手続は銀行の窓口で行う		送金・受金は原則として外貨管理局の認可が必要

⇒Q8-1-6（ロイヤルティの送金）

> **Q8-1-5** 経常項目に関する外貨の受領・支払いについて、取扱銀行は、送金の真実性と一致性を審査する必要があることを理解しました。この真実性と一致性の審査は、具体的にどのような事項を審査しますか。（真実性審査原則）

　経常項目に関する外貨の受領・支払いは1996年に自由化され、原則として自由に行うことができます。ただし、外貨の不正流出・不正受領およびマネーロンダリング等を防ぐために、取扱銀行は外貨の受領・支払いについて、真の取引があるかどうか、または外貨の受領・支払いが当該取引関係と一致しているかどうかを審査する必要があります。たとえば、外貨を支払うとき、支払先と取引関係があるかどうかを確認するために、請求書、契約書等を銀行に提出する必要があります。そして、支払先の口座名義が契約書上の当事者と一致しているかどうかも確認事項となります。一部の特殊な送金（たとえば、ロイヤルティの送金。Q8-1-6参照）については、関係政府機関で登記または届出を適切に行ったことを証明できる資料を要請される場合もあります。
⇒Q8-1-4（経常項目と資本項目）、Q8-1-6（ロイヤルティの送金）

第8章　外　貨

> Q8-1-6　当社は2007年に現地法人との間で、有効期間を10年間とする技術ライセンス契約を締結しました。当時、当該技術ライセンスを関連の政府機関に登記して、10年間の技術使用料の対外送金枠を取得しています。今般、異なる技術について、新たな技術ライセンス契約の締結を検討しています。今回も、従前のように、事前に一括で送金の枠を取得する必要がありますか。（ロイヤルティの送金）

　2009年以前は、中国の企業が海外の企業にロイヤルティを送金するためには、商務部門で技術輸出入の登記を行い（技術ライセンス契約の登記手続については、**コラム4-1-2参照**）、ロイヤルティの送金枠を取得しなければなりませんでした。

　しかし、ランニング・ロイヤルティが採用された場合は、売上に比例してロイヤルティが決まることが多く、契約締結時に一括で送金の枠を確定することが難しいため、2009年にロイヤルティの登録制度が変更されて以降は、事前に送金枠を決めることなく、送金する都度、商務部門に届出をしてから送金できるようになりました。

　2009年以降、過去に取得した送金枠を超えない送金であれば、従前どおり、送金手続を行うことができるようになっています。過去に取得した送金枠を超える場合は、新たな登録制度に従い、個別に申請し、商務部門の認可を受ける必要があります。

　なお、2013年7月に公布された新たなサービス貿易にかかわる外貨制度の改正（**コラム8-1-6参照**）により、ロイヤルティの送金に関する手続がさらに簡略化され、輸出制限類の技術に該当しない技術の輸出に関するロイヤルティの送金については、契約およびインボイス（請求書）を提出すればよく、「技術輸出入許可証」の提出は不要になりました。

⇒Q4-1-5（技術輸出入管理）、Q4-1-6（技術輸出入管理の対象）

> Q8-1-7　当社現法の資金繰りが最近少し厳しくなっています。銀行借入れや親子ローンで資金調達するのは難しいので、親会社への原材料仕入代金の支払いを遅らせようと考えていますが、可能ですか。(貿易信用登記制度)

　本問において、貴社現法が外貨管理上のA類企業(コラム8-1-4参照)に該当し、かつ支払いを遅らせる期間が貨物通関後90日以内であれば、特別な手続を行う必要なく、延払いを実行することができます。

　貨物代金の支払時期と貨物輸出入の時期は取引条件ですので、取引当事者の合意により調整することは問題ありません。ただし、外貨管理上の原因で、貨物代金の支払時期と貨物輸出入の時期をずらす場合は、特別な外貨登記を行う義務があります(ただし、人民元で決済する場合は、登記は不要です)。当該登記義務は、中国では一般的に「貿易信用登記」とよばれ、2012年8月1日、正式な名称が「外貨支払・受領および貨物輸出入の予備登記」に変更されました。現行の貿易信用登記制度の概要は以下のとおりです(下表に該当する場合、貿易信用登記を行う必要があります)。

	A類企業	B類企業	C類企業
輸出前受金	30日を超える前受金	すべての前受金	
輸入延払い	90日を超える延払い	30日を超える延払い (ただし、90日を超える延払いは取扱不可)	
輸入前払い	30日を超える前払い	すべての前払い	
輸出ユーザンス回収	90日を超えるユーザンス回収	30日を超えるユーザンス回収 (ただし、90日を超えるユーザンス回収は取扱不可)	

　上記のとおり、A類企業には、従前の制度(コラム8-1-3参照)より緩和された登記制度が適用され、B類企業およびC類企業には、より厳しい登記制度が適用されています(A類企業、B類企業およびC類企業の分類は、企業が外貨規制を遵守する状況によって区分されます。詳細についてはコラム8-1-4参照)。

そして、A類企業に対して従来の限度額制度が撤廃されたことも、今回の改正の重要な点です。従来の制度では、各企業の登記された貿易信用に関わる残高（経常項目において中国国内企業が海外取引先から与信を受けている額）は、前年度の貨物貿易外貨受領・支払いの金額の一定の割合を超えてはならないとされていましたが、今回の改正により、A類企業は、上記の登記義務さえ履行すれば、自由に、貿易信用にかかわる外貨の受領・支払いを実施することができるようになりました。ただし、前払い、前受け、ユーザンス回収または延払いの貿易信用残高が、直近12か月間の輸出入および貿易外貨受領・支払累計額の25％を超えた場合、または１年以上の長期間の前払い、前受け、ユーザンス回収または延払いの残高が10％を超えた場合、外貨管理局の立入検査を受ける可能性がある点については、留意する必要があります。

Column 8-1-3：従前の貿易信用登記制度

2008年まで、貿易取引の代金の輸出前受金と輸入延払いはそれほど多く利用されているものではなかったため、対外債務の一種として、対外債務登記制度のもとで管理されていました。しかし、その後、中国の対外貿易規模の拡大および人民元高の影響により、貿易取引の輸出前受金と輸入延払いが一気に増加しました。そのため、2008年７月、貿易取引による輸出前受金・輸入延払いは、対外債務登記制度から切り離され、専用の登記システム（「貿易信用登記管理システム」）が導入され、同年11月、輸入前払いと輸出ユーザンス回収に関する登記制度も発表されました。2012年８月以前の貿易信用登記制度の概要は以下のとおりです。

	定　義	登記の必要
輸出前受金	契約上の外貨受領日が契約上の輸出期日より早い場合、または実際の外貨受領日が輸出通関申告日より早い場合	すべての輸出前受金は登記対象
輸入延払い	契約上の外貨支払日が契約上の輸入日より遅い場合、または実際の外貨支払日が輸入通関申告日より遅い場合	90日以上遅れる場合、登記対象
輸入前払い	契約上の外貨支払日が契約上の輸入日より早い場合、または実際の外貨支払日が輸入通関申告日より早い場合	すべての輸入前払いは登記対象

| 輸出ユーザンス回収 | 契約上の外貨受領日が契約上の輸出期日より遅い場合、または実際の外貨受領日が輸出通関申告日より遅い場合 | 90日以上遅れる場合、登記対象 |

Column 8-1-4：2012年貨物貿易外貨管理制度の大改正

　2012年6月27日、国家外貨管理局、国家税務総局と税関総署は連名で「貨物貿易外貨管理制度改革の公告」を公布しました。今回行われた貨物貿易外貨管理制度の大改正は、2011年後半から、一部の地域（江蘇省、湖北省、寧波市を除く浙江省、アモイ市を除く福建省、大連市、青島市）でテストされた制度の全国への拡大です。今回の改正は貨物貿易外貨管理制度の内容の多岐にわたりますが、大きなポイントとしては、以下の点が挙げられます。
・輸出に関する個別の外貨照合制度が撤廃されました。これによって、個別の外貨照合制度が完全に撤廃されることになりました（外貨照合制度については、**コラム8-1-5**参照）。
・外貨取扱企業の分類制度が導入されました。すなわち、外貨管理局は外貨を取り扱う企業を外貨関連法令の遵守状況によって、Ａ類（外貨関連法令の遵守状況が良好であり、外貨業務が正常な状態にある企業）、Ｂ類（外貨関連法令の遵守に問題があるが、重大な違反ではない企業）およびＣ類（外貨関連法令に重大な違反がある企業）に分類します。法令遵守状況が良好であるＡ類企業に対しては、以前より緩和された各種取扱いが適用されます。たとえば、契約書等の取引の真実性を確認できる書類をもって、銀行で対外支払いを行うことが可能になりました。
・輸出税金還付の手続が簡易化されました。
　今回の改正は、Ａ類またはＢ類と認定された企業にとっては、外貨関係の事務量が軽減され、資金運用の円滑性を向上するという効果がありますが、Ｃ類に該当する企業にとっては、外貨関連業務に非常に大きな負担を受けることになりました。

Column 8-1-5：輸出入に関する外貨照合制度

　中国では、従来から、貨物を輸出入する際、通関した貨物の金額と支払われた代金を照合する制度があります。簡単にいうと、たとえば、100万円の価値の貨物を輸入する場合、貨物輸入後に、100万円の対外支払いと当該輸入の記録を照

第8章 外　貨

合しなければなりません（代金を前もって支払い、その後貨物を輸入する場合も同じです）。
　当時、外貨不足の状況にあった中国は、外貨を確保するために、1991年に輸出に関する外貨照合制度を導入しました。1994年には、外貨の不正流出を防ぐために、さらに輸入に関する外貨照合制度も導入しました。その後1998年には、書類の偽造防止、手続の簡便化を図るために、それまで紙ベースで行われていた照合制度が電子化されました。この電子照合システムは、税関、銀行および外貨管理局等のシステムと連動し、非常に複雑なシステムとなっています。この外貨照合制度は20年にわたり実施され、当該制度は中国における輸出入体制の重要な制度の1つとなりました。
　しかし、中国の外貨準備の急増に伴い、外貨の流出を厳しく制限する必要性が低くなったことから、輸入に関する個別の外貨照合制度は2010年に廃止されることになり、さらに2012年には輸出に関する個別の外貨照合制度も廃止されました。これにより、この20年以上の歴史を持つ外貨の個別照合制度が完全に廃止されることになり、外貨照合制度は総額照合制度へと移行されました。すなわち、現在は、輸出入の1件ごとに照合を行う必要はなくなり、一定期間中における総額について照合を行えばよいことになりました。当該照合制度の改革により、企業および銀行の業務負担は大幅に軽減されることになりました。

Q8-1-8　当社現法は当社に対して、コンサルティングフィーを支払おうとしています。コンサルティングフィーの名目で対外送金することは可能でしょうか。また、支払実行時に、どのような書類を銀行に提出すればよいでしょうか。（サービス貿易に関わる対外支払い）

　コンサルティングフィーを送金するためには、申請書類、コンサルティング契約およびインボイス（請求書）を銀行に提出する必要があります。
　コンサルティングフィーのような貨物貿易に関わらない項目で対外送金を行うためには、「サービス貿易外貨管理ガイドライン実施細則」に従い実行しなければなりません。当該実施細則では、サービス貿易の外貨売却・対外支払いの必要書類、審査原則および注意事項が規定されています。ただし、実際の手続については地域や銀行によって多少異なる可能性がありますので、当該実施細則を確認したうえで、取扱銀行に直接照会することをお勧めします。

第1節　外貨規制の概要および経常項目

Column 8-1-6：サービス貿易外貨制度の改正

　国家外貨管理局は、2013年7月18日、「サービス貿易外貨管理ガイドライン」および「サービス貿易外貨管理ガイドライン実施細則」を公表し、今までのサービス貿易に関する外貨制度を大きく変更しました。同改正は2013年9月1日より実施されています。今回の改正の主なポイントは以下のとおりです。

(1)　5万米ドル以下のサービス貿易に関する対外送金は、原則として、書類審査が不要となります。これまでは、サービス貿易に関して対外送金を行う場合、真実性と一致性を確認するために、低額の送金であっても、少なくとも請求書や契約書等の書類を銀行に提出し、銀行の審査を受けなければなりませんでした。しかし、今回の改正により、5万米ドル以下のサービス貿易の送金については、銀行は原則として書類審査する必要がなくなり、資金の性質が不明確な対外送金についてのみ、取引書類を要請し合理的な審査をするべきであるとされました。

(2)　5万米ドルを超えるサービス貿易に関する対外送金については、従前どおり、書類審査が必要ですが、ほとんどの対外送金項目については提出書類が大幅に簡素化されました（ただし、駐在員事務所の経費送金等、一部の送金項目等、提出書類が従前に比べ複雑になったものもあります）。たとえば、技術輸出入契約のための対外送金については、契約書および請求書のみを提出すればよいとされ、輸入制限技術に該当する場合にのみ、技術輸出入許可証の提出が必要となりました。そして、当該ガイドライン実施細則に明確に記載されていない対外送金については、原則として、契約書、請求書および取引に関する書類をもって、対外送金を行うことができるとされました。

(3)　対外送金の納税証明取得義務が廃止されました。今まで、3万米ドル以上のサービス貿易に関する対外送金を行う場合には、納税証明を提出しなければなりませんでした。しかし、今回の改正により、5万米ドル以下の対外送金については納税証明の提出が不要とされ、5万米ドルを超える対外送金を行う場合であっても納税証明の提出ではなく納税届出書の提出が求められると変更されました。

　なお、今回のサービス貿易外貨制度の改正に伴う問題について、2013年9月26日国家外貨管理局は「サービス貿易外貨管理問題の回答の第1、2、3号」を公表しています。当該回答はQ&Aの方式で、サービス貿易外貨制度の改正に関連する実際の取扱上の問題について、外貨管理局の方針と見解を示しています。

第8章 外　貨

> Q8-1-9　当社は日本本社所属の従業員を中国の現地法人に出向させています。雇用契約は現地法人と締結し、給与も現地法人に負担させています。しかし、従業員から給与を日本で受領したいという希望があったことから、当社が日本でこの従業員に給与を支給した後、現地法人に立替金を請求したいと考えていますが、このような送金は可能ですか。（立替費用の対外送金）

　中国の企業が、海外の関連会社が立て替えた従業員給与等を精算するために対外送金をすることは認められています。2010年以前は、立替金の名目で対外送金できるのは多国籍企業（中国国内と海外両方に企業を設立し、かつ全世界または地域の統括会社を中国に設立している企業）のみに限定されていましたが、2010年9月以後、一般の外商投資企業でも海外の関連会社への立替金の送金が認められるようになりました。一部の地域において、より詳しい手続規定が定められています。たとえば、上海市の規定によれば、多国籍企業以外の企業が立替金を送金するとき、1回10万米ドル以下の場合、直接銀行の窓口で手続をすることが可能であり、1回10万米ドルを超える場合、銀行窓口で送金する前に、外貨管理局の認可を取得しなければならないとされています。
⇒Q5-1-6（外国人の採用）、コラム6-2-2（日中租税協定）

> Q8-1-10　当社は中国で駐在員事務所（代表処）を有していますが、事業拡大のため、近いうちに、中国に現地法人を設立する予定があります。できれば、現地法人の設立費用について、駐在員事務所の経費で立て替えたいと考えていますが、可能でしょうか。（駐在員事務所の外貨規制）

　外国企業の駐在員事務所（代表処）が、現地法人の設立費用を立て替えることはできません。外国企業の駐在員事務所は、中国において営利的な活動に従事することが認められていませんので、中国で収入を得ることはなく、駐在員事務所の支出は賃料、人件費、光熱費等の運転資金に限られると想定されてい

ます。そのため、駐在員事務所の日常の運営に必要な資金はすべて海外にある親会社からの送金により賄われなければなりません。また、法令上、外国企業の駐在員事務所の経費用外貨口座へ振り込まれた資金は、駐在員事務所の日常の運転資金以外の目的に使用してはならないと規定されています。

上記の規制に違反する場合、外貨管理局から警告・罰金等の処罰を受ける可能性があり、違反が重大な場合には、経費用外貨口座が取り消される可能性もあります。駐在員事務所は親会社からの送金がなければ、運転資金を維持できないという点から考えれば、これにより、駐在員事務所は事実上活動できなくなります。また、外貨の問題のほか、外国企業の駐在員事務所が日本本社の子会社の設立費用を立て替える場合、経営範囲の逸脱、企業間貸付けおよび会計上の問題等も検討する必要があります。

設立費用の問題を解決するために、外国投資家は中国で設立費用専用外貨口座を開設し、当該口座を経由して、設立費用を支払うという方法もあります。しかし、設立費用専用外貨口座にある外貨を人民元に両替するためには、その都度、資金の使途を証明できる資料を銀行に提出しなければならないため、実務上、設立費用専用外貨口座はそれほど利用されているわけではありません。実務上は、親会社が、設立を代行する中国のコンサルティング会社に直接支払う、または現法設立後に精算することで対応するケースが多いです。

⇒Q2-1-1（進出形態の概要）、Q3-1-6（経営範囲の記載方法）、Q7-1-6（企業間貸付けの禁止）

Column 8-1-7：外貨口座

外国企業の駐在員事務所（代表処）は経営活動が認められておらず収入を得ることが予定されていないため、経費用外貨口座のみを開設すればよいですが、一般の外商投資企業の場合は、通常、以下の外貨口座を開設します。

(1) 経常項目外貨預金口座

経常項目の外貨収支のための外貨口座です。外貨管理局の認可は不要で、銀行で申請すれば開設することができます。貿易および貿易以外の経常項目に属する

外貨収支はすべて当該経常項目口座を通じて行われます。かつては、経常項目口座の預金残高については上限規制があり、上限を超える外貨はすべて自動的に人民元に転換されていましたが、2007年以降は上限の規制が撤廃され、制限なく外貨のままで留保できるようになりました。

(2) 資本金外貨口座

資本金を受け入れる場合の資本金振込用の外貨口座です。増資を行うときの資本金も同口座に振り込まれます。

(3) 外債用外貨口座

海外から外貨の借入れを行う場合の貸付金を受領するための専用外貨口座です。外債口座の開設は個別に外貨管理局の認可が必要とされています（Q8-2-4参照）。

Q8-1-11 当社は中国の取引先と設備販売契約を締結しました。しかし、同社から、設備購入代金を外貨で当社に直接支払うのではなく、当社現法に人民元で支払いたいと依頼されました。この支払いは、中国の外貨制度上認められますか。（外貨の不正取得と不正流出）

中国では、外貨で支払うべき金員を人民元で支払うと、外貨の不正取得（中国語では「套汇」）に該当し、行政処罰を受けるリスクがあります。外貨準備を確保することは、従前から、中国の外貨制度の最も重要な目的の1つであり、外貨の不正取得と外貨の不正流出（中国語では「逃汇」）は国家の外貨準備を減少させることにつながりますので、中国では厳しく規制されています。これらの行為に該当すると判断された場合には、罰金が科されるほか、重大な違反の場合には、刑事責任を追及される可能性もあるため、注意が必要です。

第1節　外貨規制の概要および経常項目

> Q8-1-12　当社は中国の取引先から商品を購入しています。当該商品を第三者に販売したところ、品質の問題により顧客からクレームを受けて、当社に相当の損失をもたらしました。中国の取引先と交渉を行った結果、ようやく賠償金の金額を合意し、和解協議書を締結しましたが、賠償金の支払期限が到来したにもかかわらず、まだ賠償金は支払われていません。相手方に確認したところ、外貨規制上の問題で、賠償金を送金することができないという回答を受けました。このようなことがありますか。（賠償金の対外送金）

　貿易に関わらない賠償金の支払いについては、2013年7月に、サービス貿易に関する新通知が公表される前は、賠償金を送金するために、必ず裁判所の判決書や仲裁機関等の裁決書を提出しなければなりませんでした。しかし、同制度の発表により、2013年9月1日以降、判決書や裁決書がなくとも、契約書、賠償協議書または賠償に関する説明文書および関連証拠を提出することで賠償金の送金を行うことができるようになり、手続が大きく緩和されました。したがって、2013年9月1日以降であれば、本問のように賠償金について定めた和解協議書があれば、それに基づき対外送金できると考えられます。

関連法令

「外貨管理条例」（外汇管理条例）（2008年）
「元転換、外貨購入および外貨支払に関する管理規定」（結汇、售汇及付汇管理規定）（銀発【1996】210号）
「国内外貨口座管理規定」（境内外汇账户管理規定）（銀発【1997】416号）
「国外外貨口座管理規定」（境外外汇账户管理規定）（汇政発字【1997】10号）
「貨物貿易外貨管理制度の改革に関する公告」（货物贸易外汇管理制度改革的公告）（国家外貨管理局公告【2012】1号）
「貨物貿易外貨管理法規の問題に関する通知」（货物贸易外汇管理法規有关问题的通知）（汇発【2012】38号）

第8章 外　貨

「サービス貿易外貨管理ガイドライン」(服務貿易外汇管理指引)(汇発【2013】30号)
「サービス貿易外貨管理ガイドライン実施細則」(服務貿易外汇管理指引实施细则)(汇発【2013】30号)
「『国家外貨管理局行政許可項目表』の公布に関する通知」(国家外汇管理局关于发布《国家外汇管理局行政许可项目表》的通知)(汇発【2010】43号)

第2節
資本項目外貨

対外債務、対外担保等資本の移転を伴う外貨の収支は中国の外貨制度上、「資本項目」とよばれています。経常項目の外貨収支は比較的自由に行うことができるのに対して、資本項目の外貨収支は基本的に政府機関の認可を受ける必要があり、より厳重な規制のもとで行われています。

Q8-2-1 中国にある当社現法が日本の親会社である当社から資金を借り入れることは可能ですか。可能であればどのような手続が必要でしょうか。（外債の借入れ）

　外商投資企業が親会社を含む海外の会社や金融機関から資金を借り入れることは可能です。中国の企業による海外からの借入れは中国で通常「外債」とよばれており、資本項目に該当し、原則として関連する政府機関の認可を受け、その後、外貨管理局で登記しなければなりません（ただし、外商投資企業が投資総額と登録資本の差額の範囲内で外債を借り入れる場合、特別な取扱いがあります。Q8-2-2参照）。外貨管理局での登記を行った後、銀行で外債専用口座を開設して、外国からの資金を受領することができます。なお、所定の認可や登記を経ずに外国から借入れのための送金を受けた場合、外貨規制に違反する行為として、コンプライアンス上の問題が発生します。また、借入れの効力自体も認められません。
⇒Q8-2-3（外債の特別取扱い）、Q8-2-4（外債登記）

第8章 外　　貨

> **Q8-2-2** 中国にある当社の現法が日本の銀行から借入れを行おうとしています。従前、外債の借入れが難しいと聞いていたので、前向きに検討していませんでした。しかし、取引銀行に改めて相談したところ、外商投資企業なら外国銀行からの借入れについて、中国政府機関の認可は不要であるといわれました。外商投資企業の外債借入れについて、特別な政策があるのですか。（外商投資企業による外債借入れ）

　Q8-2-1（外債の借入れ）において、外国からの借入れを行うためには、関連の政府機関の認可を受ける必要があると説明しましたが、外商投資企業には外債の借入れについて特別な取扱いが用意されています。一般の外商投資企業は、投資総額と登録資本の差額（投注差については、**コラム8-2-1参照**）の範囲内であれば、認可を受ける必要がなく、対外債務登記（外債登記）のみで借入れを実行することができます。ただし、当該政策を享受するために、外国資本の比率は25％以上でなければなりません。外商投資企業の対外債務の残高総額は、いかなる時点においても当該外商投資企業の投注差を上回ってはなりません。投注差を超えて外債を借り入れる場合には、一部の外債を返済し、新たな借入枠を作り出すか、または投資総額を増やす（当然、登録資本と投資総額の比例を維持する必要があります）などの方法が考えられます。ただし、上記の制度は借入期間1年以下の「短期外債」（使途は運転資金に限定されます）に対するものであり、借入期間が1年を超える「中長期外債」（固定資産購入や対外投資等、より広範囲の使途に使用することができます）を借り入れる場合、一旦借入れを実施すれば、その金額に応じた投注差の額が使用されたことになり、返済をしても、新たな借入枠を作り出すことができない点について、留意する必要があります（ケース8-2-1参照）。
⇒Q3-2-7（出資と外債借入れの順番）、Q3-2-8（投資総額）

第2節　資本項目外貨

Column 8-2-1：投注差

投資総額とは、外商投資企業の合弁契約、定款に規定する生産規模に応じて投入する基本建設資金および生産運転資金のすべてを指します。この投資総額は自己資金と借入金で調達することができますが、一部は必ず現地法人の登録資本としなければならないとされています。登録資本が投資総額に占める割合については、Q7-2-2（投資総額の増額）をご参照ください。投資総額と登録資本の差額は中国では通常「投注差」とよばれ、外商投資企業は投注差の範囲内であれば認可を受ける必要なく外債を借り入れることができます。

Case 8-2-1　外債残高と投注差の計算例

たとえば、登録資本が500万米ドル、投資総額が1,000万米ドルである外商投資企業Ａ社の場合、外債借入可能額は投注差である500万米ドルです。以下、資金調達により、外債借入可能額の推移をみていきます。

　　1,000（投資総額）－500（登録資本）＝500（投注差）

① 2009年10月１日、Ａ社が日本の親会社から200万米ドルの短期外債の借入れを実行し、Ａ社の外債借入可能額は300万米ドルとなりました。

　　500（投注差）－200（第１回短期外債）＝300（借入可能額）

② 2009年12月１日、Ａ社が再度日本の親会社から300万米ドルの短期外債の借入れを実行しました。これにより、Ａ社の外債借入可能額は０となりました。

　　500（投注差）－200（第１回短期外債）－300（第２回短期外債）
　　＝０（借入可能額）

③ 2010年９月30日、Ａ社は200万米ドルの短期外債の返済を実行したため、当該200万米ドルの借入枠が再び復活し、2010年10月１日時点のＡ社の外債残高は300万米ドル（親会社による短期外債）となり、借入可能額は200万米ドルとなります。

　　500（投注差）－200（第１回短期外債）－300（第２回短期外債）
　　＋200（第１回短期外債返済）＝200（借入可能額）

④ 2010年11月１日Ａ社が日本のＳ銀行から２年間の中長期外債の借入れを実行しました。金額は200万米ドルです。

　　500（投注差）－200（第１回短期外債）－300（第２回短期外債）
　　＋200（第１回短期外債返済）－200（中長期外債）＝０（借入可能額）

⑤ 2010年11月30日Ａ社が親会社に対する300万米ドルの短期外債の返済を実行したため、当該300万米ドルの借入枠が再び復活し、2010年12月１日時点のＡ社の外債残高は200万米ドル（Ｓ銀行による中長期外債）であり、借入可

能額は300万米ドルとなりました。
    500（投注差）－200（第１回短期外債）－300（第２回短期外債）＋200（第１回短期外債返済）－200（中長期外債）＋300（第２回短期外債返済）＝300（借入可能額）
⑥　2012年10月31日Ａ社が日本のＳ銀行に対する中長期外債の返済を実行しました。ただし、中長期外債の借入れを実行した場合、その後返済したとしても、借入可能額は復活しないため、2012年11月１日時点のＡ社の外債借入可能額は上記⑤と変わらず300万米ドルのままとなります。

Q8-2-3　当社現法はファイナンスリース会社です。リース物件の購入に必要な資金を調達するために、外債借入れを検討しています。しかし、当社現法の投注差全額を利用したとしても、リース物件の購入に必要な資金を十分に賄うことができません。何か解決できる方法はありますか。（外債の特別取扱い）

　一般の外商投資企業の外債借入可能額は投注差の範囲内という制限がありますが、一定の要件を満たす外商投資企業の場合、特別に規制が緩和されます。外商投資ファイナンスリース会社もその１つの例です。外商投資ファイナンスリース会社の場合には、投注差ではなく、企業の純資産と連動して外債借入可能額が決定されます。具体的には、外商投資ファイナンスリース会社は、リスク資産が純資産の10倍以下という範囲内であれば、外債を借り入れることが可能です。ここでいう「リスク資産」は、外商投資リース業管理弁法において、以下のとおり定義されています。

　　　リスク資産＝資産総額－現金－銀行預金－国債－委託リース資産

　なお、外債によって形成された資産は、すべてリスク資産に計上するとされています。
　その他、外商投資性会社（傘型会社）の場合、払込資本金の４倍（登録資本3,000万米ドル以上１億米ドル未満）または６倍（登録資本１億米ドル以上）

第2節　資本項目外貨

まで外債を借り入れることができます。
⇒第10章第7節（外商投資性会社（傘型企業））

> Q8-2-4　当社は当社現法に対して、外貨の親子ローンを提供したいと思います。外債の借入れについて、登記から引出しまでのプロセスの概要を説明してください。（外債登記）

外商投資企業が投注差残高範囲内で外債を借り入れる場合を例として、外債の借入れに関する手続を説明します。

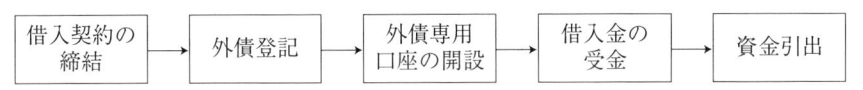

借入契約の締結 → 外債登記 → 外債専用口座の開設 → 借入金の受金 → 資金引出

(1) 借入契約の締結

借入契約を締結した後に外債登記を行う際、「外債登記情報フォーム」に情報を記入して外貨管理局に提出する必要がありますが、登記手続をより円滑に進めるために、借入契約の締結前に、外貨管理局から当該フォームを入手しておき、フォームの記入事項をできるだけ反映した内容の借入契約を作成することをお勧めします。これにより、後日外債登記を行う際、外貨管理局が、契約書により必要な情報を確認しやすくなります。また、地域によっては、借入契約の一定の条項について、外貨管理局の「モデル条項」が存在する可能性がありますので、あわせて事前に確認したほうがよいでしょう。

(2) 外債登記

借入契約を締結した後、15日以内に外債登記を行わなければなりません。借入人所在地の外貨管理局にて、外債登記手続を行い、「外債登記証」を取得します。外債登記は完了するまでにおよそ1か月前後かかります。

(3) 外債専用口座の開設

外債登記手続完了後、外債登記証を持って、取扱銀行で外債専用口座を開設しなければなりません。

(4) 借入金の受金

外債専用口座が開設された後、海外の貸付人から借入金の送金を受けることができます。外債専用口座開設の所要時間は取扱銀行により、異なりますが、通常2～3日かかるケースが多いようです。

(5) 資金引出

借入金が外債専用口座に振り込まれたとしても、外貨をそのまま中国国内で使用することはできず、人民元に転換しなければなりません。従前、外債の使用は契約所定の使途に合致しているかどうかを監督する（たとえば、「短期外債」の名目で借り入れた資金が実際に運転資金に使用されているかどうかを確認する）ために、外債専用口座の外貨を人民元に転換する場合は、外貨管理局に申請し、認可を取得しなければなりませんでしたが、2013年5月以後、外債の人民元転換に関する認可権限が各取扱銀行に委譲されました。かかる権限委譲により、手続は多少簡素化されましたが、外債の使用は所定の使途に合致しなければならないとの原則は従前のとおりです。

Q8-2-5　外国の金融機関または親会社ではなく、中国国内の金融機関から、外貨建てのローンを借り入れることはできますか。（国内外貨建て借入れ）

外商投資企業を含む中国で設立された企業は、中国国内の銀行から外貨建ての外債を借り入れることが可能です。2004年以前は、貸付人が中国の国内資本の銀行であるか、中国国内の外資系銀行であるかによって、その「外貨建て」の性質が異なっていました。すなわち、中国国内の外資系銀行からの外貨建借入れは「みなし外債」と取り扱われていたため、一般外債と同じように外債登記を行う必要があるものの自由に人民元に転換することができました。それに対して、中国国内資本の銀行からの外貨建て借入れは「国内外貨貸付け」に該当し、基本的には一般的な国内貸付けと同じように取り扱われ、登記は不要ですが、人民元に転換することができず、外貨のまま使用するしかありません

でした。

　しかし、上記の制度は2004年に変更され、中国国内の外資系銀行からの外貨建て借入れは「外債」とみなされず、中国国内資本の銀行からの外貨建て借入れと同じように「国内外貨貸付け」として取り扱われることになりました。そのため、中国国内の外資系銀行からの外貨建て借入れであっても外債登記は不要となりましたが、これに伴い人民元への転換も不可能となり、外貨のままで使用することしかできなくなりました。

> Q8-2-6　当社現法は日本の銀行から人民元を借り入れることを検討していますが、それは可能ですか。可能である場合、どのような手続が必要ですか。（人民元による外債）

　2009年以後の人民元の国際化（本章**第3節**参照）の一環として、2011年に人民元建ての外債借入れが解禁されました。外貨管理局の通達によれば、現段階では海外からの人民元建ての借入れは外債とみなされ、基本的に外貨建ての外債の手続が準用されますが、外貨建ての外債を借り入れるときに通常開設すべき外債専用口座は、不要となりました。

　中国国内ではなく、海外から人民元を借り入れることの大きなメリットは、海外の人民元金利が中国国内の人民元金利より低い点にあるといわれています。特に、香港には大量の人民元がありますので、中国国内の人民元金利より低い金利で人民元を借り入れることが現状は可能です。

第8章 外　貨

> Q8-2-7　当社は現地法人に対して、親子ローンを行っています。今般、経営方針の変更により、現地法人におけるすべての持分権を、ある中国の会社に譲渡することを検討しています。譲渡が実施された場合、現地法人は当社の子会社ではなくなりますので、当社の現地法人に対するローンの返済義務について債務保証を行うよう譲渡先に求めたいと考えています。そもそも中国の会社は外国の会社に対して債務保証を行うことが可能ですか。（対外担保）

　中国国内の機構は、中国国内または国外の機構のために、外国の債権者に対して担保を提供することができます。このような担保は「対外担保」とよばれます。対外担保を提供する場合、担保提供者が一般企業であるか、銀行であるかによって、制度が大きく異なっています。

(1) 一般企業による対外担保

　銀行でない一般企業が対外担保の提供を行う場合、多くの制限が存在します。まず、外貨管理局の個別認可が必要となります。また、債務者は担保提供者の投資先会社でなければなりません。なお、債務者の財務状況については条件が設けられており、具体的には、債務者は債務超過の状態になっていないこと、および直近の3年間のうち少なくとも1年間は利益を計上することが必要となります。

(2) 銀行による対外担保

　銀行による対外担保の場合は、個別認可ではなく、残高での制限が適用されます。すなわち、いかなる時点においても、すべての対外担保の残高の合計が外貨管理局に許容された限度額（各銀行の払込資本、運転資金および外貨純資産規模等に応じて決定されます）以内であれば、個別認可は不要で、自由に対外担保を提供することができます。一方、対外担保の提供を受ける債務者については、基本的には特別な条件や制限がなく、比較的容易に対外担保を提供することが可能です。

　銀行による対外担保と一般企業による対外担保の比較は以下のとおりです。

	一般企業	銀　　行
外貨管理局の許認可	必要	不要（対外担保の残高が限度額以内の場合）
担保の提供を受ける債務者の範囲	投資先会社に限る （親会社や兄弟会社への提供は不可）	無制限
担保の提供を受ける債務者の財務状況	債務超過の状態になっていないこと 直近の3年間のうち少なくとも1年間は利益を計上していること	無制限

　一般企業が対外担保を提供するために、中国国内銀行に依頼し、銀行の名義により間接的に親会社に担保を提供することもあります。具体的な手続等について、各銀行に照会することをお勧めします。

> Q8-2-8　当社現法は現在、生産規模の拡大のために資金を調達しようとしています。しかし、担保に供することができる資産がないため、中国国内で資金を調達することが難しい状況です。また、当社からの親子ローンも「投注差」の限度額まで借り入れており、さらに外債で資金を借り入れることができません。このような状況のなか、ほかに何か資金調達方法はありますか。（海外担保国内借入れ）

　貴社が海外から担保を提供し、貴社現法が中国国内で資金を借り入れる、いわゆる「海外担保国内借入れ」（中国語では「外保内貸」）という方法で資金を調達することが可能です。具体的には、貴社現法が中国国内の銀行から資金を借り入れるにあたり、その借入れの担保として、日本の銀行が貸付人に対して、スタンバイ信用状（Standby L/C）を発行することにより、貴社現法の債務について、保証担保を提供し、貴社がさらに当該日本の銀行に対して、担保を提供する方法です。

第8章 外　貨

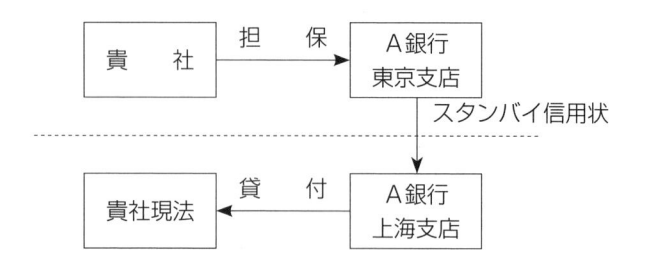

```
┌─────┐  担　保  ┌─────┐
│貴　社│────────→│A銀行 │
│     │         │東京支店│
└─────┘         └─────┘
                      │ スタンバイ信用状
- - - - - - - - - - - │
                      ↓
┌─────┐  貸　付  ┌─────┐
│貴社現法│←────────│A銀行 │
│      │         │上海支店│
└─────┘         └─────┘
```

　貴社が最終的な担保を提供しているため、貴社現法は、土地や設備等の担保に供することができる資産を持たなくても融資を受けられます。また、資金は中国国内の銀行から借り入れるため、外債に該当せず、「投注差」の制限を受けません。現在、上記の図のように、中国に現地法人のある邦銀および日本に支店のある中国系の銀行では、このような「外保内貸」業務を取り扱っているケースが多く見受けられます。

Q8-2-9 当社が中国の取引先と契約を締結するとき、人民元と日本円の換算レートについて、「中国人民銀行が公布した為替レート中間値に基づく」ことが要請されることが多いです。この「為替レート中間値」はどのようなものですか。（為替レート形成制度）

　中国では、外貨取引市場が存在し、各銀行は人民元と外貨の為替レートを独自に定めることができますが、各銀行が定める直物取引為替レートは一定の基準から乖離してはなりません。この基準となるのが、「為替レート中間値」です（日本で各銀行が自ら定めた電信仲値相場（TTM）とは異なる概念です）。為替レート中間値に基づく一定の許容範囲内であれば、各銀行は自由に為替レートを定めることができます。為替レート中間値は、中国人民銀行が中国外貨取引センター（China Foreign Exchange Trade System：CFETS）（http://www.chinamoney.com.cn/fe/Channel/17383）を通じて公表され、最新の為替レート中間値を確認することができます。各銀行に与えられる独自に調整可能な幅は通貨および取引形態によって異なり、その概要は以下のとおりです。

直物取引為替レート

通　貨	銀行間取引	銀行対顧客電信 (TTS/TTB) 取引	銀行対顧客現金取引
米ドル	±0.5%	1%[※1]	4%[※2]
ユーロ	±3%	制限なし	制限なし
日本円	±3%		
香港ドル	±3%		
イギリスポンド	±3%		
マレーシアリンギット	±5%		
ロシアルーブル	個別に定める		
オーストラリアドル	個別に定める		
カナダドル	個別に定める		

※1　TTS/TTBの差額は為替レート中間値の1％を上回ることができません。
※2　最高現金売相場と最低現金買相場の差額は為替レート中間値の4％を上回ることができません。

関連法令

「外債管理暫定弁法」（外債管理暫行办法）（国家計画委員会、財政部、国家外汇管理局令【2003】28号）
「外債登記管理弁法」（外债登记管理办法）（汇発【2013】19号）
「国内機構による国際商業借入れに関する管理弁法」（境内机构借用国际商业贷款管理办法）（汇政発字【1997】6号）
「国内機構対外担保管理弁法」（境内机构对外担保管理办法）（中国人民銀行令【1996】3号）
「国内機構対外担保管理弁法実施細則」（境内机构对外担保管理办法実施细则）（汇政発字【1997】10号）
「国家外貨管理局直接投資管理政策をさらに改善・調整することに関する通達」（国家外汇管理局关于进一步改进和调整直接投资外汇管理政策的通知）（汇発【2012】59号）

第8章 外　貨

第3節

人民元の国際化

かつては、人民元は中国国内でしか使うことができず、中国の国境を跨ぐ資金の出入りはすべて外貨により行われていました。しかし、2009年以後、国際的な通貨を目指し、人民元の国際化に向けた動きがみられるようになりました。これにより、貿易、外国直接投資を含む多くの分野において、人民元による資金決済が可能になりました。人民元の国際化は、従来の貿易、資金調達およびビジネスモデルに大きな影響を与えることになります。

Q8-3-1　当社現法は、中国から海外への貨物輸出と海外から中国への貨物輸入の両方を行っています。すべての決済は米ドルまたは日本円で行われているため、為替変動でかなりの影響を受けています。人民元で決済できれば便利ですが、可能ですか。（人民元による貿易決済）

　かつては、人民元は中国国内でしか使用することができず、対外貿易決済はすべて外貨により行わなければなりませんでした。しかし、2008年からの金融危機に伴う米ドル為替の変動および中国の外貨準備高の増加等の影響もあり、2009年7月、人民元による貿易決済が解禁されました。制度が発足した当初は、テスト試行という位置づけで、貿易対象国は香港、マカオおよびASEAN諸国に限定され、かつ国内の対象地域は上海市、広州市、深セン市、珠海市および東莞市の5都市に限定されていましたが、1年後の2010年6月に、貿易対象国の範囲が日本を含む全世界に拡大され、国内の対象地域も北京市、江蘇省、山東省等を含む20省（直轄市および自治区を含む）に拡大され、さらに、2011年8月には国内の対象地域が中国全域に拡大されました。人民元による貿易決済制度を利用することにより、為替リスクを回避できるとともに、財務コストの

削減および照合手続が不要になるなどのメリットを享受できることから、2010年以後、人民元による貿易決済の規模は大幅に拡大しています。

> Q8-3-2 人民元で対外貿易決済を行うことができるようになったとのことですが、利用するためには何か特別な資格や手続が必要ですか。(人民元による貿易決済の資格)

　2011年、人民元による貿易決済制度が中国全域に拡大された際には、すべての貿易会社が人民元による貿易決済を行うことができるわけではなく、中国人民銀行およびその他の関連機関が認める「試点企業」のみが人民元貿易決済を利用できました。このような「試点企業」の数は、中国人民銀行の統計によれば、2010年末の時点で全国で約6.7万社のみであり、全国の貿易会社のごく一部にすぎませんでした（たとえば、上海市の統計によれば、2010年末時点で、上海市で貿易に従事する企業だけでも4.6万社以上あります）。しかしながら、2012年3月の中国人民銀行、商務部および財政部の通達では、従来の「試点制」を、今後、「ブラックリスト制」に移行することが発表されました。すなわち、直近の2年間で金融規制違反・密輸等の違法行為により「重点監督」を受けた企業以外の企業は、特別な認可を得ずに人民元による貿易決済を行うことができるようになり、従来の「一部しかできない」制度が「一部のみできない」制度に変更されました。2012年6月12日、上記の「重点監督」を受ける企業（全国で合計9,502社）のリストが公表され、これら9,502社以外のすべての対外貿易経営権を持つ企業は、人民元による貿易決済を利用することができるようになりました。

⇒Q4-1-1（対外貿易に必要な資格および手続）

第8章 外　貨

> Q8-3-3　日本にある当社は、2010年から、中国企業との貨物貿易取引の一部を人民元で決済することにより、一定額の人民元を取得しています。この人民元を今後の貿易取引に使う以外に、中国への投資にも使用したいと考えていますが、可能ですか。可能な場合、どのような手続が必要ですか。（人民元直接投資）

　2009年からの人民元国際化に伴い、外国企業が取得した人民元を再び中国へ投下する道を広げる要請が高くなり、人民元の国際化の一環として、2011年10月に公表された商務部の通達および中国人民銀行の弁法により、外国の投資家が海外で適法に取得した人民元を中国に対する直接投資活動に使用できるようになりました。

　2011年の「商務部クロスボーダー人民元直接投資に関する問題についての通達」（以下「2011年通達」といいます）によれば、「適法に取得した人民元」には、貿易活動（人民元による貿易決済）により取得した人民元および海外で発行した人民元債券（香港での人民元債券の発行について、Q8-3-5参照）、人民元株式により取得した人民元等が含まれます。また、当該制度の対象は人民元による直接投資（外商投資企業新設と既存企業の買収を含む）ですので、有価証券の取引（外国投資家の人民元による証券投資について、コラム8-3-1参照）、金融派生商品および委託貸付等への転用（直接および間接を含む）は明確に禁じられています。また、人民元による直接投資の認可手続は一般の外商投資認可手続とそれほど異ならず、認可機関については、現行の外商投資認可に関する権限に従うとされています。ただし、出資金額が3億人民元以上であり、ファイナンスリース、オークション業、セメントおよび鋼鉄等の特定業種への投資、または投資性会社、ベンチャー投資、持分投資企業等の企業に投資する場合には、必ず商務部の審査を受ける（認可申請の受付は省レベルの商務部門）必要があります。提出資料については、一般の提出資料以外に、人民元の出所を証明する文書または説明文書、資金使途の説明および商務部門所定の人民元直接投資登記表を提出する必要があります。

2013年12月3日、商務部が「商務部クロスボーダー人民元直接投資に関する問題についての公告」(以下「2013年公告」といいます)を公表し、2014年1月1日から施行されています。2013年公告の施行により、2011年通達が2014年1月1日より失効されました。2011年通達と比較すると、2013年公告では、出資金額が3億人民元以上であり、ファイナンスリース業、オークション業、セメントおよび鋼鉄等の製造業の特定業種への投資、または投資性会社、ベンチャー投資、持分投資企業等の企業に投資する場合の商務部の審査が撤廃されたのが大きな改正点です。これによって、これらの投資を行う場合、外貨で出資する場合と人民元で出資する場合とで、同様の審査認可手続が適用されることになりました。また、外国投資家がもとの出資通貨種類を外貨から人民元に変更する場合、契約または定款の変更に関わる審査認可までは不要で、直接関連部門および銀行で手続を行えばよいことになりました。しかし、有価証券、金融派生商品および委託貸付等への転用(直接および間接を含む)は2011年通達と同様に、明確に禁じられています。

Q8-3-4　人民元で貿易代金を決済する場合、為替リスクの回避のほかに、何かメリットがありますか。(人民元による貿易決済のメリット)

人民元で貿易代金を決済する場合の主なメリットは為替リスクを回避できることです(Q8-3-1参照)。特に中国企業と、輸出・輸入の両方の取引を行っている場合、その効果が大きくなります。為替リスク回避のほかにもいくつかのメリットがあり、たとえば、上記Q8-1-7(貿易信用登記制度)で説明した「貿易信用」を利用しようとする場合、人民元で決済する取引は登記制度の対象外とされています。通常、貿易信用登記義務を免れるために、たとえば、延払いの場合、支払期間を90日以内に抑えなければなりませんが、人民元で決済する場合、貿易信用登記は不要とされていますので、支払期間を自由に設定することが可能であり、資金繰り対策の効果はより大きくなると思います。ただし、人民元による貿易決済は比較的新しい制度であり、地域によって、実務上の取

第8章 外　貨

扱いが異なる可能性がありますので、事前に管轄の外貨管理局に確認することをお勧めします。

> Q8-3-5　当社は人民元出資により、中国に新たな現地法人を設立することを検討しています。どうすれば人民元を調達することができますか。（点心債券）

　人民元を調達する方法としては、まず保有している外貨資金を銀行で人民元に両替することが考えられます。保有している外貨資金が足りない場合、直接人民元の融資を受けることも可能です。ここで、今注目されている「点心債券」を使った人民元の調達方法を紹介します。

　2009年以後の人民元の国際化により、人民元による中国との貿易決済や対中国直接投資が可能となりました。中国の対外貿易の約6割は香港を経由していますので、大量の人民元が香港にプールされるようになりました。それに応じて、一部の企業が香港において、人民元債券を発行することを試みています。外国企業が発行した人民元債券はそれほど高額にはなりませんが、人民元高に対する期待等の理由で、香港の債券市場における人気商品となり、「小さくて、美味しい」という意味合いで、「点心債券」（Dim Sum Bond）と一般的によばれています。

　香港での人民元債券発行は、他の資金調達手段に比べると、以下のいくつかのメリットがあると考えられます。まず、上記のとおり、香港では、かなりの量の人民元がプールされているため、大量の人民元を調達することが可能です。2011年末の統計によれば、香港における人民元預金残高は約6,000億人民元に達し、米ドルに次ぐ第2の外貨預金として発展してきました。大量の人民元預金は人民元債券に対して、安定した資金提供をしており、短期間で調達することが可能です。また、香港は世界的な金融センターであり、発達した金融市場を有し、効率的な取引インフラも整備されています。実際に香港で人民元債券の発行に関与した関係者によれば、香港で人民元債券を発行する場合、書類の

準備から決済まで通常3か月以内で完了することができ、最短の場合には準備時間を2か月以内に抑えることも可能とのことです。さらに、香港で人民元債券を発行するコストが低いこともメリットとして挙げられます。香港で発行した人民元債券の金利は基本的には香港での人民元貸付金利に依拠しています。現状、香港の人民元貸付金利は、中国国内の人民元貸付金利よりかなり低い状況です。このような点から、現在、香港の人民元債券は新たな資金調達手段として、大きく注目されています。特に、中国で比較的大規模な事業を行う国際企業にとって有効な資金調達方法の選択肢の1つとなるものと思われます。

> Q8-3-6　現在、外国の会社でも中国国内で人民元口座を開設することができると聞きました。このような人民元口座により、どのような取引を行うことができますか。また、外国の会社にとって、どのようなメリットがありますか。(非居住者人民元口座)

　2010年まで、中国で人民元口座を開設することができる海外の企業は、適格国外機関投資家（QFII）のみでした。また、QFIIにより開設された人民元口座の用途は証券市場への投資の決済に限定されていました。しかし、2009年からの人民元の国際化により、中国国内・国外での人民元の使途が増えてきたことから、中国で人民元の決済口座を開設するニーズが高まってきました。それに応じて、2010年10月以後、すべての外国企業向けの「非居住者人民元口座」制度が発表されました。

　開設可能な対象企業は香港、マカオを含む海外で設立された企業です。このような非居住者人民元口座の機能は「各種クロスボーダー人民元業務」であるとされています。たとえば、中国への輸出によって得た人民元を当該口座へ預け入れて、以後中国から貨物を輸入する場合に、代金の支払いとして使用することが可能です。また、当該口座に貯まっている人民元を中国現地法人に親子ローンとして貸し付けることも可能であり、新たな現地法人を設立する際の資本金として使用することもできます。

第8章 外　貨

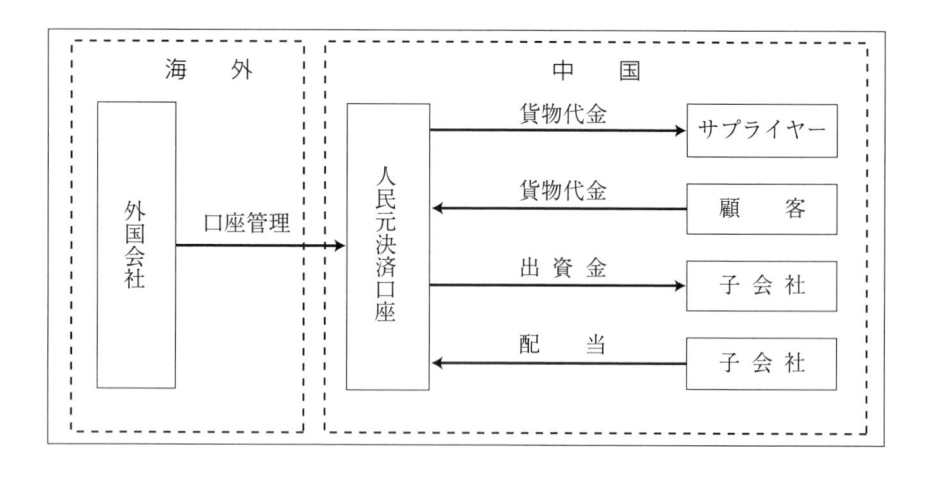

```
┌─────────────────┬──────────────────────────────┐
│   海　　外      │          中　　国            │
│                 │                              │
│ ┌──────┐        │  ┌──────┐  貨物代金  ┌──────┐ │
│ │外国  │ 口座管理│  │人民元│─────────→│サプライ│ │
│ │会社  │────────→│決済口│           │ヤー   │ │
│ │      │        │  │座    │  貨物代金  ┌──────┐ │
│ └──────┘        │  │      │←─────────│顧　客 │ │
│                 │  │      │  出資金   ┌──────┐ │
│                 │  │      │─────────→│子会社 │ │
│                 │  │      │  配　当   ┌──────┐ │
│                 │  │      │←─────────│子会社 │ │
│                 │  └──────┘           └──────┘ │
└─────────────────┴──────────────────────────────┘
```

Column 8-3-1：人民元適格国外機関投資家（RQFII）制度

　人民元適格国外機関投資家（以下「RQFII」といいます）制度は、従来の適格国外機関投資家（以下「QFII」といいます）制度と人民元国際化の結合により生み出されたものです。QFIIとは中国政府の認可を受けた海外の機関投資家（証券会社、投資銀行、保険会社等）です。QFIIの認可を受けた海外の投資家は一定の枠内で外貨を人民元に両替し、中国国内の証券市場に投資することが認められています。当該制度は2002年に発足し、2013年3月の時点で、合計158社の外国投資家がQFIIの認可を受け、投資総額残高は2,656億人民元に達しました。2011年12月に解禁されたRQFIIは、認可を受けた海外の投資家が、人民元により、中国国内の証券市場へ投資することを認める制度です。2011年当初RQFII認定を受けられる対象者は中国の証券会社、基金管理会社の香港子会社に限られ、投資資金も香港で調達した人民元に限られていましたが、2013年から国内の商業銀行、保険会社の香港子会社および香港で登録・経営している金融機関まで拡大され、さらに中国資本ではない金融機関も対象になりえるようになりました。また、投資可能な商品も当初のA株とA株ETF商品、債券および固定収益基金から、証券投資基金、株価指数先物等に拡大されました。RQFIIの適用対象と投資可能商品にはまだ一定の制限がありますが、人民元の国際化の推進により、RQFIIもさらに緩和されていくことが見込まれていますので、動向に注視する必要があります。

⇒Q7-4-1（中国の証券取引所）

法知識の整理

1　中国の外貨規制の変遷

　1978年からの中国における外貨規制は主に3つの段階に分けることができます。1978年から1993年までの第1段階では、中国の改革開放政策によって、従前の計画経済が徐々に市場経済に転換し始めた時期でした。外貨の蓄積は非常に少なかったため、この時期の中国の外貨規制の目的は国際収支を厳しく規制することにより、外貨を取得し、外貨準備高を蓄積することにありました。1994年から始まる第2段階の目的は外貨規制の緩和と外貨市場の育成にありました。その方針に基づき、1994年に外貨保有上限制度が撤廃され、1996年に経常項目（**Q8-1-4**参照）の自由収支も実現されました。2000年以降の第3段階の主な目的は、資本項目に対する外貨規制の緩和です。特に2006年に中国が日本を抜いて外貨準備高世界一になった後、大量に保有する外貨の有効的な利用も大きな課題の1つとなってきました。また、2009年以降発足した人民元の国際化もこの段階の大きな動向です。

2　外貨関連法令の体系

　コラム8-1-1（外貨に関する有効な法令の定期公表）に記載したとおり、現在中国の外貨管理局は定期的に「現行有効な主要外貨管理規定目録」を公布しています。当該目録には、以下の外貨管理局の取扱分野ごとに、有効な外貨管理規定を列挙しています。

- 基本法規：外貨制度の全体、外貨口座、行政許可および保税区における外貨取扱いに関する法令
- 経常項目外貨管理：貨物貿易、サービス貿易および個人外貨等を含む経常項目外貨管理に関する法令
- 資本項目外貨管理：外債、対外担保および対外投資等含む資本項目外貨管理に関する法令
- 金融機構外貨業務管理：銀行、信託会社等の金融機関の外貨業務に関する法令
- 人民元為替レートおよび外貨市場：人民元為替レートの管理および外貨取引市場に関する法令
- 国際収支および外貨登記
- 外貨検査および法令の適用：外貨に関する違法行為の取り締まりおよび外貨関連法令の適用に関する解釈
- 外貨科学技術管理

3　外貨管理局の組織

外貨管理局の全国における組織は以下の4層制になっています。

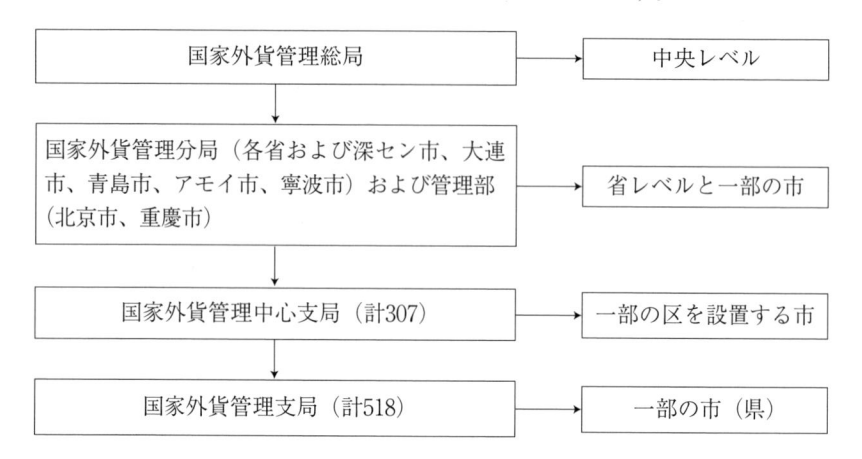

```
国家外貨管理総局 → 中央レベル

国家外貨管理分局（各省および深セン市、大連市、青島市、アモイ市、寧波市）および管理部（北京市、重慶市） → 省レベルと一部の市

国家外貨管理中心支局（計307） → 一部の区を設置する市

国家外貨管理支局（計518） → 一部の市（県）
```

外貨管理局の内部では、業務分担によって、いくつかの部門が設定されています。典型的な内部構造は以下のとおりです。

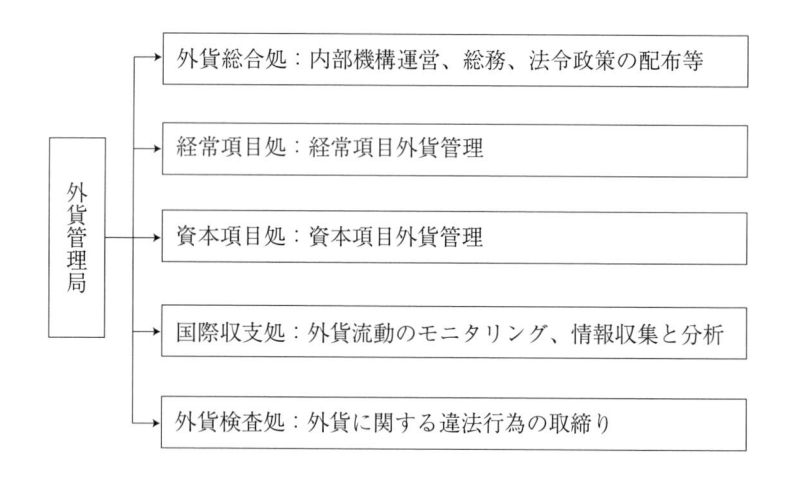

```
外貨管理局
├→ 外貨総合処：内部機構運営、総務、法令政策の配布等
├→ 経常項目処：経常項目外貨管理
├→ 資本項目処：資本項目外貨管理
├→ 国際収支処：外貨流動のモニタリング、情報収集と分析
└→ 外貨検査処：外貨に関する違法行為の取締り
```

関連法令

「クロスボーダー貿易人民元決済試行管理弁法」（跨境貿易人民币结算试点管理办法）（中国人民銀行、財政部、商務部、海関総署、国家税務総局、中国銀行業監督管理委員会公告【2009】10号）

「クロスボーダー貿易人民元決済試行管理弁法の実施細則」（跨境貿易人民币结算试点管理办法实施细则）（銀発【2009】212号）

「クロスボーダー貿易人民元決済地区拡大についての通知」（关于扩大跨境贸易人民币结算地区的通知）（2011年）

「国外直接投資人民元決済試行管理弁法」（境外直接投资人民币结算试点管理办法）（中国人民銀行公告【2011】1号）

「商務部クロスボーダー人民元直接投資に関する問題についての通達」（商务部关于跨境人民币直接投资有关问题的通知）（商資函【2011】889号、2014年1月1日より失効）

「商務部クロスボーダー人民元直接投資に関する問題についての公告」（商务部关于跨境人民币直接投资有关问题的公告）（商務部公告【2013】87号、2014年1月1日より実施）

「海外機構人民元銀行決済口座管理弁法」（境外机构人民币银行结算账户管理办法）（2010年）

第9章

知的財産権

第9章　知的財産権

第1節
著作権

著作権は、知的財産権の中でも登録なしに取得できるものの1つで、模倣品や海賊版が作成されたり、また近時ではインターネットを介して侵害されたりすることも多い権利です。本節では、中国でのビジネスにおいて頻繁に問題となる著作権に関する実務上の問題点について解説します。なお、著作権を含め、中国で知的財産権が侵害された場合の対応方法については、本章の末尾の「30分でわかる中国での権利侵害商品対策」をご参照ください。

Q9-1-1　日本において創作した著作物は、中国においても著作権の保護を受けられますか。（著作権の国際的な保護）

　日本人または日本法人の著作物は、日本と中国が加盟している、文学的および美術的著作物の保護に関するベルヌ条約によって、中国においても中国国民が受けられるのと同水準の著作権保護を受けることができます。また、中国において著作権の保護を受けるためには、登録、登記、サンプルの提出、著作権マークの記載等の手続は要求されず、書籍や論文等の形で出版されている必要もなく、原則として著作物が完成すると自動的に保護を受けられます。つまり、日本企業の著作物が日本で出版されていなくても、中国で著作権の保護を受けることができます。

　もっとも、実務上は、著作物に著作権マーク・著作権留保の文言を記載したり、必要な場合に著作権登記手続を行ったりすることは、著作権侵害の防止や著作権侵害訴訟での立証のための有効な手段となります。

第1節　著作権

Case 9-1-1　カタログコピー事件

　最近、日本企業のウェブサイトが中国企業にコピーされるというケースがしばしばみられます。このような場合、当該日本企業は、中国で著作権を主張し、著作権に基づく権利を行使することができます。

　機械部品メーカーの日本企業A社は、自社のウェブサイトに掲載している自社製品の写真および図面仕様が記載された製品カタログが、同業種の中国企業B社のウェブサイト上に、B社の製品の写真およびB社製品のカタログとして掲載されていることを発見しました。

　A社は、中国人弁護士に委任し、B社のウェブサイトの内容について公証を得たうえで、B社に対して書面および口頭で警告をするなどしました。B社との交渉の結果、B社がウェブサイトから製品の写真や製品カタログを削除することなどを条件として解決に至りました。

Column 9-1-1：著作権自主登記手続

　中国では、1995年から、国家版権局による著作権の自主登記制度が始まりました。この制度では、著作権者（中国で著作権を有する外国法人、外国人を含む）は国家版権局で自己の著作権を登記し、かつ登記証書の発行を受けることができます。この著作権登記は、著作権保護を受けるための法定の前提条件ではなく、著作権者が特定の著作物について権利を有していることについての初歩的な証拠にすぎません。また、行政手続による救済（Q9-1-6参照）を受けるためには、著作権登記証書の提出を一般的に求められます。

　この制度の実務的な課題としては、たとえば、コンピュータソフトウェアの著作権登記をする場合、連続する30頁（合計60頁未満の場合は全頁）のソースコードを登記機関（国家版権局に属する中国版権保護センター）に対して提出する必要があるため、ソースコードを開示したくないという理由でコンピュータソフトウェアの著作権登記を躊躇するというケースがあることです。もっとも、登記済みのコンピュータソフトウェアの著作権数は、2012年末で約55万件に上っており、特に、2012年の1年間では約14万件も急増している点からみられるとおり、コンピュータソフトウェアの著作権登記を積極的に行う企業は少なくありません。

⇒Q9-1-6（著作権侵害に対する救済手段）

第9章 知的財産権

> Q9-1-2 どのようなものが著作物と認められますか。たとえば、キャッチコピーは保護されますか。（著作物）

　著作物とは、文学、芸術および科学の分野において独創性を有し、かつ、ある種の有形的な形式で複製できる知的成果を指します。著作物として列挙されているのは、文字の著作物、口述の著作物、音楽、演劇、演芸、舞踊、雑技芸術の著作物、美術、建築の著作物、写真の著作物、映画の著作物および映画制作に類似した方法で創作された著作物、工事設計図、製品設計図、地図、見取り図等、図形の著作物および模型の著作物、コンピュータソフトウェア、法律、行政法規に定めるその他の著作物です（著作権法3条）。

　本問のキャッチコピーが、著作権法上、文字の著作物として著作権が成立するかどうかについては、独創性の有無が最も重要になります。独創性があると認定されれば、仮に数文字の短いキャッチコピーであっても、著作権が成立し、著作権法により保護されます。訴訟における独創性の有無の判断は裁判官の裁量によるところが大きいですが、過去の人民法院の裁判例では、単に商品の特徴を述べた場合や商品に関連する専門用語の簡単な組合わせなどの場合に、独創性がなく、著作権は成立しないと判断された事例があります。

　さらに、独創性のあるキャッチコピー、独創性はないが先行商標との組合わせで成立するキャッチコピー、長期間にわたって使用されてきたことで商品の出所を区別できるキャッチコピーは、商標として登録することができます。たとえば、NIKE社の「Just do it」というキャッチコピーは、中国で商標として登録されています。

⇒第9章第2節（商標）

Case 9-1-2　ETS試験問題事件

　米国の英語力認定テスト（TOEFL等）の運営機関であるETSが、中国の大手英語塾の新東方学校に対して、新東方学校がTOEFL等の過去問題の回答集を出版・販売した行為はETS社の著作権および「TOEFL」という商標権の侵害にあたると

主張して、北京市で訴訟を提起しました。
　一審では、試験問題には独創性があるため著作物に該当するとし、著作権侵害と商標権侵害の両方が認められ、新東方学校に対して損害賠償等が命じられました。二審においては、著作権侵害の判断は維持されましたが、商標権侵害の部分については一審とは逆に、当該出版物に使用された「TOEFL」は事実を描写するためのもので、出版物の出所に関する記載ではなく、消費者に混同を引き起こすおそれはないなどとして、商標権侵害を構成しないと判断されました。

Column 9-1-2：コンピュータソフトウェア著作権と著作権法上の権利の異同

コンピュータソフトウェアは、著作権法の保護対象に含まれますが、コンピュータソフトウェア保護条例という特別法が設けられ、一般の著作権とは保護される内容が一部異なる「コンピュータソフトウェア著作権」として保護されています。以下の表は、一般の著作権とコンピュータソフトウェア保護条例の異同の主なポイントをまとめたものです。

	コンピュータソフトウェア保護条例	著作権法
権利保護の範囲	コンピュータソフトウェアの開発に使われた思想、処理プロセス、操作方法または数学概念等は保護されません。	思想等は保護されません。
著作権者の権利の種類	公表権、氏名表示権、修正権、複製権、発行権、賃貸権、情報ネットワーク伝達権、翻訳権、著作権者が有すべきその他の権利（9項目） また、コンピュータソフトウェアの適法なユーザーは、著作権者の同意を得ずにコンピュータソフトウェアに修正を加えることができますが、修正を加えたコンピュータソフトウェアを第三者に提供してはなりません。	公表権、氏名表示権、修正権、同一性保持権、複製権、発行権、賃貸権、展示権、実演権、上映権、放送権、情報ネットワーク伝達権、制作権、改編権、翻訳権、編集権、著作権者が有すべきその他の権利（17項目、下線の8項目はコンピュータソフトウェアの場合はありません。）
著作権保護期間	氏名表示権、修正権の保護期間について独立の規定はありません。 コンピュータソフトウェア著作権	氏名表示権、修正権および同一保持権の保護期間は無期限です。

は、自然人著作者の死後50年まで、法人の場合は最初の公表から50年間保護されます。ただし、コンピュータソフトウェアの開発完了後50年以内に公表されなかったときは保護されません。 | その他の権利は、自然人著作者の死後50年まで、法人の場合は最初の公表から50年間保護されます。ただし、著作物の創作完了後50年以内に公表されなかったときは保護されません。

> Q9-1-3　当社は、当社がデザインした雑貨を中国で販売する予定です。独創的な製品デザインについて何らかの法的保護を受けたいのですが、著作権のみで十分でしょうか。（著作権と意匠権）

　工業製品のデザインについては、美的意義を有する平面的または立体的な造型芸術の著作物に該当すれば著作権の保護対象となりますが、著作権のみでは、他人が当該著作物に依拠せずに独自に創作した同一または類似の著作物を排除できません。

　一方、意匠権（中国語では「外観設計専利」）として登録した場合、保護される期間は10年に限定されるものの、他人が独自に同一または類似のデザインの製品を創作することを排除することができ、より強力な法的保護を受けることができます。ただし、意匠権の登録を受けるには、出願前に公開されていないという新規性が求められるため、本問の場合、当該製品が日本や他の国で販売されている場合には中国で意匠権を取得することはできません。仮に、中国で意匠権を取得できたとしても、後から新規性なしを理由に当該意匠権を無効とされやすいです。

　なお、著作権および意匠権は、あくまでも表現やデザインを保護対象としており、技術およびその実用上の目的を保護内容に含まないため、製品のデザインの一部となる技術自体について排他的な保護を受けるには、発明特許または実用新案特許の出願・登録が必要となります。

Q9-1-4　当社現法の従業員が作成した製品設計図とやコンピュータソフトウェアの著作権を、すべて会社に帰属させることはできますか。(職務著作物)

　主に、会社の物質技術条件を利用して創作され、かつ会社が責任を負う工事設計図、製品設計図、地図、コンピュータソフトウェア等の職務著作物の著作権、および法律・行政法規の規定または契約の約定に基づきその著作権が会社に帰属する職務著作物の著作権は、原始的に会社に帰属することになります(著作権法16条)。

　上記の著作権が会社に帰属する著作物ではない場合、従業員が職務遂行上創作した著作物の著作権は従業員(著作者)に帰属し、会社は、その業務の範囲内において優先的に使用する権利を有します。当該著作物の完成後2年以内は、著作者である従業員は、会社の同意を得ずに、第三者に対して会社と同じ方式で当該著作権を使用許諾してはなりません(著作権法16条)。

　本問の場合、著作物は製品設計図とコンピュータソフトウェアであるため、その著作権は、氏名表示権を除いて雇用者である貴社現法に帰属することになります。もっとも、図面やコンピュータソフトウェア等の著作物に限らず、すべての職務著作物の権利帰属については、労働契約等で上記と異なる内容を合意することができ、実務上も、労働契約等において職務著作物の帰属や行使に関する規定を設けるケースがみられます。

Q9-1-5　当社は中国企業に商品パッケージの設計業務を委託しようとしています。その成果物の著作権は当社と委託先の中国企業のどちらに帰属しますか。(委託著作物)

　委託を受けて創作される著作物の著作権の帰属は、委託者と受託者の間で締結する契約において任意に定めることができます。一方、当事者間に当該著作物の著作権の帰属に関して明確な合意がない場合には、著作権は受託者に帰属

します（著作権法17条）。なお、明文の規定はありませんが、上記の著作権は、経済的な権利のみならず人格的な権利も含むと解されています。しかし、人格的な権利のうちの署名権を含むかどうかについて争いがあります。

本問の場合、貴社と委託先との契約において特に定めない場合には、成果物の著作権は委託先に帰属することになるので、貴社に帰属させたい場合にはその旨を委託契約において明記すべきです。

なお、以上は契約に中国法が適用されることを前提としていますが、日本企業と中国企業との間の業務委託契約の場合は、準拠法として日本法を含む外国法を選択して、合意することもできます。

⇒Q12-3-1（準拠法）

Q9-1-6　当社が著作権を有するアニメキャラクターを模倣した玩具が中国の市場で出回っています。これに対して当社はどのような法的措置をとることができますか。（著作権侵害に対する救済手段）

2次元のアニメキャラクターの著作物に基づき、3次元の玩具を製造することは、著作物の複製に該当し、著作権者の許諾なしにそれを製造・販売することは、著作権侵害になります。

本問の場合、まず、民事手続上の救済として、著作権のうち複製権が侵害されたことを理由に、権利侵害者に対して、権利侵害の停止、影響の除去、謝罪、損害賠償等を請求することができます。次に、行政手続上の救済として、著作権を侵害する複製品が市場に出回っていることが公共の利益を損なうとして、著作権行政管理部門に対して告発することも可能です。著作権行政管理部門は、権利侵害者に対して、権利侵害行為の停止命令、過料、違法所得の没収、権利侵害複製品の没収、主に権利侵害複製品の制作に使われた材料、道具および設備等の没収、ならびに法律等に定めるその他の行政処罰を科す権限を有しています（著作権法48条）。詳しくは本節の**法知識の整理**をご参照ください。

さらに、権利侵害行為が犯罪に該当する場合には、刑事手続上の救済として、

公安局に対して刑事告発をし、刑事責任を追及することも考えられます。事例としては、2012年5月16日、北京市第一中級人民法院において、マイクロソフトウェア社のコンピュータソフトウェアの海賊版を製造・販売した被告人に対して、著作権侵害と登録商標標識の違法製造・販売の罪で有期懲役7年6か月の実刑判決が言い渡された事例があります。

> ### Case 9-1-3　ウルトラマン事件、クレヨンしんちゃん事件
> 　日本人または日本企業に関連する、中国での著名な著作権侵害訴訟事件を紹介します。
> 　まず、1999年、特撮テレビ番組のヒーロー「ウルトラマン」のキャラクターについて著作権を有する日本企業が、中国企業が販売している置時計に当該キャラクターが使用されたとして、損害賠償を求める民事訴訟を提起したところ、一審、二審とも、著作権侵害を認め、被告に対して権利侵害商品の販売停止と1,000人民元の損害賠償を命じました。
> 　また、日本の漫画・テレビアニメ作品「クレヨンしんちゃん」の著作権者が、クレヨンしんちゃんの中国語訳である「蝋筆小新」という文字および「蝋筆小新」のイラストの商標権者である広州誠益眼鏡有限公司および響水県世福経済発展有限公司（前者は出願登録時、後者は訴訟提起時の商標権者）から、同商標権の使用許諾を受け、商品の包装およびウェブサイト等に「蝋筆小新」の文字およびイラストを表示していた上海恩嘉経貿発展公司に対し、著作権侵害を訴えたという事案において、2012年3月には、8年間の訴訟（一審、二審、最高人民法院による再審指示、原審の人民法院による再審）の末、再審の判決が出ました。上海市第一中級人民法院は、クレヨンしんちゃんのイラストだけでなく、そのアニメタイトルの中国語表記である特定のデザインの「蝋筆小新」も、書道著作物として中国の著作権法で保護されるべきとしたうえで、上海恩嘉経貿発展公司がその使用許諾を受けた商標権を使用する際に、先にある著作権の権利者の許諾を得ずに、複製、発行および情報ネットワーク伝達の行為を行ったことは著作権侵害に該当すると判断し、同社に対し権利侵害行為の停止および30万人民元の損害賠償を命じました。一方で、出願登録時の商標権者の広州誠益眼鏡有限公司および訴訟提起時の商標権者の響水県世福経済発展有限公司が商標を出願し、商標権を保有する行為自体は、著作権の侵害にあたらないと判断しました。なお、2013年1月時点では、「蝋筆小新」およびクレヨンしんちゃんのイラストの商標は、すでに無効となっています。

第9章　知的財産権

> Q9-1-7　当社のアニメが、中国企業が中国国内で運営している動画サイトに無断で掲載されています。これに対して、当社はどのような法的措置をとれますか。(情報ネットワーク伝達権)

　当該掲載行為は、著作物の情報ネットワーク伝達権を侵害する行為であり、貴社の著作権の侵害となります。情報ネットワーク伝達権とは、有線または無線方式で公衆に著作物を提供し、公衆が自ら選んだ日時と場所で著作物を取得できるようにする権利で、著作権の一部分となります。

　権利侵害者の特定ができる場合には、Q9-1-6（著作権侵害に対する救済手段）と同様に、著作権法に基づき権利侵害者に対して民事、行政、刑事責任を追及することができます。さらに、貴社は、情報ネットワーク伝達権保護条例に基づき、情報保存スペース、検索、サービスおよびリンクサービスを提供するネットワークサービス提供者に対して書面通知を提出し、当該アニメ動画を削除、または当該アニメ動画とのリンクを切断するよう要求することができます。

　情報ネットワーク伝達権保護条例には、ネットワークサービス提供者が被権利侵害者の通知を受けて、権利侵害内容を削除した場合には、責任を問われないという、いわゆる「セーフハーバールール」(中国語では「安全港原則」) が規定されていますが、近年の裁判例、「情報ネットワーク伝達権侵害民事紛争事件の審理における法律適用の若干問題に関する規定」という司法解釈の施行、および著作権法の改正の動向からは、セーフハーバールールの適用を制限し、事案によって、ネットワークサービス提供者の教唆・幇助による共同権利侵害責任を問う傾向がみられます。

⇒Q9-1-6（著作権侵害に対する救済手段）

第1節　著 作 権

法知識の整理

1　法 体 系
中国の著作権制度の基本的事項を規定する法令としては、以下のものがあります。
(1)　**著作権法**（1990年制定、2001年および2010年改正、現在改正立法中）
(2)　**著作権法実施条例**（2002年、国務院）
　　著作権保護に関する補足規定を定めたものです。
(3)　**そ の 他**
　　中国が加盟している国際条約・国際協定、著作権を主管する行政機関が制定する法令および最高人民法院による司法解釈も、中国著作権法体系の重要な一部となっています。
　　さらに、著作権侵害行為について、刑法217条・218条および関連する法令において、犯罪を構成する要件および刑事罰が規定されています。

2　主管部門
国務院において著作権行政を主管し、著作権登記、著作権集団管理組織の行政許認可、および著作権行政処罰の実施等を担当する政府機関は、国家版権局およびその下部組織です。
(1)　国家版権局および各地方の著作権行政管理部門は、著作物の自主登記手続を取り扱うこととされています（著作物自主登記試行弁法3条）。
(2)　国家版権局は、著作権集団管理組織の設立許認可について権限を有しています（著作権集団管理条例9条）。
(3)　国家版権局および各地方の著作権行政管理部門は、著作権侵害行為に対する調査権限および侵害行為者に対する行政処罰を科す権限を有しています（著作権法48条）。

3　著作権法改正の動向
現行の著作権法は、2001年のWTO加盟に伴って大改正された後は、2010年に一部が改正されたほかに改正はありませんでしたが、現在、本格的な改正の作業が進められています。国家版権局は、2012年3月31日および同年7月6日の2回にわたって改正案（第1稿、第2稿）をインターネット上で公開し、パブリックコメントを求めました。その後、2012年10月頃には、国民の意見に基づき著作権法改正案（第3稿、未公開）が作成され、2012年末に国務院に提出されました。これから正式に改正が成立される見通しです。今回の改正では、著作権の法定使用許諾、著作権の集団管理制度、ネットワークサービス提供者の義務を限定するセーフハーバールールの適用制限等が

論点となっています。また、著作権侵害による法定賠償の上限額が現行の50万人民元から100万人民元に引き上げられる点や、2回以上故意に著作権を侵害した場合の懲罰的損害賠償の規定が設けられる点が注目されています。

関連法令

「著作権法」（著作权法）（2010年）
「著作権法実施条例」（著作权法实施条例）（2013年）
「知的財産権税関保護条例」（知识产权海关保护条例）（2010年）
「著作権民事紛争事件の審理における法律適用の若干問題に関する解釈」（最高人民法院关于审理著作权民事纠纷案件适用法律若干问题的解释）（法释【2002】31号）
「著作権集団管理条例」（著作权集体管理条例）（国務院令【2004】429号）
「著作権行政処罰実施弁法」（著作权行政处罚实施办法）（国家版権局令【2009】6号）
「著作物自主登記試行弁法」（作品自愿登记试行办法）（国家版権局1994年発布）
「コンピュータソフトウェア著作権登記弁法」（计算机软件著作权登记办法）（国家版権局令【2002】1号）
「コンピュータソフトウェア保護条例」（计算机软件保护条例）（2013年）
「情報ネットワーク伝達権保護条例」（信息网络传播权保护条例）（2013年）
「情報ネットワーク伝達権侵害民事紛争事件の審理における法律適用の若干問題に関する規定」（最高人民法院关于审理侵害信息网络传播权民事纠纷案件适用法律若干问题的规定）（法释【2012】20号）

第2節 商　　標

中国市場の開拓を狙うビジネスにおいては、ブランド戦略が極めて重要な検討事項の1つです。本節では、中国でビジネスを始めるにあたって頻繁に問題となる商標権に関する実務上の問題点について解説します。中国で商標権が侵害された場合の対応方法については、本章の末尾の「30分でわかる中国での権利侵害商品対策」もご参照ください。

Q9-2-1　当社は日本で有名な老舗の和菓子屋ですが、日本で商標登録を行っていれば中国でも保護されますか。（商標登録主義）

中国の商標制度のもとにおいては、中国で商標を登録して初めて商標権が発生します（商標登録主義）。仮に日本で商標登録をしていたとしても、そのままでは中国で登録商標として保護されません。貴社が中国で商標登録をしておらず、今後の中国進出を考えているのであれば、他社が商標登録するよりも前に中国で商標登録をすることが重要になります。

Q9-2-2　当社は、日本で、日本語の有名な商標をいくつか登録していますが、中国にて同じ商標を登録するためには、どのような方法で出願する必要がありますか。（商標の出願方法）

中国で商標登録をしようとする場合、まずはその商標が中国においてすでに登録されているかどうかを確認する必要があります。また、外国人または外国企業の名義で出願する場合には、必ず中国において商標申請にかかる資格を有する代理人（弁理士）を通じて申請する必要があります。商標登録にかかる期

間は、商品分類にもよりますが、一昔までは商標を出願してから登録まで通常2～3年を要していましたが、近年では10か月前後に短縮されています。さらに、2013年の商標法改正により初歩審査の期間を9か月以内とすることが明文で規定されました（商標法28条）。なお、マドリッド協定議定書に基づく国際出願を通じても、中国の登録商標権を取得することが可能です。

なお、貴社の商標がすでに他者によって登録されている場合でも、当該商標が著名であり、貴社と同一または類似する商品の商標が貴社の商標を複製、模倣または翻訳したもので、かつ貴社の商標であると容易に混同するものである場合、または、貴社と同一ではないもしくは類似しない商品の商標が貴社の商標を複製、模倣または翻訳したもので、かつ公衆を誤解させ、貴社の利益が損害されるおそれがある場合は、商標評審委員会に対して登録済みの商標の無効宣告を求めることができます（商標法13条）。
⇒Q9-2-5（登録商標の無効宣告）、コラム9-2-1（商標検索）、コラム9-2-2（著名商標）

Column 9-2-1：商標検索

同一または類似商標の存在、相手企業の商標登録状況、および自社の商標登録状況等を調査し確認するためには、商標局が運営しているオンライン無料商標データベース（http://sbcx.saic.gov.cn/trade/）を検索するのが便利です。たとえば、中国で日本の商標を付して商品を製造または販売する際、第三者が同一の中国登録商標を保有していた場合は、商標権侵害になるおそれがありますので、事前に上記データベースにて調査および確認をしておくことが大切です。

Q9-2-3　中国で商標を登録するときの留意点について教えてください。（商標登録の留意点）

外国企業が中国で商標登録をする場合、まず、外国企業を権利者として登録し、その後、本社から中国の現地法人に対して商標の使用許諾を与え、現地法人からロイヤルティを受け取る方法がよく採用されます。

次に、平仮名・カタカナの商標であっても、漢字に書き換えて登録するケースが多くみられます。中国ではほとんどの言葉が漢字で表されているため、中国人が読めない平仮名・カタカナの商標はあまり使用されていません。たとえば、人気ロールケーキを販売する「モンシェール」は、「檬舒舒」として登録されています。特に、現地法人の商号については、漢字で商標登録をしたほうがよいでしょう。なお、中国語と日本語とでは同じ漢字でも発音が異なるため、登録するブランド名がもともと漢字表記の場合には、発音をローマ字表記した商標を一緒に出願することがあります。

商標を出願する際の指定商品については、自社の既存商品・開発予定商品をカバーすることはもちろんですが、市場においてある程度の知名度があるブランドの場合は、異なる商品分類にある類似商品（通常当該商品と一緒に使用される商品、当該商品の部品、付属する消耗品等）についても指定商品に含めることが考えられます。ただし、登録商標を連続して3年間使用しない場合は、第三者から取消しを申し立てられるリスクがある点に注意が必要です（商標法49条）。

⇒Q9-2-4（不使用取消し）

> Q9-2-4　登録した商標を実際に使用しない場合、何か不利益はありますか。（不使用取消し）

中国で登録した商標が、正当な理由なく連続して3年間使用されない場合、誰でも商標局に対して当該登録商標の（指定商品・役務の全部または一部について）取消しを申し立てることができます（商標法49条）。また、商標権侵害に基づく損害賠償請求訴訟において、商標専用権を有する原告が過去3年間で実際に当該登録商標を使用したことがなく、当該侵害行為により損害を受けていることを立証できない場合、被告は、登録商標の不使用の抗弁を主張することができ、商標権侵害行為について損害賠償責任を負わないとされています（商標法64条）。この登録商標不使用の問題は、多くの場合は、商標権侵害訴訟を

提起された被告や、問題となる登録商標と利害関係を有する第三者等からの申立てまたは抗弁によって顕在化します。

商標局に登録商標不使用を理由とした取消申立てがなされた場合、商標権者は当該商標を、商品、商品包装または容器および取引文書に使用し、もしくは広告宣伝、展示およびその他の商業活動中に実際に使用したことを立証しなければなりません。

なお、近年、商標の使用の認定について、形式的に認定するのではなく、商標法の立法精神に基づき「実際の使用」を構成するかどうかを認定すべきであるという見解が最高人民法院から示され、訴訟実務上、商標が商品に使用された直接的な証拠が求められるようになりました。たとえば、インボイスの売主控えシートや、作成時期を特定できない包装・宣伝物、商標使用許諾契約書、商品売買契約書等の間接的な証拠のみでは、商標の使用が認定されにくくなっており（ただし、お互いに照合できる間接証拠の組合わせで実際に使用行為があったと認定されるケースもあります）、また、一部の地域の人民法院では、広告宣伝に関する証拠もあくまで補強的な証拠にすぎず、商標が実際に使用された証拠にはならないと判断された事例もあります。

Q9-2-5　当社のロゴマークが、中国企業によって商標登録されていることが判明しました。当社はその登録商標を無効にすることはできますか。（登録商標の無効宣告）

貴社のロゴが中国において未登録であっても、先行して登録された商標が以下のいずれかの無効事由に該当する場合には、先行して登録された商標の公告期間（3か月）中であれば異議を申し立ててその登録を阻止することができ（商標法33条）、公告期間経過後であれば、先行して登録された商標の登録日から5年以内に、先にある権利の所有者または利害関係者として、登録の無効宣告を求めることができます。ただし、商標権者が他人の権益を害する主観的な意図があって登録を取得した場合または申立人が著名商標の保有者である場合

を除きます（商標法45条）。
(1) 中国で登録されていない他人の同一または類似商品の著名商標を複製、模倣または翻訳したもので、当該著名商標と混同しやすい場合（商標法13条2項）
(2) 中国で登録されていない他人の非同一または非類似商品の著名商標を複製、模倣または翻訳したもので、かつ公衆を誤解させ、当該著名商標の保有者の利益が損害されるおそれがある場合（商標法13条3項）
(3) 授権を経ず、代理人または代表者が自分の名義で本人または被代表者の商標を出願し、本人または被代表者が異議を申し立てる場合（商標法15条1項）
(4) 同一または類似商品につき出願された商標（先行して登録された商標）と他人が先に使用した商標（先使用商標）とが同一または類似で、先行して登録された商標の出願者と当該他人との間に、商標出願授権委任契約以外の契約関係、取引関係またはその他の関係があり、先行して登録された商標の出願者が当該他人の商標の存在を知っていた場合（商標法15条2項）
(5) 商標に商品の地理標識を含み、かつ当該商品の出所が当該標識の示している地域ではないことで、公衆を誤解させた場合（ただし、すでに善意で登録を取得した場合を除きます）（商標法16条1項）
(6) 商標法の関連規定に合致しない場合、または貴社がすでに同一または類似商品で登録し、もしくは初歩審査を経た商標と同一または類似する場合（商標法30条）
(7) 先願主義に違反する場合（商標法31条）
(8) 他人の既存の権利を侵害した場合、または他人がすでに使用している一定の影響力を有する未登録商標を不正な手段によって先行して登録した場合（商標法32条）

　しかし、実務上は、「著名商標」（(1)・(2)）、「一定の影響力を有する未登録商標」・「不正な手段によって先行して登録する」（(8)）といった要件の立証のハードルが相当高いため、先行して登録された商標の無効宣告を申し立てる以外の解決策として、先行して登録された商標の所有者、出願者から、登録商標また

は出願中の商標を買い取らざるをえないこともあります。

　一方、2013年の商標法改正により追加された上記の商標法15条2項の無効事由は、先使用商標の権利者が異議を申し立てれば、「著名商標」や「不正手段」であることの立証がなくても、先行して登録された商標の商標登録を無効宣告できるという、より強い保護を与えています。

　なお、上記の無効事由以外に、商標使用が禁止される標章（商標法10条）、商標登録が禁止される標章（商標法11条）、立体的形状の商標登録の要件（商標法12条）に違反した場合、または詐欺・その他の不当手段で登録を得ていた場合も、登録商標の無効事由と規定されており、公告期間中の異議申立てはもちろん、商標登録後もいつでも無効宣告を申し立てられます（商標法44条）。

Column 9-2-2：著名商標

　著名商標（中国語では「馳名商標」）と認定された場合、通常の商標権とは別途、特別な保護を受けられます。具体的には、Q9-2-5（登録商標の無効宣告）で解説した(1)・(2)の無効事由に基づき、著名商標を複製、模倣または翻訳した商標の登録を阻止することができます。

　もっとも、著名商標の認定においては、関連する公衆の認知度、継続的な使用期間、宣伝の継続期間と程度および地理的範囲、過去に著名商標として保護を受けた記録等が考慮されるため、著名商標の認定を受けるのは相当ハードルが高いです（商標法14条）。また、中国では、工商行政管理局、商標評審委員会、人民法院は、それぞれ商標に関する所轄手続（著名商標認定手続、商標無効宣告における著名商標の認定、民事訴訟における著名商標の認定）において、著名商標を認定する権限を有しているため、それぞれの管轄機構の実務上の認定基準が必ずしも一律とはいえません。

　中国政府機関に著名商標と認定されたことのある日本企業のブランドの例として、自動車の「LEXUS」やオーディオ機器の「PIONEER」、家電の「SANYO」があります。
⇒Q9-2-5（登録商標の無効宣告）

第2節　商　標

Case 9-2-1　スターバックス事件（商標と商号の衝突）

　ある会社が有する商標と同一または類似する名称を、商標権者以外の者が商号として使用するなど、商標権と企業の商号との対立が問題となるケースがあります。このようなケースで訴訟となった場合、公平な競争を保護し、先に権利を取得した権利者の権益を保護するという原則に基づき、先行の商標と同一または類似する企業名称が、商品または役務の出所の混同を引き起こし、不正な競争を構成するかどうかを基準として判断されます（「商標と企業名称における若干問題の解決に関する意見」、「登録商標、企業名称と既存の権利との抵触に係る民事紛争事件の審理における若干問題に関する規定」）。商標と商号の衝突が問題となった1つの事例として、スターバックス事件があります。

　中国登録商標権者であるStarbucks Corporationは、「星巴克」を企業名称として登録し上海市でコーヒー店を展開していた地元業者に対し、Starbucks Corporationの中国語名である「星巴克」やそのロゴ等を真似たとして、商標権侵害と不正当競争で訴えました。Starbucks Corporationが2005年に下級審で勝訴したのに対し、地元業者はこれを不服として、上海市高級人民法院に上訴しましたが、高級人民法院も商標権侵害と悪意で関連する公衆の誤認を惹き起こし不正当行為を構成することを認め、「星巴克」を含まない商号への変更を命じる下級審の判決を維持しました。

⇒Q3-1-4（企業名称ルール）

Q9-2-6　（Q9-2-5の続き）当社は中国企業から中国の登録商標権を買い取りたいと考えていますが、そのようなことはできるのでしょうか。（商標権譲渡と商標使用許諾）

　中国の登録商標には、譲渡することが認められています。商標権譲渡にあたっては、譲渡人と譲受人が商標権譲渡契約を締結し、共同で商標局（本節**法知識の整理**参照）に商標権譲渡の申請を行う必要があります。その場合、譲渡人と譲受人は商標局に登録商標譲渡申請書を提出しなければなりません。また、登録商標を譲渡するときは、商標登録者は同一または類似の商品について登録された同様または類似の商標を一括して譲渡しなければなりません（商標法42条2項）。

また、商標局で出願手続中の他社の商標を譲り受けることや、出願手続における出願者の名義変更を行うことも可能です。ただし、その場合、当該商標が最終的に登録できるかどうかは未定であり、かつ中国においては商標権の登録に一定期間がかかるため、価格および支払条件を含めて譲渡条件をよく検討する必要があります。

さらに、実務上は、商標権を譲渡せず、使用許諾契約を通じて商標を使用する権利を移転する手法もよく使われています。この使用許諾を第三者に対抗するためには、商標使用許諾契約を締結し、さらに商標局で当該商標使用許諾契約（内容には商標局が要求する必須条項を含む必要があります）の届出をすることが必要となります。なお、この届出は商標ロイヤルティを海外に送金する場合にも必要となります。

ちなみに、出願中の商標の使用許諾も可能ですが、出願中の商標を対象とする商標使用許諾契約は商標局での届出ができないため、商標ロイヤルティの海外送金は困難です。

⇒Q9-2-2（商標の出願方法）、Q8-1-6（ロイヤルティの送金）

Case 9-2-2 「iPad」中国商標権紛争

タブレット端末「iPad」を販売するApple Inc.は、「iPad」がリリースされる1か月前に、あるイギリスの企業を通じて、約500万円未満の価格で、台湾に本社があるコンピュータ機器メーカーである唯冠グループから、中国、ヨーロッパ等の諸国で登録されている複数の「iPad」商標権を買い取りました。そのうち、中国で登録された2件の「iPad」商標の権利者が唯冠グループの深セン市にある子会社だったのですが、その子会社は商標権譲渡契約の当事者に含まれていませんでした。

「iPad」商品が2010年1月にリリースされて間もなく、この唯冠グループの中国子会社は、Apple Inc.に対して、「iPad」商標権をめぐる権利主張をしました。2012年春、同子会社は、人民法院に対して「iPad」商品の販売を差し止め、中国税関に対して輸出を差し止めるなどの水際措置を求める届出をしました。

報道によると、最終的に、2012年7月に、Apple Inc.が唯冠グループに対して6,000万米ドルを支払うことで、中国での「iPad」商標を買い取り、和解したとのことです。

Case 9-2-3 「日産」vs「日産嘉和」

　ある中国の自動車用グリースのメーカーは、中国で「日産嘉和」という商標を登録し、この商標を自社のグリース商品に使用していました。日産自動車株式会社は、かかる行為を、同社の商標権に対する侵害行為として阻止しようとしましたが、相手方がすでに中国で登録商標権を保有していたため、商標権侵害の民事訴訟を提起する前に、まず「日産嘉和」という商標の無効宣告を商標評審委員会に対して申し立てなければなりませんでした。

　日産自動車株式会社は、2006年4月に商標無効宣告の申立てをし、この商標争議手続には約3年を要しましたが、結果として、商標局の商標評審委員会から、「日産」が著名商標であること、使用場面等を考えるとグリースと自動車との間に商品上の強い関連性があること、「日産嘉和」が「日産」に類似していることが認定され、「日産嘉和」の商標登録を無効宣告する行政処分が出されました。しかし、この処分に対して日産嘉和が登録無効宣告の行政処分に関する行政訴訟を提起し、この訴訟には、一審、二審、再審を含めて2年半を要しました。この行政訴訟が終結し、日産自動車株式会社が最終的に商標権侵害の民事訴訟の一審勝訴判決を手にしたのは、商標の登録取消しを申し立ててからすでに6年8か月を経過した2012年12月でした。

　商標の指定商品の分類上、自動車とグリースは同じ分類ではないため、本件のように、自動車関係商品に有名な自動車メーカーに近似しまたは何らかの関係を暗示するような商標が中国で多く出願されているのが現状です。

　本件のように、商標権侵害行為が、従来の被侵害商標そのものを使用するという形から、日本企業が保有している商標と類似する商標を先に出願し、その類似商標を使用するという、より巧妙な手法に移行している傾向がみられます。

Column 9-2-3：類似商標認定に関する新しい動向

　2011年12月16日、最高人民法院は、商標の類否に関する事実認定につき、以下の3つを要点とする指導意見を示しました（「知的財産権の審判の職能を十分に発揮し、社会主義文化大発展・大繁栄を推進し、および経済の自主的・調和的な発展の促進における若干問題に関する意見」）。
① 関連商標の構成要素が全体として類似する場合、原則として類似商標と認定してよいこと
② 関連商標の構成要素が全体として類似しないが、権利を主張する商標の知名度が係争商標の知名度より高い場合、主要部分を比較して類否を決定できること

第9章　知的財産権

> ③　関連商標がいずれも比較的高い知名度を持っている、あるいは特殊な条件のもとで関連商標が共存する場合、商標の類似認定の際には、さらに、両者の実際の使用状況、使用の歴史、関係する公衆の認知状況等の要素に基づき総合的に判断し、当該商標の中国市場における状況も尊重するよう注意を払い、商標の一部構成要素の類似を商標の類似と安易に同一視することを防ぎ、事業者同士の調和的な発展を実現しなければならないこと

Q9-2-7　当社は中国で「ohebashi」という登録商標を有しているところ、第三者が「ohebashi.cn」というドメインネームを取得し、当社に対してこのドメインネームを高額で買い取るよう要求してきました。この要求に対し、法的な対抗措置をとることはできますか。（ドメインネームと商標権の衝突）

　まず、相手方の取得したドメインネームの使用を停止したり、貴社が当該ドメインネームを取得したりするための措置をとることが考えられます。具体的には、中国国際経済貿易仲裁委員会ドメインネーム紛争解決センターまたは香港国際仲裁センターに対して、当該ドメインネームの取消し、変更または申立人が取得することを申し立てることができます。この申立てが認められるためには、①申立人が権利を有する商標またはサービスマークとドメインネームが同一または混同を招くような類似性があること、②申立ての対象となるドメインネームに関して、相手方が権利または正当な利益を有しないと考えられる理由があること、③相手方のドメインネームの登録・使用に悪意があること、が必要とされています（中国インターネット情報中心ドメイン争議解決弁法8条）。相手方の悪意の有無の認定は事案によりますが、本問のように高額の買取りを要求した事実が立証されれば、悪意があると認定される可能性が高くなるものと思われます。なお、この手続には通常、数か月間を要します。

　また、本問では、貴社は登録商標を有しているので、商標権侵害を理由にドメインネームの使用の差止めや損害賠償請求をすることも可能です。この点、他人の登録商標と同一または類似の文字をドメインネームとして登録し、その

ドメインネームにより関連する商品の電子商業取引を行うことを通じて公衆に誤認を生じさせるような行為も商標権侵害に該当しうると解されます（インターネットドメインネームにかかわる民事紛争事件の審理における法律適用の若干問題に関する解釈4条2号）。もっとも、商標権侵害を理由に民事訴訟を提起する場合、土地管轄のルールにより原告にとって不利な地域で訴訟提起しなければならないこと（同解釈2条によれば、権利侵害行為地と被告住所地を特定しにくい場合、当該ドメインを発見した原告のコンピュータ端末等の設備の所在地を権利侵害行為地とみなすことができます）、訴訟が比較的時間がかかることなどのデメリットがあるため、まずは上記のドメイン紛争解決の仲裁手続を優先的に検討することが一般的です。

⇒ Q12-1-2（裁判手続の流れおよび特徴）、Q12-1-3（審級管轄、地域管轄）

法知識の整理

1　法体系
中国の商標制度の基本的事項を規定する法令としては、以下のものがあります。

(1) **商標法**（1982年制定、1993年、2001年、2013年改正、2013年改正分は2014年5月1日から施行）

(2) **商標法実施条例**（2002年、国務院）

商標登録および商標権保護に関する手続や運用に関する細則を定めたものです。
2013年商標法改正後、商標法実施条例の改正も見込まれています。

(3) **その他**

中国が加盟している国際条約・国際協定、商標登録を主管する行政機関が制定する法令および最高人民法院による司法解釈も、中国商標法体系の重要な一部となっています。

さらに、商標権侵害行為について、刑法213条・214条・215条および関連する法令において、犯罪を構成する要件および刑事罰が規定されています。

2　主管部門
商標登録に関する手続その他商標法の執行を主管する政府機関は、国家工商行政管理総局およびその下部組織です。

(1) 商標出願登録の段階においては、国家工商行政管理総局のうちの商標局が商標出願を含む各種申請の受理、商標出願の初期査定、および登録等の手続を取り扱うこととされています。
(2) 国家工商行政管理総局に属する下部組織である商標評議審査委員会は、商標出願および登録商標の管理に関して、商標局が行った出願拒絶の決定、異議申立てに関する決定および商標取消しの決定等に対する不服申立てがなされた場合、かかる申立てに対する判断を行います。
(3) 国家工商行政管理総局および各地方の工商部門は、登録商標専用権の侵害行為に対する調査権限および侵害行為者に対する行政処罰を科す権限を有します。

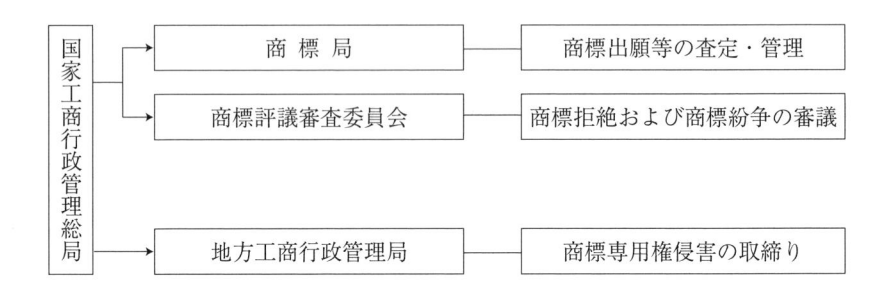

```
                   ┌─→ 商 標 局 ──────────── 商標出願等の査定・管理
国家工商行政管理総局 ├─→ 商標評議審査委員会 ── 商標拒絶および商標紛争の審議
                   │
                   └─→ 地方工商行政管理局 ── 商標専用権侵害の取締り
```

3　2013商標法改正の概要

2013年8月30日、12年ぶりに商標法が改正され、2014年5月1日から施行されます。改正後の商標法には、下記のような注目すべき点がみられます。
① 商標として出願できる要素の拡大（音声）
② 出願補正制度を導入し、出願書類の瑕疵の補正の容易化
③ 駆け込み登録、悪意登録を制限する規定の導入
④ 商標権侵害に基づく賠償の法定裁量金額の上限の50万人民元から300万人民元への引上げ
⑤ 商標権侵害行為につき、懲罰的損害賠償が導入され、適用条件を満たした場合最終的に認められる損害賠償額は実損の3倍まで
⑥ 商標権を侵害された当事者の立証責任の軽減

関連法令

「商標法」(商標法)(2013年)
「商標法実施条例」(商标法实施条例)(2002年)
「知的財産権税関保護条例」(知识产权海关保护条例)(2010年)
「著名商標の認定および保護に関する規定」(驰名商标認定和保护规定)(国家工商行政管理総局令【2003】5号)
「商標評議審査規則」(商标评审规则)(国家工商行政管理総局令【2005】20号)
「商標と企業名称における若干問題の解決に関する意見」(国家工商行政管理总局关于解决商标与企业名称中若干问题的意见)(工商標字【1999】81号)
「登録商標、企業名称と既存の権利との抵触に係る民事紛争事件の審理における若干問題に関する規定」(最高人民法院关于审理注册商标、企业名称与在先权利冲突的民事纠纷案件若干问题的规定)(法釈【2008】3号)
「知的財産権の審判の職能を十分に発揮し、社会主義文化大発展・大繁栄を推進し、および経済の自主的・調和的な発展の促進における若干問題に関する意見」(最高人民法院关于充分发挥知识产权审判职能作用推动社会主义文化大发展大繁荣和促进经济自主协调发展若干问题的意见)(法発【2011】18号)
「インターネットドメインネームにかかわる民事紛争事件の審理における法律適用の若干問題に関する解釈」(最高人民法院关于审理涉及计算机网络域名民事纠纷案件适用法律若干问题的解释)(法釈【2001】24号)
「中国インターネットドメインネーム管理弁法」(中国互联网络域名管理办法)(信息産業部令【2004】30号)
「中国インターネット情報中心ドメイン争議解決弁法」(中国互联网络信息中心域名争议解决办法)(中国互聯網絡信息中心2012年6月28日発布)

第9章　知的財産権

第3節
特　許　権

中国国家知識産権局の統計資料によれば、2012年度の中国における発明特許の出願件数は65.3万件（同期比24.0％増加）、発明特許権利付与数は21.7万件（同期比26.1％増加）であり、いずれも急増傾向が続いています。本節では、ビジネス実務上よく遭遇する特許権に関する論点について解説します。中国で特許権が侵害された場合の対応方法については、本章の末尾の「30分でわかる中国での権利侵害商品対策」もご参照ください。

Q9-3-1　中国で特許として登録できるものはどのようなものがありますか。（発明・実用新案・意匠）

　中国の特許法上、特許として登録できるのは、発明、実用新案、意匠の3種類です。日本の特許は、中国で「発明」特許に該当します。なお、日本では発明に対する権利のみが特許権とよばれ、実用新案権や意匠権は特許権とは別の知的財産権として区分されていますが、中国では上記3つはすべて「特許」（中国語では「専利」）とよばれています。本節で用いる「特許」という用語は、中国法上の「特許」の概念を指し、意匠、実用新案を含むものとします。

種　類	定　義	権利保護期間	特　徴
発明	製品、方法またはその改良について考案される新たな技術案	出願日から20年	実質審査必要。出願拒絶されるリスクあり。 出願手続期間は約3年間。 実質審査を経ているため、無効宣告を申し立てられても、無効とされる可能性は必ずしも高くはない。

実用新案	製品の形状、構造またはその結合について考案される実用に適した新たな技術案	出願日から10年	実質審査不要。出願するとほぼ登録される。 出願手続期間は約10か月。実用新案特許権侵害訴訟を提起すると、被告から無効宣告を申し立てられ最終的に無効とされるリスクが高い。 実用新案特許権侵害につき訴訟を提起しまたは行政告発をする場合、中国国家知識産権局による検索、分析と評価を経た特許権評価報告書を証拠として求められる（特許法61条2項）。
意匠	製品の形状、模様またはその結合ならびに色彩形状、模様の結合について考案される美感に富みかつ工業上の応用に適した新たなデザイン	出願日から10年	実質審査不要。出願するとほぼ登録される。 出願手続期間は約8か月。意匠特許権侵害訴訟を提起すると、被告から無効宣告を申し立てられ最終的に無効とされるリスクが高い。 意匠特許権侵害につき訴訟を提起しまたは行政告発をする場合、中国国家知識産権局による検索、分析と評価を経た特許権評価報告書を証拠として求められる（特許法61条2項）。 意匠特許権侵害訴訟において、類似性の認定が困難。

> **Q9-3-2　中国で特許を出願するにあたっての留意点を教えてください。（特許出願の留意点）**

特許権には属地性があり、中国（台湾・香港・マカオを含みません）で特許

権として法的保護を受けられるのは、中国（台湾・香港・マカオを含みません）で登録された特許権のみです。また、外国企業が中国で特許出願したり、その他の特許手続に関する事務を行ったりする場合には、中国で適法に設立された特許代理機構に委託しなければなりません。日本企業の場合、日本で取引のある弁理士事務所を通じて中国の特許出願を依頼するケースが多いですが、その場合、その弁理士事務所と提携している中国の特許代理機構がどのような事務所であるか、その業務の質はどうか、という点の確認が重要です。

　また、日本での出願用に作成された明細書をそのまま中国語に翻訳して中国で特許出願に使用するケースがしばしばありますが、日本と中国では明細書の仕様が異なり中国の実務に適合しない場合があるため、出願が拒絶されたり将来特許権を主張する場合に不利になったりするリスクがあります。そのため、中国の実務に基づき、専門家からアドバイスを得たうえで、明細書を調整する必要があります。

　なお、中国で完成された発明または実用新案について特許出願しようとする場合、中国で先に出願する方法と、日本で出願してから優先権を行使して中国で出願する方法があります。しかし、後者の場合、中国で先に秘密保持審査を受ける必要があるため、日本で先に出願するより、まず中国で国際出願を申請する前者の方法を検討することをお勧めします。

⇒コラム9-3-2（秘密保持審査制度とその対策）

Column 9-3-1：実用新案特許と発明特許の併願

　早期の権利化を実現するために、発明特許を出願すると同時に、実質審査が不要で短期（出願してから約10か月）で登録される実用新案特許を併願することがあります。この方法で、先に実用新案特許権を取得した場合、続いて発明特許権を発明特許権を取得するためには、実用新案特許権がまだ失効しておらず、かつ出願者が当該実用新案特許権を放棄することを表明することが必要です。

Column 9-3-2：秘密保持審査制度とその対策

2009年10月1日以降、中国で完成された発明または実用新案を外国で特許出願する場合、事前に国務院特許行政部門により実施される秘密保持審査を受けなければならなくなりました。これに違反して外国で特許出願された発明または実用新案について、中国において特許出願した場合、特許権は付与されません。特に、日本本社から中国へ技術者を派遣し、中国で職務発明をなした場合、関係する発明または実用新案は中国で完成されたものと認定される可能性が高いため注意が必要です。

秘密保持審査を受けるためには、出願予定の特許に関する情報を中国の政府機関に開示する必要があります。ただし法令上は、政府機関は守秘義務を負っているものの、特許に関する情報が外部に漏洩し、第三者から抜け駆け的に特許出願されるリスクがないとはいえません。

したがって、将来、中国で特許権を付与されないリスクおよび秘密保持審査による情報漏洩のリスクを回避するために、中国で完成された発明特許または実用新案特許については、中国で国際出願を申請する方法を検討することをお勧めします。

Q9-3-3 従業員が休日に会社の研究所で行った発明はどのように扱われますか。また、この発明について、従業員の所属する会社はどのような権利を有しますか。（職務発明）

まず、従業員が所属企業の業務遂行中に完成させた発明・創作は、職務発明とされます。職務発明は、具体的には、以下の3種類の発明をいいます（特許法実施細則12条）。

① 本来の職務遂行中に行った発明
② 所属企業から与えられた本来の職務以外の任務執行中に行った発明
③ 定年退職、旧所属企業からの配置転換後または労働・人事関係の終了後1年以内に行った、旧所属単位で担当していた本来の職務または旧所属企業から与えられた任務と関連のある発明

また、職務遂行と関係なくても、所属企業の資金、設備、部品、原材料およ

び外部に公開しない技術資料等の物質的、技術的条件を利用して完成された発明も職務発明とされます。したがって、本問のように休日に企業の研究所で行った発明は、上記①または②に該当する場合はいうまでもなく、所属企業の資金、設備、部品・原材料または外部に公開しない技術資料等の物質的・技術的条件を利用して完成されたのであれば、職務発明に該当します。

　日本法では、職務発明についての特許を受ける権利は従業員等に原始的に帰属することになっており、契約や勤務規則の定めにより、職務発明についての特許を受ける権利を従業員から企業に承継することをあらかじめ約しておくことを認めると同時に、従業員が企業に職務発明についての特許を受ける権利を譲渡した場合には「相当の対価」を請求できるという構成をとっています。これに対して、中国法においては、職務発明の特許を出願する権利は、原始的に所属企業に帰属し、当該企業が特許権者となります。この点は、日本法の規定と異なります。

　いずれの国の職務発明規程が適用されるかについても、検討しておく必要があります。

Q9-3-4　職務発明につき特許を出願登録した場合、当該従業員に報酬を支払うべきですか。（職務発明の報酬）

　特許法上、職務発明の発明者・創作者に対しては下表のとおりに、合理的な奨励金および報酬を支払わなければならないとされています（特許法実施細則77条・78条）。

　実務上は、社内に職務発明規程を設け、支給金額等を規定する方法が一般的に使われています。なお、上記の奨励金と報酬の支払いは出願を前提にしており、職務発明創造について特許を出願せずに社内の技術ノウハウとして実施する場合は、法令上、強制的に奨励金または報酬を発明者・創作者に与える必要はありません。

支給名目	金額基準	支給時期
奨励金	発明1件あたり3,000人民元以上。 実用新案または意匠1件あたり1,000人民元以上。	特許権が公告された日から3か月以内に支給
特許権実施に伴う報酬	発明者・創作者との間に約定がある場合、または法に従って制定した規則制度において規定がある場合、その約定または規定に従う。	毎年支給または左記の比率を参照して1回でまとめて支給
	約定または規則制度がない場合、発明または実用新案の実施による営業利益の2％以上、意匠の実施による営業利益の0.2％以上。他人に当該特許を実施許諾する場合、受け取った使用料の10％以上。	

Case 9-3-1　職務発明規程の無効事例

上海市にあるA社は、職務発明に関する社内規則において、職務発明につき特許権を出願する際に一定金額の奨励金を発明者に支給し、特許権が登録されたときにさらに一定金額を発明者に支給するが、支給時にすでに退職していた者に対しては支給しないという規定を置いていました。

A社の従業員であった発明者は、A社から特許権出願時の奨励金を受領した後に退職しましたが、その後に、当該発明にかかる特許権の登録が完了したため、企業に対して社内規則に定められた登録時奨励金の支給を求めて提訴しました。

2011年、上海市第一中級人民法院は、A社に対し、職務発明につき発明者に対して奨励金を支払うことは法定の義務であるため、企業が一方的に作成した社内規則によって当該義務を免除または制限してはならないと判断し、未払いの2,250人民元の奨励金の支払いを命じました。

⇒Q5-4-1（就業規則の内容）

第9章　知的財産権

> **Column 9-3-3：職務発明条例の動向**
>
> 　2012年11月12日、国家知識産権局は、特許法上の職務発明に関する条項の具体的な適用に関する規則の草案「職務発明条例草案（意見聴取稿）」をインターネット上で公開し、意見を求めました。
> 　この草案によれば、企業は、知財管理制度、発明報告制度、奨励制度の健全化が義務づけられることになります。また、奨励金と報酬について企業と職務発明者間で約定する内容、方法、金額等を明確にすることが求められ、職務発明者との間に約定がない場合は、奨励金と報酬の支払方法および金額等につき当該条例の下限規定（特許法上の下限を超えた金額、営業利益・販売金額・ロイヤルティ等を占めるパーセンテージが規定されています）が適用されることになります。
> 　職務発明が多く行われている企業にとっては、この職務発明条例が施行されれば、社内の職務発明に関する規程の見直しが必要になる可能性もあるため、立法の動向に注意する必要があります。

Q9-3-5　中国の会社と共同開発をしようとしています。成果物である発明について当社単独で特許出願できますか。（共同開発の留意点）

　共同開発の成果物の帰属については、中国法上、共同開発契約等において当事者間の特約がなければ、共有になります。そのため、貴社が単独で特許出願できるという特約がない限り、貴社単独での出願はできません。

　共同開発契約においては、それぞれの役割分担、費用と開発リスクの負担、開発スケジュール等を規定する以外に、成果物の帰属条項、秘密保持および対外発表に関する条項を定めることが重要です。共同開発契約において、成果物に関して特許出願する権利を一方の当事者に帰属するような規定を設けることが比較的多いですが、特許権を共有する必要がある場合には、法令上、特許権の共有に関する規定は詳細なものではないため、特許権の共有の場合の使用、管理、処分に関し詳細な取扱いを合意しておくことをお勧めします。

　さらに、共同開発の成果物について特許を出願する場合、「中国で完成された発明または実用新案」とされ、中国特許法上の秘密保持審査制度の対象となる可能性があります。

第3節　特許権

なお、以上の留意点は、第三者に開発を委託する場合にも、ほぼ共通します。
⇒コラム9-3-2（秘密保持審査制度とその対策）

> Q9-3-6　当社製品の中国での製造・販売を検討する際に、当社製品に使用したデザインについて、第三者が中国で意匠特許を出願・登録していたことが判明しました。これに対して当社はどのような法的措置をとることができますか。（無効宣告）

　貴社が中国で当該デザインを使用した製品をそのまま製造・販売するとなると、第三者から特許権侵害の責任を追及されるおそれがあります。
　一方、貴社が第三者の特許出願日よりも先に当該デザインを使用した商品を市場に販売しているのであれば、当該デザインについて新規性がなくなり、特許権登録の要件が欠け、特許は無効となります。
　貴社がとりうる法的手続としては、特許再審査委員会に対して当該特許権の無効宣告を申し立てることが考えられます。無効宣告された特許権は、初めから存在しなかったものとみなされます。
　実務上は、第三者の使用を排除する目的で、あえて特許権の無効宣告を申し立てずに、こちらから無効宣告を申し立てうる根拠を開示したうえで、相手方と交渉し、相手方も無効とされる可能性が高いことを認めて争わないこととなった場合に、特許権不行使に関する合意を締結するという方法で解決をはかることもあります。

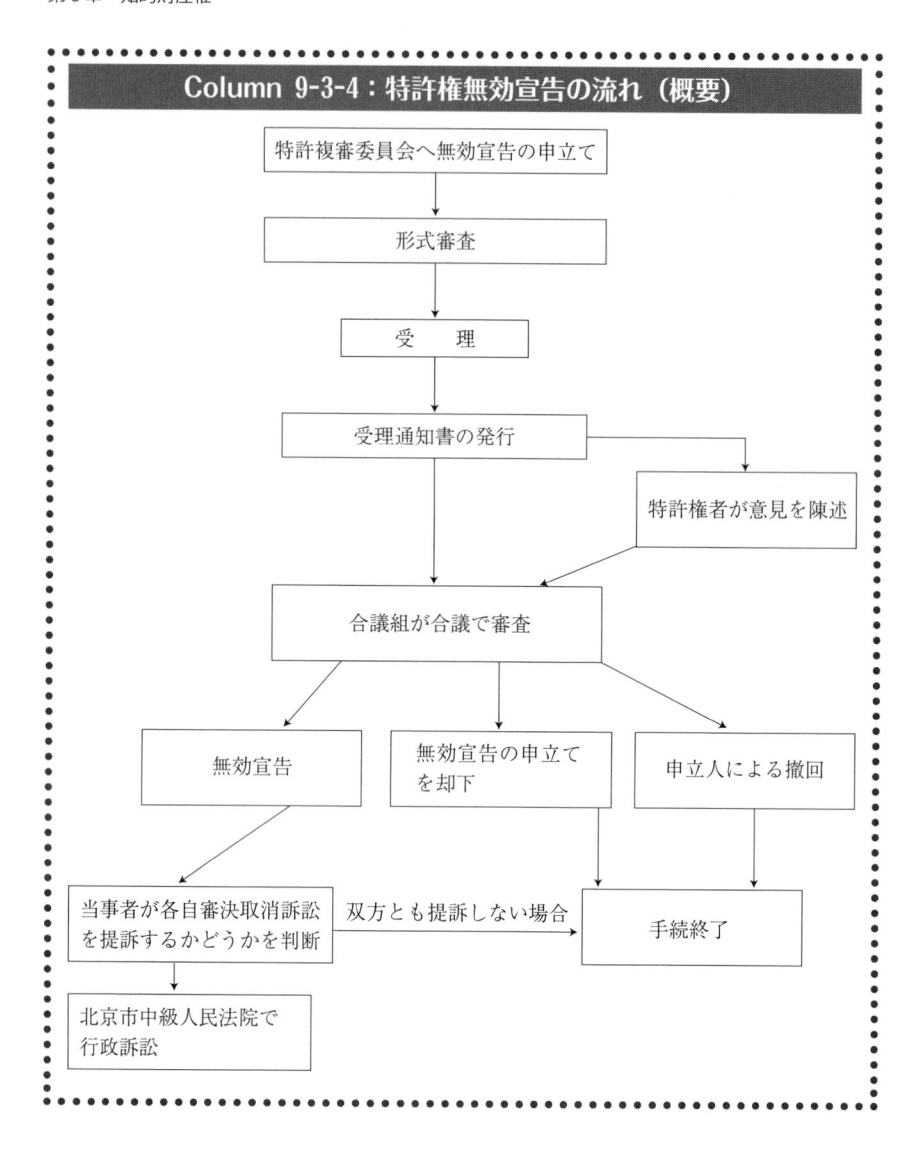

Column 9-3-4：特許権無効宣告の流れ（概要）

```
特許複審委員会へ無効宣告の申立て
          ↓
       形式審査
          ↓
        受　理
          ↓
     受理通知書の発行 ────→ 特許権者が意見を陳述
          ↓                        ↓
     合議組が合議で審査 ←──────────┘
       ↙    ↓    ↘
   無効宣告  無効宣告の申立て  申立人による撤回
             を却下              ↓
       ↓         ↓              ↓
当事者が各自審決取消訴訟  双方とも提訴しない場合  手続終了
を提訴するかどうかを判断 ─────────────→
       ↓
北京市中級人民法院で
行政訴訟
```

第3節　特許権

> **Column 9-3-5：特許権侵害訴訟における無効宣告**
>
> 　特許権侵害訴訟において、被告側は、訴訟とは別途、特許権の無効宣告を申し立てる場合が非常に多いです。無効宣告の申立てが受理されると、被告は特許権侵害訴訟の管轄人民法院に対して訴訟の中止を申し立て、多くの場合、人民法院は無効宣告の最終結果が出るまで訴訟を中止します。
> 　なお、仮に無効宣告の申立てが却下されても、申立人（特許権侵害訴訟における被告）は、さらにこの却下に対して行政訴訟を提起することができます。したがって、もし被告が期間を延ばす目的ですべての手段をとる場合、特許権侵害訴訟提起後10年近くもの期間、判決の確定を延ばすことも不可能ではありません。なお、かつては日本でも、特許権侵害訴訟と特許庁における無効審判手続との間で同様の問題が生じていましたが、現在は日本の特許法104条の3の規定により立法解決されています。

> **Q9-3-7**　当社は当社の中国での特許権を侵害する商品を中国で製造販売している中国企業を特許侵害で提訴しました。訴訟で勝訴した場合、認められる損害賠償額はどのように算定されますか。（特許権侵害訴訟の損害賠償）

　特許権侵害の場合の損害賠償額の算定に関する原則を紹介します。なお、著作権、商標権の損害賠償の計算についても基本的な考え方は同じです。

　損害賠償金額の計算方法は、①権利者の逸失利益を計算する方法、②権利侵害者が得た利益を計算する方法、または③使用料の1～3倍の金額として計算する方法の3つがあります。しかし、実務上は、権利者の逸失利益（①）、権利侵害者が得た利益（②）、使用料（③）の立証はいずれも困難である場合が多いため、定額賠償（1万人民元以上100万人民元以下。著作権侵害の場合は50万人民元以下、商標権侵害の場合は300万人民元以下）の範囲内で、人民法院が情状を斟酌して裁量で損害賠償額を決める場合が多いです。なお、権利侵害行為を阻止するために貴社が支払った合理的な費用も損害賠償額に算入されます。

一方、2012年から草案の検討が行われている特許権法、著作権法の改正の動向、ならびに2014年に改正が施行される商標法では、著作権侵害の場合につき定額賠償の上限が100万人民元またはそれ以上に引き上げられるほか、特許権、著作権、商標権いずれについても懲罰的損害賠償制度が導入される見込みです。さらに、特許権法の修正草案では、人民法院による権利侵害者の帳簿等のような証拠の調査に対する権限が強化されており、権利侵害者利益（②）の立証難の問題が若干緩和されることが期待されています。

⇒コラム12-1-6（知的財産権民事訴訟の損害額の立証）

Case 9-3-2　高額で和解した特許紛争事例

　正泰集団股份有限公司は、浙江省温州市にある中国企業で、低圧電気製品の世界的な大手メーカーでもあります。

　正泰集団股份有限公司の市場競争者でありフランスに本部を有するシュナイダーエレクトリックは、1990年代後半から、中国および外国において、正泰集団股份有限公司に対して20件を超える知的財産権の侵害訴訟を提起しています。それ以来、正泰集団股份有限公司とシュナイダーエレクトリックは世界各国で知的財産権の攻防戦が展開されてきました。

　2006年8月、正泰集団股份有限公司は、シュナイダーエレクトリックの中国子会社である施耐徳電気低圧（天津）有限公司に対して、自己の保有している中国実用新案特許権を侵害したとして提訴しました。2009年に下された一審の判決では、中国特許権侵害訴訟において過去最高の損害賠償金額となる3.3億人民元の支払いを認めました。

　その後、施耐徳電気低圧（天津）有限公司が上訴し、2009年4月に、正泰集団股份有限公司とシュナイダーエレクトリックが和解し、シュナイダーエレクトリックグループが正泰集団股份有限公司の特許を尊重すること、施耐徳電気低圧（天津）有限公司から1億5,750万人民元の和解金を支払うことなどについて同意したほか、現在、世界各国で行われる両者の訴訟を取りやめるなど、全世界的な和解条項が和解内容に盛り込まれたと報道されています。

法知識の整理

1 法体系
中国の特許法制度の基本的事項を規定する法令としては、以下のものがあります。
(1) 特許法（1984年制定、1992年、2000年、2008年改正、現在改正立法中）
(2) 特許法実施細則（2001年制定、2002年および2010年改正、2010年施行）
　特許出願、特許権保護に関する手続規定を定めたものです。
(3) その他
　特許を主管する行政機関が制定する法令、最高人民法院による司法解釈および中国が加盟している国際条約・国際協定も中国特許法体系の重要な一部となっています。
　さらに、他人の特許を冒用する行為について、刑法216条および関連する法令において、犯罪を構成する要件および刑事罰が規定されています。

2 主管部門
　特許業務を管理し、特許出願の受理および審査をし、特許権を付与する政府機関は、国家知識産権局およびその下部組織です。

3 特許法改正の動向
　2012年8月9日に国家知識産権局は、インターネット上で「中華人民共和国特許法修正草案（意見聴取稿）」を公表し、公開で意見の募集を始めました。近いうちに、改正後の特許法が可決される見込みです。
　「中華人民共和国特許法修正草案（意見聴取稿）」では、以下のような修正点が注目されています。
(1) 市場秩序をかく乱すると認定できる特許権侵害行為に対して行政機関が取り締まる場合、侵害行為の停止のみならず、違法所得の没収および違法所得の4倍以下の罰金が科せられます。
(2) 特許権侵害者として提訴される者が保有する帳簿等の証拠については、人民法院が、原告の申立てにより調査収集するものとし、権利侵害者として提訴される者がその提供を拒絶する場合は、民事訴訟妨害行為に対する強制措置をとるという従来なかった強力な証拠調査制度が導入されます。
(3) 故意の特許権侵害行為に対して、行政機関または人民法院が、損害賠償額を通常の3倍まで引き上げられるという懲罰的な賠償制度が設けられます。

第9章　知的財産権

関連法令

「特許法」(专利法)(2009年)

「特許法実施細則」(专利法实施细则)(2010年)

「知的財産権税関保護条例」(知识产权海关保护条例)(2010年)

「最高人民法院の特許紛争案件を審理する際の法律適用の問題に関する若干規定」(最高人民法院关于审理专利纠纷案件适用法律问题的若干规定)(法釈【2001】21号、法釈【2013】9号)

「特許実施許諾契約届出規則」(专利实施许可合同备案办法)(国家知識産権局公告【2011】62号)

「特許行政法律執行規則」(专利行政执法办法)(国家知識産権局令【2010】60号)

第4節

反不正当競争法

著作権法、商標法、特許法等のほかに、反不正当競争法にも知的財産の法的保護に関する定めが設けられています。本節では、反不正当競争法に関する論点のうち、特に反不正当競争法の保護を受けられる知的財産について説明します。それらの権利が侵害された場合の対応方法については、本章の末尾の「30分でわかる中国での権利侵害商品対策」もご参照ください。

Q9-4-1 中国では模倣品対策が必要だと聞いていますが、中国では日本のように模倣品を禁止する法令はありますか。(不正当競争行為)

まず、日本の不正競争防止法上のデッドコピー（形態模倣）禁止に相当する規定は、中国には存在しません。

中国でデッドコピー（形態模倣）商品の製造・販売者に対して責任を追及する方法としては、著作権法、商標法、特許法等に基づく責任追及のほかには、以下の反不正当競争法上の禁止行為のいずれかに該当する場合、反不正当競争法に基づき対策を実施することができます。なお、デッドコピー商品との関係は薄いが、反不正当競争法上の禁止行為は、以下のものに限らず、ほかにもあります。

(1) **不正手段を用いた市場取引従事等（反不正当競争法5条）**
  ① 他人の登録商標を冒用すること
  ② 知名商品（知名商品の認定は、当該商品の販売時期、販売地域、販売金額、販売対象、関係する宣伝の継続時間・程度・地域範囲等の要素に基づき人民法院により総合的に判断されます）特有の名称、包装、装飾を無断で使用し、または知名商品に類似する名称、包装、装飾を使用することで、

他人の知名商品との混同をもたらし、顧客に当該知名商品と誤認させること
③ 他人の企業名称または姓名を無断で使用し、他人の商品と誤認させること
④ 商品の認証標章・有名優良標章等の品質標章を偽造し、冒用し、または産地を偽るなどして、商品の品質を誤認させる虚偽の標示をすること
(2) 商品の品質、原材料名、性能、用途、生産者、有効期限、産地等を誤認させる虚偽宣伝行為（反不正当競争法9条）
(3) 商業秘密を侵害する行為（反不正当競争法10条）

> Q9-4-2 当社の赤い缶のソフトドリンク商品が市場でトップセールス商品になっていますが、当社商品に酷似した赤い缶の商品が出回っています。商標権、特許権の侵害は一切ありませんが、何か対策をとることはできますか。（知名商品の名称、包装、装飾）

　中国国内で一定の市場知名度を有し、関連する公衆に知られている「知名商品」（不正当競争民事事件の審理における法律適用の若干問題に関する解釈1条）の特有の名称、包装、装飾を無断で使用し、または知名商品に類似する名称、包装、装飾を使用することで、他人の知名商品との混同を引き起こし、顧客に当該知名商品と誤認させることは、不正当競争行為に該当すると規定されています。本問の場合、貴社の商品が知名商品に該当すれば、相手方に対して損害賠償を求めることや、監督検査部門に告発して行政処罰を求めることができ、さらに模倣品が偽造粗悪の商品である場合には刑事告発をして刑事責任を追及することもできます。ただし、「知名商品」に該当することについては、貴社が立証責任を負います。
　人民法院は、知名商品の認定において、当該商品の販売時期、販売地域、販売金額および販売対象、関係する宣伝の継続期間・程度・地域範囲、知名商品として保護を受ける状況等の要素を考慮したうえで、総合的に判断します（不

正当競争民事事件の審理における法律適用の若干問題に関する解釈 1 条)。

> ### Case 9-4-1　FERREROの事例
> イタリアのチョコレートメーカーであるFERRERO社は、自社の金色球状の紙包装のチョコレート商品「FERRERO ROCHE」は先行する知名商品であり、当該商品の包装・装飾は特有性を有し商品の出所を区別できることから、反不正当競争法に保護されると主張したうえで、同じ金色球状包装のチョコレート商品を製造販売する中国国内のチョコレートメーカーに対して、反不正当競争法に基づき民事訴訟を提起しました。最高人民法院による最終判決は、FERRERO社の主張を認め、被告側の不正当競争行為の停止および50万人民元の損害賠償を命じました。

> **Q9-4-3**　当社は営業や技術に関する情報の管理を重視していますが、中国ではどのような情報が保護されますか。秘密情報の持ち出しを防止するにはどのような措置を講じればよいのでしょうか。(商業秘密)

　企業の営業や技術に関する情報は、以下の条件をすべて満たす場合(商業秘密侵害行為の禁止に関する若干規定 2 条)、商業秘密として反不正当競争法により保護されます。具体的には、商業秘密を不当に取得、使用、開示する者に対して、商業秘密の侵害行為の停止および損害賠償を民事訴訟で請求できるほか、工商部門が商業秘密の侵害行為に対して、侵害行為の停止と行政罰金を命じることができます。さらに、それらの商業秘密を侵害する行為が犯罪を構成する場合、刑事責任が追及されます。
　① 公知ではないこと
　② 権利者に経済的な利益をもたらすことができる実用性を備えていること
　③ 権利者が秘密保持措置を講じていること
　④ 技術情報および経営情報であること
　上記のとおり、商業秘密に該当するためには、合理的な秘密保持措置を講じているかどうかが要件の 1 つとなっています。合理的な秘密保持措置としては、

物理的なアクセス制限措置のほか、秘密保持制度や文書管理制度の構築、秘密保持契約の締結等が考えられます。

なお、適法ルートで取得した商品を、技術手段によって分解、測量・製図、分析等を行うことで当該商品の技術関連情報を得ること、いわゆるリバースエンジニアリングは、商業秘密の侵害行為に該当しないとされています。そのため、リバースエンジニアリングを制限するためには、商品の売買契約、秘密保持契約、ユーザーライセンス契約等に、リバースエンジニアリング禁止条項を入れるなどの対応が必要になります。

⇒Q5-2-7（秘密保持条項）

Case 9-4-2　顧客名簿の商業秘密該当性

乾燥野菜の輸出を業とするＡ社は、顧客との電子メール・ファックス等を同業Ｂ社により窃取され、顧客を奪われました。Ａ社はＢ社を相手に、商業秘密侵害として損害賠償の訴えを提起しました。

最高人民法院の司法解釈における定義によれば、商業秘密に該当しうる顧客名簿は、一般に顧客の名称、住所、連絡先、取引慣習、意向、およびその他の注記内容等から構成され、関連の公知情報とは区別される特殊な商業秘密であるとされます（不正当競争民事事件の審理における法律適用の若干問題に関する解釈13条）。本件において、Ｂ社が窃取したＡ社とその顧客間の電子メールおよびファックスには、顧客の名称、住所、連絡方法のほか、取引慣習、支払方式、商品購入意向、および商品を供給する会社に対する特殊な要求等の公知情報にあたらない情報が含まれていたため、人民法院は、当該電子メール・ファックス等に含まれる顧客名簿を商業秘密と認定し、被告（Ｂ社）に対して損害賠償を命じました。

顧客名簿が商業秘密として法的保護を受けるためには、上記の司法解釈の定義に適合しているほか、適法に取得されたものであり、また秘密措置が講じられているものでなければなりません。また、単なる顧客の名称や連絡方法の羅列等、通常の手段で容易に取得できるものであれば、商業秘密として認定されないという裁判例も出ています。

法知識の整理

1 法体系

中国の反不正当競争法の基本的事項を規定する法令は、主に「中華人民共和国反不正当競争法」です。

さらに、商業秘密を侵害する行為について、刑法219条および関連する法令において、犯罪を構成する要件および刑事罰が規定されています。

不正当競争行為の監督監査をする国家工商行政管理総局が制定する法令、最高人民法院による司法解釈も実務上重要です。

2 主管部門

不正当競争行為に対して監督検査をし、行政処分を行う政府機関は、国家工商行政管理総局およびその下部組織です。

関連法令

「反不正当競争法」（中华人民共和国反不正当竞争法）（1993年）
「不正当競争民事事件の審理における法律適用の若干問題に関する解釈」（最高人民法院关于审理不正当竞争民事案件应用法律若干问题的解释）（法釈【2007】2号）
「商業秘密侵害行為の禁止に関する若干規定」（关于禁止侵犯商业秘密行为的若干规定）（国家工商行政管理局令【1998】）
「知名商品特有の名称、包装および装飾を模倣する不正行為の禁止に関する若干規定」（关于禁止仿冒知名商品特有的名称、包装、装潢的不正当竞争行为的若干规定）（国家工商行政管理局令33号）

30分でわかる中国での権利侵害商品対策

「ああ、中国で模倣品が発見された」というときに、頭の中に全体の「地図」があれば、慌てず効率よく専門家に相談することができます。その観点から、中国での模倣品（権利侵害商品）対策の実務上重要であるポイントを抽出し、30分で一読してわかるように箇条書きで簡単にまとめました。

1. **権利根拠の確認**
   - どのような知的財産権を保有していますか。
     保有する知的財産権の種類・内容を確認したうえで専門家への相談を開始することが望ましいです。
   - それらの知的財産権は中国でどのような法的保護を受けられますか。また、中国で登録されていない権利（著作権、商業秘密、知名商品の名称・包装・装飾等）について、権利を保有していることを立証できるものはありますか。
   - 保有している商標権、特許権等が無効とされるリスクはありませんか。
     特に、実質審査を経ていない実用新案特許、意匠特許については、事前に特許評価報告を取得して内容を確認する必要があります。
   - 訴訟等の法的措置をとる場合、単独で対応することができますか、それとも関連する契約等の約定に基づいて、ライセンサー・ライセンシー・販売代理店等と一緒に対応しなければなりませんか。
   - 権利行使の最終目的をどこに設定しますか。
     専門家と相談しながら、権利行使の目的（究極的には相手企業の買収等。または相手方と和解をする可能性有無。）を検討してください。
2. **権利侵害者の調査（調査会社を利用、業界紙・インターネット等で情報を収集）**
   - 権利侵害者の主体について、工商資料（場合によっては、過去の財務諸表も含む）を含む公開情報を取得します。また、通常は困難ですが、相手の販売額、販売数量、利益等、損害賠償額の立証に有利となる情報をできる限り取得します。
   - 製造・販売等の権利侵害行為について、将来の訴訟になる場合の土地管轄を考慮しながら、公証人の立会いのうえで権利侵害商品（一般的には2つ）を購入します。また、権利侵害者のウェブサイトの内容について公証をします。
   - 権利侵害者が、防御手段として使える知的財産権（商標権、特許権等）を保有しているかを確認します。もし保有しているようであれば、権利侵害者

保有の知的財産権について、登録取消申請もしくは無効宣告を申し立てる可能性も検討しなければなりません。
- ➢ 権利侵害商品を購入した後、権利侵害の有無について、専門家の関与による検討をします。一部のコンピュータソフトウェア著作権や特許権等については、権利侵害の認定が難しいまたは外見で判断しにくい場合があります。そのような場合、中国で司法鑑定資格を有する専門機構に依頼して、司法鑑定報告書を作成してもらいます。

3．警告状の送付
- ➢ 警告状の送付は訴訟提起等の前提条件ではありませんが、権利侵害商品であることを知らずに適法ルートで当該商品を仕入れた販売者に対して警告状を送付し権利侵害の事実を知らせておかなければ、当該販売者に対して損害賠償を請求できない可能性があります。
- ➢ 送付対象者（販売代理店、ユーザー、ネットショッピングサイトの運営者、インターネット・サービス・プロバイダー等）を選定します。同時に、弁護士または企業のいずれの名義で出すかを決めます。第三者に送付する場合は、権利侵害者の信用毀損にならないように文面のチェックが必要です。
- ➢ 警告状の内容を検討します。必要に応じて、権利侵害事実に関する初歩的な証拠を添付します。一方、警告状を送付した結果、相手がそれらの権利根拠に対して無効宣告等の攻撃をかけてくるリスクがあります。
- ➢ 書留等により、送付した記録を残します。必要により、送付した書面の内容および送付した事実について公正証書を取得する場合もあります。
なお、中国には日本の内容証明郵便のような制度はありません。
- ➢ 権利侵害者に送付した警告状には法的強制力はありませんが、警告状を送付した後、弁護士から権利侵害者に電話を掛けたり訪問したりしてフォローをすれば、より実効的な効果が出ることがあります。
- ➢ ただし、警告状を出すことで相手が証拠を隠滅しまたは財産を移転するおそれがある場合は、警告状を送付せずに直接に提訴することも検討する必要があります。

4．行政手続
- ➢ 商標権の登録取消申請、特許権の無効宣告の申立て等、相手の権利を無効にする手続をとることを検討します。これらの手続は、場合によっては、民事訴訟で権利侵害を認定する前提になります。
- ➢ 著作権、商標権および特許権の権利者は、知的財産権税関保護条例に基づき、中国税関に対して権利侵害商品の差押等の水際保護措置を申し立てることが可能です。さらに、同条例に基づき、事前に中国税関に届出をすれば、中国税関が権利侵害被疑商品を発見した場合に、権利者に通知してくれます。この制度を活用すれば、効果的に模倣品の輸出入を阻止できます。

➢ 展示会で権利侵害商品の展示を発見した場合、管轄行政機関に対して、権利侵害商品の展示の差止を申し立てることができます(「展示会知的財産権保護弁法」25条等)。

5．行政告発

➢ 権利侵害事実が明らかで、かつ権利侵害商品の在庫等を把握している案件については、管轄行政機関（著作権侵害の場合は管轄の版権局、商標権侵害の場合は管轄の工商部門、特許権侵害の場合は管轄の知識産権局）に告発することができます。

➢ 関連法令の要件を満たした場合、管轄行政機関は、侵害行為の差止め、賠償額についての和解の調停、侵害行為の道具の没収、過料等の行政処罰を行います。実務上、行政調査が入ることによって、権利侵害者と和解が成立する場合もよくあります。

6．民事訴訟手続および裁判外紛争解決手続

➢ 提訴前および提訴後の証拠保全制度があるものの、損害賠償の立証について、人民法院は権利侵害者の帳簿等の証拠を積極的に調査・保全されないケースがありますので、原告側が立証を工夫する必要があります。

➢ 著作権、特許権、商標権、および商業秘密の侵害訴訟において、法定の条件を満たし、かつ担保を提供して、提訴前に人民法院に対し、侵害者による権利侵害行為の差止めを申請することが可能です。

➢ 商標権、特許権侵害の民事訴訟は、（時には権利侵害者の時間延ばしの戦略として、）係争商標権の登録取消手続、特許権の無効宣告手続および関連する行政訴訟により中止され、長期化することがよくみられます。

➢ 判決の主文の金銭損害賠償の部分については強制執行の実務がある程度確立されているが、一方、「権利侵害を停止せよ」といういわゆる不作為の部分についての強制執行の実務はまだ確立されておらず、特に外観で判断しにくい侵害行為については、実務上強制執行が困難となっているのが現状です。権利者にとって、再度損害賠償訴訟を提起せざるをえない場合がよくあります。

➢ ドメインネームに関する紛争は、仲裁で係争のドメインネームを相手から取得する手法がよく使われています。

7．刑事告発

➢ 知的財産権（特許権を除く）侵害行為が一定の要件を満たす場合には、刑事罰が科されることがあります。そのため、権利者がその知的財産権を保護するために、管轄公安局に対して、権利侵害者を刑事告発することができます。

➢ ただし、実務上は、公安局の立案は慎重に運用されており、海賊版ソフトの製造・販売や、一部の商業秘密の侵害案件を除き、知的財産権の侵害案件

について刑事告発するという方法はそれほど一般的に利用されているわけではありません。

8．攻撃結果に関するPR
- ➢ 攻撃の結果について、販売代理店、ユーザーに対して通知書を送付したり、業界紙で記事または広告を掲載することで、広報活動を展開する手法が多くの企業で用いられています。ただし、信用毀損とならないように、事実に基づいた記載をする必要があります。
- ➢ 商品またはその業界によっては、消費者に対して、正規品の購入ルートを知らせ、正規品と権利侵害品（または権利侵害ではないが類似商品）を区別する知識を公表し、正規品を入手して、使用することの有意性について意識を浸透させるよう努めることが考えられます。

第 10 章

中国における M&A・企業再編

第1節
中国におけるM&A・企業再編の概要

近年、中国では、資本市場の活用、新興産業の育成、産業構造の調整によって企業競争力の強化を実現するため、M&Aや企業再編を促進する政策や関係法規等が整備されつつあります。これを受けて、外国企業が中国市場に参入し、市場シェアの拡大や資本再構築を目的として、中国企業とM&Aをしたり、外商投資企業間で再編を行ったりすることが盛んになっています。本節では、中国におけるM&A・企業再編の方法およびその関連法制について説明します。

Q10-1-1　当社は日本のアパレル企業です。急成長する中国の販売市場を狙って、中国国内に販売網を有する中国企業へ資本参加し、自社ブランド品を中国で製造、中国市場で販売しようと考えています。どのような手法で中国企業に資本参加できますか。（外資によるM&Aの手法）

　外国企業が中国で事業を開始する方法には、主として、中国で会社を新たに設立する方法と、中国の既存企業を買収（以下「M&A」といいます）して資本参加する方法の2つがあります。このうち後者のM&Aの方法は、さらに「資産買収」の方法と「持分権買収」の方法の2つに分けることができます。

　「資産買収」には、主として、①中国の既存企業の資産を買収し、当該資産を現物出資して中国で新会社を設立する方法と、②中国で新会社を設立し、その新会社の名義で中国の既存企業から資産を買収する方法があります。

　また、「持分権買収」には、主として、①中国の既存企業の持分権を譲り受ける方法と、②中国の既存企業の増資を引き受ける方法があります。

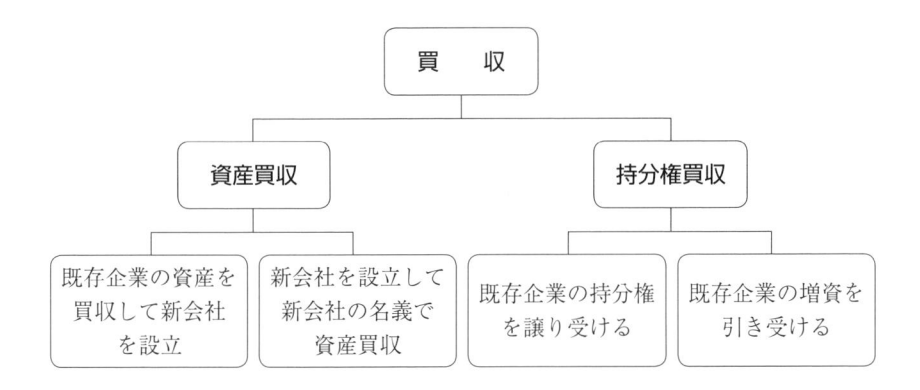

第1節　中国における M&A・企業再編の概要

```
                        買　　収
                          │
          ┌───────────────┴───────────────┐
        資産買収                       持分権買収
          │                               │
   ┌──────┴──────┐               ┌──────┴──────┐
既存企業の資産を  新会社を設立して    既存企業の持分権   既存企業の増資を
買収して新会社    新会社の名義で      を譲り受ける      引き受ける
を設立            資産買収
```

Column 10-1-1：事業譲渡

中国法においては、日本法と異なり、M&Aの方法としてよく利用される「事業譲渡」に関する直接の規定がありません。実務上は、事業譲渡に伴う資産、負債および契約関係等の移転については、それぞれ中国の民法通則、契約法、外国投資者の国内企業買収に関する規定（Q10-2-1参照）等の関連法令に規定される、契約上の地位の移転、債権債務の譲渡または資産譲渡に関する関連規定が適用されます。
⇒Q10-2-4（内資企業の資産買収手続）、Q10-2-5（内資企業の資産買収の留意点）

Q10-1-2 当社は、中国国内に、生産会社、販売会社、コンサルティング会社等の現地子会社を複数保有していますが、それぞれの会社の機能を見直し、整理したいと考えています。企業再編の手法にはどのようなものがありますか。（外商投資企業の事業再編）

中国の外商投資企業が事業再編を行う主な方法としては、1つの企業の中での再編の場合には、①増資、②減資、③支店設立、④事業内容（経営範囲）の変更、⑤会社所在地の移転、⑥債務を持分権に変換するデット・エクイティ・スワップ（DES：Debt Equity Swap）があります。他方、複数の企業に跨った事業再編の場合には、主として、⑦企業合併と分割、⑧持分権譲渡、⑨国内再投資があります。

	内　容	参照箇所
１つの企業内での再編	(1)増資、(2)減資、(3)支店設立、(4)事業内容（経営範囲）の変更、(5)会社所在地の移転、(6)DES	本章第３節（外商投資企業の事業再編）
複数企業に跨がる再編	(7)企業合併と分割、(8)持分権譲渡、(9)国内再投資	本章第４節（外商投資企業の合併と分割、持分権譲渡、国内再投資）

第2節
外国投資家による中国国内企業の買収

中国では、外国投資家による中国国内企業の買収について定めた統一的な法規はなく、買収対象企業の種類（外商投資企業、中国内資企業、上場企業、国有企業等）や買収方法等によって、適用される法規や規制が異なります。本節では、外国投資者による中国国内企業の買収に適用される法規や実務上の留意事項等を紹介します。なお、現地法人の国内再投資については本章第3節（外商投資企業の事業再編）にて紹介します。

Q10-2-1　日本でメガネ小売店をチェーン展開する当社は、中国国内企業の買収を検討しています。買収先の候補として、中国内資企業と中外合弁企業がありますが、それぞれの場合に適用される法規と法的手続に違いはありますか。（外資による中国国内企業買収の根拠規定）

　外資企業が中国国内企業を買収する場合に適用される最も一般的な法規としては、「外国投資者の国内企業買収に関する規定」（以下「買収規定」といいます）がありますが、買収方法と買収対象企業の種類によって、適用される法規が異なる場合があります。

(1)　持分権買収の場合

　持分権買収は、買収対象企業が中国内資企業の場合には買収規定が適用され、買収対象が外商投資企業の場合には、「外商投資企業投資家の持分変更についての若干の規定」が適用されます。

(2)　資産買収の場合

　資産買収は、買収規定にある「国内企業の資産購入」に該当しますが、ここにいう「国内企業」に外商投資企業が含まれるかは明確に定義されていません。

もっとも、実務上は、買収対象企業が中国内資企業である場合だけでなく外商投資企業の場合も含むものとして、買収規定に則った運用がなされています。

さらに、買収対象企業の種類によっては、買収規定以外に、特別に適用される法令があります。たとえば、国有企業の資産または持分権を買収する場合には、国有資産の流出防止を主な目的とした「国有資産管理規定」が適用されます。また、上場企業の持分権を買収する場合には、「外国投資家の上場企業に対する戦略投資管理弁法」等の上場企業に対する管理規定が適用されます。

買収方法および買収対象企業ごとの適用法規

買収対象企業の種類	持分権買収	資産買収
非外商投資企業（内資企業）	買収規定	買収規定
外商投資企業	外商投資企業投資家の持分変更についての若干の規定	買収規定（実務）

⇒Q10-2-3（内資企業の持分権買収手続）、Q10-2-4（内資企業の資産買収手続）

> **Q10-2-2** 外国投資家が中国国内企業を買収する場合に受ける規制の基本的な内容について教えてください。（買収に関する基本規制）

外国投資家が中国国内企業を買収する場合、外国投資家は、買収規定（Q10-2-1参照）等の法令を遵守しなければなりません。

買収規定では、まず、外国投資家が中国国内企業を買収する場合、中国の法令を遵守し、産業、土地、環境保護等の政策に適合しなければならないとされ、また、外商投資産業指導目録において、外国投資家による投資が禁止されている産業、合資・合作形態でしか投資できない産業、中国側の持分権支配または相対的持分権支配が必要とされる産業等に対する買収は、これらの制限に違反してはならないとされています。

さらに、買収対象の中国国内企業の経営範囲は、中国の外商投資産業政策の

要求に適合する必要があります。

加えて、買収後に設立される外商投資企業は、登録資本に占める外国投資家の出資比率が25％を上回る場合には、外商投資企業としての各種待遇を享受することができるとされています。これに対し、外国投資家による出資比率が25％を下回る場合には、当該企業は原則として外商投資企業としての待遇を享受することはできないとされています。

最後に、外国投資家による中国国内企業の買収が、中国の独禁法における企業結合の申告基準に達する場合は、当該買収を商務部に申告し、審査を受けなければならないとされています。

⇒Q1-1-1（外商投資に対する規制の種類（外商投資ガイドライン・業法ライセンス））、Q1-1-4（奨励類の優遇措置）、本章第6節（M&A、企業再編に関する独禁法審査（企業結合申告））、第8章（外貨）、コラム1-2-4（「西部大開発」の具体的な内容）

> Q10-2-3 当社は電子部品を生産する日本法人であり、中国内資企業の持分権を取得しようとしていますが、具体的にはどのような手順で行うことになりますか。（内資企業の持分権買収手続）

一般的な中国内資企業の持分権買収は以下のプロセスを経て実施されます。

(1) **持分権譲渡契約の締結、資産評価と持分権買収価格の決定**

中国内資企業の持分権を買収する際、日本法人は中国内資企業の出資者と持分権譲渡契約書（増資の場合は増資契約書）を締結しなければなりません（買収規定21条）。また、評価資格を有する中国国内の資産評価機関により国際的に通用する評価方法によって、当該内資企業の持分権に関する資産評価を行う必要があり、この評価価格は持分権譲渡価格の決定の根拠となります。

(2) **持分権買収に対する認可と工商登記**

持分権買収を行うには商務部門の認可を受ける必要があり、申請には法定の申請資料（申請書、当該内資企業の買収に同意する意思決定機関の全員一致決議（有限責任会社の場合）、持分権譲渡契約書、当該内資企業の従業員の配置

計画、資産評価報告書等）の提出が必要です。また、認可を受けた後は、工商部門にて持分権変更の登記をする必要があります。登記手続が完了すると、変更後の営業許可証が発行されます。

(3) **対価の支払い**

持分権譲渡の対価は、原則として(2)の営業許可書発行日から3か月以内に支払う必要があります。ただし、特別な事情がある場合、対価の60％以上を6か月以内に支払い、残額を1年以内に支払うとすることもできます。

支払方法は、原則として現金（外貨、人民元いずれも可能）ですが、買収者が外国企業の場合、買収者が保有する国外上場企業の株式をもって支払う方法等もあります（コラム10-2-1参照）。

(4) **持分権買収後の出資比率等**

増資を伴わない持分権買収の場合、買収後の当該内資企業の登録資本金に変化はなく、買収した外国投資家の取得する持分権比率は、買収対象持分が登録資本金に占める比率となります。また、外国投資家が増資をする場合、増資後の当該内資企業の登録資本金は元の登録資本金と増資額の合計となります。この場合の外国投資家の出資比率は資産評価に基づき各当事者が確定するものとされています。

また、日本法人が買収対象会社の25％以上の出資比率を有することになった場合、当該内資企業の性質は中国内資企業から外商投資企業に変更されます。
⇒Q3-2-4（資産評価）、第8章（外貨）、コラム10-2-1（株式交換方式）、コラム10-4-4（持分権を対価とする買収方法）

Column 10-2-1：株式交換方式

買収規定は、資産買収と持分権買収のほかに、株式交換方式による買収方法を定めています。ここにいう株式交換とは、外国企業の株主がその保有する外国企業（原則として中国国外において上場している企業でなければなりません）の株式または当該上場企業が発行する新株をもって、中国国内企業の持分権買収の対価の支払方法とすることができることであり、買収規定はこの買収方法を利用で

きる外国企業の条件、支払対価とされる株式に関する条件等を規定しています。しかしながら、買収規定に基づく株式交換方式による買収方法は、規定に抽象的かつ不明確な点が多いため、十分に活用されているとはいえないようです。

> Q10-2-4　当社は自動車部品を生産する日本法人ですが、中国への進出にあたって、中国内資企業の持分権自体の買収ではなく、工場や設備のみ買収することを計画しています。この場合、具体的にはどのような手順で行われることになるでしょうか。（内資企業の資産買収手続）

　外国投資家は、新たに中国に現地法人を設立して、中国内資企業から買収した資産を、当該現地法人に取得させることもできます（Q10-1-1参照）。資産買収方法の具体的な手続は以下のとおりです。
(1)　**資産評価、買収価格の決定、資産買収契約書の締結**
　資産買収を行う場合には、外国投資家と中国内資企業とが資産買取契約書を締結する必要がありますが、この買収価格の決定については、対象資産に対して資産評価を行い、その評価結果に基づかなければならないとされています。
(2)　**審査認可・登記手続**
　資産買収を行う場合には、商務部門による認可を経た後、工商部門で登記を行う必要があります。

> Q10-2-5　（Q10-2-4の続き）中国内資企業の工場、設備を一括して買収する場合の留意事項を教えてください。（内資企業の資産買収の留意点）

　中国内資企業の工場や設備等の資産を一括して買収する場合には、下記の事項に留意する必要があります。
(1)　**資産評価結果と買収価格**
　資産評価の結果より明らかに低い価格での資産買収は禁止されています。すなわち、資産評価の価値と資産売却価格の差が大きい場合には、その合理的な

説明を求められることがあり、場合によっては、資産買収の認可が得られない可能性もあります。なお、この規制は、会社の通常の経営活動の範囲内で行われる個別の資産買収には適用されないと解されています。

(2) 買収対象企業の債権債務の処理

理論上、買収対象企業の債権債務は、原則として資産を売却する中国内資企業に引続き帰属し、買収者は買収対象企業の債権者と債権債務の処理について関与する必要はありません。しかし、買収者、買収対象企業、債権者および買収対象企業のその他の契約当事者が、買収対象企業の買収対象資産に関する債権債務の処理について協議することはできます。ただし、この協議は第三者の利益および社会公共の利益に損害をもたらしてはならないとされており、また、協議の結果を商務部門に報告しなければなりません。

なお、買収をする企業は、資産買収の認可申請前に買収対象企業の債権者に対して通知、公告する義務があります。

(3) 買収対象企業の従業員の処置

理論上、買収対象企業の従業員は、原則として資産を売却する中国内資企業に引続き帰属するはずであり、買収者が買収対象企業の従業員との労働契約を承継する義務を明記した法令はありません。しかし、実務上は、商務部門への認可申請にあたって買収対象企業の従業員の配置計画書の提出が求められていることもあり、特に一括買収の場合は、買収当事者間で買収対象企業での労働問題の処理について協議し、従業員の承継の有無や労働条件に関する事項を買収契約に盛り込むこともよく行われています。なお、買収者が買収対象企業の従業員を承継する場合は、買収当事者間のみならず従業員との間でも合意する必要があります。また、従業員の承継については労働管理部門と意見交換することも重要です。

⇒コラム10-1-1（事業譲渡）

第2節　外国投資家による中国国内企業の買収

> **Column 10-2-2：国有企業買収の特殊性**
>
> 　中国では、国有企業の資産・持分権を買収する場合、または買収対象資産に国有資産が含まれている場合には、通常の資産評価とは異なる法定の資産評価手続を行う必要があります。また、評価結果について国有資産管理機関の承認手続および資産売却のための財産権取引所での公開入札等の手続を行います。これらの手続を行わなかった場合、責任者に対する処罰がなされるほか、取引が無効となるなどの問題が生じうるので注意が必要です。

法知識の整理

　外国投資家が中国国内企業を買収するにあたり、適用される特別な法規は下記のとおりです。

	適用対象	法　　令
1	外国投資家による買収に関する基本規定	「外国投資者の国内企業買収に関する規定」 （关于外国投資者并购境内企業的規定） （商務部令2009年6号）
2	外商投資企業の持分権買収に関する規定	「外商投資企業投資家の持分変更についての若干の規定」 （外商投資企業投資者股権変更的若干規定） （対外貿易経済合作部・国家工商行政管理局、【1997】外経貿法発267号）
3	上場企業の買収に適用する規定	「外国投資家の上場企業に対する戦略投資管理弁法」 （外国投資者対上市公司戦略投資管理办法） （商務部、中国証券管理委員会、国家税務総局、国家工商行政管理総局、国家外貨管理局令2005年28号）
4	国有企業の買収に適用される規定	「外資利用による国有企業再編暫定規定」 （利用外資改組国有企業暫行規定） （国家経済貿易委員会、財政部、国家工商行政管理総局、国家外貨管理局令42号） 「企業国有財産権譲渡管理暫定弁法」（企業国有产権转让管理暫行办法）（国有資産管理委員会、財政部令3号）

5	買収に対する安全性審査に関する通知	「外国投資者による国内企業買収に対する安全審査制度の確立に関する通知」 (关于建立外国投资者并购境内企业安全审查制度的通知)(国弁発【2011】6号)

第3節
外商投資企業の事業再編

本節では、外商投資企業の企業内における調整（増資、減資、経営範囲の変更、会社所在地の移転、DES等）による事業再編手法について紹介します。

Q10-3-1　当社現法は化学原料の生産企業ですが、生産ラインを増やすために、増資を行うことを考えています。増資をするにあたって特別な留意事項はありますか。（再編手法―増資）

中国では、既存企業の経営規模の拡大、または流動資金の追加等の目的で、既存企業への増資を行うことがよくあります。

外商投資企業が増資を行う場合は、まず商務部門において、増資の目的、増資額、増資方法等について審査を受け、増資認可を取得した後、工商部門において変更登記を行う必要があります。かつては、増資は、外資による地方への投資を増大させ、雇用機会の増加、地方歳入の増加にもつながることから、各地方の政府機関に歓迎される傾向があり、特別な事情がない限り、問題なく認可されるケースがほとんどでした。しかし、近年では、環境保護政策の強化や土地の有効利用のための管理強化等により、特に増資の目的が生産ラインの増設や工場敷地の拡大等にある場合には、環境への影響の有無、省エネ効果の有無、土地の有効利用につながるかなどの点から審査が行われることもあります。

本問のような化学原料の生産ライン増設は、場合によっては環境への影響の有無も考慮する必要があると思われるため、増資認可の申請手続を行う前に、環境管理機関（環境保護局）および土地管理機関等の関連機関に対して事前に相談することをお勧めします。

外商投資企業が増資を行う場合、法令および定款の定めに従って、会社の意思決定機関で増資の決議を行う必要があります。具体的には、貴社現法が中外合弁企業の場合は董事会の全員一致の決議が（中外合弁企業法33条）、外資独資企業の場合は、定款に特別な定めがある場合を除き、株主会での3分の2以上の賛成による特別決議（100％独資の場合は株主決定書等）が必要です（会社法44条）。ただし、実務上は、外資独資企業の場合であっても、商務部門および工商部門から、株主会の全員一致の決議が求められる場合があります。
⇒Q3-2-3（現物出資）、Q7-2-6（中外合弁企業の増資）

> **Q10-3-2** 近年、中国での人件費・材料費の高騰による生産コストの増加によって当社現法製品の競争力が低下してきたため、当社現法の生産規模を縮小することを検討しています。この場合、出資額を減少することは可能ですか。（再編手法—減資）

外商投資企業の減資については、中国の会社法および外資法の減資に関する規定が適用されます。これらの規定によれば、外商投資企業は、原則として減資をしてはならず、確実に減資させる必要がある場合に限り、商務部門の認可を受けて減資を行うことができるとされています。

減資を行うためには、外商投資企業の意思決定機関（株主会、董事会）が減資決議を行った後、貸借対照表の作成および債権者への通知や公告等を行ったうえで、政府機関の認可を受けなければなりません。外商投資企業の減資の決議要件は、Q10-3-1（再編手法—増資）で述べた増資の場合と同様です。商務部門が外商投資企業の減資を審査する際のポイントは、①減資をしなければならない確実かつ正当な理由があるか、②企業の正常な経営に影響しないか、③債権者の利益を侵害しないかという点です（外商投資企業審査認可および登記管理の一層の強化に関する通達11条）。かつては、減資は望ましくないとされ、審査は極めて厳しく認可されるケースは少なかったのですが、近年になって、減資を認める事案も出てきており、減資は事業再編の1つの選択肢となりつつあ

ります。

　なお、以下の事情がある場合は、原則として減資は認められていません（外商投資企業の投資総額と登録資本の調整についての規定と手続に関する通達1条）。ただし、この規制は、今後、会社法および会社登記管理規定とあわせて改正される可能性があるため、今後の減資禁止条項・手続に関する改正や変更の動向には注意する必要があります。

① 法令に登録資本金の最低額の規定があり、減資後の登録資本金が法定の金額より低くなる場合
② 企業に経済紛争があり、訴訟または仲裁の手続中である場合
③ 合弁契約または会社定款に、生産経営規模についての最低規模が定められており、調整後の投資総額が当該最低規模より低くなる場合
④ 中外合作企業の合作契約に外国投資家が先行して投資を回収する規定があり、かつ先行回収がすでに完了した場合

> **Q10-3-3** 当社は、上海市に生産型の現地法人を有しています。製品の主要な供給先が中国の内陸地域に移ることになったので、供給先の移転先に工場機能を有する支店を設立することを考えています。このように当社現法の工場機能を有する支店を設置することはできますか。（再編手法―支店設立）

　中国で設立した生産型の外商投資企業が、中国での販売市場の拡大、顧客サービスの向上、コスト削減等の需要に応じて、本店所在地以外に生産工場としての支店を設立することが制度上認められています。ただし、支店の設立にあたっての留意点は以下のとおりです。

(1) **審査認可の要否**

　かつては、外商投資企業の支店の設立には、会社新設の場合とほぼ同じように、商務部門の認可手続と工商部門での登記手続を行う必要がありました。しかし、2009年から2011年にかけての商務部門の通達により、通常の外商投資企

業の支店設立は、特別規定により審査認可を受ける必要がある業種や支店設立を禁止される業種を除き、工商部門への登記のみで足りることになりました。これにより、一般の外商投資企業が支店を設立する場合、商務部門の認可は不要となり、直接、登記機関で支店設立の登記を行うことで支店を設立できるようになりました。ただし、支店設立を禁止されている業種にあたるかどうか、商務部門の認可を受ける手続を行う必要があるかどうかについては、地方ごとの運用を確認する必要があります。

(2) 地方ごとの規制や生産型企業の場合の規制

地方によっては、(1)で述べた登記のみで足りる業種であっても、認可が必要となる場合があります。たとえば、上海市では、**コラム10-3-1**（支店設立が制限される業種）で説明する制限業種以外にも、生産活動に従事する支店、商業・飲食・コンサルティング業（仲介業・代理業）・美容理髪業・娯楽業に属する業種の外商投資企業が支店を設立しようとする場合には、上海市の商務部門の認可を受ける必要があるとされています。また、生産型企業が支店を設立する場合には、F/S（Q3-1-3参照）を提出する必要があり、さらに、工場としての支店設立にあたっては、政府土地管理機関、環境管理機関、消防管理機関による審査意見を提出する必要があります。このように、地方ごとの特別な規制がないかどうかも確認する必要があります。

本問では、上海市に生産型企業の支店を設立することになるので、まず上海市の商務部門の審査認可を経て、工商部門における登記をする必要があります。

⇒Q3-1-3（F/S、プロジェクト審査報告書）

Column 10-3-1：支店設立が制限される業種

外商投資企業の支店設立については、商務部門の審査認可に関する規定と、支店設立ができない業種を規定する関連行政規定があります（本節の関連法令参照）。

たとえば、以下の事業に従事する外商投資企業が支店を設立する場合、商務部門の認可が必要です。

①商業小売、②自動車販売、③オークション、④演出ブローカー・劇場経営、⑤鉄道貨物運送、⑥国際貨物運送代理、⑦国際海運、⑧認証機構および認証に関するトレーニング、コンサルティング、⑨投資性会社、⑩職業紹介、⑪人材仲介、⑫会計事務所、⑬資産評価事務所、⑭輸出入商品の検査鑑定機構、⑮広告、⑯融資性担保、⑰直販、⑱船舶検査会社、⑲会議・展覧会運営会社

また、以下の事業に従事する外商投資企業は、支店を設立することはできないとされています。

①映画館（香港とマカオのサービス提供者の場合を除く）、②医療機構（香港とマカオのサービス提供者の場合を除く）、③印刷業（出版物印刷、包装印刷、その他の印刷）

Q10-3-4　当社現法は、電子部品の生産会社であり、その経営範囲は、電子部品の製造および自社商品の販売です。当社現法の生産品だけでなく、親会社や他社の商品を販売するためには、どうすればよいですか。（再編手法─経営範囲の変更）

外商投資企業は、経営範囲に記載された範囲でのみ事業活動を行うことができるので、事業範囲を変更・拡大するためには、原則として経営範囲の変更が必要となります。本問では、たとえば、自社商品の生産販売に加え、他社商品の販売まで事業を拡大することや、生産のみならず技術コンサルティングや研究開発の機能を追加することなどが挙げられます。経営範囲を変更・拡大する場合には、商務部門の認可を経て、工商部門において現地法人の経営範囲の変更登記手続を行う必要があります。もちろん、追加する経営範囲の内容は、中国の外商投資産業政策の規定に合致し、外商投資産業指導目録に定める制限類、禁止類に該当しない必要もあります。

経営範囲の変更は、他の業法による制限（たとえば、医薬品・医療機器類の販売等）がない限り、それほど難しい手続ではありません。ただし、経営範囲の追加により本来の投資規模（投資総額、登録資本金）よりも大幅に現地法人の経営規模が拡大することとなり、本来の出資金では拡大する経営範囲の事業活動をカバーできないと考えられる場合には、商務部門から増資を要請される

場合があります。

また、経営範囲の変更・拡大により、エネルギーの供給増加、工場・倉庫用の土地利用の需要の増加、建物の増設、環境問題の惹起等の問題が生じうる場合は、経営範囲の変更・拡大手続を行う際に、商務部門が、会社の新設と同様にF/Sの作成や環境評価手続等を要請する場合があります。
⇒Q1-1-9（業法による規制）、Q3-1-3（F/S、プロジェクト審査報告書）、Q3-2-1（最低登録資本金）、Q4-2-1（国内販売）、Q12-4-2（経営範囲逸脱の認定）

> Q10-3-5　当社は、広東省に自動車部品を生産する現地法人を保有していますが、労働コストの上昇および外資優遇政策を理由に、内陸の中西部地域に工場を移したいと考えています。別の省への移転の場合、手続上、気をつけることはありますか。（再編手法──会社所在地の移転）

実務上、同一の行政管轄区域内の移転の場合、移転前後で認可機関、登記機関、税務機関等には変更がないため住所変更手続を行うのみで比較的簡単に移転することができる場合が多いですが、行政管轄区域を跨った場合、転出地および転入地それぞれの認可機関、登記機関、税務機関と、転入地の認可機関、登記機関、税務機関において関連手続を行う必要がある点に注意が必要です。

また、転出地にとっては税収や雇用機会の減少等のマイナス影響があるため、関連機関に積極的に対応してもらえない可能性があり、結果的に手続が遅延したり、支障が生じたりする可能性があります。そこで、行政管理区域を跨った移転を計画する場合、余裕をもったスケジュールを組むことをお勧めします。
⇒コラム1-2-2（地方ごとに異なる解釈・運用の例）

第3節　外商投資企業の事業再編

> **Q10-3-6** 当社現法は、財務状態を改善するため、当社の当社現法に対する債権を当社現法の持分権に転換する方法で増資することを考えています。このような、債権の持分権への転換は認められますか。（再編手法―DES（債権の持分権への転換））

外国投資家が、子会社である現地法人に対して持っている債権を子会社の持分権に転換すること（「Debt Equity Swap」といい、以下「DES」といいます。詳細は**コラム10-3-2**参照）は、法令上、可能であるとされています。DESを行う場合の注意点は以下のとおりです。

(1) **転換する出資の限度額**

債権評価額による出資額とその他の非貨幣による出資額の合計が会社の登録資本金の70％を超えないこと。

(2) **転換の手続**

① 転換対象債権について資産評価機関による評価を行う必要があります。対象債権の換算額は当該債権の評価額を超えてはならないとされています。

② 出資検査機構から出資検査証明を取得する必要があります。

③ 外商投資企業のDESは認可機関の認可を受けてから、工商変更登記を行う必要があります。

⇒コラム6-2-3（企業再編に関する企業所得税）

> **Column 10-3-2：債権の持分権転換に関するDES**
>
> DESは、かつては中国国有銀行の不良債権の処理方法として、中国国有銀行の債務者に対してのみ認められた制度でした。当時の制度は一種の特別政策であり、利用できるのは国有銀行とその債務者に限られ、かつ政府機関の認可を取得しなければならず、それ以外の企業が当該制度を利用することはできませんでした。しかし、近年では、各地方（上海市、北京市、天津市、重慶市、広東省、浙江省等）でも規定が制定され、中国国有銀行以外の企業の債権についても持分権に転換することが認められるようになりました。ただし、地方によって、DESの運用方法は異なっています。たとえば、対象債権が、上海市では、外商投資企業

の外国株主の有する外債に限定される一方、北京市では、中関村ハイテク園区にある企業（外商投資企業を含む）の債権に限定されています。また、天津市と重慶市では、中国内資企業の債権に対してのみ適用されるとされています。

　2011年11月23日、国家工商行政管理総局は、会社債権の持分権転換にかかる「公司債権転株式登記管理弁法」（以下「DES規定」といいます）を公布しました。このDES規定の公布により、DESの運用が全国的に確立され、運用の条件と一般原則等についても明確に規定されました。上記地方ごとの規定がDES規定に抵触すれば、DES規定が優先適用されることになると思われます。

　ただし、DES規定では、外商投資企業に対する適用について明確に規定されていません。2011年8月に公表されたDES規定の意見聴取草案では、外商投資企業が債務者である場合および外国の債権者が有する外貨債権を持分権に転換する場合のDESの運用に関わる条項がありましたが、公表された登記弁法では当該条項が削除されています（他方で外商投資企業への適用がないことも明確には規定されていません）。このように、上海市および北京市の中関村ハイテク園区に関する規定以外の外商投資企業に対するDESの運用が不明確な状況であるため、DESを利用しようとする場合には、各地の商務部門、工商部門および外貨管理局に個別に問合わせしたうえで、慎重に進める必要があります（なお、これらのほかに、税務上当該DESがどのように扱われるかということも問題になります。DESの実施に際しては税務専門家とも協議しながらその税務上のメリット・デメリットを含め検討していく必要があります）。

関連法令

1　DES関連法令

「公司債権転株式登記管理弁法」（公司債権転股権登記管理办法）（国家工商行政管理総局57号令）

「北京市公司債権転株式登記管理試行弁法」（北京市公司債権転股権登記管理試行办法）（京工商発【2010】93号）

「天津市公司債権転株式登記管理試行弁法」（天津市公司債権転股権登記管理試行办法）（津工商企注字【2009】14号）

「上海市外商投資企業債権転株式許可登記試行弁法」（上海市外商投資企業債権転股権審批登記試行办法）（滬工商外【2009】398号）

「重慶市公司債権転株式登記管理試行弁法」（重庆市公司債権転股権登記管理試行办法）（2009年）

2　支店設立規制に関する関連法令

「外商投資商業領域管理弁法」（外商投資商業領域管理办法）（商務部令【2004】8号）

「自動車ブランド販売管理実施弁法」（汽车品牌销售管理实施办法）（商務部、国家発展と改革委員会、国家工商行政管理総局令【2005】10号）

「競売管理弁法」（拍卖管理办法）（商務部令【2004】24号）

「営業性演出管理条令」（营业性演出管理条例）（国務院令528号）

「外商投資鉄道貨物運輸業審査管理暫定弁法」（外商投资铁路货物运输业审批与管理暂行办法）（鉄道部、対外貿易経済合作部令【2000】4号）

「外商投資国際貨物運輸代理企業管理弁法」（外商投资国际货物运输代理企业管理办法）（商務部令【2005】19号）

「外商投資国際海運業管理規定」（外商投资国际海运业管理规定）（交通部、商務部令【2004】1号）

「認証機構及び認証トレーニング、コンサルティング機構審査登記と監督管理弁法」（认证机构及认证培训，咨询机构审批登记与监督管理办法）（国認可連【2002】21号）

「外商投資の投資性会社設立に関する規定」（商务部关于外商投资举办投资性公司的规定）（商務部令【2004】22号）

「中外合弁・合作職業紹介機構設立管理暫定規定」（中外合资中外合作职业介绍机构设立管理暂行规定）（労働と社会保障部14号）

「中外合弁人材仲介機構管理暫定規定」（中外合资人才中介机构管理暂行规定）（人事部、商務部、国家工商行政管理総局令【2005】5号）

「中外合作会計事務所管理暫定弁法」（中外合作会计师事务所管理暂行办法）（財会協字【1996】24号）

「外商投資の資産評価機関設立に関する若干の暫定規定」（设立外商投资资产评估机构若干暂行规定）（国資弁発【1997】26号）

「輸出輸入商品検査鑑定機構管理弁法」（进出口商品检验鉴定机构管理办法）（国家質検総局、総務部、国家工商総局令第58号）

「外商投資広告企業管理規定」（外商投资广告企业管理规定）（国家工商行政管理総局、商務部令【2008】35号）

「融資性担保会社管理暫定弁法」（融资性担保公司管理暂行办法）（中国銀行業監督管理委員会、国家発展和改革委員会、工業和信息化部、財政部、商務部、中国人民銀行、国家工商行政管理総局令【2010】3号）

「直販（直銷）管理条例」（直销管理条例）（国務院令443号）

「外国船舶検査機構が中国で船舶検査会社を設立する際の管理弁法」（外国船舶检验

机构在中国设立验船公司管理办法）（海船検【2007】631号）

「外商投資会議・展示展覧会社設立暫定規定」（设立外商投资会议展览公司暂行规定）（商務部令【2004】1号）

3　その他の法令

「外商投資企業投資家の持分変更についての若干の規定」（外商投资企业投资者股权変更的若干规定）（外経貿法発【1997】267号）

「外商投資企業の投資総額と登録資本の調整についての規定と手続に関する通達」（关于外商投资企业调整投资总额和注册资本有关规定及程序的通知）（外経法発【1995】366号）

第4節
外商投資企業の合併と分割、持分権譲渡、国内再投資

本節では、外商投資企業が行う外商投資企業や中国内資企業との合併と分割、持分権譲渡、国内再投資等の事業再編手法について説明します。

Q10-4-1　中国にある当社現法と、他の日本企業の中国現地法人とを統合して1社にすることはできますか。（合併・分割の可否）

　2社の現地法人を合併して、1社に統合することは可能です。現地法人が合併または分割する場合は、外商投資企業の合併および分割に関する規定および会社法第9章の合併分割規定に従った手続を行う必要があります。

　合併の方法には、「吸収合併」と「新設合併」の2種類があります。「吸収合併」とは、既存の企業が他の既存企業を吸収して1つの会社になる方式をいい、「新設合併」とは、既存の企業同士を合併させ法人格を有する別の新たな会社を作る方式をいいます。

　他方、1つの会社を2つ以上の会社に分けることを「企業分割」といい、「存続分割」と「解散分割」の2種類があります。「存続分割」とは、会社を2つ以上の会社に分割し、分割前の既存企業がそのまま存続する場合であり、「解散分割」とは、分割前の既存企業が解散する場合をいいます。外商投資企業の合併と分割は、外商投資企業の事業再編の重要な手法として用いられています。

第 10 章　中国における M&A・企業再編

> **Column 10-4-1：外商投資企業の合併および分割に関する規定と会社法第 9 章の合併分割規定との適用関係**
>
> 　Q10-4-1（合併・分割の可否）に記載したとおり、外商投資企業の合併および分割に適用される法令は、外商投資企業の合併および分割に関する規定ならびに会社法第 9 章ですが、この 2 つの法規定には、たとえば、合併・分割に関する債権者異議申立期間（90 日と 45 日）、新聞公告の回数（3 回と 1 回）等、相違する点があります。この点につき、外商投資企業の合併および分割に関する規定は法律ではなく行政規定であるため、法律である会社法の規定を優先して適用すると解すべきとの見解が有力ですが、実務上、地方によっては、外商投資企業の合併および分割に関する規定に従うよう要請されることもあるため、手続をスムーズに進めるため、事前に、現地を管轄する政府機関の見解を確認しておく必要があります。

> **Q10-4-2**　当社はいくつか現地法人を保有していますが、グループ再編のために、2 社の当社現法を合併することはできますか。また、生産型企業の当社現法を 2 社に分割することはできますか。さらに、当社現法が中国内資企業と合併することについて問題はないでしょうか。（外商投資企業の合併・分割の留意事項）

　下記の条件を満たすのであれば、貴社現法がグループ内で合併すること、会社分割すること、および中国内資企業と合併することは、いずれも可能です。

　外商投資企業の合併および分割に関する規定によれば、外商投資企業が合併・分割するにあたっては、下記の点に留意する必要があります。

(1)　外商投資産業政策への合致

　合併・分割の結果、存続する会社または新設会社は、中国の外商投資産業政策に合致しなければなりません。たとえば、合併・分割によって外国投資家は、外資が支配株主になってはならない業種（たとえば、電信業、人材仲介業の場合には、外資出資比率が 49% を超えてはならないとされています）の支配株主になってはならず、また外資参入が禁止される業種の株主になってはなりませ

ん。

(2) 資格・条件

出資義務が履行未了の場合や、生産・経営が始まっていない場合は、合併・分割は認められません。

(3) 中国内資企業との合併

外商投資企業は中国内資企業と合併する場合、合併後の会社の外国投資家の出資比率が25％を下回ってはならないとされています。しかし、実務上、この条項は柔軟に運用されており、合併により外国投資家の外資出資比率が25％を下回る場合であっても認められる場合があります。その場合には、営業許可証に外資出資比率が25％以下であることが特記されます。

(4) 業法上のライセンスの取扱い

企業間の合併・分割により消滅する会社のライセンスを、新設会社または存続会社の名義で改めて申請し、取得する必要があります。存続会社が合併・分割前にすでに保有している業法上のライセンスを合併・分割後に継続して保有できるか、変更手続を行う必要があるかは、関連する特別法を確認する必要があります。特別法上の規定が不明確である場合には、管轄政府機関に事前確認を行う必要があります。

Column 10-4-2：合併・分割後の出資比率の計算方法

合併後の会社が有限責任会社である場合は、その登録資本金の総額は合併前の各会社の登録資本金の総和となります。有限責任会社と株式会社とが合併して株式会社になる場合は、合併後の会社の登録資本金は、元の有限責任会社の純資産を合併後の株式会社の1株ごとの純資産額に基づき換算した株式額と、元の株式会社の株式額の総和となります。

合併後の会社における各投資家の出資比率は、各投資家間の協議、または資産評価機関がその元の会社における持分権価額に対して行った評価結果に基づき、合併後の会社に関する投資家間の契約および定款において決定することになります。また、合併当事者間に投資関係がある場合は、投資に対応する登録資本、実際に払い込んだ資本を控除する必要があります。

分割の場合は、分割後の会社の登録資本金額は、分割前の会社の最高意思決定

> 機関で決定します。ただし、分割後の会社の登録資本金の合計額は、分割前の登録資本金を超えてはなりません。

Q10-4-3　合併・分割を行う場合の審査認可と登記手続について教えてください。(合併・分割の審査認可および登記手続)

　外商投資企業が合併・分割を行う場合、商務部門での認可手続および工商部門での変更登記手続が必要となります。

　まず、商務部門での認可手続については、合併前の各合併当事者の管轄機関が同じである場合、当該管轄商務部門にて認可手続を行いますが、一定の条件に該当する場合(下表参照)審査認可機関が変更される可能性があります。

　他方、工商部門での変更登記手続については、通常、商務部門と同レベルの同地方の工商部門で行うことになります。

　ただし、例外もあるため、個々の事案において管轄政府機関に確認したほうがよいでしょう。

状　　況	管轄する審査認可機関
合併当事者を管轄する審査認可機関が同じ審査認可機関でなく、複数である場合	合併後の企業所在地の商務部門
合併後の企業の投資総額が、合併前の審査認可機関または合併後の企業所在地の審査認可機関の権限を超える場合	上級の商務部門
合併する企業の一方が株式会社である場合	商務部門

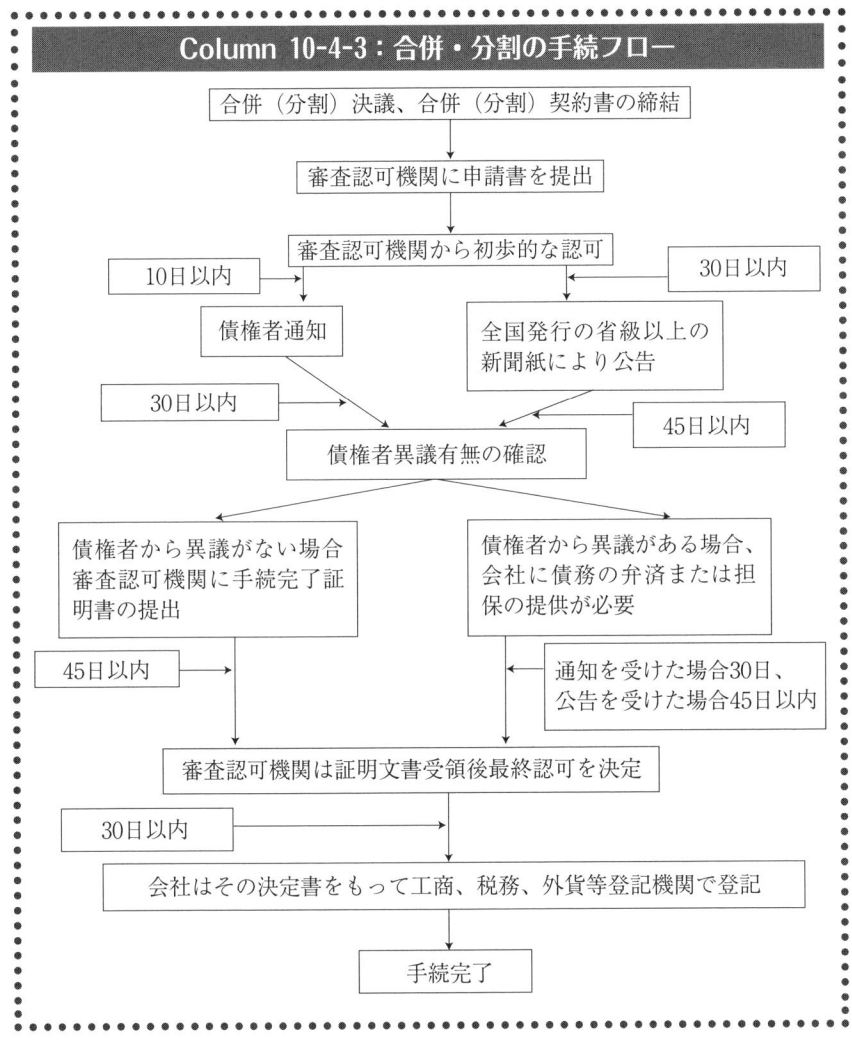

第4節　外商投資企業の合併と分割、持分権譲渡、国内再投資

Column 10-4-3：合併・分割の手続フロー

```
合併（分割）決議、合併（分割）契約書の締結
            ↓
    審査認可機関に申請書を提出
            ↓
    審査認可機関から初歩的な認可
    ↓（10日以内）       ↓（30日以内）
  債権者通知      全国発行の省級以上の
                  新聞紙により公告
    ↓（30日以内）      ↓（45日以内）
        債権者異議有無の確認
        ↓              ↓
債権者から異議がない場合    債権者から異議がある場合、
審査認可機関に手続完了証    会社に債務の弁済または担
明書の提出                 保の提供が必要
    ↓（45日以内）      ←（通知を受けた場合30日、
                          公告を受けた場合45日以内）
    審査認可機関は証明文書受領後最終認可を決定
            ↓（30日以内）
    会社はその決定書をもって工商、税務、外貨等登記機関で登記
            ↓
        手続完了
```

　上図は、会社法、外商投資企業の合併および分割に関する規定、および上海市等の一定の地方における実務上の要請に基づきまとめたものですが、外商投資企業の合併・分割手続に関する法規定と実際の運用が一致しない場合もありますので（詳細は**コラム10-4-1**参照）、実際に合併・分割を行う場合には、事前に、管轄政府機関に必要な手続を確認することをお勧めします。

⇒コラム10-4-1（外商投資企業の合併および分割に関する規定と会社法第9章の合併分割規定との適用関係）

> **Q10-4-4** 当社現法は、国内の主要な取引先との関係を強化するため、取引先に出資しようと考えていますが、可能でしょうか。（国内再投資の概要）

　外商投資企業が、さらに他の中国国内企業に対して出資すること、いわゆる国内再投資を行うことは可能です。この場合、「外商投資企業の国内投資に関する暫定規定」（以下「国内再投資暫定規定」といいます）および関連する政府通達、規則を遵守する必要があります。その主な内容は以下のとおりです。

(1) **適用される取引類型**

　外商投資企業は、自らの名義で中国国内において会社を新設すること、または既存企業の投資家から持分権を買収すること（以下「国内再投資」といいます）ができます。国内再投資は国内再投資暫定規定およびその関連の行政通達上の規制対象となっています。なお、投資性会社による国内再投資については、投資性会社の特別規定に従って行われることになります。

(2) **基本原則**

　外商投資企業による国内再投資は中国の外商投資産業政策を遵守しなければならず、外商投資が禁止されている産業への投資を行ってはならないという制限規定があるため、外商投資企業による国内再投資は、中国の外商投資規制を避けることはできません。

(3) **投資先企業の要件**

　有限責任会社または株式会社でなければなりません。

(4) **国内再投資を行う外商投資企業の要件**

　国内再投資暫定規定5条・6条には、以下の国内再投資を行う主体について各要件が規定されています。これらの運用については、工商部門と商務部門の見解は一致していないので注意が必要です（詳細はQ10-4-5参照）。

第4節　外商投資企業の合併と分割、持分権譲渡、国内再投資

①登録資本金がすべて払い込まれていること
②利益が出ていること
③法に従って経営され、違法な経営の記録がないこと
④外商投資企業の国内再投資の累計投資額が当該企業の純資産の50％を超えないこと

⇒Q1-1-1（外商投資に対する規制の種類（外商投資ガイドライン・業法ライセンス））、本章第7節（外商投資性会社（傘型企業））

> **Q10-4-5　（Q10-4-4の続き）国内再投資に関する政府機関の手続および注意点をより詳しく教えてください。（国内再投資の要件）**

　国内再投資する場合、下記の手続を行う必要があります。
　再投資先の会社の事業が外商投資産業指導目録でいかなる業種（奨励類・許可類・制限類・禁止類を指します。詳細は**第1章**参照）に分類されるかにより、国内再投資に対する審査認可手続、登記手続が異なります。奨励類、許可類に属する企業に国内再投資する場合には、審査認可機関での審査認可手続を経る必要はなく、直接工商部門において登記手続を行うことができますが、制限類に属する企業に国内再投資する場合には、工商部門で登記手続を行う前に、商務部門で審査認可手続を経る必要があります。
　また、下記の事項にも注意する必要があります。

(1)　**主体の制限について**

　上記**Q10-4-4**（国内再投資の概要）(4)記載の、国内再投資する主体の制限に関する規定（国内再投資暫定規定5条・6条）の適用の有無について、商務部門と工商部門の見解は一致していません。
　2006年に工商部門が公布した通達によると、工商部門が国内再投資に関する変更登記手続を行うにあたっては、上記規定の要件は適用しないとされています。この工商部門の見解に基づけば、奨励類、許可類の業種に国内再投資する場合、審査認可機関の認可を必要とせず、直接工商部門で変更登記手続を行え

427

ばよいため、投資主体の要件の具備が要請されないと思われます。しかし、上海市、北京市の商務部門に対する照会への回答によれば、国内再投資暫定規定に定める投資主体の要件のうち、純資産の50％を超えてはならないという要件（Q10-4-4(4)④）は会社法の修正に伴い適用されないとのことでしたが、その他の要件（Q10-4-4(4)①～③）は依然として適用され、投資資格審査を行うとされています。

このように、国内再投資の要件について、工商部門と商務部門の見解が分かれていますので、実務上は、管轄の政府機関に確認しながら進めることが必要です。

(2) 一人有限会社の制限について

出資者が1人の外国自然人である外商投資企業が国内再投資を行う場合、中国の会社法に定める一人有限会社に対する制限（会社法59条2項）を受けることになるため、国内再投資によって外商投資企業の下に新たに一人有限会社を設立することは認められません。

(3) 投資金の出所について

外商投資企業が国内再投資を行う場合は、外商投資企業の資本金口座の外貨から人民元に両替して投資金として支払うことは認められていません（会社の資本金は経営範囲に認める経営活動に使用することに限定し、特別規定がない限り、国内持分権買収に使ってはならないとされています）。したがって、国内再投資は、経営活動により得た利益・資金で行う必要があります。

Q10-4-6 当社は、当社合弁の持分権の一部を取引先の日本企業に譲渡することにしました。持分権譲渡の手続について教えてください。（再編手法―外商投資企業の持分権譲渡手続）

外商投資企業の持分権を譲渡する場合に必要な手続は以下のとおりです。

① 当事者間で持分権譲渡契約を締結すること

持分権譲渡契約には、通常、譲渡当事者の名称・住所・法定代表者の氏

名・職務・国籍、譲渡される持分権の割合および譲渡価格、持分権の引渡時期・方法、譲受人の企業契約・定款に基づき享有する権利および承継する義務、違約責任、準拠法、紛争解決方法、契約発効・終了条件および締結日・場所を記載する必要があります。

② 元の審査認可機関に対して認可申請手続を行うこと
③ 元の工商登記機関に対して変更登記手続を行うこと

> **Q10-4-7** （Q10-4-6の続き）当社合弁の持分権の一部を日本企業に譲渡する場合、持分権譲渡契約の準拠法を日本法にすることはできますか。また、持分権譲渡契約の発効時期を自由に約定することはできますか。その他、留意すべき事項も教えてください。（再編手法—持分権譲渡契約の注意点）

(1) **準 拠 法**

持分権譲渡契約の準拠法を日本法にすることは、政府機関での審査等の際、問題視される可能性があります。現行法上、中国法を準拠法としなければならないという明確な規定はありませんが、最高人民法院の司法解釈において、中国で履行する外商投資企業の持分権譲渡は中国法を適用すべきであるとされています。実務上も、商務部門と工商部門が外商投資企業の持分権譲渡契約を審査する際に、契約の準拠法を中国法としていない場合には、持分権譲渡契約に対する認可や変更登記を認めず、持分権譲渡契約の修正が要請される可能性があります。また、管轄政府機関に認可と変更登記を認められたとしても、将来、外国法を準拠法とする条項の有効性について争いが生じる可能性があります。したがって、上記の司法解釈および実務上のリスクがあるため、持分権譲渡契約の準拠法を中国法にしておくほうが無難であると思われます。

(2) **契約の発効時期**

持分権譲渡契約は、政府認可機関の認可によって発効しなければならないとの明確な規定がありますので、当事者間における持分権譲渡契約の発効時期に

ついての約定が規定と矛盾する場合、政府機関が審査認可または変更登記を行う際に、当該当事者間の約定が無効であると指摘され、修正を求められることがあります。

(3) その他の留意点

持分権譲渡の対価を中国から外国出資者に対して海外送金する場合、税務機関からの納税証明の提出が必要となります。

また、外国投資家がその保有する外商投資企業の持分権のすべてを中国内資企業または中国の自然人に譲渡することにより、外商投資企業が100%の中国内資企業に変更される場合には、持分権譲渡について商務部門の認可を受けてから工商部門にて変更登記を行う前に、譲渡対象の外商投資企業に対する税務監査を要請されることがあります（地方により要請が異なることがあります）。税務監査では、外商投資企業として存続している間に、当該外商投資企業に税金の滞納・未納がないか、外国出資者が不当に配当を受けたことはないかなどを調査されることがあり、特に二免三減税優遇政策（コラム1-1-2参照）を受けた外商投資企業であれば、存続期間が10年以下であった場合、享受した優遇税金を追納しなければならない可能性があります。また、外商投資企業の投資総額の枠内で関税や増値税を保税して輸入した設備は、対象設備の通関許可日から5年以内の譲渡について税額の追加納付を要請されることがあります。

⇒コラム1-1-2（ハイテク企業認定）、Q4-1-4（設備輸入の免税）、Q6-2-6（持分権譲渡に対する課税）、ケース6-2-4（間接的に持分権を譲渡する取引が中国で納税調整された事例）、第12章第3節（準拠法）

Q10-4-8 （Q10-4-6の続き）当社合弁の出資金は一部の払込みが未了です。このような場合でも持分権譲渡はできるのでしょうか。（出資金払込未了時の持分権譲渡の可否）

外商投資企業の出資金の払込みが未了の場合、払込未了の部分を含む持分権譲渡の可否について、現行の法令には明確な禁止規定はありません。実務上は

持分権譲渡が認められるケースが多いですが、持分権譲渡の認可・登記は、政府機関の裁量に委ねられている部分が大きいため、あらかじめ政府機関に相談しつつ慎重に進めることをお勧めします。

> **Q10-4-9** （Q10-4-6の続き）当社合弁には、中国側出資者が３者いますが、持分権譲渡について、中国側出資者全員の同意が必要でしょうか。（持分権譲渡における出資者全員の同意の要否）

　外商投資企業の出資者が第三者に対し持分権を譲渡する場合に、他の出資者全員の同意が必要かについて、会社法の規定と中外合弁企業法等の外資法規の規定は異なっています。会社法では、出資者が既存の出資者以外の第三者に持分権を譲渡する場合は、その他の出資者の過半数の同意が必要とされているのみですが、中外合弁企業に適用される中外合弁企業法実施条例および、すべての外商投資企業に適用される外商投資企業投資家の持分変更についての若干の規定によれば、持分権を第三者に譲渡する場合、他の出資者全員の同意を得る必要があるとされており、実務上も、商務部門から出資者全員の同意書を要請されることが多いです。

　なお、外商投資企業の出資者が持分権を第三者に譲渡する場合、同等条件で他の出資者の優先購入権が法定の権利として認められていますので、他の出資者の持分権が第三者に譲渡される事態を避けたい場合、同等条件での優先購入権を行使することが考えられます。

⇒Q11-2-1（持分権譲渡による撤退）

Column 10-4-4：持分権を対価とする買収方法

　かつては、持分権を対価とする出資は認められていませんでしたが、2005年に改正された会社法により、現物出資できる資産の範囲が「その他の金銭によって評価することができ、かつ法律に従い譲渡することができる財産」に拡大されたため、持分権による出資も法令上認められることとなりました。2009年に

は、国家工商行政管理総局が「持分権出資登記管理弁法」を制定し、持分権による出資の実務運用を定めました。持分権出資登記管理弁法は、外国投資家および外商投資企業に関する持分権出資への適用を明確に除外していませんでしたが、実務上は、中国投資家が有する中国国内の会社の持分権をもって中国国内の会社へ出資する場合のみが対象とされてきました。その後、2012年10月22日に施行された外商投資企業に係る持分権による出資に関する暫定規定により、外国投資家が持分権を支払手段として出資できることが明確化され、中国におけるM＆Aおよび投資ストラクチャーの再編スキームの選択肢が増えることになりました。特に、中国において持株会社（投資性会社）を設立した後、外国投資家が中国における子会社の持分権を持株会社に集約させる際に持分権出資の方法（3,000万米ドルの現金出資部分を超えた部分に限る）を利用すれば、現金の出入りなしで再編を行うことができ、持株会社制度を利用しやすくなるという点において大きなメリットがあるといわれています。ただし、現状においては、税務上の取扱い等が必ずしも明確ではないため、今後の動向に引続き注目する必要があります。

関連法令

「外商投資企業の国内投資に関する暫定規定」（关于外商投資企業境内投資的暫行規定）（対外貿易経済合作部、国家工商行政管理局令【2000年】6号）
「外商投資企業の合併と分割に関する規定」（关于外商投資企業合并与分立的規定）（対外貿易経済合作部、国家工商行政管理局令【2001】8号）
「持分権出資登記管理弁法」（股权出资登記管理办法）（国家工商行政管理総局令39号）
「外商投資企業に係る持分権による出資に関する暫定規定」（关于涉及外商投資企業股权出资的暫行規定）（商務部令【2012】8号）

第5節 企業買収における法務調査

M&Aの実務では、買収の判断および対象会社の買収価値の算定を行うため、対象会社の株式や資産に権利上の瑕疵がないか、対象会社の経営に法的リスクが存在しないか、M&Aを実行するうえで法的障害が存在しないか、対象会社に是正・補完すべき法的問題点がないかなどの観点から、対象会社の実態に関する調査（Due diligence、日本語では「法務調査」、中国語では「尽職調査」といい、以下「法務調査」といいます）が一般的に行われます。

特に持分権を取得する方法により対象会社を全面買収する場合には、対象会社の権利義務のすべてを承継することになるため、対象会社に潜在的な法的リスクがないかを十分に確認する必要があり、全面的な法務調査を行うことが重要となります。

本節では、中国で法務調査を行う場合の一般的なチェック事項、また中国で法務調査を行う際に特によく見受けられる問題について説明します。

Q10-5-1 当社は、中国の大手製薬会社の持分権を譲り受けることを計画しています。この会社に対して法務調査を実施するにあたっての主なチェック事項を教えてください。（法務調査のチェック事項）

中国の会社の法務調査を行う場合、以下の事項を重点的にチェックする必要があります。

番号	チェック事項	確認内容	目的
1	対象会社の主体資格、存続	① 設立手続の合法性 ② 独立法人としての存続の有効性	対象会社の設立・存続の法的瑕疵の

			の合法性	存否の確認
2	対象会社の沿革、管理制度、内部管理機構	①	社内規定	対象会社の内部管理状況・運営状況の確認
		②	実務上の運営状況	
3	対象会社の定款、合弁契約（株主が複数いる場合）、持分権関連事項	①	出資規定と出資状況	買収障害事由の有無、買収コストの確認
		②	第三者による買収の制限規定（持分権に関する担保設定の有無、株主権利の瑕疵の有無、董事の交代禁止規定）	
		③	株主間の紛争の有無	
		④	董事、高級管理職の退職に関する高額補償規定	
4	対象会社の重要資産	①	重要資産状況、保険加入状況	対象会社の資産と経営の安定性の確認
		②	会社の経営資質の有無と維持状況	
		③	保税資産の有無、保管状況、使用状況	
5	対象会社の重要契約	①	融資契約、重大な資産購入契約、取引契約の内容（対象会社の支配権の変動が主要な契約の解除事由や弁済の期限の利益喪失事由とされていないか）	買収後の対象会社の運営の安全性、潜在リスクの確認
		②	契約履行状況	
6	対象会社の財務状況	①	近年の貸借対照表等の財務諸表	対象会社の資産、損益、債権債務状況の確認
		②	近年の損益状況	
		③	近年の財務変動状況	
		④	近年の融資金額	
		⑤	近年の担保状況	
7	対象会社の税務状況	税種、納税状況（特に滞納の有無、処罰の有無）、税優遇政策の享受の有無		買収の税務リスクの確認
8	対象会社の重大な紛争リスク	①	過去および現在における重大な紛争等の有無	買収の潜在的コストの確認
		②	執行されていない判決、裁決等の有無	
		③	将来重大な紛争となる可能性のある潜在的要素	
	対象会社の生産、経営状況	①	生産する製品の種類、性能、原材料の供給ルート	買収コスト、潜在リスクの確認

9		② 特殊業種の経営資格の取得 ③ 経営資格の取得に関する瑕疵の有無 ④ 商品の販売網 ⑤ 経営範囲の逸脱の有無	
10	対象会社の雇用関係、人事管理	① 雇用関係の安定性、合法性 ② 就業規則の有無 ③ 職員福祉制度、給与制度、出張制度の有無 ④ 労働問題（労働契約の有無、秘密保持義務の有無、残業代や有給休暇の処理状況、社会保険の支払状況・支払基準、労働紛争の有無）	買収コスト、潜在リスクの確認
11	対象会社の環境問題	① 環境評価報告書の内容（生産型企業の場合） ② 環境管理制度、施設、人員の配置状況、管理状況 ③ 環境管理法規に違反する行為の有無 ④ 環境管理機構からの指摘、処罰 ⑤ 実際の環境問題の発生状況	環境問題に関する買収リスクの確認

Q10-5-2　中国では企業の経営活動が厳しく管理されていると聞きましたが、法務調査において、この点について特に留意すべき事項はありますか。（経営範囲逸脱）

　中国企業特有の問題としては、企業の経営範囲（日本法人の定款または登記上の事業目的に該当するもの）の問題があります。企業の経営活動は、商務部門に認可された定款に記載され、かつ、営業許可証に記載された経営範囲内で行わなければなりません。認可・登記された経営範囲を超えて経営活動を行った場合には「無許可経営」（または「経営範囲逸脱」）と認定され、違法行為とみなされます。たとえば、経営範囲には生産行為しか記載されていないにもかかわらず、卸売行為についても経営を行っていたような場合には、経営範囲の

逸脱とみなされます。経営範囲の逸脱が行われた場合、違反状況により、関連する経営範囲の追加要請、関連の経営活動の停止命令、違法所得の没収、罰金等の処罰を受ける可能性があります。経営範囲逸脱の問題は、場合によっては、中国企業の重大な違法行為となりうるため、中国企業を買収する際には、経営範囲と実際の業務内容を十分に調査する必要があります。

⇒Q10-3-4（再編手法─経営範囲の変更）、Q12-4-2（経営範囲逸脱の認定）

Q10-5-3　中国においても、特別なライセンスがないと経営できない業種があるようですが、法務調査において、この点について特に留意すべき事項はありますか。（業法上のライセンス調査）

Q1-1-9（業法による規制）でも説明したとおり、一定の業種（たとえば、医薬品、医療機器の生産・販売業、不動産開発業、不動産物業管理業、飲食店経営業、食品加工事業等）については、特別なライセンスが必要とされる場合があり、適法にライセンスを取得しなかった場合、特に重い行政罰（違反の程度により、罰金、違法収入の没収、経営活動の停止ないし会社経営資格の取消し）や刑事罰を受けることがあります。これは中国特有の問題ではありませんが、違反した場合の処罰は大変厳しいため、業法上の特別のライセンスの有無やそのライセンスの使用状況について、法務調査において十分調査する必要があります。

⇒Q1-1-9（業法による規制）、Q12-4-2（経営範囲逸脱の認定）

Q10-5-4　中国においては、リベートや贈与が行われることが少なくないと聞いていますが、この点、法務調査においてどのように調査すべきでしょうか。（商業賄賂の調査）

中国では、会社間の取引において、不当な（帳簿外の）リベート、贈与、利益提供行為がなされることがしばしば見受けられます。会社経営者が商取引の

機会を得るために、不正に現金・財物・利益を提供するなどの手段を使って、商品の販売または購入を行った場合、この行為は不正な行為とみなされ、商業賄賂と認定されます。商業賄賂行為は違法であり、会社に商業賄賂行為があった場合は、行政責任のほか、会社（責任者を含む）の刑事責任も追及されることがあります。

　商業賄賂等の違法行為の有無を法務調査する場合は、通常、商業賄賂防止のための内部規則制度の有無、従業員（特に営業担当者等）への商業賄賂防止の教育訓練の有無、内部監督管理体制の整備・運用状況、過去・現在の行政調査、内部告発の有無・内容等をチェックし、会計調査チームとも連携して会社の財務上の異常な出費の有無の調査、営業責任者へのインタビュー等を行います。
⇒Q12-5-2（商業賄賂）、コラム12-5-2（贈賄の刑事責任）

> **Q10-5-5　法務調査において、関税について特に調査すべき事項はありますか。（関税に関する調査）**

　中国では、中国企業が免税または保税で輸入した設備、原材料、半製品、完成品等に対して厳しい管理・監督が行われています。税関法の規定に違反した場合（たとえば、保税輸入した原材料・余剰材料等・加工品を、税関での申告や認可なく国内に販売し、また、国内製品の製造に流用することなど）は、関税の追納や罰金処分のほか、一定金額を超える場合には密輸とみなされて、会社の刑事責任が追及されるなど深刻な問題に発展する可能性があります。よって、法務調査においては、免税や保税で輸入した設備や原材料等が適切に保管・使用されているかどうかを確認することも重要です。
⇒Q4-1-4（設備輸入の免税）

> Q10-5-6　労務問題は、会社の経営にとって非常に重要ですが、法務調査にあたって、労務問題のどのような点に留意すべきでしょうか。（労務問題に関する調査）

　外商投資企業を含む中国企業では、労働契約書の未締結、違法残業、残業代の不払い、社会保険の未納・滞納・過少納付等の労務問題がよく見受けられます。

　2008年に中国の労働契約法が施行されたことに伴い、近年、労働者の権利意識はますます高まっており、待遇に対する不満等を理由に、外商投資企業の労働者が大規模なストライキを起こす事件がたびたび発生しています。このような社会状況の中で、中国の既存企業を買収する場合には、対象会社にストライキの原因となるような重大な労務問題が潜んでいないか、潜在的な労働債務が存在していないかを十分に確認する必要があります。これらの問題は、買収後の対象会社の安定的な生産活動、正常な会社運営と直接関係する重要な問題です。

⇒第5章（労務）

> Q10-5-7　会社の重要な資産である土地・建物等の不動産に関する法務調査において、特に留意すべき事項を教えてください。（不動産に関する法務調査）

　中国では、日本と異なり、土地所有権は国と農村集団に帰属し、企業は土地所有権を取得することはできず、土地の使用権を取得できるのみであり、土地の使用権を取得したとしても、政府の定める土地使用条件（たとえば、土地用途、土地の緑地率の限定、公用地の範囲限定、土地開発の期限、土地利用の際の建物の容積率等の限定）に従って、土地の利用・開発を行わなければなりません。また、土地の使用権者と建物の所有権者は一致しなければならないとされています。

実務上、法務調査の際によく見受けられる問題は、政府が定める使用条件に従って土地を利用・開発していないケース、土地と建物の権利者が一致していないケース、土地建物に権利証書がなく権利帰属が不明で争いが生じやすいケース、本来の権利取得に瑕疵があるケース等です。法務調査においては、以下のような点を主に調査する必要があります。

・土地の使用条件の設定状況、その条件の遵守状況
・合法的な不動産権利証書（土地使用権、建物所有権を含む）の有無
・抵当権設定の有無と登記状況
・賃貸借契約の有無と登記状況

⇒Q3-2-3（現物出資）、Q3-2-4（資産評価）、第3章第4節（生産拠点の確保）

第 6 節
M&A、企業再編に関する独禁法審査（企業結合申告）

2008年8月の独禁法の施行に伴い、企業結合による競争の排除・制限を防止するため、外国企業、外商投資企業による企業合併、企業買収行為（持分権買収、資産買収、事業買収を含む）等のM&A、企業再編に関して、企業結合審査の申告基準に達した場合は、企業結合の審査を受けることが義務づけられています。商務部の公表統計データ（http://fldj.mofcom.gov.cn）によれば、2008年8月から2013年6月末までに商務部が審査した企業結合申告案件数は合計637件であり、そのうち、企業結合が無条件で認められた案件数は618件（97.02％）、制限条件付で認められた案件は18件（2.83％）、全面禁止された案件は1件（0.15％）とされています。なお、中国の企業結合の審査機関である商務部は、企業結合審査に時間を要する問題を解消するために、企業結合の審査に関する簡易手続の導入を試みています。商務部は、2013年4月3日、企業結合簡易事件の認定基準に関する規定の草案を公表しましたが、簡易事件と認定された場合の手続上の効果はどのうようなものかについては当該草案では明らかではありません。今後、当該草案の立法動向について、引続き注目する必要があります。

本節では、M&Aおよび企業再編行為に関する独禁法および関係法令に定める企業結合審査の申告基準、申告手続、申告の際の留意事項について説明します。

第6節　M&A、企業再編に関する独禁法審査（企業結合申告）

> Q10-6-1　当社は日本の大手企業です。中国で、ある台湾系企業グループの中国子会社の持分権の一部を取得することを検討していますが、どのような場合に中国独禁法上の企業結合審査手続を行う必要がありますか。（企業結合の申告基準）

　企業（外国企業、外商投資企業を含みます）が合併、企業買収等を行うにあたり、中国独禁法上の企業結合審査の申告基準に達した場合には、中国の独占審査機構である商務部に、企業結合審査を申告（以下「企業結合申告」といいます）しなければならないとされています。中国の独禁法および国務院の「企業結合申告基準に関する規定」（以下「申告規定」といいます）によれば、事業者（外国企業、外商投資企業を含みます）に下記の行為があった場合は、企業結合審査を受ける必要が生じる可能性があります。
　① 　事業者合併
　② 　持分権または資産の取得により、他の事業者に対する支配権を取得した行為
　③ 　契約等により、他の事業者に対する支配権を取得しまたは他の事業者に対して決定的な影響を与える行為
　申告規定によれば、企業結合は下記の基準のいずれかに該当する場合には、商務部に対して事前申告が必要となります。
　① 　企業結合に参与するすべての事業者の前会計年度の全世界における売上高の合計が100億人民元を超え、かつそのうち少なくとも2つの事業者の前会計年度の中国国内における売上高がいずれも4億人民元を超えること
　② 　企業結合に参与するすべての事業者の前会計年度の中国国内における売上高の合計が20億人民元を超え、かつそのうち少なくとも2つの事業者の前会計年度の中国国内における売上高がいずれも4億人民元を超えること
　ただし、すでに一定の資本関係にある企業同士の結合の場合は、申告が不要となる場合があります。
　上記企業結合申告の要否に関する支配基準と売上基準をまとめると、次頁図

のとおりになります。

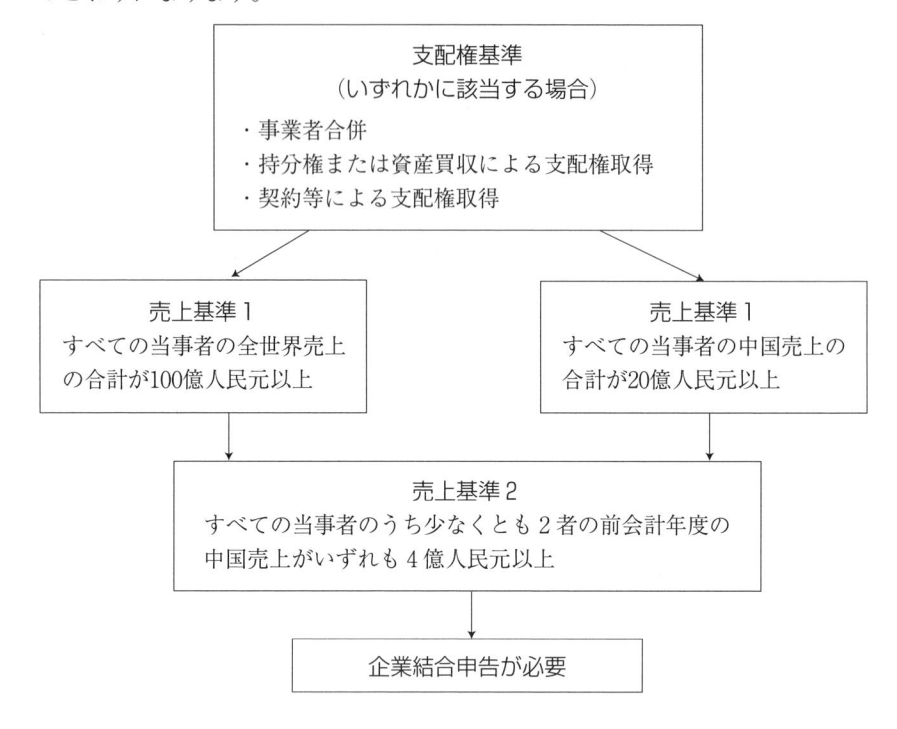

```
┌─────────────────────────────┐
│      支配権基準              │
│  （いずれかに該当する場合）  │
│  ・事業者合併                │
│  ・持分権または資産買収による支配権取得 │
│  ・契約等による支配権取得    │
└─────────────────────────────┘
         ↓              ↓
┌──────────────────┐  ┌──────────────────┐
│   売上基準1      │  │   売上基準1      │
│ すべての当事者の │  │ すべての当事者の │
│ 全世界売上の合計 │  │ 中国売上の合計が │
│ が100億人民元以上│  │ 20億人民元以上   │
└──────────────────┘  └──────────────────┘
         ↓              ↓
┌─────────────────────────────┐
│      売上基準2               │
│ すべての当事者のうち少なくとも2者の前会計年度の │
│ 中国売上がいずれも4億人民元以上 │
└─────────────────────────────┘
              ↓
┌─────────────────────────────┐
│    企業結合申告が必要        │
└─────────────────────────────┘
```

Column 10-6-1：事業者の売上計算方法

Q10-6-1（企業結合の申告基準）からわかるように、企業結合申告の要否は、企業結合の当事者の売上が中国国内・全世界における法定の売上基準に達しているか否かがその判断の重要なポイントとなります。中国国内・全世界の売上を計算する場合、中国独禁法および関連法令所定の算定方法に従わなければなりません。

(1) 売上を計算すべき企業結合当事者の範囲

売上高を計算すべき各結合当事者の関連会社の範囲について、関連法令は下記のとおり定めています。すなわち、企業結合の各結合当事者の売上高は、以下の事業者の売上高を合計した額としなければなりません。

① 結合当事者

② 上記①の結合当事者に直接または間接に支配されているその他の事業者

③ 上記①の結合当事者を直接または間接に支配しているその他の事業者
④ 上記③の事業者に直接または間接に支配されているその他の事業者
⑤ 上記①から④までの事業者の２つもしくは２つ以上の事業者に共同に支配されているその他の事業者

(2) 中国国内売上の定義

中国国内売上とは、前年度の中国国内所在の顧客に対する貨物の販売およびサービスの提供による売上から、関連する租税公課を控除した後の金額を指します。

(3) 中国国内の売上の計算規則

商務部の関連規定および実務上の解釈によれば、中国国内の売上を計算するとき、下記の売上を加算すると解されます。

① 当事者の中国国内における関連会社（上記(1)に列挙された事業者の範囲内のものを指す）の中国国内の売上
② 当事者の中国国外における関連会社（上記(1)に列挙された事業者の範囲内のものを指す）が中国国内の買主への販売により得た売上（中国への輸出による売上等）

なお、企業結合に参加する当事者同士の間、または企業結合に参加する当事者と結合に参加しない事業者の間に共同で支配する他の事業者がある場合、企業結合に参加する当事者の売上高には、共同で支配される事業者と第三者事業者との間の売上高を含めなければなりません（当該売上の計算は１回に限ります）。ただし、中国国内の売上合計額から下記の部分を控除しなければなりません。

・中国国内売上に適用される租税および公課
・上記(1)に列挙されている事業者の間で発生した中国国内の売上（支配関係を有する事業者間の売上は、中国国内の売上の合算額に加算してはなりません）
・香港、マカオおよび台湾における顧客に対する販売・サービス提供により得た売上
・企業結合当事者の中国における関連会社による中国国内から中国国外への輸出額

(4) 被買収側の売上に関する特別な計算規則

被買収側の売上を計算する際は、その買収に関わる部分の売上のみを計算するとされています。実務上は、被買収側が保有する対象事業の全部、事業の全部、または、持分権の全部を譲渡する場合、この譲渡する部分に関わる売上だけを計算する必要があります。たとえば、被買収側が保有する対象会社の持分権のすべてを譲渡する場合、被買収側の売上を計算する場合は、対象会社の売上だけを計算すればよいと解されます。

> Q10-6-2　企業結合に関する企業結合申告にはどのような書類を準備、提出する必要がありますか。企業結合申告および審査手続の概要も教えてください。（企業結合申告および審査手続）

(1)　必要な申告書類

企業結合申告をする場合、次の文書を商務部に提出する必要があります。

① 申告書（企業結合各当事者の基本情報、企業結合の実行予定日等を記載）

② 企業結合が関連市場の競争状況に及ぼす影響の説明文書（事業結合の概要、関連市場の画定、当事者の関連市場における市場占有率および支配力、企業結合による関連市場への影響等の説明）

③ 企業結合に関する契約書および関連書類（買収契約書等）

④ 企業結合に参与する事業者の会計事務所の監査を経た前会計年度財務会計報告書

⑤ 商務部が定めるその他の文書・資料

(2)　審査手続の流れ

まず、企業結合の当事者から申告書類および資料を商務部に提出し、商務部は事業者から提出された申告書類を確認し、要請される書類が揃ったと判断した場合は、書類を正式に受理し立案通知を事業者に発行します。そして、商務部は、受領日から30日以内に初回審査を行い、この審査により企業結合を認めた場合、認可通知を申告者に発行します（商務部が30日以内に何も決定しない場合は、申告を認可したものとみなされます）。初回審査で審査が完了せず、さらに審査が必要と判断される場合、事業者に対して、さらなる審査（二次審査）を実施する旨を書面で通知し、二次審査に入ります。二次審査の期間は原則として90日とされていますが、法定の条件を満たした場合、さらに最長60日まで延長することができます。審査の結果は、認可、制限条件付きの認可、禁止の3種類があります。審査手続の主な流れは次頁図のとおりです。

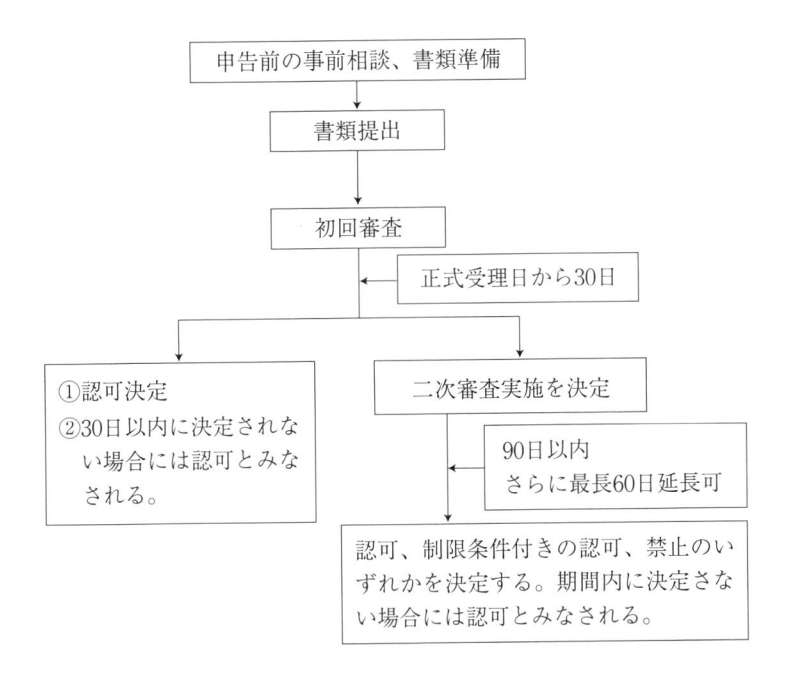

第6節　M&A、企業再編に関する独禁法審査（企業結合申告）

```
        ┌──────────────────────┐
        │ 申告前の事前相談、書類準備 │
        └──────────┬───────────┘
                   ↓
              ┌─────────┐
              │ 書類提出 │
              └────┬────┘
                   ↓
              ┌─────────┐
              │ 初回審査 │←──┬──────────────────┐
              └────┬────┘   │ 正式受理日から30日 │
                   │        └──────────────────┘
        ┌──────────┴──────────┐
        ↓                     ↓
┌──────────────────┐  ┌──────────────────┐
│①認可決定         │  │ 二次審査実施を決定 │
│②30日以内に決定され│  └────────┬─────────┘
│  い場合には認可とみな│         ↓
│  される。         │  ┌──────────────────┐
└──────────────────┘  │ 90日以内          │←─┐
                      │ さらに最長60日延長可 │  │
                      └──────────────────┘  │
                               ↓              │
                      ┌────────────────────────┐
                      │ 認可、制限条件付きの認可、禁止のい│
                      │ ずれかを決定する。期間内に決定さな│
                      │ い場合には認可とみなされる。      │
                      └────────────────────────┘
```

Q10-6-3　企業結合に関する独禁法審査において、どのような要素に基づき企業結合の可否が判断・決定されるのでしょうか。（企業結合の判断要素）

商務部は、独禁法審査の際、主に次の各要素を審査し企業結合の可否を判断します。

① 結合に参加する事業者の関連市場における市場占有率、およびその市場に対する支配力
② 関連市場の市場集中度
③ 企業結合が市場参入、技術進歩に対して与える影響
④ 企業結合が消費者およびその他の関連事業者に対して与える影響
⑤ 企業結合が国民経済発展に対して与える影響
⑥ 国務院の独占禁止機構が考慮すべきと考える市場競争に影響を与えるそ

445

の他の要素

商務部の審査実務では、企業結合により市場競争の排除・制限の効果を生じるか否かの客観的な基準として、企業結合の当事者による市場占有率および市場集中度が中心的に審査されます。したがって、商務部に申告書類を提出する際には、これらの点について、わかりやすく説得力のある資料（取扱商品についての説明資料、関連市場画定の根拠資料、市場占有率・市場集中度を説明できる政府のデータや権威のある機構から出された市場分析報告書等の資料）を準備することが重要です。また、その他にも、企業結合により消費者および他の関連事業者（流通の川上および川下の業者）に対して生じる影響、技術進歩、市場参入の難易度等の面からの説明も重要です。

Case 10-6-1　丸紅によるGavilon社の買収に関する企業結合事例

本節冒頭に記載したとおり、今までに企業結合が全面禁止された事例は1件しかありませんが、条件付認可が出されるケースはしばしば見受けられます。以下、条件付認可が出された1例について紹介します。

日本法人丸紅株式会社（以下「丸紅」といいます）は、完全子会社を通じて、アメリカ法人Gavilon Holdings, LLC（以下「Gavilon社」といいます）の100％の株式の買収を計画しました。丸紅は総合商社として幅広い分野で貿易業に従事しており、Gavilon社は穀物の売買、貯蔵業務に従事する北米における第3番目の大手企業です。

丸紅はアメリカ、オーストラリア、インド等の産地から大豆、とうもろこし等を購入し、中国を含む各国に販売しており、Gavilon社も同じくアメリカ、カナダ等の国から大豆、大豆関連製品を調達し、中国に販売しています。そのため、本件企業結合審査の関連製品は、中国の大豆、とうもろこし、豆粕、干し酒粕と認定され、市場範囲は中国であるが全世界の要素も考慮することとされました。

丸紅の中国への大豆輸出数量は2012年度で1,050万トンであり、同年度の中国の輸入大豆総量（5,838万トン）の約2割弱を占め、販売数量が他の業者を著しく上回っているだけでなく、中国における大豆の販売ネットワークおよび顧客網も同業他社より優れていると認定されました。そして、Gavilon社の中国への大豆販売数量は数十万トンしかありませんが、大豆の主産地であるアメリカでの大豆等の農産品の調達、流通および貯蔵の能力は非常に優れているため、本件買収の結果、丸紅の中国における大豆輸入市場に対する支配力が一層強化され、他の潜在的な事業者の大豆輸入市場への参入がさらに難しくなり、市場の競争を制

限する可能性があると判断されました。なお、とうもろこし、豆粕、干し酒粕の中国市場における丸紅の販売シェアは、それぞれ６％、4.5%、8.4%にすぎず、中国市場において強力な競争相手が存在しているため、本件企業結合があっても、中国のとうもろこし、豆粕、干し酒粕市場で競争排除、競争制限の効果をもたらすことはないと判断されました。

　そこで、商務部は、丸紅とGavilon社と協議して、以下の条件付きで、本件買収を承認しました。①中国向けの大豆販売に関して、丸紅は２つの独立した大豆販売会社を設立し、丸紅は丸紅の大豆販売子会社を通じて、Gavilon社はGavilon社の大豆販売子会社を通じて各自で中国への大豆販売を行うこと。②丸紅の大豆販売子会社とGavilon社の大豆販売子会社は、互いに経営（人事任免、調達、セールス、販売、価格決定等）の独立性を保つこと。③丸紅は公平な市場条件より有利な条件でGavilon社から大豆を購入しないこと。④丸紅とGavilon社の間にファイアウォールを構築し、競合的な情報を交換しないこと。また、上記の条件の実行状況について、丸紅は独立の受託者に委託して上記義務の履行について監督してもらう必要があります。商務部は、自らまたは監督受託者を通じてその履行状況を監督することができます。

　この事例からわかるように、中国の商務部は、市場競争の制限効果を有すると判断される企業結合に対して、①今後、特定の他社との結合と提携を禁じる、②既存業務の一部を切り離す、③一定の他社からの調達および提携を禁じる、④特定のグループ企業間の独立性を保障するなどの一定の条件を付けたうえで企業結合を認めることがあります。

法知識の整理

　中国では、2008年８月１日から施行されている独禁法において、①独占協定、②市場独占地位の濫用、③行政権の濫用による競争排除、④事業結合の行為に関して規制を設けています。独禁法の法執行は独特であり、執行機関が２層構造となっています。すなわち、国務院の下に独占禁止委員会が設置されており、その下には、独禁法の実質的な執行機関として３つの政府機関が指定され、それぞれ役割を分担しています。つまり、国家発展改革委員会は価格独占規制（カルテル規制）を、商務部は企業結合を、国家工商行政管理総局は支配的地位の濫用・独占協定をそれぞれ担当することになります。政府機関の各々の機能等は、次頁図のとおりです。

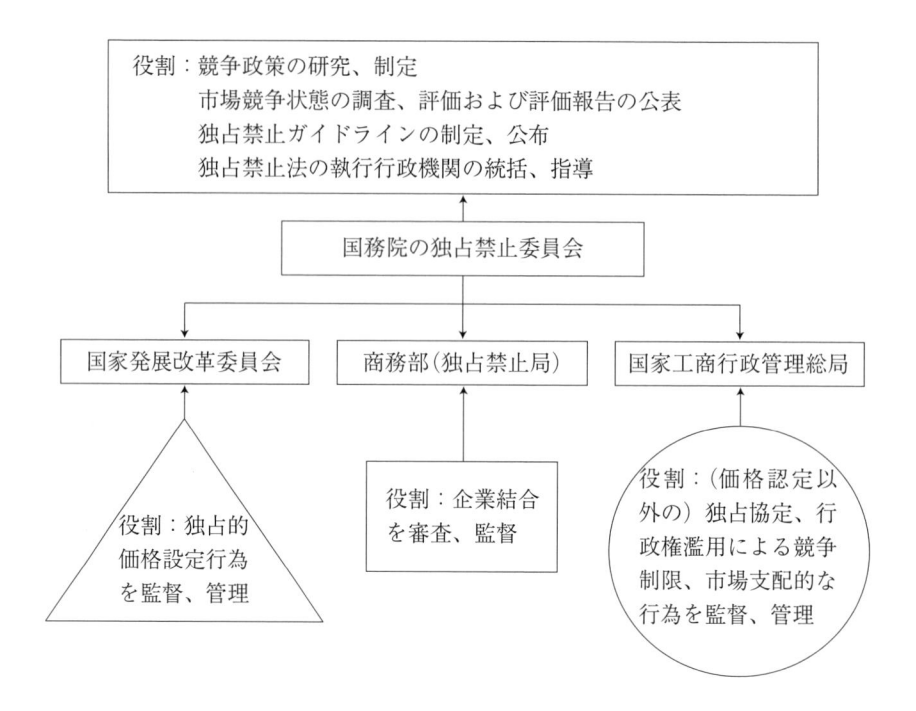

```
┌─────────────────────────────────────────┐
│ 役割：競争政策の研究、制定              │
│       市場競争状態の調査、評価および評価報告の公表 │
│       独占禁止ガイドラインの制定、公布  │
│       独占禁止法の執行行政機関の統括、指導 │
└─────────────────────────────────────────┘
                    ↑
        ┌───────────────────────┐
        │ 国務院の独占禁止委員会 │
        └───────────────────────┘
         ┌──────────┼──────────┐
         ↓          ↓          ↓
   ┌──────────┐ ┌──────────┐ ┌──────────────┐
   │国家発展改革│ │商務部    │ │国家工商行政  │
   │委員会      │ │(独占禁止局)│ │管理総局      │
   └──────────┘ └──────────┘ └──────────────┘
```

　　　役割：独占的　　　役割：企業結合　　　役割：（価格認定以
　　　価格設定行為　　　を審査、監督　　　　外の）独占協定、行
　　　を監督、管理　　　　　　　　　　　　　政権濫用による競争
　　　　　　　　　　　　　　　　　　　　　　制限、市場支配的な
　　　　　　　　　　　　　　　　　　　　　　行為を監督、管理

関連法令

「独占禁止法」（反垄断法）（2008年）
「経営者集中申告基準に関する規定」（关于经营者集中申报标准的规定）（2008年）
「経営者集中申告弁法」（经营者集中申报办法）（商務部令【2009】11号）
「経営者集中審査弁法」（经营者集中审查办法）（商務部令【2009】12号）
「関連市場の画定に関するガイドライン」（关于相关市场界定的指南）（国務院独占禁止委員会2009年）
「経営者集中における資産または業務剥離の実施に関する暫定規定」（关于实施经营者集中资产或业务剥离的暂行规定）（商務部公告【2010】41号）
「経営者集中による競争への影響評価に関する暫定」（关于评估经营者集中竞争影响的暂行规定）（商務部公告【2011】55号）
「法に従わない経営者集中申告に関する調査処理暫定弁法」（未依法申报经营者集中调查处理暂行办法）（商務部令【2011】6号）

第7節 外商投資性会社（傘型企業）

中国の会社法上は、持株会社（傘型企業）に関する特段の規定がありませんが、外資関連法規では持株会社としての性格を有する外商投資性会社が特別に認められています。実務上、外商投資性会社は、中国に設立した現地法人を統括するための統括会社として設立されるケースが多くみられます。本節では、外商投資性会社の経営活動の範囲、設立の条件、機能、再編手段としての活用の可能性等について説明します。

Q10-7-1　当社は中国各地で複数の事業を展開していますが、グループ運営の効率化を図りたいと考えています。このような目的のために、外商投資性会社を利用することはできますか。外商投資性会社の経営活動の範囲はどのようなものですか。（外商投資性会社の経営活動の範囲）

　外商投資性会社とは、外国投資家が、中国で直接投資を行うことを目的として、独資または中国の投資家との合弁の形で設立する会社をいいます。

　外商投資性会社は、下記の業務を行うことができます。なお、出資完了後、経営範囲を拡大することもできます。

① 再投資（国家が外国投資を認可している投資分野に限る）
② 投資先会社からの要請があれば、以下のサービスの提供が可能です。
　（i）投資先会社に協力し、または投資先会社を代理して、国内外から当該会社が自ら使用する機器・設備・事務設備および生産に必要とされる原材料・部材および部品を購入すること
　（ii）投資先会社が製造した製品を、国内外において販売し、関係するアフターサービスを提供すること

(iii) 外貨管理局の同意および監督のもとで、投資先会社との間における外貨バランスをとること
(iv) 投資先会社のため、技術支援、従業員の育成トレーニング、企業内部人事管理等のサービスを提供すること
(v) 投資先会社に協力し、融資元を探し、担保を提供すること
③ 中国国内に開発センターまたは開発部門を設立、新製品およびハイテクの研究開発に従事し、その研究開発成果を譲渡、および相応の技術サービスを提供すること
④ 投資家のためにコンサルティングサービスを提供し、関連会社のために投資に関する市場情報・投資政策等のコンサルティングサービスを提供すること
⑤ 会社または関連会社からアウトソーシング業務を引き受けること

上記①に記載したとおり、外商投資性会社は、外商投資性会社自身の名義で、その傘下企業となる外商投資企業を設立すること（再投資）ができます。この場合の新会社の設立手続は、外国投資家の名義で外商投資企業を設立する場合と比べ簡便であり、効率的な投資活動を行うことが可能となります。また、外商投資性会社はその傘下企業に対して、生産設備の調達、商品の販売、物流、コンサルティング、技術、融資、外貨調達等の広範なサービスを統括して提供することができますので、グループ企業の経営効率化を図ることも期待できます。

⇒Q10-4-4（国内再投資の概要）、Q10-7-3（外商投資性会社の出資後の経営範囲の拡大）

Q10-7-2　外商投資性会社は設立のハードルが高いと聞きましたが、どのような条件を満たせば設立することができますか。（外商投資性会社の設立要件）

外商投資性会社の設立要件は、以下のとおりです。

① 投資家の信用度が高く、外商投資性会社の設立に必要な経済力を有していること
② 申請前1年間の投資家の資産総額が4億米ドルを下回らず、かつ中国国内ですでに外商投資企業を設立しており、1,000万米ドルの登録資本を実際に払込済みであること
　　または中国国内において10社以上の外商投資企業を設立し、かつ外国投資家が3,000万米ドルの登録資本を実際に払込済みであること
③ 外商投資性会社自身の登録資本が3,000万米ドルを下回らないこと
④ 中国の投資家と合弁の形で外商投資性会社を設立する場合は、当該中国投資家の信用性が高く、外商投資性会社の設立に必要な経済力を有しており、かつ申請前1年間における当該中国投資家の資産総額が1億人民元を下回らないこと

Q10-7-3　外商投資性会社は、出資完了後に経営活動の範囲を拡大することができると聞きましたが、具体的にどのような業務活動まで拡大できるのでしょうか。（外商投資性会社の出資後の経営範囲の拡大）

外商投資性会社は、出資完了後、合法的に経営されており違法経営の記録がないこと、登録資本が払込済みであることなどの条件を満たした場合、商務部門の認可を得たうえでさらに経営活動の範囲を拡大し、以下の経営活動を行うことができます。
① 投資先会社からの要請があれば、以下の業務を実施することができます。
　（ⅰ）国内外の市場へ投資先会社が製造した製品を販売すること
　（ⅱ）投資先会社へ運輸・貯蔵等の総合サービスを提供すること
② 代理、卸売販売または輸出調達機構（内部機構を含む）を設立することにより、国内商品を輸出すること（輸出税金還付を申請することが可能）
③ 投資先会社が製造した製品を購入してから組立を行って国内外に販売すること（ただし、投資先会社が製造した製品がシステム組立の必要性を有

さない場合、国内外でシステムの構成部品を仕入れることができるが、仕入れた製品の価値は全体価値の50%を超えてはならない）

④ 投資先会社の商品の国内の転売者、代理販売者、および投資性会社・その親会社・関連会社と技術譲渡契約を結んだ会社に技術教育トレーニングを提供すること

⑤ 投資先会社が生産を開始する前、または投資先会社が新製品の生産を開始する前に、製品市場開拓のため、関連製品を輸入し、国内へ試験的に販売すること。また、国内のその他の会社にその製品またはその親会社の製品の生産・加工を委託し、国内外に販売すること

⑥ 投資先会社のため、機器および事務設備のオペレーティングリースサービスを提供すること、または法に従ってオペレーティング会社を設立すること

⑦ 投資性会社により輸入する製品に対してアフターサービスを提供すること

⑧ 国外請負工事経営権を有する中国企業の国外工事の請負に参加すること

⑨ 投資性会社が親会社の製品を輸入し、国内に販売すること（小売は含まれない）

外商投資性会社は、上記経営範囲の拡大により、その傘下会社およびグループの関連会社に対してさらに広範なサービスを提供することができます。商品の販売から、人事、財務、総務等のあらゆる面でのサービスおよび統括業務を実行することにより、外商投資性会社を活用してグループ企業の経営・管理の効率化を実現させることが可能になります。

Q10-7-4　外商投資性会社は多国籍企業の地域本部にすることができると聞きましたが、多国籍企業の地域本部とした場合、具体的にどのような業務活動が行えるのでしょうか。（外商投資性会社の地域本部段階の経営範囲）

第7節　外商投資性会社（傘型企業）

　外商投資性会社が、以下の条件を満たす場合、商務部門から、多国籍企業の地域本部として認定を受けることができます。
① 払い込んだ登録資本金が１億米ドルを下回らないこと、または払込済み登録資本金が5,000万米ドル以上であり、かつ投資した会社の前年度の資産が30億人民元以上であってその利益の総額が１億人民元を下回らないこと
② 登録資本金のうち、少なくとも3,000万米ドルは新会社への出資金または関連会社の増資金、開発センターへの投資金や、国内会社の持分権買収金として利用されたこと
③ 研究開発センターを設置したこと

地域本部に認定されると、以下の範囲の経営活動を行うことができるようになります。
① 投資性会社設立初期段階、拡大段階でのすべての業務（Q10-7-1およびQ10-7-3参照）
② 多国籍企業およびその関連会社の商品を輸入し、国内に販売すること
③ 投資先会社、多国籍企業の製品のメンテナンスサービスに必要な原材料、部材、部品を輸入すること
④ 国内外の会社からのアウトソーシング業務を引き受けること
⑤ 物流配達業務に従事すること
⑥ 中国銀行業監督管理委員会の認可を得て、財務会社を設立し、外商投資性会社および投資先会社に財務サービスを提供すること
⑦ 商務部門の認可を得て、国外工事請負業務および国外投資に従事し、ファイナンスリース会社を設立し、関係サービスを提供すること
⑧ 国内のその他の会社に外商投資性会社の製品または親会社の製品の生産・加工を委託し、国内外に販売すること
⑨ 認可を得たその他の業務

　上記のとおり、外商投資性会社は、多国籍企業の地域本部と認定されると経営範囲をさらに拡大することができ、グループ企業に対してより広範なサービ

スを提供することができるようになり、グループ企業の経営の効率化を一層図ることができるようになります。

法知識の整理

外商投資性会社に関する根拠法規とその変遷について

　外商投資性会社に関する最初の法規は、対外貿易経済合作部（商務部の前身）が、1995年4月4日に実施した外国投資家により設立する投資性会社に関する暫定規定です。その後、商務部が2003年7月10日に外国投資家により設立する投資性会社に関する規定を実施して、1995年の規定を廃止しました。この規定は2004年3月14日、同年12月17日に改正され、さらに2006年7月1日の改正では投資性会社に「販売機能、ファイナンスリース機能」が付け加えられ、さらに同規定の補充規定も制定されました。その後も、投資性会社の許認可権限の調整、管理措置の改良に関する法令が相次いで施行されるなど、投資性会社に関する法令は整備されてきました。現在有効な関連法令は次頁表のとおりです。

関連法令

公布時期	施行時期	法令名	概要
2004年	2004年	外国投資家が投資により投資性会社を設立・運営することに関する規定	投資会社の設立条件、審査手続、業務範囲等を定める根拠法令
2006年	2006年	外国投資家が投資により投資性会社を設立・運営することに関する補充規定	人民元での出資に対する条件付きでの認可 リース業務、ファイナンスリース業の経営が可能になること 生産委託業務の依頼が可能になること 外貨資金の集中管理が可能になること コミッション代理、卸売の認可が不要になることなどを規定
2009年	2009年	外国投資家により設立した投資性会社に関する許可権限の委譲に関する通達	登録資本が1億ドル以下の場合、省レベルおよび副省レベル（国務院の認可により省の一部の権限を有することを認められた15都市を指します）の都市に認可権限を委譲する規定
2011年	2011年	外商投資性会社の管理措置の改善に関する通達	中国国内で取得した人民元利益による再投資に関する手続 中国国内で取得した貸付金による再投資の禁止

第8節 地域本部

外商投資性会社に対する地域本部の認定のほか、多国籍企業の地域本部（Q10-8-1参照）に関する国家レベルの統一的な法令はありませんが各地方では、多国籍企業の地域本部を誘致するため、地方法令において地域本部の認定条件、機能、優遇政策等を定めています。そのため、地域本部に関する規定は、地方法令のみであり、かつ地方によってその内容は異なっています。

本節では、上海市の法令を例として、地域本部の意味、認定条件、機能、優遇政策をご紹介します。

Q10-8-1 当社は、中国各地で現地法人を数社保有しています。効率的な管理を実現するため、上海市に統括機能を有する子会社を設立したいと考えています。最近、上海市で地域本部の設立ができるという話を聞いたことがありますが、地域本部とはどのようなものでしょうか。（地域本部の意義）

地域本部とは、外国の親会社により中国の指定地域で設立され、投資および授権の方式により中国や中国近辺の地域にある親会社の傘下の会社を統括・管理し、サービスを提供する機能を有する唯一の本部機関である会社（法令では多国籍企業の本部会社といいます）を指します。地域本部は、独資の外商投資性会社、管理性会社等の独立した法人組織形態で設立するものが多いです。既存の外商投資性会社や管理性会社の中で一定の条件を満たした企業が一定の認定手続を経て地域本部に昇格することができます。

地域本部に認定された場合には、関連の地方規定に定める優遇政策等を享受

第8節　地域本部

できます。貴社が上海市で中国地域本部を設立する場合は、上海市の規定を適用し、上海市の優遇政策を受けることができます。
⇒Q10-8-2（管理性会社の地域本部の認定条件）、Q10-8-3（地域本部の機能、優遇政策）

> Q10-8-2　中国で管理性会社を設立し、地域本部の認定を受けることができると聞きましたが、管理性会社の地域本部の認定条件を教えてください。（管理性会社の地域本部の認定条件）

　多国籍企業がその傘下会社の管理、研究開発、資金管理、販売、物流およびサポートサービス等の経営機能を統合するために管理性会社を設立することは少なくありません。外商投資性会社が地域本部の認定を受けることができることはすでにご説明したとおりですが（Q10-7-4参照）、管理性会社も一定の条件を満たした場合、地域本部の認定を受けることができます。管理性会社が地域本部と認定された場合、より広範囲の業務活動に従事できるほか、政府からの資金援助、外国人職員の出入国手続の便宜等の優遇を受けることができるようになります（詳細はQ10-8-3参照）。

　地方政府はそれぞれ地域本部に関する独自の法令を定めているため、地域本部の認定条件も地方によって異なっています。上海市では、次の条件を満たせば、地域本部として認定を受けることができます。

① 親会社の資産総額が４億ドルを下回らないこと
② 中国において払い込んだ登録資本額が累計1,000万米ドル以上であり、かつ親会社から授権を得て管理する中国国内外の企業数が３社以上であること

　　または、親会社から授権を得て管理する中国国内外の投資企業数が６社以上であること（基本的に上記の条件を満たし、かつ、所在地域の経済発展に突出した貢献がある場合、事情を判断し地域本部に昇格することを考慮する）

457

③　当該管理性会社の登録資本金が200万米ドル以上であること

　また、北京市、福州、南京等の地方でも、地域本部の認定についてそれぞれ異なった規定が設けられており、上海市とは認定条件が異なるものの、一定の条件を満たした管理性会社を地域本部として認定しています。

⇒Q10-7-4（外商投資性会社の地域本部段階の経営範囲）、Q10-8-3（地域本部の機能、優遇政策）

> Q10-8-3　当社は中国に管理性会社を有していますが、業務範囲を拡大することを検討しています。地域本部の認定手続を受ければ、経営範囲をかなり拡大することができるとも聞きましたが、地域本部の認定を受けるとどのようなメリットがあるのでしょうか。（地域本部の機能、優遇政策）

　地域本部に認定された場合には、外商投資性会社や管理性会社には認められない業務範囲が認められるといったメリットがあります。

　上海市の場合、地域本部は、以下の範囲の業務に従事することができます。

①　投資・経営に関する方針決定
②　資金運営および財務管理
③　研究開発および技術サポート
④　商品仕入れ、販売および市場プロモーションサービスの提供
⑤　サプライチェーンの管理等の物流業務
⑥　グループ内部のシェアサービスや国外会社からのアウトソーシング業務
⑦　職員のトレーニングおよび管理

　このように、地域本部は投資性会社および管理性会社の機能を同時に有し、地域内のグループ企業の統括機能を果たすことができるといえます。

　また、各地方では、地域本部を誘致するため、地域本部に認定された場合のさまざまな優遇政策を設けています。上海市の規定によれば、上海市で設立した地域本部は以下の優遇政策を享受することができます。

①　資金の援助と奨励金の取得

②　グループ企業の資金の統括管理
③　外国人職員の出入国手続の簡便化
④　外国人職員の就労許可取得における優遇
⑤　誘致された人材による上海市戸籍の取得
⑥　通関手続における優遇

　上海市と同じように、北京市、福州、南京等の地域本部に関して地方規定のある他の地方でも、それぞれ優遇政策が設けられています。地域本部を設立する場所の選定にあたっては、地方ごとの優遇政策を確認しておくことも重要です。

　なお、2013年8月末時点では、上海市には432社の多国籍企業の地域本部が設立されており、この中には多くの日系企業が含まれています。

関連法令

「上海市多国籍企業地域本部設立奨励に関する規定」（上海市鼓励跨国公司設立地区总部的规定）（沪府発【2011】98号）
「多国籍企業北京市において地域本部設立奨励に関する若干規定」（关于鼓励跨国公司在京设立地区总部的若干规定）（京政発【2009】15号）
「福州市域内外企業福州において地域本部設立奨励に関する若干規定（試行）」（福州市鼓励境内外企业在福州设立地区总部的若干规定（试行））（榕政総【2008】198号）
「南京市域内外大型企業本部または地域本部設立奨励に関する暫定規則の実施細則」（南京市鼓励境内外大型企业设立总部或地区总部暂行规定的实施细则）（宁発改外経字【2007】537号）

第11章

撤　　退

第11章 撤　　退

第1節
撤退方法の比較

> 前章までは、中国に進出し、事業活動を展開する場合の法的な諸問題について説明してきましたが、中国に進出した企業が、法令や制度の変更、投資環境や市場環境の変化、中国側出資者との経営理念の相違等の理由で、中国からの撤退を検討することも増えてきました。外商投資企業の撤退は進出に比べて公表されることが少ないため、実際にどのような方法、態様で撤退を行っているのかを知る機会は限られています。本節では、外商投資企業が撤退する方法およびそれぞれの方法のメリット、デメリットについて解説します。

Q11-1-1　当社現法が赤字続きですので、中国から撤退しようと考えています。撤退するにはどのような方法がありますか。（撤退の方法）

　中国からの撤退の方法として、①持分権譲渡、②解散・清算、③破産清算の3つの方法が考えられます。持分権譲渡の場合、貴社は持分権を第三者（中外合弁の場合は他の合弁当事者または第三者）に譲渡することにより撤退することになりますが、現地法人側からみれば、株主（出資者）が貴社から譲受人に変更されるにすぎず、現地法人の法人格はそのまま維持されます。これに対し、解散・清算および破産清算については、最終的に登記も抹消され、現地法人の法人格が消滅します。

Q11-1-2　上記の撤退方法について、それぞれのメリット・デメリットを簡単に教えてください。（撤退方法の比較）

第1節　撤退方法の比較

　持分権譲渡、解散・清算、破産清算のそれぞれのメリット・デメリットを簡単にまとめると以下のとおりです。たとえば、買主候補は、事業そのものには興味があるものの、対象会社の隠れた負債等は引き継ぎたくないといった場合には資産譲渡（工場・機械設備等の資産譲渡、従業員の承継等）をしたうえで、対象会社の解散・清算をするなど、いくつかの方法を組み合わせて撤退することもあります。

	メリット	デメリット
持分権譲渡	・手続、時間・コスト面での負担が比較的軽い ・事業は継続されるため、売主側としては、資本は引き揚げたい（連結決算への影響は困る）が、協力工場としては利用したいなどの需要に対応できる ・許認可事業の場合、許認可はそのまま引き継げることもある ・労働関係は維持されるため、経済補償金のコスト負担がなく、紛争も生じにくい※ ・資産（土地使用権等）を個別に売却する場合に比べ、税負担の面で有利になる場合もある	・事業採算面が悪くなった状況では、譲渡先が見つかりにくい ・買いたたかれ、安価な譲渡となる傾向がある ・基本的に対象会社の資産負債がそのまま維持されるため、買主にとって不要の事業・契約・隠れた負債等も引き継いでしまう ・譲渡契約の条件により、売却後も売主としての表明保証義務等が残る場合がある
解散・清算	・普通清算の場合、出資者のコントロールのもとで手続ができる	・手続・時間・コスト負担がかかる ・債務超過の場合、利用不可
破産清算	・債務超過の場合に利用できる	・外商投資企業の破産例は非常に少なく、人民法院が破産開始決定を出すかの判断に不透明な部分が残る ・出資者への影響（信用低下） ・董事・総経理等の責任追及の可能性 ・人民法院の監督下で破産管財人により処理され、コントロールがきかない

※　持分権譲渡の場合、買主側の要求により余剰人員を一定数削減することが譲渡条件の1つとなることもあります。そのような場面では、経済補償金の負担も生じ、また先にリストラを進める必要がありますので、必ずしも清算の場合に比べて労務関係の処理が簡便になるとはいえません。

第11章 撤　退

> **Column 11-1-1：撤退の際の事前確認事項**
>
> 　撤退の方法を比較検討する場合、まずは対象会社の資産・負債の内容について正確に把握することが必要です。土地使用権・建物、設備、在庫等の資産について売却の支障となる権利関係の瑕疵がないか、また、資産売却時の市場価格、売掛金債権等その他の債権についての回収可能性・予定時期等を把握すると共に、負債については、流動・長期負債のほかに、経済補償金等の労働債権の試算等も必要です。このような事項を日頃からおおむね把握している場合はよいのですが、特に、現地経営を中国側出資者や中国人総経理に任せている場合等には、日本の出資者側は詳細が把握できておらず、撤退の方法・交渉の検討の前に、現地法人の資産・負債の調査、印鑑や現金、銀行預金等の管理体制の確認が必須となる場合もあります。その他登録資本金の払込みが完了しているかなど、対象会社の基本状況の確認も行っておく必要があります。

Q11-1-3　撤退の方法として、通常は、どの方法がとられますか。(通常とられる撤退方法)

　一般論としては、持分権譲渡による撤退の方法が手続面・時間面での負担も軽いため、買主が見つかり、価格面で折り合いがつけば、持分権譲渡の方法をとることが多いでしょう。清算した場合の最終的な回収予測額・清算にかかる時間その他の条件との比較をしていずれの撤退方法が良いかを検討することになります。

　ただし、当然のことながら、持分権譲渡をするには、譲渡先が見つかることが前提です。たとえば、土地使用権・建物等の資産がある、工場の設備が整っていて製造技術水準が高い等、一定の価値があれば、取引先その他から候補者が出ることもありますし、現地法人のスタッフがマネジメントバイアウトをして買い取るということもあります。他方で、目ぼしい資産もなく、事業としての価値もないといった場合には、清算の手間・コストを省くという面に重きを置いて、関係者に非常に低廉な価格で引き取ってもらうというケースもよくあります。

第2節
持分権譲渡による撤退

持分権譲渡の方法による撤退は、考えられる撤退方法の中で最も手続的負担が軽いといわれていますので、持分権の購入を希望する第三者が見つかる場合には、この方法を優先的に考えることが多いです。本節では、持分権譲渡を行う場合に必要な手続、所要期間および留意点について、さまざまなパターンを想定しながら説明します。

> **Q11-2-1** 持分権譲渡による撤退の負担が最も軽いようですので、できれば持分権譲渡による撤退にしたいと思います。持分権譲渡の手続を教えてください。(持分権譲渡による撤退)

　外商投資企業の持分権譲渡には、審査認可機関の認可が必要です。出資者が2人以上の場合は、他の当事者(出資者)が優先購入権を有していますので、購入意思の確認を行う必要があります。他の当事者が購入しない場合には第三者へ譲渡ができますが、他の当事者の同意書(および優先購入権放棄の表明)が必要です。

　審査認可機関に対する認可申請の際には、申請書、意思決定機関(株主会や董事会等)による持分変更承認決議、合弁契約・定款の修正協議書、持分権譲渡契約書等を提出します。審査認可機関による認可を受けた後に、工商部門での登記変更等の手続を行います。

⇒Q10-4-6(再編手法―外商投資企業の持分権譲渡手続)、Q10-4-7(再編手法―持分権譲渡契約の注意点)、Q10-4-9(持分権譲渡における出資者全員の同意の要否)

第11章 撤　退

> **Q11-2-2　持分権譲渡による撤退は、完了までにどのくらい時間がかかりますか。（持分権譲渡による撤退に要する期間）**

　現地法人の持分権譲渡の場合、買主との協議が整い、契約締結ができれば、審査認可機関からの認可取得、工商登記等の手続に要する期間は、通常3週間から6週間前後ですが、代金の決済のために外貨送金が必要な場合等はクロージングまでにさらに時間がかかることもあります。また、Q10-4-9（持分権譲渡における出資者全員の同意の要否）のとおり、外商投資企業で出資者が複数いる場合には、まず他の合弁当事者に対して優先購入権行使の意向があるか否かの確認から始める必要がありますので、それらの交渉に時間がかかります。

> **Q11-2-3　持分権譲渡により撤退する場合、譲受人が中国内資企業、中国国籍の自然人である場合に留意すべき点はありますか。（内資転換）**

　まず、譲受人の属性に関係なく、譲渡代金の支払いを確実に履行させることができるか、というのが一番の問題です。
　また、Q11-1-1（撤退の方法）のとおり、持分権譲渡の場合、法人格はそのまま維持されますが、100％子会社である現地法人の持分をすべて中国国内の内資企業や中国国籍の自然人（非居住者等除く）に売却した場合、現地法人は内資企業に転換されることになります。その際、過去に受けていた優遇措置等を返還しなければならないケースがあります。たとえば、過去に「二免三減」による減免税を受けていた場合に、設立から10年以内に内資転換するケースでは、減免分を返還しなければならないことになります。また、内資企業への転換の手続については、審査認可機関による認可取得や登記変更の際に、地方によっては、実務上、従業員に関する配置案（雇用継続の意向表明）や債権債務の承継についての買主の声明文書、債権者一覧等の提出、新聞への公告、税務機関からの税務に問題ない旨の証明文書の提出等が要求される場合もありますので、事前に確認が必要です。

⇒コラム1-1-2（ハイテク企業認定）、第 8 章（外資）、Q11-1-1（撤退の方法）

> Q11-2-4　持分権譲渡により撤退する場合、留意すべき点はありますか。
> （持分権譲渡による撤退の留意点）

　M&Aにおいて買主側が法務調査をすることは通例となっていますが、売主側としても、親会社と対象会社との契約、対象会社と第三者との契約、ビジネス面での調整が必要な事項等について確認し、持分権譲渡と同時に必要な処理・対応（継続／終了／条件変更／第三者への説明、代替策の要否等）を検討しておく必要があります。少なくとも次の事項については確認・検討しておいたほうがよいでしょう。そのうえで、必要に応じて、持分権譲渡契約書とは別に当該事項の処理に関して合意書を締結することが通例です。

　①　設立・出資関連事項、業法上の許認可
　②　土地使用権・建物にかかる権利証書、その他関連契約
　③　知的財産権関連（技術ライセンス契約、商標ライセンス契約等）
　④　親子間ローン、保証提供
　⑤　グループ企業間での原材料調達、商品売買、その他契約関係
　⑥　商号（親会社と同一または類似の文言を利用しているなど）
　⑦　金融機関からの借入契約（保証提供、経営指導念書等の差入れがないか、株主変更が解除事由・報告事項になっていないかなど）
　⑧　取引先・顧客との契約、アフターサービスに係る対応等
　⑨　競業避止の問題（中国法上、持分権譲渡を行ったとしても当然に発生する義務ではない。相手方から求められた時の対応等）
　⑩　賃借工場の場合は賃貸借契約等
　⑪　その他重要な契約

⇒Q10-4-7（再編手法―持分権譲渡契約の注意点）、Q10-5-1（法務調査のチェック事項）

第11章 撤退

第3節
解散・清算による撤退

> 持分権の購入を希望する第三者が現れない場合には、最終的には、外商投資企業を清算することにより撤退せざるをえません。本節では、外商投資企業の解散・清算の手続について説明します。また、中外合弁企業が解散・清算する場合に行うべき準備や、債務超過会社の解散・清算の可否等についてもみていきます。

> Q11-3-1　持分権譲渡先を探しましたが、見つかりませんでした。当社現法の解散・清算により撤退する場合に生じる課題は何でしょうか。（解散・清算による撤退）

　外商投資企業の経営期間内の繰上げ解散については、原則として、審査認可機関による認可が必要ですが、以前よりも、解散の認可は得られやすくなっています。

　解散・清算においては、従業員の処理、土地使用権・建物の処分、税務処理の３つが重要なポイントになることが多く、最大の課題は従業員の処理です。どの解散・清算事案でも従業員との労働契約終了および経済補償金の問題があり、また、秩序立った清算の実施のためには、清算開始前の早期退職制度の実施をいかにうまくやるか、すなわち従業員数をできるだけ減らしておけるかにかかっている事案は多くあります。

　このほか、清算に入れば現地法人の営業活動は停止することになりますので、たとえば、顧客への供給義務について、中国内の関連会社や中国外からの輸入代替対応の検討や事前に受注量調整を行うなどのビジネス面での調整も必要になってきます。

第3節　解散・清算による撤退

> Q11-3-2　中外合弁企業の解散・清算については、100％子会社の現地法人の場合と比べて、何か難しい点等ありますか。（合弁企業の解散・清算）

　中外合弁企業、中外合作企業の経営期間内の繰上げ解散については、原則として、合弁当事者全員の合意が必要となります。合意の形式としては、董事会等の全会一致決議が必要となるほか、さらに地方によっては合弁当事者間の解散合意書が必要となる場合もあります。

　一般的な傾向として、中国側出資者は、合弁企業の解散・清算を回避する意向を示すことが多く、粘り強い交渉が必要になることもあります。

　合弁当事者間で解散・清算について合意できない場合、状況によっては合弁契約の解除請求や出資者による会社解散請求を司法手続（仲裁・裁判）において求めるという方法が考えられますが、容易に認められるものではなく、現実的には当事者間交渉によって解決していくケースが多いといえます。

⇒ケース11-3-1（清算をめぐる意見の対立）

Case 11-3-1　清算をめぐる意見の対立

　2002年、日本企業A社は、中国企業B社と共同で中外合弁企業を設立し、加工設備の製造販売を行っていました。2006年以降、市場状況の悪化等の原因により合弁当事者双方の意見対立が生じ始め、2011年9月、日本企業A社は合弁企業の解散、破産清算等を求めて南通市中級人民法院に訴えを提起しました。南通市中級人民法院は、人民法院と中国国際貿易促進委員会南通市委員会（CCPIT南通市委員会）との間の提携協定に基づき同委員会に調停を委託しました。調停において、日本企業A社は最終的に解散請求を放棄し、中国企業B社への持分権譲渡の方式による解決を行うことが合意され、その後、価格面についての調停が継続し、2012年7月に和解が成立し、日本企業A社は持分権譲渡により撤退しました。

　本ケースでも2006年以降2011年まで長期間にわたって交渉をしていたことが伺われますが、最終的に合意できない場合には、司法手続を利用し、その中で和解的手続を通じて解決していくという1つの手法が示されています。会社の司法解散請求やQ11-4-1（破産）の日本の上場企業が中国子会社の会社更生を申請したケースのように破産法に基づく手続を求める場合も含め、今後は、できる限

第11章 撤　　退

> り当事者間の交渉で解決する努力をしつつも、司法手続の利用も考慮に入れながら処理を進めるケースが増えると考えています。

Q11-3-3　中国側出資者との解散・清算についての協議を進める前に、どのような準備をする必要がありますか。(合弁企業との解散・清算のための準備)

　合弁当事者間の交渉の進め方はケース・バイ・ケースですが、まず、合弁契約に規定された解散事由への該当性が出発点になりますので、合弁契約の内容(解散事由への該当性、根拠)について分析しておく必要があります。また、現時点で解散・清算を選ぶ経済的メリット、合理性等を十分に説明できるよう、対象会社の(簡易的)清算BSの作成を含む財務・経営状態の分析・検討が必須でしょう。

　仮に中国側出資者が解散・清算に反対する場合、反対の本当の理由・障害が何であるのかを探り、現実的な打開策を探ります。

　交渉カードとして、中国側出資者の派遣任命にかかる役員を責任追及しうる事由・事象等がないか(たとえば、不透明な関連者取引の有無)という観点や逆に中国側出資者から日本側出資者またはその派遣任命にかかる董事等への責任追及の主張がなされることもありますから、日本側出資者の契約上の義務履行に不備がないか(たとえば、技術ライセンス契約に基づく義務履行が完了しているかなど)という観点からも検討をしておく必要があります。

　当然、交渉での解決を図るのがベストですが、他方で当事者間の意見対立が激しくデッドロックに陥った場合には、将来的に会社法に基づき司法解散請求を行う可能性も見据えて、董事会の開催要求書面の証拠化等を同時に進めていくこともあります。

⇒コラム2-3-4(デッドロック)、Q2-3-5(デッドロックの場合の処理)、Q11-3-10(デッドロックにおける解散)

第3節　解散・清算による撤退

> **Q11-3-4　外商投資企業の解散・清算に適用される法令、行政法規にはどのようなものがありますか。（外商投資企業の解散・清算手続の法律根拠）**

　外商投資企業の解散・清算については、以前は「外商投資企業清算弁法」（1996年9月7日公布施行）が適用されていましたが、同法は2008年1月15日に廃止され、現在は、中外合資経営企業法等のいわゆる「三資企業法」、「会社法」（関連する司法解釈も含む）、「会社登記管理条例」、三資企業法の実施細則等の行政法規、「外商投資企業の解散及び清算業務の法に基づく遂行に関する指導意見」、「外商投資企業の解散、抹消登記管理の関連問題についての通知」等の関連通知が適用されます。

> **Q11-3-5　「解散」と「清算」は一緒に使われることがよくありますが、会社の「解散」と「清算」の違いは何ですか。（解散と清算の違い）**

　会社の「解散」とは、会社を消滅させるための法律行為です。ただし、会社の解散により直ちに法人格が消滅するものではありません。法人格を消滅させるためには、会社の債権債務関係の処理、資産の処分および剰余財産の分配等を行わなければならず、これらの諸手続を「清算」といいます。
　会社を解散した場合に、必ず清算手続がなされるわけではなく、会社が他社に吸収合併された場合は、消滅会社は独立した法人格はなくなりますが、債権債務と資産を処分する必要はなく、清算手続は不要です。

> **Q11-3-6　当社現法は債務超過になってしまっていますが、このような場合でも解散・清算手続をすることはできるでしょうか。（債務超過会社の解散・清算）**

　解散・清算の条件は債務超過状態にないことであり、すべての債務を支払えることが前提ですので、債務超過の状態では解散・清算はできません。また、

第11章 撤　退

清算の途中で債務超過の事実がわかれば、その時点で破産手続に移行しなければなりません。

しかし、日本の親会社からすれば、子会社の破産はグループ全体の信用低下につながるおそれがあること、他の中国事業への影響、親会社の主要取引銀行との関係（現地法人も系列の銀行から借入れをしているケースが多い）、破産会社の役員等（親会社役員が兼任していることが多い）への責任追及の可能性等から、破産を避けることが多く、外商投資企業の破産実例は多くはありません。

そのため、債務超過になっている場合、増資、債権放棄、債務の持分権化（債権の持分権への転換）等の支援策により債務超過状態を解消した後に、解散・清算を選択することもあります。

ただし、親会社から子会社への支援策については、親会社側の税務処理の問題のほかにも、現地法人の状況によっては、支援策の妥当性が問われて日本の親会社取締役の善管注意義務違反が追及される可能性もあるため、その点も考慮した判断が必要となります。

⇒コラム7-2-1（親子ローンの返済義務の免除）

Column 11-3-1：親会社による債権放棄等の支援策

　親会社が子会社の倒産等の防止または整理のために、債権放棄、無利息貸付等を行う場合、当該債権放棄等を行う親会社の負担額が損金算入できるか、寄附金に該当するかによって親会社の所得計算に影響がでることがあります。これらの税務上の取扱いについては、親会社の税務顧問とも協議しながら進めることになります。

　また、親会社が子会社の倒産等の防止または整理のための支援を行う場合の親会社取締役の判断については、原則としていわゆる経営判断原則が適用されると解されます。しかし、近時、子会社に不明瞭な多額の不良在庫等や循環取引に類する不適法な取引が存在したなどの特殊な状況が背景にあったケースではあるものの、親会社による子会社支援のための貸付け（およびその後の債権放棄）に伴う損失について親会社取締役の善管注意義務違反が認められた裁判例（福岡高裁平成24年4月13日判決）等もでており、子会社の解散・清算時の親会社による支援についても、その内容の妥当性・相当性等については留意が必要です。

> Q11-3-7 当社現法は、債務超過にはなっていませんが、現金があまりありません。解散・清算手続をすることはできるでしょうか。（解散・清算の手続費用の確保）

債務超過でなければ解散・清算手続を行うことはできますが、必要な現金の確保ができていないとスムーズに進みません。清算手続に入った後に必要な現金支出としては、清算委員会のメンバーの報酬、清算事務を処理するために一部の従業員に残ってもらう場合の給与、官公庁の手続費用、不動産名義変更に要する費用、工場等の警備費用等に加え、買掛金等の取引債務、従業員の経済補償金（通常、清算開始とほぼ同時または直前に希望退職を募るのでその前に必要となります）、税金の追納、その他の未払債務が存在する場合も多く、必要な現金は確保しておく必要があります。現地法人が有する売掛金債権の回収や資産売却で現金を用意するケースでは、回収や売却に想定以上に期間がかかる場合でも現金不足が生じないよう事前確認・調整をしておく必要があります。

> Q11-3-8 中国では、どのような場合に、会社の解散ができるのでしょうか。（解散事由）

下記は法定の解散事由です。内資の有限会社・株式会社には会社法181条が適用され、外商投資企業については、会社法181条とそれぞれの企業に適用される法規が適用されます。

法定解散事由を大きく分けると、下記のとおりです。
① 経営期間が満了する場合
② 当事者が任意に解散に合意する場合（株主会・董事会等の意思決定機関での解散決議）
③ 当事者一方が解散請求をする場合（相手方の契約違反または定款所定の解散事由への該当を主張）
④ 行政による営業許可取消し・閉鎖命令等

第11章　撤　退

⑤　人民法院による司法解散判決
⑥　合併、分割等
⑦　その他の解散事由

> Q11-3-9　外商投資企業の解散・清算を行う際、審査認可機関の事前認可は必ず必要でしょうか。（外商投資企業の解散認可）

　まず、①定款に定める経営期間の満了により解散する場合（会社法181条1項、合弁企業法実施細則90条1項(1)号等）、②営業許可取消し・閉鎖命令等により解散する場合（会社法181条4項）、③人民法院の裁定により解散する場合（会社法181条5項、会社法183条による司法解散請求）は、直接清算手続に入ればよく、審査認可機関（商務部門）による認可を経る必要はありません。

　他方、④深刻な損失・不可抗力等により経営を継続できない場合、⑤企業がその経営目的を達成しておらず同時に発展の見込みのない場合、⑥契約や定款に規定する他の解散事由が生じた場合に、経営期間満了前に繰上げ解散する場合は審査認可機関による認可を経る必要があります。

　そして、⑦中外合弁または中外合作当事者の一方が契約または定款を履行しないため企業の経営を継続できなくなったことを理由に当事者の一方が繰上げ解散を求め、解散を認める人民法院の判決（または仲裁機関の裁決）を得た場合については、審査認可機関の「認可」は必要ありませんが、審査認可機関への報告が必要と解されています。

　ただし、実務的には、裁判・仲裁による解散事例はこれまで多くなかったこともあり、行政機関としては、判決等に加えて、審査認可機関による認可文書が必要であるという見解をとっている地方もありますので、事前に確認が必要です。

第3節 解散・清算による撤退

> **Column 11-3-2：解散の認可・登記手続における留意点**
>
> 　人民法院による解散を認める判決または仲裁機関による解散を認める裁決がある場合でも、審査認可機関の解散認可が必要かという点について以下のとおりご説明します。2008年５月５日に公布された「外商投資企業の解散および清算業務の法に基づく遂行に関する指導意見」では、合弁または合作当事者の一方が契約または定款を履行せず企業の経営を継続できなくなったことを理由に当事者の一方が解散を求める場合、審査認可機関に対し繰上げ解散申請書を提出し、同時に人民法院の確定判決または仲裁機関の裁決を提出しなければならないと規定しています。
>
> 　また、その後に公布された「外商投資企業の解散、抹消登記管理の関連問題についての通知」でも、審査認可機関の認可または人民法院の判決により解散できる旨が規定され（ただし、審査認可機関に対する報告は必要）、企業の抹消登記時の提出資料についても、人民法院の判決または仲裁機関の裁決がある場合は、解散の「認可文書」は不要とされています（同通知の本文では人民法院の判決のみに言及していますが、付属資料では仲裁機関の裁決がある場合についても認可文書の提出は不要と規定されており、仲裁裁決がある場合も人民法院の判決がある場合と同様の取扱いになると考えられます）。これらの規定からすれば、人民法院による判決または仲裁機関による裁決がある場合は、審査認可機関の認可は不要とも考えらえます。
>
> 　ただし、実務運用上は、Q11-3-9（外商投資企業の解散認可）で説明したとおり、審査認可機関および工商部門が、判決等に加えて審査認可機関による認可も必要であるという見解をとっている場合もあります。解散認可については以前よりはスムーズに取得できるようになっており、仮に、関係政府機関側が審査認可機関による認可が必要であるとの立場をとったとしても、判決等が出ている状態であれば、解散認可の取得について大きな支障が生じる可能性は低いものと思われます。

Q11-3-10　中外合弁がデッドロックに陥りましたが、合弁契約上は明確なデッドロック条項がないので困っています。法律の規定による救済はないのでしょうか。（デッドロックにおける解散）

　会社法に基づく解散請求ができる可能性があります。会社法に基づく解散請求とは、企業がデッドロックに陥り経営管理上の困難が生じた場合、一定の株

式を保有する株主が人民法院に対し会社の解散を請求する制度です（会社法183条）。当該請求を認容する判決が得られれば、他の株主の同意を得られなくとも会社を解散させることができます。

⇒コラム2-3-4（デッドロック）、Q2-3-5（デッドロックの場合の処理）

Q11-3-11　（Q11-3-10の続き）株主が会社法に基づく解散請求をするための条件はどのようなものですか。また、外商投資企業の持分権の保有者もそのような請求はできるのでしょうか。（解散請求権者の要件）

　株主が、企業の解散請求をするには、まず、企業の全株主議決権の10％以上を保有している必要があります。

　コラム11-3-2（解散の認可・登記手続における留意点）でも紹介した「外商投資企業の解散および清算業務の法に基づく遂行に関する指導意見」によれば、外商投資企業の出資者についても、外商投資企業の持分権者が会社法183条に基づく会社の解散請求を行う場合、直接管轄を有する人民法院に提訴すべきものとされており、直接提訴することが認められています。

⇒コラム11-3-2（解散の認可・登記手続における留意点）

Q11-3-12　どのような場合に解散請求が認められるのでしょうか。（解散請求の条件）

　会社法183条に基づく解散請求については、(1)会社経営に重大な困難が生じ、(2)継続して存続すると株主の利益に重大な損害を与えるおそれがあり、(3)その他の方法によっても解決することができない、という3要件を満たす必要があります。具体的には、たとえば、①会社が連続して2年以上、株主会または株主総会を開催できず、会社の経営管理に著しい困難が生じた場合、②株主による議決において、法定または定款に定める比率に到達することができず、連続2年以上有効な株主会または株主総会決議を行うことができず、会社の経営管

理に著しい困難が生じた場合、③会社の董事が長期にわたり対立し、かつ株主会または株主総会によっても解決できず、会社の経営管理に著しい困難が生じた場合、④経営管理において他の著しい困難が生じ、会社を引続き存続させることが株主の利益に重大な損失を与える場合のいずれかに該当し、かつ、上記3要件を満たす必要があると解されています。

なお、関連する司法解釈により、株主が、その知る権利、利益配当請求権等の権益が損なわれたこと、会社に欠損が生じすべての債務の弁済に財産が不足すること、または会社が企業法人営業許可証を取り上げられ清算を実施していないことなどを理由として会社解散の訴訟を提起した場合には、人民法院はこれを受理しないとされています。

したがって、たとえば、利益配当を受けられないといった理由だけでは解散請求は認められず、会社の意思決定ができないなどの会社の経営管理上の困難が生じる必要があります。

Q11-3-13 （Q11-3-12の続き）解散請求を認める条件における「他の方法によっても解決できない」というのはどういうことですか。（解散請求の条件（他の方法によっても解決できない））

「他の方法によっても解決できない」とは、当事者間での協議解決ができないことを指します。人民法院での立証を意識し、公証人を利用した董事会開催通知書の送付、行政機関に対する調停の申立て等の工夫も必要です。

Q11-3-14 中国では、解散請求の訴訟は法律で認められていることを理解しました。しかし、実態としては、このような訴訟はよくあるのでしょうか。（解散請求の実態）

会社法183条に基づく解散請求訴訟の件数は増加しており、認容判決、棄却判決のいずれも多数でています。

第11章 撤　退

　また、2012年4月9日に公布された第二次指導性案例においても、会社解散に関する裁判例が公布されています。なお、指導性案例は、最高人民法院により公布され、各級の人民法院は類似案件の審判の時には指導性案例を参照しなければならないとされています。
⇒コラム12-1-12（判例の拘束力と指導性案例）

Column 11-3-3：経営不振に陥っていない会社の解散請求

　会社法に基づく解散請求について、実務的に1つの論点になっていたのは、経営状況そのものは著しく悪化しているとはいえない（たとえば、欠損を出していない）会社であっても、解散請求が認められるのかという点でした。この点については、指導性案例により、会社の経営管理に重大な困難が生じているか否かは、会社の組織機構の運営状況から総合的に判断すべきであり、対象会社が利益を出している状態にあっても、株主会による支配が長期に失われ、内部管理に重大な障害が生じ、デッドロック状態に陥っている場合には、会社の経営管理に重大な困難が発生していると認定しうるとの判断が示されました。

Q11-3-15　裁判で解散請求が認容された場合、清算手続は自動的に開始されるのでしょうか。（清算手続の開始）

　解散請求を認容する確定判決を得た場合も、清算手続は自動的に開始されるものではありません。
　この場合、まず普通清算（自主清算）を試みる必要があります。この点、株主が会社解散の訴訟を提起し、同時に会社の清算についても人民法院に申し立てた場合、人民法院は清算の申立てを受理せず、原告に対し会社解散の判決が下された後、法令の規定に従って、自ら清算を実施し、または人民法院に別途会社の清算を申し立てるよう知らせることとされています（「会社法」適用の若干問題に関する規定（二）2条）。したがって、解散請求をした原告は、会社の解散を命じる判決が出た場合、まず普通清算を行い、それができない場合には別途人民法院に対し強制清算の申立てを行うことになります。

⇒Q11-3-16（清算手続の種類）、Q11-3-23（強制清算手続）

Q11-3-16　清算手続にはどのようなものがありますか。(清算手続の種類)

　清算手続には、普通清算と強制清算の２種類があります（会社法184条）。

　普通清算とは、株主（出資者）の意思により、任意に行われる自主清算のことを指します。会社の解散事由が生じた場合は、株主は解散事由が生じた日から15日以内に清算委員会を成立させ、会社法等の規定に従って清算手続を自主的に行うことになります。

　これに対し、強制清算とは、債権者または株主の申立てに基づき、人民法院の指揮のもとで行われる清算手続のことを指します。

　法定の期限（解散事由が生じた日から15日以内）までに清算委員会を成立させて清算を行わない場合、または清算委員会は成立し清算が開始されたものの、清算が意図的に引き延ばされた場合、もしくは違法な清算によって債権者または株主の利益を著しく損なうおそれがある場合には、債権者は人民法院に対し清算委員会を指定して清算を行うよう申し立てることができ、債権者が上記申立てを行わない場合は、株主も同様の申立てを行うことができます。

⇒Q11-3-23（強制清算手続）

Q11-3-17　普通清算手続の概要を教えてください。(清算手続の流れ)

　普通清算を行う場合の大きな流れは以下のとおりです。ただし、複数の手続を同時並行で処理する場合や必ずしも記載の順序で行われない場合もあります。

① 解散の意思決定（会社の意思決定機関による解散決議、清算委員会メンバー選任決議等も同時に行う）
② 原審査認可機関（商務部門）に対する解散・清算認可申立て
③ 原審査認可機関による解散・清算認可
④ 清算委員会成立（認可日より15日以内）、清算業務開始

第11章 撤　退

⑤　清算委員会責任者・構成員の届出（清算開始日より10日以内）
⑥　清算業務
　(i)債権者への通知、新聞紙上での清算公告、債権届および認否
　(ii)企業の財産整理、貸借対照表と財産目録の作成
　(iii)従業員との労働契約終了・経済補償金支払等の労務関係処理
　(iv)税務、税関の検査手続、未納付分の納税
　(v)固定資産、在庫品等の売却、競売会社への依頼等
　(vi)債権回収、債務の弁済
　(vii)未終了業務の処理、履行中の契約等の処理・整理
　(viii)その他
⑦　清算報告書作成、会社の意思決定機関への報告、確認（確認書面の作成）
⑧　登記抹消（税務登記、税関登記、外貨登記等の抹消（途中で外国株主への残余財産の送金を行う））、工商登記抹消
⑨　工商部門による会社終了新聞公告

なお、通常は、解散意思決定の前の準備段階で、清算に要する費用・追加納税費用、各種債務弁済費用等について、必要な現金が確保できているか（一部債権回収・資産売却代金等から充てるのであれば、その時期・見込み等）を確認します。また、従業員への通知・説明・経済補償金支払手続の段取り、会社印・財務印・帳簿等の管理体制、清算手続に関する事務書類、資産保全（警備員配置）等についても準備しておくことになります。

⇒Q2-3-8（董事会の決議事項、議事規則）、コラム2-3-9（株主会の権限の範囲と決議に関する規則等）

Q11-3-18　清算委員会には、どのようなメンバーを選任したらよいでしょうか。また、通常は何名選任しますか。（清算委員会のメンバー）

清算委員会のメンバーに関しては、関連法令の間で一致しない規定が存在し

ます。

　すなわち、会社法では、有限責任会社の清算委員会は出資者により、株式会社の清算委員会は董事または株主総会が決定した人員により構成されるとされており、中外合弁企業法実施細則では通常合弁企業の董事から選任するとされています。他方、外資独資企業法実施細則では、外資独資企業の法定代表者、債権者代表者または関連主管機関の代表から構成され、かつ会計士、弁護士等を招へいし、参加させるものと規定されています。

　実務上は、外商投資企業の清算委員会は、当該会社の最高意思決定機関（株主会または董事会）の決議により3名またはそれ以上の董事を選任して組織し、実作業については、必要に応じて会計士、弁護士等の専門家をアドバイザーとして起用することが多いです。なお、商務部門・工商部門から、株主からの任命書を作成するよう要求される場合や、株主の法定代表者が清算委員として名を連ねるよう要求される場合もあるため、清算委員の選任方法についても所在地の商務部門・工商部門に事前に確認しておいたほうがよいでしょう。

Q11-3-19　清算委員会はどのような権限があるのでしょうか。（清算委員会の権限）

　外商投資企業の清算において、清算委員会は以下の権限を有しています。
① 会社財産の整理、貸借対照表・財産目録等の作成
② 債権者対応（公告・債権評定等）
③ 清算に関連する会社業務の処理（清算案作成等も含む）
④ 未納税金等の納付
⑤ 債権および債務処理
⑥ 残余財産の分配
⑦ 会社を代表して民事訴訟を提起または民事訴訟に応訴すること

> **Q11-3-20　中国で会社を清算する場合、清算完了までの期間に関する規制はありますか。また、一般的には、清算手続にはどのくらい時間がかかりますか。（清算の所要期間）**

　普通清算の期間については法令上の制限は特にありませんが、実務上は短くて半年から1年前後、場合によっては2年以上かかる可能性もあります。手続中に第三者から訴訟提起を受けるなどして、さらに時間を要する場合もあります。

　清算手続において、債権債務の処理、財産の処分以外に、各政府機関にて各種の抹消登記を行わなければなりません。これらの手続は非常に煩雑であり、かつ時間がかかります。特に、税務・税関の抹消登記において、過去に税金・関税の未納がないか、税務局・税関が徹底的に検査を行い、それだけで数か月かかることも少なくありません。

> **Q11-3-21　清算手続におけるトラブルとしてどのようなものがありますか。（清算手続上の問題点）**

　清算手続において生じるトラブルにはさまざまなものがありますが、従業員とのトラブルは顕在化しやすい事項といえるでしょう。清算手続開始時の従業員の人数・人事関係の状況にもよりますが、共通して重要なことは、経済補償金の支払いが速やかに行われるよう準備・説明し、支払いに不安を与えないことがまず重要です。

　債権者とのトラブルも生じやすい問題の1つです。本来、清算手続は債務を全部支払えることが前提ですが、債権者にとっては清算開始の情報を取得した時点では実際に支払いを受けることができるのかはわからず、また、清算途中で破産に切り替わる可能性もあるため、特に親会社への信頼度が低く適切に清算手続を進めて支払いを行うことが期待できない場合や、債権者数が多い場合等には、会社敷地内へ外部者が侵入するなどの騒動が起こることもあります。

その他、工場が賃借の場合、賃貸人との間でトラブルになると門を閉鎖されたり、電気供給を断たれるなどして、清算業務にも支障を来たすなどの問題が生じることもあります。

　これらのトラブルは、事前準備によって防止できることも多く、清算手続をとること自体に対して過剰な心配はいりませんが、情報の管理も含め、留意は必要でしょう。

> Q11-3-22　中外合弁企業の清算について注意点はありますか。（合弁企業の清算）

　中外合弁企業の清算においては、清算手続の段階に入ってからも清算委員会における各種の合意形成（たとえば、主要な資産を誰に売却するかなど）に支障が生じ、デッドロックに陥り手続が遅延するケースもよくあります。このため、中外合弁の解散・清算については、解散・清算の方向で協議が整ったとしても、先にどちらかが相手方の持分を買い取り、独資化を進めたうえで解散・清算することもあります。また、協議で解決できない場合には、最終的には強制清算の手続を申請するという方法も考えられます。たとえば、北京市では、北京市高級人民法院が「会社の強制清算案件の審理に関する操作規範（試行）」を制定・公布していますが、同規範には普通清算においてデッドロック状態に陥った場合が強制清算申立事由の１つとして明記されています（同規範5条）。この点については、当該地方の強制清算にかかる受理要件を定めた地方性法規または人民法院の解釈規定等を確認する必要があります。
⇒コラム2-3-4（デッドロック）、Q2-3-5（デッドロックの場合の処理）、Q11-3-23（強制清算手続）

> Q11-3-23　人民法院主導の強制清算はどのような手続ですか。（強制清算手続）

第11章 撤退

　Q11-3-16（清算手続の種類）に記載したとおり、法定の期限（解散事由が生じた日から15日以内）までに清算委員会を成立させて清算を行わない場合、または清算委員会は成立し清算が開始されたものの、清算が意図的に引き延ばされた場合、もしくは違法な清算によって債権者または株主の利益を著しく損なうおそれがある場合には、債権者は人民法院に対し清算委員会を指定して清算を行うよう申し立てることができ、債権者が上記申立てを行わない場合、株主も同様の申立てを行うことができます。強制清算は、人民法院に対して申立てを行い、人民法院によって受理決定（手続開始決定）がなされて初めて開始します。手続の概要は以下のとおりです。

(1) **裁判管轄**

　対象会社の主要な事務機構の所在地を管轄する人民法院が管轄する（不明の場合は登記地）。原則として、区、県の会社登記機関により登記された会社の強制清算案件は基層人民法院が管轄し、市・市級以上の会社登記機関が登記した会社の強制清算案件は中級人民法院が管轄する。

(2) **強制清算の申立ておよび受理**

　① 強制清算の申立て、証拠資料の提出
　② 書面審査（形式審査）→補正等の手続
　③ 立案（受理審査開始）
　④ 被申立者（対象会社）への通知・弁明の機会の付与（一般的に公聴会を開催するが、事実関係・法律関係が明確であり、証拠が十分である場合、公聴会を開催することなく書面審査のみを実施することもできる）
　⑤ 人民法院による受理／不受理決定（不受理または受理申立てを却下するとの裁決について申立人に不服がある場合は上級審に上訴できる。日本の即時抗告に類似）（最高人民法院の「会社強制清算案件の審理に関する業務座談会の議事録の発行に関する通知」6条・7条）

(3) **清算組の指定**

　対象会社の株主、董事、監事および高級管理職ならびに破産管理人名簿に記載された弁護士事務所および人員等から人民法院が選任する。

第3節　解散・清算による撤退

(4) 清算業務
① 対象会社の財産、印鑑、帳簿、重要文書、証書等の書類引継ぎ
② 財産調査（対象会社の董事等による財産隠し・横領等の事実調査も含む）、財務諸表作成、財産評価、競売等
③ 債権者への通知、公告、債権評価
④ 清算案の作成
⑤ 未納税額、清算過程で生じた税金の納付
⑥ 債権債務処理
⑦ 財産の管理・処分、残余財産の分配
⑧ 人民法院に対する清算報告書の提出
⑨ 登記抹消、会社終了に必要とされる手続
⑩ その他

清算期間は、原則として6か月とされていますが、人民法院の認可により延長されることもあります。

⇒Q12-1-3（審級管轄、地域管轄）、第12章第1節法知識の整理2

> **Q11-3-24　株主や董事は、会社の清算にあたってどのような責任を負いますか。（会社清算責任）**

会社法184条は、法定解散事由（経営期間満了、営業許可証の取消し、強制解散等。会社法181条1号・2号・4号・5号）により会社を解散する場合、解散事由が生じた日から15日以内に清算委員会を成立させ清算を開始しなければなりません。

有限責任会社の株主、株式会社の董事および支配株主が所定の期間内に清算委員会を成立させて清算を開始しなかったために、会社財産の価値が下落、流失、毀損等を招いた場合には、株主は会社債権者に対し、それによって生じた損失の範囲内で連帯責任を負うものとされ、また、株主らの当該義務の懈怠により会社の主たる財産、帳簿、重要文書等が消失して清算を行えなくなり、債

第11章 撤退

権者が株主らに対し会社債務について連帯して弁済責任を負担するよう主張した場合には、人民法院はこれを支持しなければならないとされています。

また、対象会社が営業を停止している場合等には、営業許可が取り消されることがあります。上記のとおり、営業許可証の取消しは法定解散事由の1つ（会社法181条2号）ですから、その場合、有限責任会社の株主、株式会社の董事および支配株主は、会社の営業許可証の取消しの後、法定期間内に清算委員会を成立させ清算を開始しなければならず、これを懈怠した結果、会社の主たる財産、帳簿、重要文書等が消失し、清算を行えなくなった場合、会社債務につき連帯して支払う責任を負うということになります。

> **Q11-3-25　実際に株主の清算責任が認められたケースはありますか。（株主の清算責任の実態）**

株主の清算責任を認めた裁判例も数多く出ています。また、2012年9月18日に公布された第三次指導性案例においても、株主の清算責任についての裁判例が公布されています。

⇒ケース11-3-2（株主の清算責任（指導性案例9号））

Case 11-3-2　株主の清算責任（指導性案例9号）
(1)　事案の概要
　原告は、2007年6月、被告会社に対して鋼材を販売し、約709万人民元の商品を納入しました。被告会社は売買代金のうち約569万人民元を支払ったものの、残額約140万人民元を支払いませんでした。被告房某、蒋某、王某は被告会社の株主であり、その持株比率はそれぞれ40対30対30でした。被告会社は工商部門の年次検査※を受けず、2008年12月25日、営業許可証の取消しを受けたものの、本件訴訟に至るまで清算は行われていませんでした。すでに被告会社の事務所はなく、帳簿および財産は不明の状態にあり、また、被告会社について、すでに第三者から強制執行が申し立てられていたものの、換価できる財産が見つからないことを理由として当該強制執行の実行が中止された状態でした。
(2)　原告および被告の主張

第3節　解散・清算による撤退

　原告は、被告会社に未払代金の支払いを求めるとともに、被告房某、蒋某、王某が会社法および関連司法解釈に基づく株主の清算義務を怠り、その結果被告会社の財産を流出・消失させ原告は支払いが受けられなくなったとして、被告会社の原告に対する売買代金債務約140万人民元について連帯して支払う義務があると主張しました。
　これに対し、被告蒋某および王某は、被告会社の経営に関与したことはなく、被告会社は支配株主である被告房某により支配されており両人は清算を行う方法がなかったこと、被告会社は経営不振により営業許可証の取消前にすでに多額の負債を負い支払不能の状態にあり、被告らの清算義務の怠慢により被告会社の財産消失がもたらされたものではないこと、被告らは弁護士に委託して清算を進めようとしたが、被告会社の財産は債権者によって多数回にわたり持ち出されており清算することができなかったもので被告らは清算義務を怠っていないことなどを主張しました。他方、被告会社および房某は法廷に出頭せず答弁もしませんでした。

(3)　判　　決
　上海市の松江区人民法院は、2009年12月、被告会社に約140万人民元の代金支払いを命じ、被告房某、蒋某、王某に対して当該債務について連帯して支払うよう命じました。控訴審においても原審が維持されました。
　判決理由では、被告らの株主としての会社清算義務の懈怠による会社主要財産、帳簿等の消失ならびにそれにより清算が不能となったことを認定し、会社法184条および司法解釈に基づき、株主が連帯して会社債務を支払う義務があると判示しました。また、被告会社は有限責任会社であることからすべての株主が清算義務者であるとし、持株比率の大小や実際に経営に関与していたか否かによって清算義務の存否は左右されないなどとして、株主の責任を免除されないと判示しました。
※　工商部門という会社登記に係わる行政部門が企業に対して行う法定検査のことを指す。

Q11-3-26　私は現地法人の総経理をしています。現地法人の経営には問題ありませんが、親会社が破産申立てを行い、破産開始決定がでました。現地法人は今後どのように処理が進められていくのでしょうか。（外国親会社の破産手続開始）

　日本の親会社について日本の裁判所が出した破産開始決定の効力は当然に中

第11章 撤　　退

国に及ぶものではありません。外国の裁判所の破産にかかる判決・裁定の効力を中国国内の財産に及ぼすには、中国の人民法院において、民事訴訟法に基づき外国判決の承認・執行の決定を受けなければなりません。破産手続の承認・執行が行われていない場合、理論的には、たとえば、日本の親会社に対する債権者が、親会社に対する債権を認容する外国仲裁裁決等をすでに得ており、かつ、当該仲裁裁決等が中国国内で執行できる状態（中国の人民法院による承認・執行の決定を受けた状態）にあれば、日本の親会社が保有している現地法人の持分権を差し押さえることもできるということになります。もっとも、実務的には、仲裁裁決の承認・執行のコストや回収可能性を考慮すると、親会社の債権者がそのような行為をとることは経済合理性に欠けるケースも多いと思われます。

　もともと、現在のところは、日本の裁判所の民事訴訟判決（離婚等の訴訟を除く）について中国の人民法院において承認・執行の決定を受けることは困難と考えられており、筆者らが知る限り、日本の破産開始決定の効力について中国の人民法院による承認・執行の決定を得たという事案はなく、日本の親会社の破産管財人の監督下で現地法人の持分権譲渡先を探し、持分権譲渡による撤退等の処置が行われるケースが多いと思われます。

　なお、現地法人の経営に問題がない場合でも、親会社の破産によって信用が低下することも多いため、早期に親会社の破産管財人と協議して、現地運営方針について指示を仰ぐことが望ましいといえます。その際には、銀行対応、従業員処理方針、取引先対応等について協議しておく必要があるでしょう。銀行からのローンがある場合には、親会社による保証提供が条件となっているケースも多く、新規に信用力のある保証人への差替えが要求されたり、一括返済を求められ資金ショートしたりする例もあります。

⇒Q12-1-13（判決の強制執行）、Q12-1-14（日中判決の相手国での執行）、Q12-2-3（仲裁判断の相手国での承認と執行）

第 3 節　解散・清算による撤退

> Q11-3-27　当社の駐在員事務所（代表処）を閉鎖したいのですが、どのような手続をしたらよいでしょうか。（駐在員事務所の閉鎖）

　駐在員事務所（代表処）の閉鎖については、本社による閉鎖についての決議を経た後に、税務登記抹消、税関登記抹消、銀行口座抹消、外貨管理局での外貨登記抹消のうえで、工商部門において登記抹消手続をします。その他、財政登記等、行政への登記事項についての抹消手続を行います（手続の順序や内容は地域により一部異なる場合があります）。通常、最も時間がかかるのは税務登記抹消であり、少なくとも3〜6か月程度はかかるとみておいたほうがよいでしょう。会計処理や帳簿管理に不備があった場合等は、さらに税務登記抹消の手続が長引くこともあります。

　なお、駐在員事務所の開設に、関連部門による特別な許認可が必要な業種（たとえば、法律事務所の駐在員事務所）については、当該所轄の部門において駐在員事務所閉鎖にかかる許認可を得る必要があります。

⇒Q2-1-2（駐在員事務所の設立）

第11章 撤　退

第4節
破産による撤退

外商投資企業が債務超過の状態にあり、親会社から債務超過解消のための援助も得られない場合（Q11-3-6参照）には、解散・清算によって撤退することはできず、破産手続によって撤退する必要があります。本節では、中国における破産手続の概要や、破産の場合の役員の責任等について説明するとともに、破産手続をとらずに会社を放置した場合の責任等についてもみていきます。

Q11-4-1　中国では、破産手続はどの程度利用されているのでしょうか。（破産）

　最高人民法院のウェブサイトに掲載されている統計によれば、中国国内の破産事件の受理件数（日本の民事再生・会社更生と類似の手続を含む）は、国有企業の倒産事件が中心的ではあるものの、2008年以降、全国で15,000件を超え、破産事件についての人民法院・弁護士・会計士・破産清算事務所（破産清算事務を業とする事業者）等のノウハウの蓄積も少しずつ進みつつあります。外商投資企業の破産については、事実上倒産させて手続もせずに撤退するというケースが社会問題化する一方で、正式に申立てをして破産手続をした実例は非常に少ないというのが現状であり、破産申立てをした後、事実上棚上げにされ、人民法院の指導により取り下げざるをえないというケースもありました。2013年6月には、日本の上場企業の中国子会社（連結）が、中国破産法に基づく会社更生を申し立て、その後同年8月下旬に現地の中級人民法院が受理したとのプレスリリースがあり、今後の手続の進展が注目されています。

Q11-4-2　破産管財人になるのはどのような人でしょうか。(破産管財人)

　各地方の高級人民法院または高級人民法院に指定された中級人民法院が、破産管財人リストを作成し、公開しています。主な候補者は、弁護士事務所、会計事務所、破産清算事務所（破産清算事務を業とする事業者）等の機構、および弁護士、会計士等の個人であり、人民法院が当該リストの中から破産管財人を選任します。

Q11-4-3　破産手続をした場合、現地法人の株主や役員はどのような責任を負いますか。(破産における役員の責任)

　破産会社の関係者（原則として法定代表者または人民法院に指定された財務管理者等他の人員）は、破産手続終結までの間、①財産帳簿等の適切管理義務、②人民法院、管財人の要求に基づき業務執行し、質問に回答する義務、③債権者会議に立ち会って回答する義務、④人民法院の認可がない限り、居住地を離れない義務、⑤企業の董事、監事、高級管理職に就任しない義務等を負います。

　また、破産会社に、破産申立受理前1年以内に無償の財産譲渡、不当な価格での取引等の否認権の対象となる行為があった場合や（破産法31条）、破産申立受理前6か月以内の偏頗弁済（同法32条）、資産隠匿行為等の無効行為（同法33条）があり、債権者を害した場合は、法定代表者およびその他の直接の責任者は、債権者に対する賠償責任等を負う可能性があります。また、董事、監事、高級管理職等が忠実義務・勤勉義務に違反し、債務者を破産に至らせ民事責任を負う場合には、破産手続終結日から3年間、他の企業の董事、監事、高級管理職に就任することはできません（会社法147条）。
⇒Q12-5-5（董事の責任）

第11章 撤　退

> **Q11-4-4　現地法人の事業活動を事実上停止した後、何らの手続もとらずに放置していた場合、何か不利益はありますか。（放置会社に対する処分）**

　すべての企業法人は、1年に1回、年次検査を受ける必要があり（一部の地方では報告制度に変更されています）、中国の公認会計士による財務諸表に関する法定監査を受け、工商部門の定期検査に合格しなければなりません。本問のように事業活動を停止した会社を放置して検査を受けない場合、1万人民元以上10万人民元以下の罰金が科せられ、行政指示を無視して、60日以内に年次検査を受けない企業は、営業許可証を取り消される可能性があります。このような営業許可証の取消しは行政処罰の一種です。
⇒Q12-5-4（年次検査）

> **Q11-4-5　営業許可証が取り消された場合、株主や現地法人の役員にも何らかの不利益がありますか。（営業許可証の取消し）**

　営業許可証が取り消された場合、同じ企業名称は3年間使用することができなくなり、法定代表者は、年次検査期間中に職権を行使できない正当な事情がある場合を除き、3年間他の企業の高級管理職に就くことはできないといった不利益を受けることになります。

　また、営業許可証の取消しは法定解散事由に該当しますので、有限責任会社の株主、株式会社の董事および支配株主は、法定期間内（解散事由発生から15日）に清算委員会を成立させて清算を開始する必要があります。現地法人は、有限責任会社であることがほとんどですので、その場合、株主（日本の親会社）に上記清算の義務があるということになります。
⇒ケース11-3-2（株主の清算責任（指導性案例9号））

法知識の整理

1　中国における破産制度

企業破産法では、破産、更生（中国語では「重整」）および和議（中国語では「和解」）という3つの制度があります。

破産は、債務者が期限の到来した債務を弁済することができない場合に、債務者の全資産をもって、法定の順序に基づき、債権額の比率によって、債権者に対して配当を行う制度です。

更生は、破産原因を有しまたは破産の可能性があるものの、再生の可能性がある債務者に対し、債権者の決議した更生計画案を人民法院が認可した場合に、更生計画を履行することによって債務を弁済する制度です。更生は、担保権の行使が暫定的に中止される点で日本の会社更生に類似しているものの、日本の民事再生と同様、債務者の自主管理も認められている点で、いわゆるDIP型会社更生に類似しているといえます。

和議とは、債務者が、人民法院に対し、債務に関する和議協議書草案を提出し、人民法院による認可を経て、これを履行することによって、債権者に対して弁済を行う制度です。

2　破産手続の流れ

破産手続の主な流れは以下のとおりです。破産原因としては、①期限の到来した債務を弁済できず、かつ資産がすべての債務の弁済に不足する場合、または②期限の到来した債務を弁済できず、かつ明らかに弁済能力を欠如している場合であるとされています（企業破産法2条）。これらの要件を満たした場合、人民法院は受理決定を行い、破産手続が開始されます。

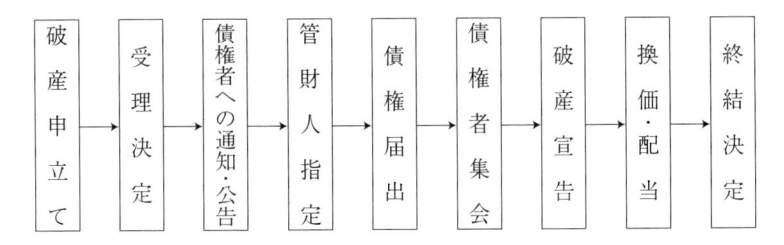

破産申立て → 受理決定 → 債権者への通知・公告 → 管財人指定 → 債権届出 → 債権者集会 → 破産宣告 → 換価・配当 → 終結決定

第11章 撤　　退

関連法令

「会社法」(公司法)(2006年)
「会社法適用の若干問題に関する規定(二)」(最高人民法院关于适用《中华人民共和国公司法》若干问题的规定(二))(2008年)
「中外合資経営企業法」(中外合资经营企业法)(2001年)
「中外合資経営企業法実施条例」(中外合资经营企业法实施条例)(2001年)
「外資独資企業法」(外资企业法)(2000年)
「外資独資企業法実施細則」(外资企业法实施细则)(2001年)
「外商投資企業投資家の持分変更についての若干の規定」(外商投资企业投资者股权变更的若干规定)(外経貿法発【1997】267号)
「企業破産法」(中华人民共和国企业破产法)(2007年)
「企業破産法適用の若干問題に関する規定(一)」(最高人民法院关于适用《中华人民共和国企业破产法》若干问题的规定(一))(法釈【2011】22号)
「外商投資企業の解散及び清算作業の法に基づく遂行に関する指導意見」(商务部办公厅关于依法做好外商投资企业解散和清算工作的指导意见)(商法字【2008】31号)
「外商投資企業の解散、抹消登記管理の関連問題についての通知」(工商行政管理总局、商务部关于外商投资企业解散注销登记管理有关问题的通知)(工商外企字【2008】226号)
「企業破産案件を審理にあたり管理人を指定に関する規定」「关于审理企业破产案件指定管理人的规定」(法釈【2007】8号)
「企業年次検査弁法」(企业年度检验办法)(国家工商行政管理総局令23号)
「会社強制清算案件の審理に関する業務座談会の議事録の発行に関する通知」(最高人民法院印发《关于审理公司强制清算案件工作座谈会纪要》的通知)(法発【2009】52号)

第12章

紛争解決・行政・刑事・コンプライアンス

第12章　紛争解決・行政・刑事・コンプライアンス

第1節
裁判手続

中国の取引相手との間で法的紛争が生じた場合の解決方法として、裁判によって解決する方法があります。本節では、中国における裁判手続の概要および流れについて解説するとともに、裁判手続における留意点についてみていきます。また、中国の裁判官の任命方法や地方保護主義についてもあわせて紹介します。

Q12-1-1　上海市にある当社現法は、中国において化粧品を製造、販売しています。上海市に所在する顧客（中国企業）が、上海市で引き渡した商品の販売代金100万人民元をなかなか支払ってくれず、話し合いをしても解決することができません。中国ではどのような法的紛争解決方法がありますか。（法的紛争解決制度の概要）

　中国における法的紛争解決方法には、主として日本の裁判所に相当する人民法院における裁判手続と、仲裁機関における仲裁手続があります。両者は二者択一の関係にあり、両方を利用することはできません。また、仲裁を利用できるのは当事者間に仲裁に関する合意がある場合に限られます。本問では、契約において仲裁を紛争解決方法として定めていたかどうか、定めていなかったとしても、仲裁を利用する旨の合意が後日できたかどうかによって、仲裁と裁判のいずれによるのかが決まります。なお、労働紛争等の特定の紛争類型の場合には、裁判手続を行う前に特別な手続を経る必要があります。
⇒Q5-5-1（労働紛争の解決方法）

> Q12-1-2 （Q12-1-1の続き）顧客との売買契約書等では仲裁に関する合意はないため、中国で裁判を提起したいと考えています。中国の裁判の流れについて教えてください。（裁判手続の流れおよび特徴）

　人民法院に訴訟を提起する場合、原告は、訴状、証拠等の文書を人民法院に提出します。人民法院は、これらの提出文書に基づき訴訟提起の要件を審査して、受理するかどうかを決定します。人民法院が受理した場合、人民法院は、被告に対し、訴状、受理通知書等の関係書類を送達します。その後、原告・被告は、裁判所から指定された法廷審理期日に出廷し、法廷調査とよばれる日本の証拠調べに類似した手続や、法廷弁論とよばれる日本の事実主張に類似した手続が行われます。中国国内事件の裁判においては、特別な事情がなければ第一審の判決は6か月以内になされ、上訴審の判決は3か月以内になされることとされています（民事訴訟法（以下「民訴」といいます）149条・176条）。
⇒本節法知識の整理1、コラム12-1-2（訴訟提起に必要な書類）

Column 12-1-1：和解と調解

　日本における「裁判外の和解」と「裁判上の和解」に類似する中国語の概念として、「和解」と「調解」があります。すなわち、「和解」とは、法廷外において当事者が自ら紛争解決の合意に達することをいいます。裁判手続中においても、判決が確定する前であれば、当事者はいつでも和解することができ、和解の内容も自由に決定することができます。一方で、「調解」とは、裁判手続中に、人民法院が間に入って紛争解決方法について合意させることをいいます。和解と調解の異なる点は、調解の場合は人民法院が調解書を作成する点と、当該調解書には強制執行力がある点です。

第12章　紛争解決・行政・刑事・コンプライアンス

> Q12-1-3　（Q12-1-1の続き）の件で、中国の裁判の流れについては理解しましたので、実際に100万人民元の売買代金請求訴訟を人民法院に提起しようと考えています。どの人民法院に訴訟提起すればよいでしょうか。裁判管轄について教えてください。（審級管轄、地域管轄）

　中国では最高人民法院、高級人民法院、中級人民法院および基層人民法院の4つの審級の人民法院が設置されています。どの審級の人民法院を第一審裁判所として訴訟提起すべきかは、訴額、事件の重大性、事件の種類等によって決まります。

　当該事件について、地理的にどの地域の人民法院が管轄するのかを地域管轄といい、原則として、被告の住所地にある人民法院が管轄権を有するとされています（民訴21条）。その他、紛争類型に応じて特別な規定があり、契約紛争については被告の住所地のほか、契約履行地の人民法院も管轄権を有することになります（同法23条）。本問では、被告の住所地である上海市または契約履行地の人民法院に訴訟提起することができます。ちなみに、本問のような売買取引における契約履行地は目的物の引渡地になります。

　次に、最高人民法院、高級人民法院、中級人民法院または基層人民法院の4つの審級のうち、どの人民法院に訴訟提起すればよいのかを審級管轄といい、その基準は以下の表のとおりです。具体的な運用基準については、地域ごとに定めがあり、上海市においては訴額5,000万人民元以下の場合には基層人民法院が第一審になるとされています。本問は、中国国内法人間の単純な債権回収であり、訴額は売買代金100万人民元と遅延損害金をあわせても同額程度なので、基層人民法院が第一審の管轄裁判所となります。

第1節　裁判手続

第一審となる人民法院	事件の性質
最高人民法院	① 全国的に重大な影響を及ぼす事件 ② 最高人民法院が自ら審理すべきであると認定した事件
高級人民法院	当該管轄区内において重大な影響を及ぼす事件
中級人民法院	① 重大な渉外事件 ② 当該管轄区内において重大な影響を及ぼす事件 ③ 最高人民法院が、中級人民法院が審理すべきであると認定した事件
基層人民法院	上記以外の第一審の事件

> Q12-1-4　上海市にある当社現法は、上海市の会社から大連市にある不動産を購入しました。しかし、売主が当該不動産を第三者にも売却し、権利移転登記が行われてしまいました。当社現法としては、訴訟によって売主の違約責任を追及したいと考えています。売買契約書では、上海市の人民法院が合意管轄とされていますが、契約のとおり上海市の人民法院に訴訟提起することはできますか。（合意管轄、専属管轄）

　契約当事者間で、紛争が生じた場合の管轄をあらかじめ合意しておくことが可能であり、これを合意管轄といいます。しかし、合意管轄とはいえ、どの管轄地でも選択することができるわけではなく、以下の人民法院から選択する必要があります（民訴34条）。
　① 被告住所地の人民法院
　② 契約履行地の人民法院
　③ 契約締結地の人民法院
　④ 原告住所地の人民法院
　⑤ 目的物所在地の人民法院
　⑥ その他、当該紛争と関係のある地の人民法院
　しかし、特定の紛争類型については、特定の人民法院に訴訟提起する必要が

あるとされており、これを専属管轄といいます（民訴33条）。たとえば、不動産に関する紛争については不動産所在地の人民法院に、港湾作業中に発生した紛争については港湾所在地の人民法院に、相続財産に関する紛争については被相続人の死亡時の住所地または主要な遺産の所在地の人民法院に、それぞれ専属管轄があります。

本問では売買の対象となる不動産が大連市にあるため、不動産所在地である大連市の人民法院が専属管轄を有します。

合意管轄は、審級管轄および専属管轄の規定に違反してはなりませんので（民訴34条）、上海市の人民法院に関する合意管轄は無効となり、本問で上海市の人民法院に訴訟提起することはできません。

Column 12-1-2：訴訟提起に必要な書類

訴訟提起に必要な書類は一般的に以下のとおりとされています。
① 訴状の正本および副本
② 訴状が依拠する証拠（訴状で求める主張を裏づける証拠）
③ 原告および被告の主体資格証明書（法人であるか、個人であるかを証明するため）
④ 送達住所確認書

なお、③の主体資格証明書としては、実務上、原則として、法人の場合は工商部門で取得する基本登記情報の写しを、個人の場合は身分証明証や戸籍身分資料の写しを提出することが一般的です。
⇒コラム3-1-4（企業情報の取得）

Q12-1-5 （Q12-1-1の続き）訴訟遂行にあたって訴訟代理人を起用したいのですが、弁護士資格のない知り合いのコンサルタントに委任することはできますか。それとも、弁護士に依頼する必要がありますか。（訴訟代理人）

法令上は、弁護士や法律業務に携わることができるとされる基層法律サービ

ス従事者のほか、当事者の近親者や従業員、または当事者の所在する地域社会、所属単位（勤務先）および関連社会団体が推薦する者も、訴訟代理人となることができます（民訴58条）。したがって、本問のように単なるコンサルタントであっても、地域社会、所属単位（勤務先）、関連社会団体等から推薦状を取得すれば委任することができます。もっとも実務上は、法律の専門家である弁護士を訴訟代理人に選任する場合が多いです。

なお、委任できる訴訟代理人の数は、1人または2人に制限されています（民訴58条1項）。

Column 12-1-3：訴訟代理人の委任状と当事者の資格証明書

中国で訴訟代理人を選任する場合、委任状には委任事項および権限の範囲を記載しなければならず、訴訟請求の承認・放棄・変更、和解、反訴または上訴の提起等の事項を委任する場合には、特別授権事項として記載しなければなりません。

外国法人である日本企業が中国における訴訟代理人を委任する場合、委任状には公証・認証手続が必要とされ（民訴264条）、中国国内企業が委任状を作成する場合に比べて手続に時間を要します。具体的には、まず日本の公証人が当該企業の代表者の押印を公証し、次に法務局がその文書に対する公証人の押印を認証し、その後、外務省が法務局長の公証人押印証明を認証し、最後に在日中国大使館または中国領事館が外務省の認証をさらに認証するという手続が必要となります。また、当事者の資格証明書として、法人履歴事項全部証明書を提出する必要がありますが、法務局が発行したものであることを外務省が認証し在日中国大使館または中国領事館がさらに認証するという手続が必要です。公証・認証に要する時間については国によって異なりますが、日本で行う場合、これまでの経験上、公証人役場の公証と法務局の公証はいずれも1日（同日に行うことも可能です。）、外務省認証には2日間ほどかかり、在日中国大使館または中国領事館での認証にはおよそ1週間かかります。

> **Column 12-1-4：中国における裁判傍聴**
>
> 中国の裁判も原則として公開されており、外国人であっても傍聴することが可能です。ただし、通常、人民法院に入館するにあたって、安全検査を受けなければならないうえ、法廷に入室して傍聴するためには、身分証明書を提示してどの事件を傍聴するのか登録しなければなりません。

> **Q12-1-6** 当社は、日本の化粧品販売メーカーです。本日、上海市にある当社の駐在員事務所（代表処）に対し、人民法院より、当社に対する訴状が送達されたとのことです。どのように対処すればよいでしょうか。（送達）

　外国企業の駐在員事務所（代表処）に対する送達も有効な送達方法として認められています（民訴267条）。人民法院から被告に対して訴状が送達された場合、当該企業の代表者が受領の署名・押印をすることになります（民事訴訟法の適用に関する若干問題についての意見が（以下、民訴意見）81条）、送達を受ける者が受領の署名・押印をしない場合には、送達を受ける者の住所に差し置くことをもって送達とみなされることになります（同82条）。被告は、答弁書を提出する場合、原則として訴状送達から30日（中国国内の当事者の場合は15日）以内に提出しなければならないので（民訴268条）、本問の場合、速やかに本社に連絡し、迅速な対応を求めることが重要です。

　なお、貴社に駐在員事務所とは別に子会社があり、子会社が被告となる場合は、親会社の駐在員事務所への送達は子会社に対する送達としては、無効です。

> Q12-1-7 (Q12-1-1の続き)当社現法は中国の人民法院において、顧客に対する訴訟を提起しました。当社現法は、顧客に納品したことを証明できる個別納品受領書に署名をしてもらっておらず、顧客は納品を受けていないと主張していますが目的物の引渡しに関する事実はどちらが立証しなければならないのでしょうか。(立証責任と証拠の調査・収集)

　中国の裁判において、当事者は、自らの訴訟請求の根拠となる事実または相手方の訴訟請求に反論する根拠となる事実について、証拠を提出し、証明する責任を負っています(民訴64条1項、民事訴訟証拠に関する若干規定(以下「証拠規定」といいます)2条)。本問では、代金債権の存在を主張する当事者が、証拠を提出し代金債権が存在する事実を立証する責任を負うことになります。したがって、貴社現法が顧客に化粧品を販売したことを立証する必要があり、この点は売買契約の成立を立証すれば足りますが、本問では顧客から納品を受けていないという抗弁が出されているため、貴社現法は、売買契約の存在だけではなく、目的物の引渡しの事実まで立証する必要があります。引渡しの直接の証拠となる個別納品受領書の署名がないので、その他の証拠、たとえば、販売代理店とのメールのやり取りや、引渡場所に居合わせた者の証言等で、立証することを検討する必要があります。

Column 12-1-5：法廷弁論と書面の関係

　日本の民事訴訟の弁論期日においては、準備書面の交換を前提として、補足的な質問、陳述がなされる程度の進行となることが多いですが、中国の民事訴訟の法廷審理は、双方の主張を説明する機会とされています。訴訟代理人としては、証拠を十分に吟味し、主張を組み立ててわかりやすい書面を作成しておくことも重要ですが、中国の裁判官は論点について積極的に質問をするため、法廷にて即座に口頭で回答できるよう入念に準備しておく必要もあります。なお、中国の裁判の審理のスピードは速く、期日が1回で終了することも多いため、当該期日において自らの主張をわかりやすく説明し、裁判官に自己に有利な心証を与えるよう努めます。

第12章　紛争解決・行政・刑事・コンプライアンス

> Q12-1-8　中国において当社現法の商品の模倣品が販売されているため、模倣品の製造販売会社に対して損害賠償請求訴訟を提起しました。当社現法の損害を立証するにあたり、相手方がどの程度の模倣品を販売したのかを立証するため、相手方が税務局に提出した増値税インボイス（中国語では「増値税発票」）を証拠として収集したいと考えています。このような場合、人民法院は、当社現法のために証拠を調査・収集してくれますか。（人民法院による証拠収集）

　Q12-1-7（立証責任と証拠の調査・収集）記載のとおり、原則として、当事者は自ら主張する事実の根拠となる証拠を収集し、提出する必要がありますが、例外的に、人民法院が証拠を調査・収集する場合もあります。「当事者が客観的事由により自ら収集することができない証拠」または「人民法院が事件の審理に必要であると認める証拠」については、人民法院が調査、収集しなければなりません（民訴64条2項）。このうち、「人民法院が事件の審理に必要と認める証拠」とは、「国の利益、社会公共の利益または第三者の合法的な権益を損なう可能性のある事実」または「職権による当事者の追加、訴訟の中断、訴訟の終結、回避等、実体の争いと無関係の手続事項」（証拠規定15条）であるとされており、人民法院は、当事者の申請がなくとも証拠収集することが可能です。しかし、その他の場合は、人民法院が証拠の調査および収集を行う場合であっても、当事者の申請により行う必要があります（同16条）。

　本問では、貴社現法が人民法院による証拠収書を申請し、人民法院が必要であると判断した場合は、人民法院は税務局に対し、相手方の発行した増値税インボイスを調査・収集する場合があります。

⇒第9章（知的財産権）

Column 12-1-6：知的財産権民事訴訟の損害額の立証

　知的財産権権利侵害の民事訴訟において、損害額の立証は容易ではなく、多くの場合、法定損害賠償額（特許権の場合は1万人民元〜100万人民元、著作権の

場合は50万人民元、商標権の場合は300万人民元）以内の損害賠償の判決が下されています。損害賠償の立証の一般的な方法からすれば、権利者は権利侵害による損害を立証するために、権利侵害によって自己の関連商品等の売上の減少等を証明する必要があります。しかしながら、売上の変動はさまざまな要素に影響されるため、権利侵害による実際の損害を正確に反映するわけではありません。また、権利者は自らの売上の変動を証明するために、営業秘密を開示しなければならない場合もあります。そこで、法律は、権利侵害者の権利侵害による利得を権利者の損害と推定する規定を設けました。知的財産権権利侵害の民事訴訟においては、この規定を利用し、権利侵害者の帳簿や売上に関する記録等の証拠を証拠保全によって取得することができます。しかし、実際には、権利侵害者が人民法院の証拠収集に協力せず、証拠を提示しないこともありますので、必ずしも期待どおりの効果が得られるわけではありません。したがって、権利侵害に関する民事訴訟を提起する場合には、専門家と相談し、証拠収集方法も含めて、適切な訴訟戦略を立てる必要があります。
⇒Q9-3-7（特許権侵害訴訟の損害賠償）

> Q12-1-9 （Q12-1-7の続き）訴訟の証拠申出期間が経過した後に、署名のある個別納品受領書が見つかりました。証拠申出期間も経過しており、法廷審理も終了してしまいましたが、この証拠を提出することはできますか。（証拠の申出期間）

　中国の民事訴訟では、証拠申出の期間が定められています。人民法院は、事件の受理通知書および応訴通知書と同時に、当事者に対し証拠申出期間が記載された証拠申出通知書を送達します（証拠規定33条1項）。証拠申出期間は、人民法院が当事者の主張および事件の審理状況に基づき指定しますが、その証拠申出期間は30日以上必要とされています（同33条3項）。

　当事者が人民法院の指定した証拠申出期間内に証拠を提出できなかった場合、当事者は証拠申出の権利を放棄したものとみなされます（証拠規定34条1項）。ただし、人民法院は、期限を徒過した理由を確認したうえで、期間後に提出された証拠を採用することも可能です（民訴65条2項）。なお、証拠申出期間内に証拠を提出することが難しいことが明らかな場合には、人民法院に対して証拠

申出期間の延期、再延期を申請することができますが、これが認められるかどうかは、人民法院の裁量によるため（証拠規定36条）、訴訟提起された場合には、早急に訴訟代理人と相談のうえ、証拠を準備・整理し、証拠申出を行う必要があります。

本問では、期間内に提出できなかった理由を説明し、人民法院に対して証拠申出を申請すべきですが、認められるかどうかは人民法院の裁量となります。

> Q12-1-10　当社が収集した証拠はすべて日本語のものですが、中国語に翻訳する必要はありますか。また、これら日本語の証拠については、公証、認証が必要でしょうか。また、証拠申出期間内に翻訳も含めてすべて提出する必要がありますか。（証拠の翻訳、公証、認証）

外国語で書かれた書証を人民法院に提出するには、中国語の訳文を添付しなければなりません（証拠規定12条）。また、人民法院に提出する書証が国外で作成された場合には、当該外国の公証機関において公証を受けた後、当該外国に所在する中国の大使館や領事館にて認証を得なければなりません（同11条）。なお、訳文も含めて証拠申出期間内にすべての証拠を提出する必要がありますので、書証の提出を予定している場合には、翻訳や公証・認証に要する時間を見込んだうえで準備を進めることが重要となります。

⇒Q12-1-2（裁判手続の流れおよび特徴）、コラム12-1-3（訴訟代理人の委任状と当事者の資格証明書）、Q12-1-9（証拠の申出期間）

> Q12-1-11　当社現法は、中国企業に対し、知的財産権の侵害訴訟を提起しました。相手方に証拠を隠されないか心配です。中国における証拠保全の手続について教えてください。（証拠保全）

中国の民事訴訟においても、証拠が滅失し、またはその後に取得することが困難となるおそれのある場合は、当事者は訴訟過程において、人民法院に対し

て証拠保全を申し立てることができ、人民法院も自ら保全措置をとることができます。また、状況が緊急であることにより、証拠が滅失し、またはその後に取得することが困難となるおそれのある場合には、利害関係人（当事者を含みます）は訴訟提起または仲裁申立前に、証拠所在地、被申立人の住所地または当該訴訟の管轄権を有する人民法院に対して証拠保全を申請することが可能とされています（民訴81条）。

従来、訴訟を提起していなければ証拠保全が認められていませんでしたが、2013年から施行されている改正民事訴訟法によって、訴訟提起前であっても認められるようになりました（民訴81条2項）。

なお、仲裁を申し立てた場合には、仲裁機関を通じて証拠保全を申請しなければならないところ、仲裁を申し立てる前であれば、直接人民法院に対して証拠保全を申し立てることができるとされていますが、その適用は、まだ不明確なので、今後の実務に注目する必要があります。

⇒Q12-2-4（CIETAC仲裁）

Column 12-1-7：証拠保全制度

民事訴訟法上、一定の条件のもとで、訴訟当事者（利害関係者）は、訴訟を提起した後または訴訟を提起する前に、人民法院に対して証拠保全を申し立てることができるという証拠保全の制度が設けられていますが、条文上「証拠保全を申し立てることができる」とされているにすぎないため、実際に申立てを認めるかどうかはあくまでも人民法院の裁量によることとなります。

それに加え、証拠を保有する者（多くの場合、訴訟の相手方）が証拠保全手続に協力しない場合の、人民法院の強制措置を含む対応措置等については明確にされておらず、実務上の運用基準も確立していないため、人民法院は、多くの場合、社会的な安定を維持し、申立人による証拠保全の権利の濫用を防止するために、証拠保全の申立てに対し慎重に対応しています。

なお、2014年に立法される見込みの特許法改正案では、特許権を侵害するとして提訴される者が保有する帳簿等の証拠につき、原告の申立てにより人民法院が調査収集できることが明記され、権利侵害者として提訴される者がその提供を拒絶する場合、民事訴訟妨害行為に対する強制措置をとることができるという、画期的かつ強力な証拠調査制度が導入される予定になっており、実効性の低い現

状の証拠保全制度が強化、改善されるものと期待されています。
⇒第9章第3節（特許権）

> Q12-1-12　（Q12-1-1続き）当社現法が、顧客に対する債権回収訴訟を提起し勝訴したとしても、相手方に財産を隠されたり重要な資産を譲渡されたりして執行できないのではないか心配です。中国における財産保全の手続について教えてください。（財産保全）

中国の民事訴訟において、判決が執行不能または当事者にその他の損害をもたらすおそれのある事件については、人民法院は当事者の申立てに基づき、相手方当事者の財産に対する保全を行うこと、一定の行為を行うこと、または一定の行為を禁止することを命じる旨の裁定を下すことができるとされています（民訴100条）。

申立人は、財産保全の申立てに伴って人民法院から担保提供を命じられた場合は担保を提供しなければならず、担保を提供できない場合には申立ては却下されます。

また、本問のような訴訟提起前の財産保全の場合、人民法院は、申立てを受けた後48時間以内に裁定を下さなければならず、裁定により保全措置を開始する場合には直ちに執行を開始しなければなりません（民訴101条）。人民法院において保全措置がとられた後30日以内に申立人が訴訟提起または仲裁申立てをしない場合、人民法院は保全を解除しなければならないとされています。
⇒Q12-2-4（CIETAC仲裁）

> **Column 12-1-8：担保金額の目安**
>
> 　財産や証拠の保全を申し立てる場合、担保の提供を求められることが多いです。財産保全の場合には、保全の対象となる財産の価値に相当する金額を提供しなければなりません（「最高人民法院の『民事訴訟法』の適用に関する若干問題についての意見」98条）。証拠保全の場合は、担保を提供する必要があるかどう

か、提供する場合に担保の金額がいくらになるかは、保全の実施によって被申立人にどの程度の損失をもたらすことになるかによって決定されます。たとえば、申立人が被申立人の過去の帳簿等の書類を証拠として保全しようとする場合、被申立人に金銭的損失をもたらすおそれはほとんどないとして担保は不要とされることもあります。一方、不動産等の財産の保全を求める場合等は被申立人に損害が生じる可能性があるため担保の提供を求められます。その場合、担保の金額は、基本的に人民法院の裁量によりますが、実務上は通常、訴額の30%が必要とされています。

Q12-1-13 （Q12-1-1の続き）当社現法は訴訟で勝訴し、判決は確定しましたが、それでも相手方は販売代金を任意に支払いません。そこで、相手方に対し強制執行を申し立てたいと考えていますが、中国の人民法院の判決はどのように強制執行すればよいでしょうか。（判決の強制執行）

人民法院の判決をもって中国で強制執行を申し立てることは当然可能です。ただし、執行を申し立てることができる期間は、判決確定日または判決が履行期日を定めている場合はその履行期日から２年間とされているため（民訴239条１項）、この期限を徒過しないよう注意する必要があります。

確定判決の執行は、第一審人民法院または第一審人民法院と同レベルの被執行財産所在地にある人民法院が行います（民訴224条）。

金銭債権の執行方法には、典型的なものとして財産の差押え、凍結、競売、換価等があります（民訴242条）。

なお、被執行財産が第一審人民法院の管轄外にある場合、第一審人民法院は、当該財産所在地にある第一審人民法院と同レベルの人民法院に強制執行を委任することができます（民訴229条）。

Column 12-1-9：権利侵害の差止め

特許、商標、著作権等の知的財産権が侵害された場合、それらの権利侵害の差止めを求めて民事訴訟を提起することができます。しかし、仮に権利侵害の停止

の内容を含む勝訴判決を得たとしても、実際には権利侵害者が自ら履行しない限り、権利侵害行為を停止させることは困難です。そこで、より実効的な勝訴判決を取得するため、訴状の請求の趣旨において、権利侵害をしている生産設備や原材料の廃棄、在庫の処分等、権利侵害の停止をさせうるより具体的な内容を記載するよう試みるほうがよいと考えます。また、権利侵害の停止の判決が下されたにもかかわらず、権利侵害者は、権利侵害を継続することもよくあります。その場合、権利者側は、継続中の権利侵害行為につき改めて民事訴訟を提起することができ、それとともに、前回訴訟提訴以後の損害賠償を求めることもできます。

> Q12-1-14　Q12-1-6の件において、日本法人である当社は、中国人民法院において中国の仕入先からの代金支払請求訴訟に敗訴しました。中国の人民法院が出した判決は、日本で執行されますか。（日中判決の相手国での執行）

　現状では、日本と中国の間では、裁判所や人民法院の判決を相手国で執行することが認められたケースはなく、本問のような人民法院の判決は日本では執行されない可能性があります。

　なお、執行を認めないとした人民法院および日本の裁判所の判決としては以下のものがあります。

　1994年11月5日、大連中級人民法院は、日本と中国は、相互に、裁判所の判決や決定の承認・執行を許可する二国間条約の締結も国際条約への加入もしておらず、相互の互恵関係も存在しないとして、日本の裁判所の判決の執行を拒否しました。

　また、2003年4月9日、大阪高等裁判所判決は、上記大連中級人民法院のケースを引用し、中国においては日本の判決は効力を有していないため、中国の判決および決定は相互保証の要件を満たしていないとして中国の判決の日本における効力を認めず、日本で執行することはできないと判断しました。

第1節　裁判手続

> Q12-1-15　民事訴訟の相手方は、地元の有力企業のようです。相手方に有利な裁判がなされるのではないかと心配していますが、実際にそのような傾向はあるのでしょうか。（地方保護主義）

　かつて、中国では、地元の有力企業に有利な判断をする、地方保護主義の裁判が行われる傾向があるといわれてきました。その背景として、地方の人民法院の裁判官はその地方の人民代表大会の常務委員会で選出されることに加え、地方政府が人民法院の財政を負担することになっており、人事権および財政を人民代表大会や地方政府が握っていることから、地方の人民法院は地元に密着した組織となりやすいといった事情が挙げられます。場合によっては、裁判官が、地元の有力企業や有力者らに有利な判決を出したり、そのような和解を強行的に進めようとしたりすることがあるといわれています。近時は、特に北京市や上海市等の大都市部では、外国企業を含む地元以外の企業に対しても公平で合理的な裁判が期待できるようになってきているといわれていますが、今なお地方保護主義が残っているといわれる地方もあります。

　したがって、外国企業・外資企業としては、地元の有力企業がビジネスの相手になった場合、契約の紛争解決条項として、仲裁合意条項や別の地方の人民法院の管轄を設けることを検討する必要があります。
⇒Q12-1-4（合意管轄、専属管轄）、Q12-2-1（仲裁手続と裁判手続の比較）

Column 12-1-10：中国の裁判官

　中国では、以前は裁判官は各地方の人民代表大会の常務委員会により任命されることになっており、法学教育を受けていない者が任命されることがよくありましたが、2002年に裁判官資格試験、検察官資格試験、弁護士資格試験が現在の司法試験に統一され、この統一司法試験に合格していることが、人民法院に裁判官として採用される条件の1つとなり、裁判官に一定の法的素養が確保されるようになりました。
　しかし、今もなお、地方によっては裁判官の法的素養が等質的でないという問題があります。

Column 12-1-11：審判委員会

人民法院には審判の質を保証することを目的とした審判委員会が設置されています。審判委員会は、通常、人民法院の院長、副院長、若干経験のある裁判員（廷長）からなります。審判委員会は、複雑かつ重大な案件を検討したり、今後の審判に影響を与えうる案件を検討したりします。上記に該当する案件については、裁判官は審判委員会の意見を聞いたうえで、判断することになります。

Column 12-1-12：判例の拘束力と指導性案例

　中国において、最初に判例の公表制度が導入されたのは、1985年に最高人民法院が創刊した「最高人民法院公報」であり、その後も最高人民法院は種々の雑誌や書籍を通じて、全国各地の人民法院の判例を紹介しています。しかし、これらの判例は「模範判例」としての役割しかなく、あくまでも全国の裁判官の研究材料にすぎず、裁判官を拘束する力はありませんでした。

　その後、一部の地方で試験的に下級審に対し一定の拘束力を有する判例の公表制度が始まり、2010年11月26日に、最高人民法院による指導性案例制度が制定されました。指導性案例は少なくとも1年に1回公表されることとなっており、本書入稿時までに4回（2011年12月、2012年4月、2012年9月27日および2013年1月31日）にわたり、計16件の指導性案例が公表されました。

　この指導性案例制度では、全国の人民法院の裁判官は、裁判を行う際は、指導性案例として公表された判例を必ず「参考」にしなければならないとされています。最高人民法院の解釈によれば、ここでの「参考」とは、裁判官が裁判意見を頭の中で構成するときに考慮しなければならないという意味と解説されているものの、指導性案例と相反する判決は上級審または再審において法令解釈の違背とされるのかなどについては明確ではありません。ただし、拘束力はないとしても、事実上、判決の結果に大きな影響を与えうるので、実務的には、中国法の解釈にあたって同種事案について指導性案例がないかは留意すべき事項となっていくと思われます。

Column 12-1-13：裁判文書のオンライン公開

　2013年11月21日に公布され、2014年1月1日から施行されている「最高人民法院のインターネット上の人民法院の裁判文書の公開に関する規定」によれば、原則として、中国の各級人民法院が作成した裁判文書は最高人民法院のインターネット（http://www.court.gov.cn/zgcpwsw）にて公開され、自由に検索できるようになりました。

　公開される裁判文書は、各級人民法院の民事や刑事の判決書、各手続に関する裁定書や決定書になります。開示される内容には、国家機密や個人のプライバシーに関する内容、未成年犯罪、調停によって終了したもの、その他公開にふさわしくないものは含まれず、個人情報、商業秘密に関する内容は公開前に消去されることとされています。

　最高人民法院によれば、裁判文書のオンラインでの公開は、司法手続の透明化に資するとともに、公民の知る権利の保障、司法監督の強化が図られることになるとされています。また判決が公開されるため、裁判官の資質の向上にも資するのではないかとの声もあります。

第12章 紛争解決・行政・刑事・コンプライアンス

法知識の整理

1 民事訴訟のフローチャート

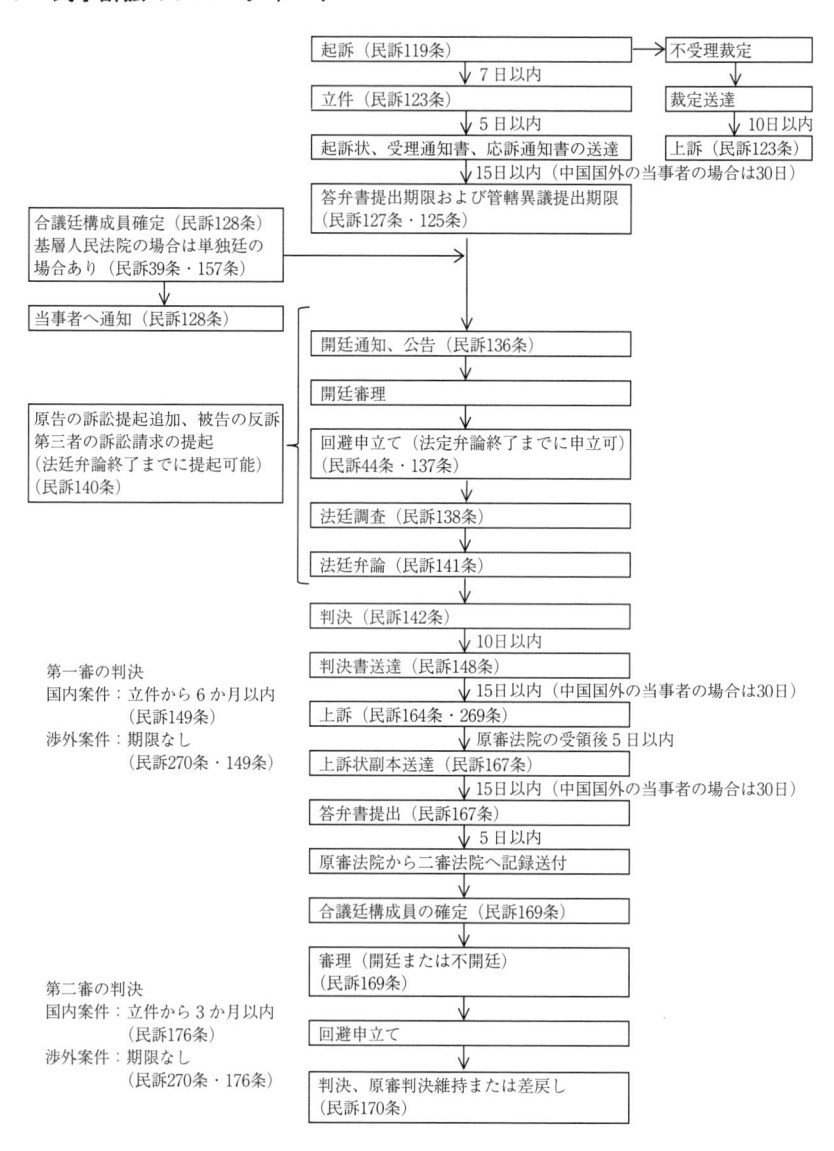

```
                                    起訴（民訴119条） ─────────→ 不受理裁定
                                         ↓ 7日以内                    │
                                    立件（民訴123条）              裁定送達
                                         ↓ 5日以内                    ↓ 10日以内
                                    起訴状、受理通知書、応訴通知書の送達  上訴（民訴123条）
                                         ↓ 15日以内（中国国外の当事者の場合は30日）
                                    答弁書提出期限および管轄異議提出期限
  合議廷構成員確定（民訴128条）         （民訴127条・125条）
  基層人民法院の場合は単独廷の
  場合あり（民訴39・157条）
           ↓
  当事者へ通知（民訴128条）           開廷通知、公告（民訴136条）
                                         ↓
                                    開廷審理
  原告の訴訟提起追加、被告の反訴          ↓
  第三者の訴訟請求の提起              回避申立て（法定弁論終了までに申立可）
  （法廷弁論終了までに提起可能）       （民訴44条・137条）
  （民訴140条）                           ↓
                                    法廷調査（民訴138条）
                                         ↓
                                    法廷弁論（民訴141条）
                                         ↓
                                    判決（民訴142条）
                                         ↓ 10日以内
  第一審の判決                       判決書送達（民訴148条）
  国内案件：立件から6か月以内              ↓ 15日以内（中国国外の当事者の場合は30日）
       （民訴149条）                  上訴（民訴164条・269条）
  渉外案件：期限なし                       ↓ 原審法院の受領後5日以内
       （民訴270条・149条）           上訴状副本送達（民訴167条）
                                         ↓ 15日以内（中国国外の当事者の場合は30日）
                                    答弁書提出（民訴167条）
                                         ↓ 5日以内
                                    原審法院から二審法院へ記録送付
                                         ↓
                                    合議廷構成員の確定（民訴169条）
                                         ↓
  第二審の判決                       審理（開廷または不開廷）
  国内案件：立件から3か月以内          （民訴169条）
       （民訴176条）                       ↓
  渉外案件：期限なし                  回避申立て
       （民訴270条・176条）                ↓
                                    判決、原審判決維持または差戻し
                                    （民訴170条）
```

2　関係機関

人民法院の種類としては、最高人民法院、31の省および直轄市にある高級人民法院、大都市ごとに所在する中級人民法院、県または区ごとに所在する基層人民法院があります。

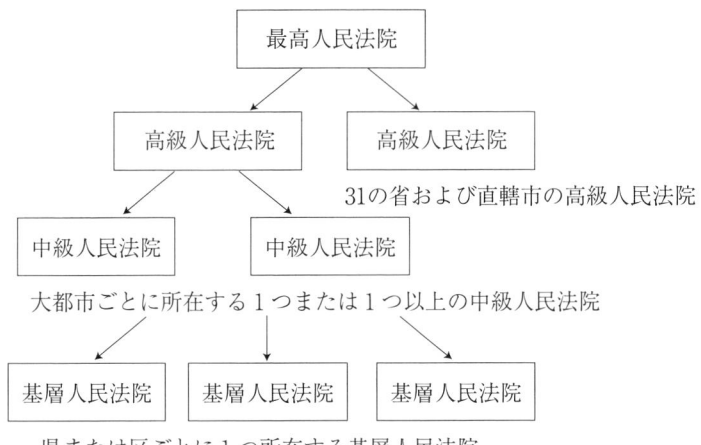

```
                    最高人民法院
                    ↙       ↘
           高級人民法院      高級人民法院
           ↙       ↘      31の省および直轄市の高級人民法院
    中級人民法院   中級人民法院
    大都市ごとに所在する1つまたは1つ以上の中級人民法院
    ↙      ↓      ↘
基層人民法院 基層人民法院 基層人民法院
県または区ごとに1つ所在する基層人民法院
```

関連法令

「民事訴訟法」（民事诉讼法）（2013年）
「『民事訴訟法』の適用に関する若干問題についての意見」（关于适用《中华人民共和国民事诉讼法》若干问题的意见）（法発【1992】22号）
「民事訴訟証拠に関する若干規定」（关于民事诉讼证据的若干规定）（法釈【2001】33号）
「日本の裁判所による債権債務を内容とする判決を承認執行すべきかに関する回答」（我国人民法院应否承认和执行日本国法院具有债权债务内容裁判的复函）（民他字【1995】17号）

第 12 章　紛争解決・行政・刑事・コンプライアンス

第 2 節
仲裁手続

本章第 1 節で説明したとおり、日中間では、現状、互いの国の判決の承認・執行が認められないこともあり、日中間の国際取引では、紛争解決方法として、あらかじめ仲裁合意をしておくケースが多いです。また、中国に所在する日系企業と中国企業との取引でも、あらかじめ仲裁合意をしておくケースも少なくありません。本節では、裁判手続と仲裁手続の差異、仲裁手続の概要および流れについて解説するとともに、仲裁手続において留意すべき点についてみていきます。

Q12-2-1　当社は、中国企業に対し日本製の空気清浄機を販売しましたが、再三の請求にもかかわらず、売買代金の支払いを受けていません。そこで、法的紛争解決方法によって売買代金を回収したいと考えています。仲裁手続と裁判手続を比較した場合のそれぞれのメリット、デメリットを教えてください。(仲裁手続と裁判手続の比較)

仲裁は、訴訟と比べて集中審理がなされやすく、一回きりの判断で終了することもあって、手続が比較的速やかに行われます。また、仲裁は専門性を有する者を仲裁人に選任できるほか、手続や判断が原則として公開されず、秘密性を維持しやすいというメリットもあります。

	メリット	デメリット
仲　裁	・手続が訴訟に比べて迅速 ・専門的知識を有する者を仲裁人に選任できる ・秘密性を維持できる	・1度きりの判断である ・仲裁合意が必要である ・訴訟に比べてコストが高い

第2節　仲裁手続

訴　訟	・二審制であり慎重な判断が期待できる	・手続が仲裁に比べて遅い ・裁判官のレベルの等質性が確保されていない可能性がある ・地方保護主義が残る地域がある ・公開裁判が原則であり秘密性が維持されにくい

> Q12-2-2　（Q12-2-1の続き）当社は、仲裁のほうがメリットが大きいと判断し、仲裁を申し立てたいと考えています。売買契約書には、仲裁合意の定めがありませんが、仲裁を申し立てることはできますか。（仲裁申立ての要件）

　仲裁には、国内事件を対象にした国内仲裁と、渉外事件を対象にした国際仲裁があります。仲裁申立ての要件は、①仲裁合意があること、②請求内容が具体的であり、事実および理由を有すること、③仲裁委員会の受理範囲に属することです。本問では売買契約書に仲裁合意がないため、①の要件を満たさず、新たに仲裁合意をしない限りは、仲裁を申し立てることはできません。
　なお、中外合弁企業契約、中外合作経営企業契約、中外合作自然資源調査探査開発契約の履行に起因して発生する紛争については、仲裁条項がない限り、中国の人民法院の管轄となるとされています。
⇒Q12-1-1（法的紛争解決制度の概要）

> Q12-2-3　（Q12-2-2の続き）仲裁合意がないため、改めて仲裁合意をするよう、相手方に提案する予定です。一般社団法人日本商事仲裁協会（JCAA）における仲裁を提案することを検討していますが、JCAAの仲裁判断は、中国で承認を取得し執行することはできますか。（仲裁判断の相手国での承認と執行）

　仲裁判断の外国での執行に関しては「外国仲裁判断の承認及び執行に関する

条約」(いわゆるニューヨーク条約)の加盟国相互間であれば、同条約の定めに従って相手国で承認を取得し執行することができます。日本と中国はニューヨーク条約締結国であるため、本問において、JCAAの仲裁判断を中国で承認、執行することは可能です。

ただし、JCAAの仲裁判断の承認が中国で否定された事例もあるので、注意が必要です(詳細は**ケース12-2-1**参照)。

> **Case 12-2-1 日本商事仲裁協会(JCAA)の仲裁判断が、中国の人民法院で承認拒絶された事例(信越化学工業株式会社vs江蘇中天科技股份有限公司)**
>
> 仲裁申立人である信越化学工業株式会社が、中国の南通市中級人民法院に対し日本商事仲裁協会(JCAA)(東京)の仲裁判断の承認および執行を求めたところ、南通市中級人民法院は、2008年4月16日、最高人民法院の処理意見に従いその承認を拒絶しました。その理由は、JCAAが2005年7月7日に審理を終結し同年9月20日に仲裁判断を下すとの決定をしたにもかかわらず、実際に仲裁判断が下されたのが2006年2月23日であった点が仲裁規則に合致しておらず、ニューヨーク条約5条1項(d)に定める承認および執行の拒絶事由である「仲裁が行われた国の法令に従っていなかったこと」の条件に該当するというものでした。
>
> 本事例はJCAAにおける手続上の瑕疵を理由とする事例判断的なケースであり、仲裁の実効性全般に影響を与えるものではないと思われますが、外国仲裁判断が承認されないこともありうるという点については留意が必要です。

> **Q12-2-4 (Q12-2-3の続き)相手方との協議の結果、中国国際経済貿易仲裁委員会(CIETAC)における仲裁であれば、改めて仲裁合意をすることが可能といわれました。CIETACについて教えてください。(CIETAC仲裁)**

中国国際経済貿易仲裁委員会(CIETAC)は、中国で渉外仲裁を取り扱う件数が一番多い中国の公的な仲裁機関です。また、CIETACは、中国国際経済貿

易仲裁委員会の英文名称であるChina International Economic and Trade Arbitration Commissionの頭文字をとった略称です。CIETACには、北京本部のほかにいくつかの分会があり、詳細については本節の**法知識の整理1**および**コラム12-2-1**（CIETACの内部紛争）をご参照ください。CIETACにおける手続は以下のとおりです。

仲裁申立て	申立人は、仲裁申立書、仲裁合意書および証拠資料を提出し、仲裁費用を予納
⇩	
受理・仲裁手続開始	仲裁申立書が受理されるとその日から仲裁手続が開始
⇩	
仲裁通知等発送	被申立人に対して仲裁通知、仲裁申立書、添付資料、仲裁規則および仲裁人名簿一式を発送
⇩	
答弁書、証拠書類提出	渉外事件の被申立人は仲裁通知受領後45日以内に、国内事件の被申立人は20日以内に提出
⇩	
事件審理	原則として仲裁廷が開廷され事件を審理するが、当事者の申立てまたは当事者の同意を得て、書面により審理を行うことも可能
⇩	
仲裁判断	原則として案件審理の仲裁法廷が組織されてから6か月以内に仲裁判断（ただし、延長されることもある）

　CIETACのような中国国内仲裁機構による仲裁の場合は、仲裁申立てとほぼ同時に、CIETACを通じて中国の人民法院に対して財産保全を申し立てることが可能です。民事訴訟法の改正に伴い、中国以外の仲裁機関で仲裁する場合でも中国の人民法院に対して財産保全を申し立てることが可能になりましたが、管轄や手続等に関する法令や司法解釈がまだ制定されていないため、中国国内での財産保全をどのように行うかは今後の実務の運用を待つ必要があります。また、CIETACの仲裁判断は、承認手続を経ずに、中国の人民法院に対して強制執行を申し立てることができます。

Column 12-2-1：CIETACの内部紛争

　2012年5月1日、CIETAC北京本部は新たな仲裁規則（2012年版）を導入しました。同規定には、分会はCIETACの支部であり北京本部の認可を得て仲裁案件を受理・管理できるにすぎないと明記されていることから、分会の活動に対し大きな支配力を及ぼそうとしているとして、上海分会および深セン市にある華南分会はその導入を拒絶しました。そこでCIETAC北京本部は、2012年8月1日、上海分会および華南分会の仲裁の受理・処理を行う権限を一時的に停止したと発表し、両分会で仲裁すると合意した当事者に対し、紛争案件を北京本部にて仲裁に付するよう求めました。これに対し、上海分会と華南分会は、同月4日、それぞれの分会は設立以来独立した仲裁機関であって、北京本部の発表には拘束力がないとし、自ら仲裁規則や仲裁員名簿を作成し、対外的に独立した仲裁委員会であると発表しました。その後、同年12月31日には、北京本部は上海分会および華南分会がCIETACの名称を使用することを禁止し、両分会が仲裁案件の受理・管理を行うことができる授権を終了すると発表しました。

　このように、CIETACでは北京本部と上海分会・華南分会との間において内部紛争が生じていることから、上海分会や華南分会での仲裁判断が、北京本部の権限終了により、中国の人民法院で執行できなくなるのではないかという懸念がありました。そうした中、CIETAC華南分会は、2012年10月22日、華南国際経済貿易仲裁委員会（SCIA）に名称を変更し、CIETAC上海分会は、2013年4月11日、上海国際経済貿易仲裁委員会（SHIAC）に名称を変更しました。

　したがって、今後の契約においては、どの仲裁機関を指定するかについて十分に確認しておく必要があります。

　なお、SHIACによれば、従前の契約においてCIETAC上海分会が紛争解決方法として指定されていた場合であったとしても、仲裁機関の同一性に変更はないため、名称変更後のSHIACに申し立てることができるとされています。

　執行の段階において、SHIACやSCIAの仲裁判断の効力が争われた事例として、蘇州中級人民法院の裁定（2013年蘇中商仲審字0004号）が名称変更後のSHIACの仲裁の効力を否定したケース、寧波中級人民法院の裁定（浙甬執監字1号）が、SHIACの仲裁の効力を認めたケース等があります。以上のとおり、仲裁機構の判断の有効性をめぐる各人民法院の判断は分かれているところであり、今後の実務に注目する必要があります。

Column 12-2-2：SHIACの仲裁費用等

　SHIACに仲裁を申し立てる際には、仲裁費用概算表に基づいて仲裁費用を計算のうえ、予納する必要があります。予納する仲裁費用は訴額によって区分されており、仲裁廷は、当事者が最終的に負担すべき仲裁費用およびその他の費用について判断する権限を有します。これらの費用には仲裁人の報酬や出張旅費等も含まれます。仲裁廷は、敗訴者が勝訴者に対して支払うべき仲裁費用の金額を判断するとき、事件の性質、複雑さの程度、勝訴当事者および代理人の実際の作業量または事件の訴額等の要素を考慮するとされています。

　SHIACは、以下のとおり、渉外仲裁費用の概算表をウェブサイトにおいて公開しています。

渉外仲裁および台湾・香港・マカオに関する仲裁の概算表

訴　　額	仲裁費用
1,000,000人民元以下	目的金額の3.5%かつ10,000人民元を下回らない
1,000,001人民元〜5,000,000人民元	35,000人民元+目的金額の1,000,000人民元以上の部分の2.5%
5,000,001人民元〜10,000,000人民元	135,000人民元+目的金額の5,000,000人民元以上の部分の1.5%
10,000,001人民元〜50,000,000人民元	210,000人民元+目的金額の10,000,000人民元以上の部分の1%
50,000,001人民元以上	610,000人民元+目的金額の50,000,000人民元以上の部分の0.5%

Q12-2-5　（Q12-2-4の続き）最終的にCIETACにおける仲裁合意が成立し、CIETACに仲裁を申し立てました。仲裁合意では仲裁人の人数は特に合意していませんが、CIETACにおける仲裁人の選定方法について教えてください。（仲裁人の選定）

　CIETAC仲裁では、仲裁廷は1名または3名の仲裁人によって構成され、別段の合意や規定のない限り、原則として3名の仲裁人を選定します。選定方法は、各当事者が1名ずつを自ら選定するか仲裁委員会の主任に選定を委任します。3人目の仲裁人は、当事者が共同で選定するか、または共同で仲裁委員会の主任に選定を委任します（CIETAC仲裁規則（2012年版）23条・25条）。この

第12章　紛争解決・行政・刑事・コンプライアンス

ように選定された3人目の仲裁人、すなわち、共同で選定または共同で仲裁委員会の主任に委任して指定された仲裁人が、仲裁人の間に意見の相違がある場合の決定権を有する首席仲裁人となります。

法知識の整理

1　中国における主な国際仲裁機関
北京市：中国国際経済貿易仲裁委員会（CIETAC）
　　　：中国海事仲裁委員会北京総会（CMAC）
上海市：上海国際経済貿易仲裁委員会（SHIAC）
　　　：中国海事仲裁委員会上海分会（CMAC）
深セン市：華南国際経済貿易仲裁委員会（SCIA）
天津市：天津国際経済金融仲裁センター（CIETAC-TJ）
重慶市：重慶仲裁委員会（CQAC）
　　　：中国国際経済貿易仲裁委員会西南分会（CIETAC-CQ）

2　仲裁条項の一例
以下は、JCAAを仲裁機関として指定した場合の仲裁条項のサンプルです。なお、各仲裁機関によって出されているサンプルは異なりますので、選択した仲裁機関における仲裁に適合した記載になるようご留意ください。

（日文）
「この契約からまたはこの契約に関連して、当事者の間に生ずることがあるすべての紛争、論争または意見の相違は、（都市名）の一般社団法人日本商事仲裁協会において、同協会の商事仲裁規則に従って、仲裁により最終的に解決されるものとする。」

（英文）
"All disputes, controversies or differences that may arise between the parties hereto, out of or in relation to or in connection with this Agreement shall be finally settled by arbitration at The Japan Commercial Arbitration Association in (name of city), in accordance with the Commercial Arbitration Rules thereof."

（中文）
「当事人之间因本合同产生的或与本合同有关的一切纠纷、争议或者意见的不同，应在（城市名称）的一般社团法人日本商事仲裁协会，按照该协会的商事仲裁规则，通过仲裁加以最终解决。」

関連法令

「仲裁法」(仲裁法)(2009年)
「『仲裁法』適用の若干問題に関する解釈」(关于适用《中华人民共和国仲裁法》若干问题的解释)(法釈【2006】7号)
「民事訴訟法」(民事诉讼法)(2013年)
「『民事訴訟法』の適用に関する若干問題についての意見」(关于适用《中华人民共和国民事诉讼法》若干问题的意见)(法発【1992】22号)

第12章 紛争解決・行政・刑事・コンプライアンス

第3節
準 拠 法

> 国際紛争においては、当該紛争にかかる法律関係に適用される法律がどの国の法律であるかによって結論が変わる場合があります。本節では、特定の法律関係について、どの国の法律が適用されるか、すなわち準拠法の問題について、その決定ルールを紹介します。

> **Q12-3-1** 当社は化粧品の製造販売を行う日本法人ですが、上海市で中国企業である顧客に化粧品を輸出販売する契約を締結し、上海市の指定引渡場所に商品を納入しました。その後、得意先と商品の売買代金に関する紛争が生じたため、契約書を確認したところ、準拠法に関する条項はありませんでした。このような場合、どの国の法律が適用されますか。（準拠法）

　国際的な取引契約に疑義が生じ、または当事者間で紛争が生じた場合に、適用される国（または地域）の法律を準拠法といいます。準拠法に関する法律として、日本では、法の適用に関する通則法があり、中国においては、渉外民事関係法律適用法（以下「渉外民事関係適用法」といいます）および同法に関する最高人民法院の解釈があります。

　中国では、原則として、渉外民事関係に関する契約において双方が準拠法を合意することができますが、合意に達しない場合、渉外民事関係適用法に基づいて最も密接に関係する地（最密接関連地）を確定し、その地の法律を適用することになります。最密接関連地は、契約締結地と履行地を基準に決定されます（渉外民事関係適用法41条）。

　本問では、当事者は契約時に準拠法について合意していませんが、訴訟や仲裁において、日本法、中国法または第三国の法律のいずれかを準拠法として選

択して合意することができます。合意に達しない場合、契約締結地であり履行地でもある中国が最密接関連地とされ、中国法が準拠法とされる可能性が高いと考えられます。

⇒Q12-3-2（渉外民事関係と準拠法）、コラム12-3-1（渉外民事関係の確定）

Case 12-3-1　紛争開始後の合意

江蘇省のX社は、木材を輸入するため、外国の保険会社Y社と保険契約を締結しましたが、契約準拠法を選択していませんでした。その後、双方の間で、保険金請求額について紛争が生じ、X社はY社を被告として人民法院に対して訴訟を提起しました。裁判において、双方はイギリスの1906年の海上保険法を適用することに合意して、人民法院は上記イギリス法の規定を適用し判決を下しました（上海海事法院（2001）沪海法商初字398号）。

上記のケースによると、紛争になった後も、当事者の合意により準拠法を選択することが認められると考えられます。しかし、一般的には、当事者は紛争となった後は自己に有利な法律を選択しようとするため、準拠法の合意に至ることは困難です。したがって、契約締結の段階において、準拠法をどう定めておくかが非常に重要といえます。

Q12-3-2　当社現法と取引先である中国企業との中国国内の売買取引に関する契約において、日本法が契約準拠法として規定されています。取引先が売買代金を払わないため、当該取引先を相手に人民法院に訴訟を提起する予定ですが、当該契約書の規定に基づき、日本法が契約準拠法であることを主張できますか。（渉外民事関係と準拠法）

人民法院での訴訟においては、中国の準拠法選択に関する法律により準拠法が決まります。渉外民事関係適用法では、渉外民事関係に関する法律関係についてのみ、中国法以外の法律を準拠法とすることができるとされており、渉外民事関係とは、当事者の一方、権利または義務の発生地、目的物の所在地のいずれかが中国以外にある法律関係をいいます。本問では、当事者、権利または義務の発生地、目的物所在地のいずれも中国国内にあり、渉外民事関係ではな

いため、日本法を準拠法とすることはできず、日本法が契約準拠法であることを主張できません。

　また、渉外民事関係であっても、中国の法令に準拠法の選択に関する強行規定がある場合、または外国の法律を適用することによって中国の社会公共利益に損害をもたらす場合は、当事者は合意によっても準拠法の選択をすることができないとされています。渉外民事関係適用法に関する司法解釈では、上記の抽象的な社会公共利益とはどのようなものを指すかについて、以下のように列挙しています。

① 労働者の権利およびその利益保護
② 食品または公共衛生および安全
③ 環境安全
④ 外貨管制等の金融安全
⑤ 独占禁止、アンチダンピング
⑥ その他

Column 12-3-1：渉外民事関係の確定

2012年12月28日公布の渉外民事関係の法律適用に関する司法解釈によれば、以下のいずれかに該当する民事関係は渉外民事関係に該当するとされています。
① 当事者の一方または双方が外国の公民、法人、その他の組織、無国籍者である
② 当事者の一方または双方の経常的な住所が中国の域外にある
③ 目的物が中国の域外にある
④ 民事関係を発生・変更・消滅させる法律事実が中国の域外で発生
⑤ その他渉外民事関係と認定することができる状況がある

第3節 準 拠 法

> **Q12-3-3** 中国において中国の企業と合弁企業を設立する予定です。中外合弁業契約の準拠法を日本法とすることはできますか。（準拠法合意の制限）

　Q12-3-2（渉外民事関係と準拠法）に記載したとおり、すべての渉外民事関係に関する契約において当事者が準拠法を自由に選択することができるわけではありません。中外合弁経営企業契約、中外合作経営企業契約、中外合作探鉱、自然資源開発契約等については、中国法を準拠法とする旨の強行規定があり、それらの契約について、契約当事者が、中国法以外の法律を準拠法とする合意をしたとしても無効とされます。したがって、本問のような合弁契約においては、日本法を準拠法として合意することはできません。

　その他の渉外民事関係に関する、当事者の合意による準拠法選択の可否について、渉外民事関係適用法によれば、以下の表のとおり定められています。

渉外民事関係の種類	合意による準拠法選択の可否	準拠法選択をしない場合
渉外代理	可	代理行為地の法律または代理関係発生地の法律
渉外不動産物権	不可	不動産所在地の法律
渉外労働契約	不可	労働者勤務地の法律（勤務地の確定が難しければ雇用者の主な営業地の法律）
渉外消費者契約	不可	消費者経常居住地の法律
渉外労務派遣に適用する法律	不可	派遣元の所在地の法律
PL責任に適用する法律	不可	権利侵害被害者の経常居住地の法律（被害者が侵害者の主な営業地、損害発生地の法律を選択した場合、または侵害者が被害者の経常居住地で経営活動を行っていない場合、侵害者の主な営業地、損害発生地の法律を適用する）

| 知的財産権の譲渡およびライセンスに適用する法律 | 可 | 義務を履行する時、当該契約の特徴を一番表示できる当事者経常居住地の法律または当該契約と一番密接関係のある法律 |

関連法令

「『民法通則』の全面的執行過程における若干の問題に関する意見（試行）」（关于贯彻执行《中华人民共和国民法通则》若干问题的意见（试行））（法（弁）発【1998】6号）

「民事訴訟法」（民事诉讼法）（2013年）

「『民事訴訟法』の適用に関する若干問題についての意見」（关于适用《中华人民共和国民事诉讼法》若干问题的意见）（法発【1992】22号）

「渉外民事関係法律適用法」（涉外民事关系法律适用法）（2011年）

「第二次全国渉外商事海事審判仕事会議の紀要」（第二次全国涉外商事海事审判工作会议纪要）（法発【2005】26号）

「渉外民事关系法律适用法の適用に関する若干問題の解釈」（关于适用《中华人民共和国涉外民事关系法律适用法》若干问题的解释（一））（法釈【2012】24号）

第4節 行政処分

中国ビジネスを行ううえでは、数多くの行政法規を遵守する必要があります。社会主義市場経済をとる中国においては、企業の経営行為はこれら数多くの行政法規によって規制されており、これらに違反した場合の行政処分のインパクトはかなり大きいため、その基本的な枠組を理解しておくことは、中国ビジネスにおいて非常に重要です。本節では、中国における行政処分の概要と、実務上問題となりえるいくつかの類型を解説します。

Q12-4-1 中国に進出した企業が行政処分を受けたという話を聞きました。中国の行政処分にはどのようなものがありますか。(行政処分の概要)

　行政処分とは、行政機関が法律、法規または規則に従って、公民、法人またはその他の組織の行政管理秩序に違反する行為に対して処分を実施することをいいます(行政処罰法3条)。行政処分の種類は法令により定められています。また、仮に公民または法人が行政機関から不合理な行政処分を受けた場合、上級の行政機関や同級の人民政府に不服を申し立てることができ(行政不服審査法12条)、人民法院に行政訴訟を提起して争うこともできます。

　行政処分の種類は本節**法知識の整理1**をご参照ください(行政処罰法8条)。

第12章　紛争解決・行政・刑事・コンプライアンス

> Q12-4-2　当社現法の経営範囲は、自社の化粧品の製造・販売ですが、他社に化粧品の生産を委託し、その委託生産品を転売する事業を計画しています。このような経営行為も自社商品の販売といえますか。経営範囲を変更せず、委託生産品を転売する場合、どのようなリスクがありますか。（経営範囲逸脱の認定）

　企業が営業許可証に記載された範囲以外の経営に従事することは経営範囲の逸脱として違法となりますが、実務上、経営範囲の逸脱に該当するかの判断基準は一義的ではなく、営業許可証記載の経営範囲の文言のみで判断することは困難な場合があります。本問の場合が経営範囲の逸脱に該当するかどうかは、工商部門が、委託生産品を自社製品として認めるかどうかによります。この点、上海市の工商部門は、企業が、製品のデザイン、商標、知的財産権（著作権、意匠権、特許権）を有しており、加工業務のみを外注した場合には、完成製品は自社製品として認めるとの見解を示したことがあります。このような見解によれば、貴社現法が生産を委託した化粧品に関する設計、商標、知的財産権を有している場合、委託生産された化粧品は自社製品と認められ、それを販売することも自社製品の販売として許容され、経営範囲の逸脱には該当しないことになります。ただし、工商部門の解釈は地域や個別の事情によって異なりうるため、リスクを避けるために、営業許可証の経営範囲に「委託加工、他社製品の販売」という項目を追記しておくことも考えられます。なお、仮に経営範囲を逸脱していると認定された場合は、経営活動の停止、違法所得の没収、罰金等の行政処分を受ける可能性があります。

⇒Q2-1-1（進出形態の概要）、Q3-1-6（経営範囲の記載方法）、Q10-3-4（再編手法―経営範囲の変更）、コラム1-2-2（地方ごとに異なる解釈・運用の例）

> Q12-4-3 当社現法は、税務局から、会計帳簿の不備があり税金の未納があるとの指摘を受けました。このような行為に対してはどのような行政処分を受けますか。仮に脱税行為に該当した場合、どのような処分を受けることになりますか。(脱税の行政処分等)

　脱税とは納税義務者（法人または個人）が税収法規に違反し、詐欺または隠蔽の手段をもって納税義務を免れる行為です。したがって、本問では、詐欺または隠蔽の手段を用いて未納部分を作出した場合でない限り脱税には該当しません。なお、以下の場合は脱税行為と認定されます。

① 会計帳簿、伝票または記帳の証憑の偽造、改ざん、毀損
② 販売売上、経営利益、納税項目の隠蔽、申告の遺漏
③ コストの捏造、違法な費用計上、利益金額の縮小
④ 資産、収入、利益の口座を移転し、納税義務を免れること
⑤ 上記の行為を指示、示唆、勧誘する行為

　税務局から脱税行為と認定された場合、不納、滞納分の税金、滞納金の追納義務を負うほか、不納、滞納税金額の50%から500%の罰金等の処分を受けることになります。罰金の金額は、脱税行為の種類および金額によって異なります（税収征収管理法63条）。また、脱税金額が1万人民元以上かつ支払うべき税金の10%以上を占める場合には、刑事責任を追及される可能性もあります（刑法201条）。

　なお、脱税の行政処分に関する時効は未納が発生したときから5年とされています（税収征収管理法86条）。

第12章　紛争解決・行政・刑事・コンプライアンス

> Q12-4-4　当社現法は、債権者から売買代金請求訴訟を提起されていますが、判決よりも前に、当社現法の法定代表者に出国制限の決定がなされ、帰国できなくなりました。このように、当社現法が民事責任を負うことはまだ確定していない場合であっても、出国制限の措置をとることができるのでしょうか。また、どうすれば出国制限の措置を解除することができますか。（人民法院による出国制限）

　人民法院は、判決の執行方法の1つとして、被告の代表者に対する出国制限の措置をとることができます。また、この出国制限の措置は、未解決の民事事件がある場合には、強制執行段階でなくともとることができます。出国制限の措置がとられた場合、出入国管理法に基づき、外国人は中国から出国することができなくなります。

　出国制限措置の解除の方法に関する明確な法規定はありませんが、上海市高級人民法院の意見によれば、以下のような場合には、人民法院は制限を解除すべきであるとされています（上海市高級人民法院の被執行人の出国制限の若干問題に関する意見）。

① 事件に関する債務の履行が完了した場合
② 被執行者が確実かつ有効な現物担保を提供した場合
③ 申請者が制限解除に同意した場合
④ 人民法院が執行終結を裁定した場合
⑤ その他人民法院が解除を認可した場合

　なお、出国制限を受けている者の健康状態が著しく不良であり、帰国して治療を受けなければならない場合は、⑤その他人民法院が解除を認可した場合として制限解除が認可されるケースもあるようです。

第4節　行政処分

> **Column 12-4-1：刑事手続**
>
> 　中国においても、違法行為があった場合は、民事責任、行政責任のほか、刑法上の要件を満たす場合には刑事責任を追及することが可能です。中国の刑事手続は、捜査、起訴審査および裁判の3つの段階に分けることができます。
> 　捜査は主として公安局が行い、商業賄賂等の一部の犯罪については人民検察院が主として担当しますが、必要に応じて公安局が捜査に協力します。通常、捜査はさらに、告訴等の受理から立案までの予備捜査段階および立案後の捜査の2つの段階に分けることができ、立案後に初めて捜査手続が正式に開始されることになります。捜査段階において、公安局は、容疑者に対して、拘留や逮捕を含む身柄の拘束措置をとることができることはもちろん、証拠保全や違法所得の保全のために財産の差押えや預金の凍結等を実施することも可能です。
> 　公安局が捜査手続を完了し、起訴する必要があると判断する場合、人民検察院に送検し、人民検察院で起訴審査を行います。起訴審査は通常1か月以内に完了しなければなりません（刑訴138条）。補充捜査の必要がある場合、人民検察院は起訴審査期間を1か月間延長することができますが、補充捜査は2回までしか認められません（同法140条）。
> 　起訴審査により刑事責任を追及すべきであると判断された場合、人民検察院は人民法院に対して起訴し、裁判手続が開始されます。刑事事件の一審は通常2か月程度であり、最長でも起訴から3か月以内に完了しなければならず、二審は上訴から2か月以内に完了しなければなりません。ただし、刑事訴訟手続において被害者が被告人に対し民事責任を追及する制度である刑事附帯民事訴訟の場合、それぞれ3か月延長することができるとされています。

法知識の整理

1　行政処分

行政処分	内　　容
処分の種類	警告、過料、違法所得および違法財物の没収、生産または営業の停止命令、許可証の差押えまたは取消し、行政拘留
処分の管轄	違法行為発生地の行政処分権を有する行政機関
処分の時効	2年（違法行為発生日から、または違法行為終了日から）

2 行政処分に対する救済の道

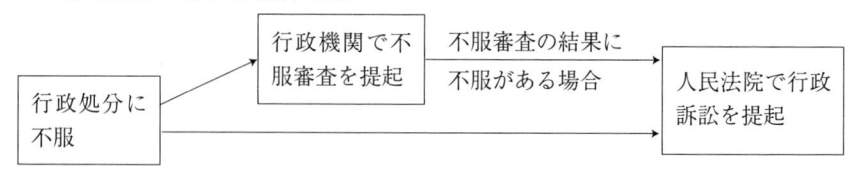

```
[行政処分に不服] → [行政機関で不服審査を提起] →(不服審査の結果に不服がある場合)→ [人民法院で行政訴訟を提起]
```

注：国務院に属する部門からの行政処分に不服がある場合等は、法令によって、人民法院に行政訴訟を提起する前に、まず行政不服審査を行わなければならないと定められている場合もあります（行政不服審査法16条）。

3 関係政府機関

税務局は、税金の徴収、脱税審査、納税拒否の判断、追徴課税等を行う政府機関です。

中央においては国家税務総局が、地方においては国家税務局と地方税務局が、それぞれ異なる税種の徴収を担当しています。

（中央）⇒第1章第1節法知識の整理1(1)
（地方）⇒第6章第2節法知識の整理2

関連法令

「行政処罰法」（行政処罰法）（1996年）
「行政不服審査法」（行政复议法）（1999年）
「行政訴訟法」（行政诉讼法）（1990年）
「企業経営範囲登記管理規定」（企业经营范围登记管理规定）（工商総局令【2004】12号）
「出入国管理法」（出境入境管理法）（2013年）
「外国人出入国管理法」（外国人入境出境管理法）（1986年）
「税務滞納者出国阻止に関する実施弁法」（国家税务总局、公安部阻止欠税人出境实施办法）（国税発【1996】215号）
「財政部税務総局脱税、納税拒否、納税遺漏、納税遅延に関する解釈」（财政部税务总局关于偷税、抗税、漏税和欠税的解释）（1981年）
「脱税、納税拒否刑事事件審理における法律適用に関する若干問題の解釈」（关于审理偷税抗税刑事案件具体应用法律若干问题的解释）（法釈【2002】33号）

第5節
コンプライアンス

中国においても、企業経営にあたって法令を遵守すること（コンプライアンス）は非常に重要です。たとえば、人と人とのつながりを重視する中国における企業活動においては、種々の場面で、取引先等のビジネス関係者との交流を行うことが多いですが、このような活動が商業賄賂として処罰の対象とならないよう注意が必要です。本節では、中国ビジネスにおいて留意すべきコンプライアンスおよび現地法人の役員や高級管理職の責任について解説します。

> Q12-5-1 当社現法は中国で化粧品の販売をしていますが、この度、販促活動の一環として、顧客に会員カードを発行することになり、多数の顧客の個人情報を入手しました。当社現法の従業員が私利を得るためにそれらの個人情報を流出させた場合、当社現法は責任を負いますか。個人情報の取扱いにおいてほかに気をつけるべき点はありますか。（個人情報保護）

　中国においても、個人情報の保護は、コンプライアンス上の重要な問題として重視されています。中国では、現時点において、個人情報に関する特別な法令はないものの、いくつかの特定の分野においては、法律、法規、司法解釈の中に個人情報の保護に関する規定があります。

　本問のように、貴社現法の従業員が、自己の利益のために、他人に個人情報を販売・提供等した場合には、その情状が重い場合、当該従業員は刑事罰を受ける可能性がありますが、貴社現法は原則として刑事罰や行政処分を受けません。しかしながら、貴社現法の従業員が企業からの命令に応じて個人情報を漏洩させ、その情状が重い場合には、貴社現法自身も刑事罰を科せられることに

なります（刑法253条の1の3項）。貴社現法としては、このような事件の発生を防止するため、あらかじめ就業規則や従業員との労働契約に秘密保持条項を明記し、かつ、秘密情報にはパスワードをかけてアクセスできる従業員を限定するなどの秘密情報管理体制の構築をしておくことが重要です。

⇒Q5-2-7（秘密保持条項）

Column 12-5-1：個人情報保護に関する法整備

2012年、「インターネット情報保護の強化に関する決定」が公布・施行されました。この決定はインターネット上の個人情報のみを保護の対象としたもので、また、「警告、罰金、違法所得の没収、許可証の取消し」等の行政処分を定めているものの罰金の金額、許可証取消等の具体的な処分内容までは定めておらず、保護対象が限定的であり、かつ処分内容に不明確な点があります。もっとも中国が今後、個人情報の保護を重視する傾向にあることがうかがわれます。今後、一般的な個人情報を対象とする法律の制定が期待されます。

さらに2013年、「情報収集業管理条例」が施行され、個人の同意なく個人情報を収集し、またはデータベースへの侵入等の違法な方法によって個人情報を収集した場合、1万人民元から10万人民元の過料が科されることとなりました。同条例では、民事責任や刑事責任についても規定しています。

Q12-5-2　当社現法を退職した従業員から、当社現法の営業担当者が、得意先の担当者を、研究会の名義で海外旅行に接待しているという告発を受けました。中国ではこのような接待は商業賄賂になりますか。商業賄賂とはどのような行為をいうのでしょうか。（商業賄賂）

中国における商業賄賂とは、企業が、その販売または商品購入のため、財物またはその他の手段をもって、相手企業または個人に対して報酬として利益を供与する行為とされています（商業賄賂行為禁止に関する暫定規定2条）。具体的には、法令において、以下のように商業賄賂行為が列挙されています。（同2条・5条・8条）

① 企業がプロモーションフィー、宣伝費、賛助金、研究費、労務費、顧問料、仲介手数料等の名目で相手方に財物（現金または物品）を送ること
② 企業が相手方の費用を精算する方式をもって相手方に財物を送ること
③ 企業が相手方に国内外の旅行、視察等、財物以外の利益を提供すること
④ 企業が帳簿に記帳せず密かに相手方にリベートを送ること
⑤ 相手方が帳簿に記帳せず密かにリベートを貰うこと
⑥ 企業が商品取引において相手方に商品とともに現金または物品を贈ること

本問の海外旅行の提供は、販売のために賄賂として行われたものであれば、上記③の商業賄賂行為に該当しうるため、商業賄賂と認定される可能性があります。

> Q12-5-3 （Q12-5-2の続き）当社現法の営業担当者が、会社からの命令とは関係なく、個人的に接待をした場合、当社現法が行政処分を受けることはありますか。仮に当社現法が処分を受ける場合、どのような処分を受けることになりますか。（商業賄賂の責任）

企業の従業員が、企業の販売または商品購入のために相手方に対して利益を供与する行為は、原則として企業の行為と認定されますので、本問においても、貴社現法自身が商業賄賂を行ったと認定されるおそれがあります。しかし、貴社現法が、当該従業員が個人の営業成績を上げる意図で会社の命令と関係なく、自己の私的な目的で当該行為を行ったことを証明することができれば、貴社現法自身は処分を受けません。

仮に貴社現法が商業賄賂行為を行ったと認定された場合、工商部門から以下のような行政処分を受ける可能性があります（商業賄賂行為の禁止に関する暫定規定9条）。

① 情状に基づいて、1万人民元以上20万人民元以下の過料
② 違法な所得の没収

第12章　紛争解決・行政・刑事・コンプライアンス

相手方の身分や商業賄賂金額によっては、刑法上の犯罪を構成し、司法機関によって刑事責任を追及される可能性があります。

なお、貴社現法が刑事責任を追及された場合、貴社現法に対しては罰金が科せられ、貴社現法の法定代表者および直接責任者に対しても刑事罰が科せられることになります。

Column 12-5-2：贈賄の刑事責任

不正な利益を取得するため、相手方に、一定額以上の財物、リベート、手続費用等の利益を供与した場合、贈賄罪を構成し刑事責任を追及される可能性があります。相手方の身分が国家職員[1]であるかどうかによって、「贈賄罪」または「非国家職員に対する贈賄罪」のいずれに該当するか異なります。それら具体的な内容は以下のとおりです。

個人の刑事責任

構成要件		相手方の身分[1]	
		国家職員	非国家職員
利益の金額	1万人民元以上の場合	贈賄罪	非国家職員に対する贈賄罪
	1万人民元未満の場合	一定の条件[2]を満たした場合、贈賄罪	刑事責任はない

企業の刑事責任

構成要件		相手方の身分[1]	
		国家職員	非国家職員
利益の金額	20万人民元以上の場合	贈賄罪	非国家職員に対する贈賄罪
	20万人民元未満の場合	一定の条件[2]を満たした場合、贈賄罪	刑事責任はない

[1]　国家職員とは公務員（人民法院の裁判官を含む）、共産党党内において公務に従事する幹部、国有企業において公務に従事する幹部、人民代表大会の常務委員等を

指し、その他の政府機関、国有企業から民営企業、社会団体に対して出向している者等、国家を代表して権力を行使する者も含まれます。
※2　一定の条件
　　贈賄が以下の事項のいずれかに該当する場合
　　① 不正な利益を取得するために贈賄を行った場合
　　② 同時に3人以上に対して贈賄を行った場合
　　③ 党や政府のリーダーもしくは司法人員、行政執法人員に対して贈賄を行った場合
　　④ 国家または社会利益に重大な損失をもたらした場合

> **Q12-5-4　中国に設立された企業は、年次検査を受ける必要があると聞きました。中国の年次検査とはどのような制度ですか。年次検査を実施しない場合、どのような不利益がありますか。（年次検査）**

　中国では、企業に対する監督・監査を強化し、経済市場の秩序を維持するため、有限責任会社、株式会社、パートナーシップ企業、個人独資企業およびそれらの支社、外国企業の駐在員事務所（代表処）に対して、毎年3月1日から6月30日までに、企業の経営に必要な認可の取得およびその有効性、変更登記の有無、虚偽出資、資本金不払い等がないかについて検査を受けなければなりません。具体的には、6つの政府機関、商務部門、工商部門、財政局、税務局、統計局、外貨管理局によって年次検査が実施されます。企業はこの年次検査を必ず受ける必要があり、受けない場合には行政機関から年次検査を受けるよう指示を受けたり、罰金を科せられたりすることがあります。行政指示を無視し、60日以内に年次検査を受けない企業は、営業許可証を取り消される可能性があります

⇒Q6-1-3（財務諸表）

第12章 紛争解決・行政・刑事・コンプライアンス

> Q12-5-5 当社現法は外資企業3社が参加した独資企業であり、董事会のかわりに執行董事を置いています。執行董事が、当社が所有している技術に関する図面・秘密情報を用いて、自己の名義で特許権を申請しました。当社はこの執行董事に対してどのような責任追及ができますか。(董事の責任)

　中国の董事は、日本の取締役に相当し、企業の運営における重要事項や経営方針を決定し、企業を経営する総経理等の高級管理職を監督・監視する役割を果たしています。

　董事は、企業において重要な役割および権限を有しているため、企業に対して職務を忠実に行わなければならないという忠実義務および企業のために勤勉に職務を果たさなければならないという勤勉義務を負います（会社法148条・149条）。これらの義務に違反する行為を行い、企業に損害を与えた董事は、企業に対して損害賠償義務を負います。また、行為の内容によっては、横領罪、資金流用罪等の刑事責任を負うこともあります（刑法271条・272条）。

　本問では、株主会の決定をもって執行董事を解任することができます。また、企業に損害が発生していれば当該董事に対し損害賠償を請求することができますが、企業を代表して損害賠償請求をする企業の機関は執行董事であり、自己に対して訴訟提起することは期待しにくいことから、株主は、一定の場合において、企業を代表して執行董事に対し損害賠償請求訴訟を提起することができます（コラム12-5-3参照）。これを株主代表訴訟といいます（会社法152条）。
⇒Q2-3-10（外資独資企業の内部統制構造）

Column 12-5-3：株主代表訴訟

　株主代表訴訟とは、董事、監事、高級管理職が企業の職務を執行するにあたり、法に違反して不正行為を行い、企業に損失をもたらしたにもかかわらず、企業がそれらの者に対して訴訟を提起しない場合、株主が企業を代表して訴訟提起する権利を付与した制度です。また、第三者（株主を含む）が企業の適法な権益

を侵害し企業に損失をもたらした場合も、株主は企業を代表して訴訟を提起することができます（会社法152条3項）。ただし、企業の正常な経営に不当な影響を与えることを防止するため、会社法はその制度の利用において条件を加えています（本節法知識の整理1参照）。

Case 12-5-1　清算中の会社の株主代表訴訟を認めた判例

　X社（日本企業）、Y社（日本企業）およびZ社（中国企業）は共同で出資し、A社を設立しました。A社の経営状況が悪化したため、X・Y・Z社はA社の経営を中止し、清算する旨の合意に至りました。清算手続中に、Z社は自己の利益のため、清算委員会の同意を得ることなく、A社の工場敷地を利用し始めました。X社はZ社に対してA社の財産を侵害しないよう要求しましたが、Z社が使用を中止しなかったため、X社はZ社に対して訴訟を提起しました。Z社はX社が工場敷地の権利者であるA社を飛び越えて訴訟を提起する権利がないとの理由で抗弁しましたが、人民法院は「清算期間において、訴外第三者（A社の清算委員会）がZ社の不法占有行為を知りながら当然行使すべき妨害排除請求権を行使しなかったため、X社は、株主として、代表訴訟を提起する権利がある」として、X社の株主代表訴訟を認めました（上海市第二中級人民法院2005沪二中民五（商）初字119号）。

　株主代表訴訟は、株主が董事会または監事会に対し訴訟の提起を請求したにもかかわらず、董事会または監事会が訴訟提起を行わない場合に初めて、株主が自ら企業を代表して訴訟提起することができます。本ケースでは、A社がすでに清算手続に入ったため、董事会や監事会の代わりに清算委員会が企業を代表して訴訟を提起すべきですが、清算委員会の責任者はZ社からA社に派遣された者であり、同責任者は、Z社の不法行為を知りながら訴訟提起しなかったため、人民法院はX社が提起した株主代表訴訟を認めました。ただし、法令上は、清算中における株主代表訴訟は制度として明確に規定されておらず、人民法院が、「株主には法に従って残余財産の回収の権利がある」として、解釈上、「清算中の株主代表訴訟」を肯定した点には注意が必要です。

法知識の整理

1 代表訴訟の要件（会社法152条）

株主の性質	代表訴訟の要件
有限責任会社の株主	監事（会）または董事（会）に訴訟を提起するよう書面で要求したが拒絶された場合、または速やかに訴訟を提起しないと利益を回復できない場合
株式会社の株主	① 連続180日以上、単独でまたは合計で株式会社の1％以上の株式を保有する株主であること ② 監事（会）または董事（会）に訴訟を提起するよう書面で要求したが拒絶された場合、または速やかに訴訟を提起しないと利益を回復できない場合

2 商業犯罪の種類
① 非国家職員収賄罪
② 非国家職員に対する贈賄罪
③ 収賄罪
④ 単位収賄罪
⑤ 贈賄罪
⑥ 単位に対する贈賄罪
⑦ 賄賂仲入罪
⑧ 単位贈賄罪

3 関係政府機関
工商部門は、経営範囲逸脱の判断、処罰を所管する政府機関です。
中央においては国家工商行政管理総局、地方においては各級工商部門が管轄します。
⇒第1章第1節法知識の整理1

関連法令

「会社法」（公司法）（2006年）
「不正競争防止法」（反不正当竞争法）（1993年）
「商業賄賂行為の禁止に関する暫定規定」（关于禁止商业贿赂行为的暂行规定）（国家工商行政管理局令60号）
「インターネット情報保護の強化に関する決定」（关于加强网络信息保护的决定）（2012年）
「情報収集業管理条例」（征信业管理条例）（国務院令【2013】631号）
「ネット情報サービス市場規範する若干規定」（规范互联网信息服务市场秩序若干规定）（工業と情報化部令【2011】20号）
「消費金融会社試行管理弁法」（消费金融公司试点管理办法）（中国銀行業監督管理委員会令【2009】3号）
「旅行紛争案件法律適用に関する若干問題の規定」（关于审理旅游纠纷案件适用法律若干问题的规定）（法釈【2010】13号）
「家電メンテナンスサービス業管理弁法」（家电维修服务业管理办法）（商務部令【2012】7号）
「企業年次検査弁法」（企业年度检验办法）（国家工商行政管理総局令23号）

索　引

英　字

CEPA……………………………………52
CIETAC……………………………518
DES……………………………………417
F/S（Feasibility Study：フィージ
　ビリティ・スタディ）………………78
Internet Contents Provider………10
JCAA…………………………………518
PE……………………………………39, 248
PL責任………………………………527
QFII……………………………………346
RQFII…………………………………346
SCIA……………………………………520
SHIAC…………………………………520

あ　行

意匠（権）………………………356, 376
委託貸付け…………………………277
委託著作物…………………………357
一定の業務完成を期間とする労働契
　約……………………………………203
一般的税務処理……………………256
移転価格税制………………………252
違法建築物…………………………117
違約金…………………………143, 206
医療期間……………………………211
医療保険……………………………221
印鑑……………………………………140
ウィーン条約………………………146
売上基準……………………………441
売掛金への質権設定………………301
営業許可証……………………………80
営業許可証の取消し………………492
営業税………………………………261
営業利益……………………………234
営利性ICPライセンス………………11
越権認可………………………………81
オフショア投資………………………85
親会社の破産………………………488
親子ローン…………………………287

か　行

海外担保国内借入れ………………337
外貨借入れ…………………………276
外貨管理（局）………274, 314, 348, 539
外貨規制……………………………312
外貨口座……………………………325
外貨照合制度………………………321
外貨の不正取得……………………326
外貨の不正流出……………………326
会計従業資格証書…………………235
会計制度……………………………232
会計年度……………………………233

545

索　引

外債	329, 330, 332, 335
外債専用口座	333
外債登記	333
外債用外貨口座	326
解散事由	473
解散請求	475
解散・清算	462, 468
解散認可	474
解散分割	421
外資独資企業	42, 70
会社所在地の移転	416
外商投資ガイドライン	2
外商投資株式会社	42
外商投資企業	42
外商投資企業の上場	307
外商投資企業の持分権に対する質権設定	299
外商投資産業指導目録	2, 415
外商投資性会社	449
開発義務	113
開発区	27
開発区管理委員会	110
開発投資総額	113
改良技術	132
価格カルテル	151
隠れた瑕疵	142
加工貿易	183
貸出基準金利	275
過少資本税制	252
合併・分割	422
株式交換	406
株主会	71, 412
株主代表訴訟	540
株主の清算責任	486
為替レート中間値	338
環境影響登記表	118
環境影響評価	118
環境影響報告書	118
環境影響報告表	118
環境規制	119
環境保護法	119
監事	241
監事会	73
関税	262, 437
間接雇用	190
間接譲渡	53
関連市場画定	446
期間の定めのある労働契約	203
期間の定めのない労働契約	203
企業会計準則	232
企業間貸付けの禁止	276
企業結合	441
企業再編	256
企業所得税	251
企業発展基金	239
企業分割	421
企業名称	79
危険負担	141
技術輸出入許可証	318
技術ライセンス契約	318
基準地価制度	109
基層人民法院	498
基層法律サービス従事者	500
既存会社の買収	49
吸収合併	421
業界標準	163

索　引

競業制限条項	206	建築関連許可	117
強制執行力付き公証証書	178	現物出資	88, 236, 431
行政処分	529	合意管轄	499
強制清算	483	高級人民法院	498
行政法規	32	恒久的施設（PE）	39, 248
共通税	248	工業用建設用地使用権	105
協定税率	133	公証	501, 506
共同開発	382	工商資料	83
業法（上の）ライセンス	9, 423	工商部門	539
許可類	2	合弁契約	57
銀行引受手形	279	合弁交渉	56
禁止類	2	小売業	94
勤務期間	203	拘留	533
金融機関	272	顧客名簿	392
経営範囲	82, 137	国税	248
経営範囲（の）逸脱	325, 435, 530	国土資源不動産管理局	110
経営範囲の変更	415	国内再投資	426
経済技術開発区	28	国有建設用地土地使用権	102
経済補償金	215, 463	国有土地	102
刑事手続	533	個人情報	535
経常項目	316	個人所得税	263
経常項目外貨預金口座	325	国家標準	164
経費課税方式	39	コンピュータソフトウェア著作権	355
景品付き販売	158	コンプライアンス	535
欠陥	165		
減価償却	237	さ 行	
原産地表示	138	サービス貿易外貨制度	323
減資	412	最恵国税率	133
験資報告書	236	債権譲渡	179
建設部門	117	債権放棄	472
建設用地使用権の払下げ	105	最高人民法院	498
建設用地使用権払下モデル契約	107	財産保全	508
源泉所得税	254	財政局	539

索　引

最低登録資本金	86
再投資	92
裁判	497
再販価格指定	154
裁判官	511
裁判文書のオンライン公開	513
裁判傍聴	502
最密接関連地	524
財務諸表	234
債務超過	471
三期	211
産業構造調整指導目録	13
残業代	202, 228
三項基金	238
三資企業	42
三通一平	107
暫定税率	133
三包責任	169
事業譲渡	401
施行許可	114
資産買収	400
資産買収契約書	407
資産評価	405
資産評価会社	89
資産評価機関	295
資産評価報告書	406
市場集中度	445
市場占有率	445
事前申告	441
失業保険	221
執行董事	540
実用新案	376
指定商品	365

支店（の設立）	41, 413
指導性案例	512
支配基準	441
司法解釈	32, 196
資本金外貨口座	326
資本金検査（験資）	236
資本金制限	86
資本金の払込み	90
資本項目	316
社会保険	221
従価税方式	127
従業員奨励	239
従業員大会	224
従業員代表大会	223
就業規則	219
住宅積立金制度	222
住宅用建設用地使用権	105
集団契約	200
集団建設用地使用権	104
集団土地	102
収用	110
従量税方式	127
就労許可証	193
主体資格証明書	500
出向PE	250
出国制限	532
出資比率	59
準拠法	145, 524
準備基金	238
渉外民事関係	525
消化仕入方式	95
試用期間	204
小企業会計準則	233

索　引

商業手形……………………279	人身損害賠償…………………168
商業手形の割引………………280	新設合併………………………421
商業登記制度……………………83	審判委員会……………………512
商業引受手形…………………279	人民検察院……………………533
商業秘密………………………391	人民元直接投資………………342
商業用の建物……………………98	人民元による貿易決済……340, 341, 343
商業賄賂………………437, 533, 536	ストライキ……………………228, 438
証券取引所……………………306	生育保険………………………221
証拠の調査・収集……………503	税関関税価格…………………263
証拠の翻訳……………………506	税関監督期間…………………296
証拠保全…………………506, 507	制限類……………………………2
証拠申出期間…………………505	清算委員会……………………480
承認・執行………………488, 510	生産許可証……………………187
商標検索………………………364	清算手続………………………478
商標権譲渡……………………369	税制体系………………………247
商標権侵害……………………371	製造物責任……………………165
商標使用許諾…………………369	西部大開発………………………24
商標登録主義…………………363	税務監査………………………430
商標の出願……………………363	税務局…………………………539
商品分類………………………262	設立日……………………………84
情報ネットワーク伝達権……360	先行配当………………………240
商務部…………………………441	先使用商標……………………367
商務部門………………………539	専属管轄………………………500
奨励類……………………………2	総会計師…………………………71
職務著作物……………………357	総経理……………………………68
職務発明………………………379	総行程師…………………………71
職務発明規程…………………381	相殺……………………………178
職務発明の報酬………………380	増資………………………290, 411
女性従業員……………………211	増資契約書……………………405
所有権登記……………………114	総審計師…………………………71
深加工結転……………………186	送達……………………………502
審級管轄………………………498	増値税…………………………257
真実性審査原則………………317	増値税インボイス………258, 504

549

索　引

贈賄	538
即時解除	208
訴訟時効	180
訴訟代理人	501
存続分割	421

た　行

対外債務の残高総額	330
対外担保	336
対外貿易経営権	124
大気汚染問題	119
退職証明書	194
逮捕	533
立ち退き	110
タックスヘイブン税制	252
立替費用	324
建物管理部門	115
建物所有証書	112
建物所有権登記	117
短期外債	330
担保金額	508
地域管轄	498
地域本部	456
地税	248
地方政府規則	32
地方性法規	32
地方保護主義	511
知名商品	389
中外合作企業	42
中外合弁企業	42, 54
中級人民法院	498
中国外貨取引センター	338
中国（上海）自由貿易試験区	29

仲裁	517
駐在員事務所（代表処）	37, 40, 324
駐在員事務所（代表処）の閉鎖	489
仲裁機関	147
仲裁合意	147
仲裁地	147
仲裁人	521
仲裁費用	521
中長期外債	330
調解	497
直接雇用	190
著作権	352
著作権自主登記手続	353
著作権侵害	358
著作物	354
著名商標	367
賃金	202
賃貸権限	116
賃貸借期間	99
賃貸借契約	99
賃貸借契約登記	116
追徴課税期間	251
定款	63
抵当権	117, 177, 298
抵当権設定契約	117
定年年齢	214
手付金	177
手続代行	85
手続代理	85
デッドロック	59, 61, 475
テナント出店	95
電子商業手形	280
点心債券	344

索 引

店舗開設…………………………94
同一労働同一賃金………………193
登記住所…………………………97
登記発効主義……………………112
統計局……………………………539
動産質権…………………………299
董事………………………………540
董事会……………………………72
投資総額……………………92, 284
董事長……………………………68
投注差………………87, 284, 330, 331
登録会計士………………………236
登録資産評価士…………………236
登録資本…………………………284
登録商標の無効宣告……………366
登録税務士………………………236
特殊的税務処理…………………256
独占合意…………………………151
独占交渉権………………………57
独占審査機構……………………441
特別監査…………………………235
特別決議…………………………412
特別納税調整……………………252
都市企画部門……………………117
都市不動産管理法………………112
土壌汚染…………………………119
土地管理部門………………107, 110
土地使用権証書…………………112
土地使用権と建物所有権の同時処分
　の原則…………………………114
土地使用権入札手続……………106
土地使用権払下金………………105
土地使用権払下契約……………105

特許………………………………376
特許権侵害………………………385
特許権侵害訴訟の損害賠償……385
特許権の無効宣告………………383
特許出願…………………………377
特恵税率…………………………133
ドメインネーム…………………372

な 行

内資転換…………………………466
内部留保…………………………238
二証合一…………………………112
二審制……………………………517
日中韓投資協定…………………110
日中租税協定……………………248
日中投資保護協定………………110
二免三減…………………………430
入札手続…………………………106
入札要項…………………………106
ニューヨーク条約………………518
任意監査…………………………242
任意準備金………………………239
認証…………………………501, 506
年次検査……………………80, 539
年次有給休暇……………………200
納税調整…………………………255

は 行

ハイテク企業認定………………11
ハイテク技術産業開発区………29
配当金……………………………239
破産………………………………490
破産管財人………………………491

551

索　引

破産清算………………………462
破産における役員の責任………491
発明……………………………376
払下土地使用権………………104
判例の拘束力…………………512
非営利性ICPサービス…………11
非居住者人民元口座…………345
引渡し…………………………141
批准証書…………………………80
非全日制雇用…………………199
一人有限会社…………………428
秘密保持条項…………………205
秘密保持審査制度……………379
表見代理………………………140
品質保証期間…………………164
品質保証金……………………171
ファイナンスリース…………303
ファージビリティ・スタディ……78
不可抗力………………………144
福利基金………………………239
不使用取消し…………………365
不正当競争行為………………389
普通税率………………………133
不定時労働時間制……………202
不動産権利証書………………112
不動産賃貸借契約………………99
不動産登記（制度）………111, 112
部門規則…………………………32
プロジェクト審査報告書………78
分公司……………………………94
併願……………………………378
辺境経済合作区…………………29
貿易信用登記制度…………319, 320

放置会社………………………492
法定監査………………………235
法定準備金……………………238
法定代表者…………………73, 139
法廷調査………………………497
法廷弁論………………………497
法務調査………………………433
補償……………………………110
保証……………………………296
保税区……………………28, 184
香港・中国経済貿易緊密化協定
　（CEPA）…………………52

ま　行

前払金…………………………177
マネーロンダリング防止………41
みなし外債……………………334
無権代理………………………141
持分権譲渡……………255, 428, 467
持分権譲渡契約………………405
持分権買収……………………400

や　行

役員の個人責任………………297
約款……………………………148
遊休土地………………………107
優先購入権……………………431
輸出加工区………………………29
輸出還付制度…………………258
輸出前受金……………………319
輸出ユーザンス回収…………319
輸入延払い……………………319
輸入前払い……………………319

養老保険……………………221
預金基準金利………………275
４大国有銀行………………272

ら　行

リコール……………………167
リストラ（人員削減）………209
立証責任……………………503
累計投資額…………………427
類似商標……………………371
連帯保証……………………297
ロイヤルティ……………259, 318
労災保険……………………221
労働組合……………………222
労働契約……………………198
労働契約の解除……………208
労働契約の更新……………213
労働仲裁（制度）…………227, 228
労働紛争仲裁委員会………226
労務派遣契約………………190

わ　行

和解…………………………497
割当て………………………102

553

編著者・執筆者略歴

《編著者》

■林　依利子（はやし　えりこ）

大江橋法律事務所東京事務所パートナー、上海事務所首席代表

2000年　京都大学法学部卒業
2001年　弁護士登録
2006年　ニューヨーク大学ロースクール卒業
2006年　Bingham McCutchenサンフランシスコオフィス勤務
2007年　ニューヨーク州弁護士登録
2010年　大江橋法律事務所上海事務所首席代表
2011年　環太平洋法曹協会（IPBA）国際投資委員会副委員長
2012年　上海市律師協会特別招聘会員
2013年　中国華東政法大学法学修士課程（日曜集中コース）受講

【主な取扱分野】
アジア・中国関連法務全般、アジア・中国を中心とする国際投資・ジョイントベンチャー・Ｍ＆Ａ、国際取引、国際通商、国際紛争解決、事業再生・倒産、知的財産権

【主なセミナー・著書】
『日本と東アジアにおけるコーポレートガバナンスのモデルと実際』（早稲田大学・2013）、「取引先が中国に進出する際に、銀行が果たすことのできる役割（巻頭言）」（銀行法務21・723号・2010）ほか

《執筆者》

■松井　衡（まつい　こう）

大江橋法律事務所東京事務所パートナー

1993年　慶應義塾大学法学部卒業

1995年　弁護士登録
2002年　デューク大学ロースクール卒業
2003年　Morgan, Lewis & Bockius・ワシントンDCオフィス勤務
2005年　ニューヨーク州弁護士登録
2004年～2010年　大江橋法律事務所・上海事務所首席代表
【主な取扱分野】
中国・アジア新興国法務、合弁・提携契約・ライセンス契約・国際企業間取引、企業再編、国際倒産処理・海外プロジェクトからの撤退、国際的危機管理・不祥事対応、国際的紛争解決
【主なセミナー・著書】
『近時の対中国直接投資関連法規と実務の動向』ウエストロー・ジャパン大江橋法律事務所共催セミナー（2011）、「模倣対策マニュアル：中国編」（共著・日本貿易振興機構経済分析部・2004）ほか

■高槻　　史（たかつき　ふみ）

大江橋法律事務所大阪事務所パートナー

1998年　慶應義塾大学法学部法律学科卒業
1998年～1999年　中央戯劇学院（中国北京市）にて1年間の中国語研修
2000年　弁護士登録
2000年　御池総合法律事務所勤務
2003年　アンダーソン・毛利・友常法律事務所勤務
2004年～2005年　アンダーソン・毛利・友常法律事務所・北京事務所勤務
2006年　大江橋法律事務所入所
【主な取扱分野】
中国・アジア関連法務全般、中国を中心とする国際投資、ジョイントベンチャー・M＆A 国際取引、国際紛争解決、海外プロジェクトからの撤退、国際的危機管理・不祥事対応、国内企業法務
【主な著書・論文】
「中国ビジネスにおけるリーガルリスク―近時の傾向と監査役としての留意点」（月刊監査役557号・2010）、「特集　中国独占禁止法の執行状況について～中国独占禁止法における実務上の留意点について」（公正取引728号・2011）、「中国案例百選第178回　株主による株主権の濫用について損害賠償請求及び不当利得返還請求等が一部認容さ

れた事例」（国際商事法務594号・2011）、「中国案例百選第193回　アップル社のiPad商標権権利帰属確認請求が棄却された事例」（国際商事法務609号・2013）、「中国ビジネス法務の最新事情　第15回 CIETAC分離独立問題の最新事情」（JCAジャーナル・2013）ほか

■松本　　亮（まつもと　りょう）

大江橋法律事務所上海事務所一般代表

2002年　京都大学法学部卒業
2003年～2004年　大阪市役所勤務
2005年　弁護士登録
2010年～2011年　北京大学法学院留学
2011年～2012年　君合法律事務所・北京事務所勤務
2012年　大江橋法律事務所上海事務所一般代表就任

【主な取扱分野】
アジア・中国関連法務全般、アジア・中国を中心とする国際投資、国際取引、M&A、事業再生・倒産

【主な著書・論文】
「近時における中国労働関連規定の改正及び司法解釈について──労働契約法改正を中心に──」（JCAジャーナル・2013）、「中国における売買契約の所有権留保の概要と実務上の問題点」（国際商事法務607号・2013）ほか

■紀　　　群（き　ぐん）

1986年　華東政法大学法学部卒業
1986年～1993年　華東政法大学法学部教師
1990年　中国司法試験合格
1997年　同志社大学大学院法学研究科修士学位取得
2003年　同志社大学大学院法学研究科博士課程満期修了
2012年　外国法事務弁護士（中国法）登録

■朱　　順徳（しゅ　じゅんとく）

1999年　法政大学　留学
2001年　上海外国語大学国際貿易（日本語）専攻卒業

2003年　中国司法試験合格、中国登録会計士試験合格
2004年　上海外国語大学大学院経済学修士学位取得
2013年　外国法事務弁護士（中国法）登録

■赤石　理（あかいし　さとる）

2006年　京都大学法学部卒業
2009年　弁護士登録

■吉村　彰浩（よしむら　あきひろ）

1995年　京都大学法学部卒業
1995年〜2006年　住友商事株式会社勤務
2009年　立命館大学法科大学院卒業
2010年　弁護士登録

■荒木　昭子（あらき　あきこ）

2007年　東北大学法学部卒業
2009年　東北大学法科大学院卒業
2010年　弁護士登録

■早野　述久（はやの　のぶひさ）

2008年　東京大学法学部卒業
2010年　東京大学法科大学院卒業
2011年　弁護士登録

■孫　宇川（そん　うせん）

2007年　華東政法大学経済法学部卒業
2009年　中国司法試験合格
2010年　京都大学法学研究科修士学位取得

■褚　云卿（ちょ　うんきょう）

2004年　華東政法大学経済法学部卒業
2005年　中国司法試験合格
2009年　神戸大学法学研究科外国人特別研究生修了

2011年　京都大学法学研究科修士学位取得

■陳　　霄翔（ちん　しょうしょう）

2005年　上海師範大学工学部卒業
2010年　中国司法試験合格
2012年　華東政法大学大学院法律修士学位取得

中国法実務教本
――進出から撤退まで

2014年3月25日　初版第1刷発行

編　者　　大江橋法律事務所
　　　　　中国プラクティスグループ

発行者　　藤　本　眞　三

発行所　　株式会社　商　事　法　務

〒103-0025　東京都中央区日本橋茅場町3-9-10
TEL 03-5614-5643・FAX 03-3664-8844〔営業部〕
TEL 03-5614-5649〔書籍出版部〕
http://www.shojihomu.co.jp/

落丁・乱丁本はお取替えいたします。印刷／三英グラフィック・アーツ㈱
© 2014 Oebashi　　　　　　　　　　　　Printed in Japan
Shojihomu Co., Ltd.
ISBN978-4-7857-2148-0
＊定価はカバーに表示してあります。